圖說

烙印歷史的頂尖人物

彩色圖解版

諸葛亮

Zhuge Liang

章映閣 ——著

目錄 CONTENTS

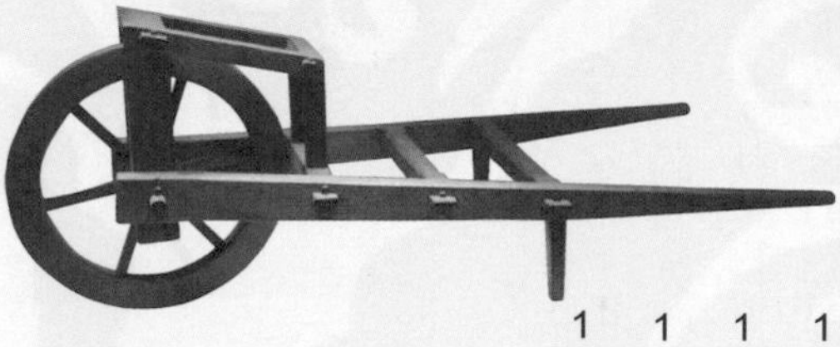

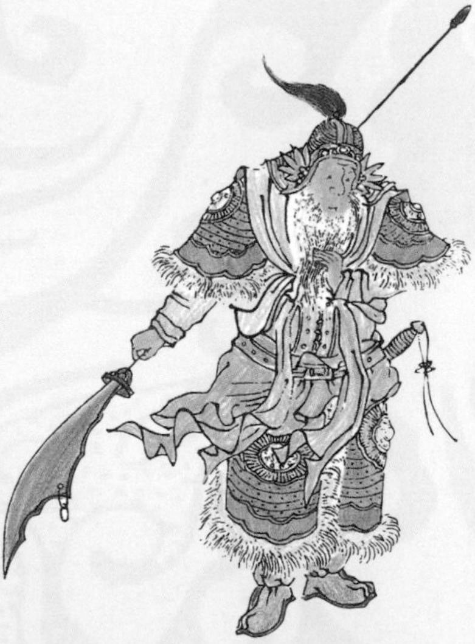

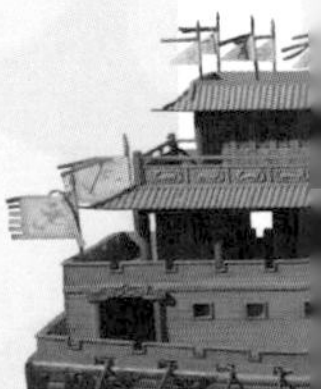

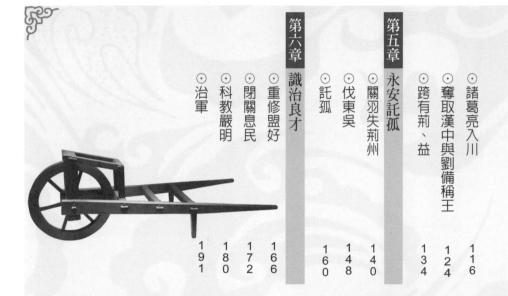

序　丞相祠堂

諸葛大名垂宇宙

蜀漢建興十二年（二三四年）秋天，丞相、武鄉侯諸葛亮終因心力交瘁，積勞成疾，病逝於伐魏前線五丈原（在今陝西岐山縣）軍中。這位在中國最爲人們所熟知的歷史人物，雖然與世長辭了，但反映他一生智慧和才能的那些動人的故事和優美的傳說，卻永遠膾炙人口，爲人們傳誦不絕。唐代大詩人杜甫寫詩稱道說：「諸葛大名垂宇宙。」①這句詩說的是諸葛亮一生的努力作爲和崇高的精神品格，對後世產生了深廣的影響，千百年來受到了人們的景仰和崇敬。清初的果親王②就是摘取杜甫的這句詩，以遒勁的筆力題寫下匾額「名垂宇宙」，至今還高懸於成都武侯祠諸葛亮殿前正中門廊之上。

儘管歷代統治者和人民群眾從不同的角度，來看待諸葛亮在歷史上作出的貢獻。但有一點是共通的，即諸葛亮忠貞冠世的高風亮節，和他那鞠躬盡瘁的獻身精神。唯其是這樣，儘管諸葛亮終生致力於謀求天下統一的事業未能成功，仍然受到了歷代人們極大的景慕與讚歎。恐怕在中國古代，沒有哪一位政治家或軍事家能夠像諸葛亮那樣，得到當世以及後世那麼多的褒揚和讚譽。從諸葛亮之死引起當時人們無限的悼念，以及其後一千多年間，不少地方先後爲他修建祠廟的情況來看，就充分地說明了這一點。

諸葛亮臨終時留下遺命，囑葬漢中定軍山（在今陝西勉縣）。《三國志》作者陳壽只是如實地記載了這件事，並沒有多發議論，可是，後來讀史的人出於對諸葛亮一生忠貞的感佩，發出了「生而治蜀，死猶護蜀」的慨歎。小說《三國演義》就是據此而對鍾會征蜀至漢中「令軍士不得於亮墓所左右芻牧樵采」③的歷史記載，大加渲染，即所謂諸葛亮「顯聖」定軍山，託夢給鍾會說：「汝入境之後，萬勿妄殺生靈」云云，而這資正是從人們對他「死猶護蜀」的感歎中編出來的神話。這個故事至今還在漢中地區流傳著，為人們所喜聞樂道。不管諸葛亮遺命葬漢中定軍山有何用意，但後人把他選葬墓地這件事和他生前治蜀「約己愛民」的作風聯繫起來加以創造，不能不認為是反映了人民對他的愛戴。

陳壽於泰始十年（西元二七四年，這時距諸葛亮之死已整整四十年）呈給晉武帝的〈諸葛亮集表〉中還提到，諸葛亮死後，「黎庶追思，以為口實，至今梁、益之民，咨述亮者，言猶在耳」。陳壽直率地轉述了當時漢中和益州人民向他傾吐的對諸葛亮的懷想之情。晉人袁准亦說：「亮死至今數十年，國人歌思，如周人之思召公也。」

蜀漢建興十二年（二三四年）秋天，丞相、武鄉侯諸葛亮終因心力交瘁，積勞成疾，病逝於伐魏前線五丈原（在今陝西岐山縣）軍中。

正是由於人民的熱愛，所以諸葛亮剛死，蜀國治下的許多地方便紛紛上書請求為諸葛亮建立祀廟。從習鑿齒《襄陽記》中「亮初亡，所在各求為立廟，朝議以禮秩不聽，百姓遂因時節私祭之於道陌上」的記載來看，就更能

註釋

①杜甫〈詠懷古蹟五首〉之五。全詩：「諸葛大名垂宇宙，宗臣遺像肅清高。三分割據紆籌策，萬古雲霄一羽毛。伯仲之間見伊呂，指揮若定失蕭曹。運移漢祚終難復，志決身殲軍務勞。」

②愛新覺羅．允禮，清康熙帝第十七子，封果親王。清初入川，所至名勝多有題詠。在成都，他給杜甫草堂寫下「少陵草堂」石碑。武侯祠此匾，係雍正甲寅（一七三四年）刻懸。

③《三國志．蜀志．諸葛亮傳》：「魏鎮西將軍鍾會征蜀，至漢川，祭亮之廟，令軍士不得於亮墓所左右芻牧樵采。」又《三國志．魏志．鍾會傳》：「會統十餘萬眾，分從斜谷、駱谷入。……西出陽安口，遣人祭諸葛亮之墓。」

說明當時老百姓的心情，儘管蜀漢朝廷礙於禮制，暫時不能爲諸葛亮建立祀廟，但人們逢時過節之際，紛紛在田間陌上祭祀他們心中懷念的諸葛丞相。這種情形在當時蜀國西南部少數民族地區也出現了，史書上叫做「戎夷野祀」；而蜀都居民也在大街小巷中舉行祭拜，稱之爲「百姓巷祭」。可見諸葛亮在當時西南各族人民心目中享有多麼崇高的地位。有鑑於此，蜀漢統治集團中就有人提出乾脆在成都爲諸葛亮建立祀廟。可是，平時不問政事的後主劉禪，在這件有關他祖宗祭祀的「大事」上倒滿認眞的，結果仍不能實現。

這樣拖著，直到蜀漢政權面臨內憂外患，眼看快要走向滅亡的時候，這時無論統治集團中頭腦比較開通的人士，或是身處水深火熱中的勞苦百姓，無不思念諸葛丞相在世時的功德，因而更加追懷起諸葛丞相來了。據《硯北雜志》記載說，漢中之民，每年春月，男男女女，一路哭著上諸葛亮墓上祭奠，「其哭甚哀」。這應是漢中居民對諸葛亮生前常住漢中感受特別深的緣故。在當時蜀國上下緬懷諸葛亮，感憤國事的氣氛中，爲他建立祠廟的事又再次提了出來。就在蜀亡的那年（蜀漢景耀六年，西元二六三年），步兵校尉習隆、中書郎向充等人上表給劉禪說：

> 臣聞周人懷召伯之德，甘棠爲之不伐；越王思范蠡之功，鑄金以存其像。自漢興以來，小善小德而圖形立廟者多矣。況亮德範遐邇，勳蓋季世，王室之不壞，實斯人是賴，而蒸嘗止於私門，廟像闕而莫立，使百姓巷祭，戎夷野祀，非所以存德念功，述追在昔者也。今若盡順民心，則瀆而無典，建之京師，又偪（同逼）宗廟，此聖懷所以惟疑也。臣愚以爲宜因近其墓，立之於沔陽，使所親屬以時賜祭，凡其臣故吏欲奉祠者，皆限至廟。斷其私祀，以崇正禮。

這篇表文層次分明，說得既委婉又入情理。從遠處談，周人懷思召公，越王表彰范蠡；從近處看，光武中興以來，功臣立廟是有先例的。再說到眼前，以諸葛亮「德範遐邇，勳蓋季世」，不建祀廟，致使「百姓巷祭，戎夷野祀」，實在說不過去。鑑於劉禪擔心立祠京師（成都），逼近宗廟，因而避開他心中這個疑慮，提出在漢中靠近諸葛亮墓處修建祠廟的建議。這樣，劉禪也就無話可說了。

據史書記載，景耀六年（西元二六三年）春，劉禪下詔爲諸葛亮「立廟於沔陽」，到了秋天，魏鎮西將軍鍾會統兵征蜀，「至漢川，祭亮之廟」。可見這座祠廟經一個春秋就已建成。

具有諷刺意味的是，這座紀念

晉武帝司馬炎還親自向蜀漢降臣樊建請教諸葛亮治國之方。其實，他的祖父司馬懿早就稱讚諸葛亮為「天下奇才」了。

諸葛亮的祠廟剛建成，敵國的兵馬就來到，敵國將帥還親到廟中祭奠，這一年冬天，蜀漢也就隨之而亡了。這怎能不使人感慨萬端。無怪乎清代很受康熙賞識的才子、侍講學士何焯，讀史讀到諸葛亮死葬定軍山時，感歎地說：「葬漢中者，欲後人嗣事於魏也。」說諸葛亮之葬漢中，是要後人時刻不忘魏國，要把對付魏國當成一回事。可惜，諸葛亮身後的蜀國，在他的繼任者蔣琬、費禕相繼去世後，也就一天天走向衰落了，確實給人以「人亡政息」之感。人民關注國家的命運，怎能不懷念諸葛丞相呢？這大概就是諸葛亮死後直到蜀漢亡國三十年間，人民要求爲他建立祠廟的原因吧？

蜀亡之後，諸葛亮的名聲反而越大，身價反而愈高。晉王司馬昭在滅蜀後，立即就叫陳勰學習諸葛亮兵法。司馬昭的兒子、後來做了皇帝的晉武帝司馬炎還親自向蜀漢降臣樊建請教諸葛亮治國之方。其實，他的祖父司馬懿早就稱讚諸葛亮爲「天下奇才」了。看來，晉代開國的司馬氏祖孫對諸葛亮的推崇，給後世開了先河。

從晉代開始，歷代統治者都在給諸葛亮升官晉爵，賜廟加號。晉封武興王；唐封武靈王，並賜廟；宋賜「英惠廟」，加號「仁濟」；元代則更追封爲「威烈忠武顯靈仁濟王」；至明初洪武二十一年（一三八八年）朱元璋欽定「帝王廟」，選從祀名臣三十七人，「忠武侯與焉」。

到了清代，諸葛亮更是身價百倍，不但把許多紀念諸葛亮的勝跡古祠加以整修建新，供人瞻拜；而且每年春秋祭祀孔廟，還以諸葛亮從祀。康熙帝讚歎地說：「諸葛亮云：鞠躬盡瘁，死而後已。爲人臣者，惟諸葛亮能如此耳。」乾隆帝還親自撰文〈蜀漢興亡論〉，大發議論，提出「人君之用賢與不用賢，關係國家存亡」，對諸葛亮推崇備至。由於最高統治者的倡導，一般士大夫更是爭相爲他著書立說，編纂文集，從而歌頌諸葛亮，幾乎蔚然成風。

歷來稱道諸葛亮的大量詩文，除了和諸葛亮在歷史上的具體活動有關以外，更多的是和他留給後世的遺蹤勝跡聯繫在一起的。其中大量的碑碣匾聯又保存在歷代就他的蹤跡而興建的祠廟之中。因諸葛亮生前封過武鄉侯，死後又謚忠武侯，後來紀念他的祠廟，儘管在史籍和一些地方志上名稱不盡相同，但一般都習慣把它叫做武侯祠。其中較爲著名的，除陝西勉縣有全國最早的武侯祠外，還有湖北襄陽隆中武侯祠，河南南陽武侯祠，四川奉節白帝城武侯祠，以及保存至今規模較大的成都武侯祠。

凡是來到這些勝地參觀遊覽的人，莫不對中國古代這位傑出的政治家和軍事家，由衷地感佩而產生景慕之情。在這一點上，古今皆然，由此使人深刻地感受到「諸葛大名垂宇宙」這句杜詩，並非過譽之詞。

晉代的李興（李密之子）於永興中（三〇五年）隨鎮南將軍劉弘至隆中參觀諸葛亮的故宅，寫下了著名的〈祭諸葛丞相文〉，對諸葛亮的品德才學極爲稱道，以至發出「異世通夢，恨不同生」之慨。後六十餘年，東晉史家習鑿齒也到隆中瞻仰，又寫下一篇〈諸葛武侯故宅銘〉，其中「躬耕西畝，永嘯東巒，跡逸中林，神凝巖端，罔窺其奧，誰測斯歡」等銘句，給諸葛亮在隆中的生活作了一幅含蓄雋永的寫意畫：誰能窺探到深藏在他胸中的玄機奧妙？誰又能猜測到他心中到底喜好的是什麼？習鑿齒以「堂堂偉匠」來比喻諸葛亮，對他的景仰之情溢於言表。

值得一提的是，一千六百多年之後，董必武、郭沫若先生又先後在這裏題寫了額語「臥龍遺址」、「諸葛草廬」。尤其是郭老爲隆中的題詞，更是饒有意趣，其詞云：

> 諸葛武侯隱居隆中時，躬耕自食，足與陶淵明先後媲美。然陶令隱逸終身，而武侯則以功業自見，蓋時令使然。苟陶令際遇風雲，未必不能使桃花源實現於世，如武侯終身隱逸，致力於詩，諒亦不遜於陶令也。

細玩詞意，郭老對諸葛亮和陶淵明都是很敬佩的，只是由於兩人的際遇不同，各自的成就也異。一個政治家，一個詩人，經郭老這麼巧妙地拉在一起，就生發出新意來了。

凡是到隆中參觀的人，又無不

爲這裏眾多的諸葛遺跡所吸引，覽勝之餘，再觀董老爲隆中題寫的對聯：「諸葛大名垂宇宙，隆中勝跡永清幽。」就會給人以更加親切的啓示：諸葛亮不正是在隆中這個清幽秀麗的環境裏，十年耕讀，苦志成學，走上當時風雲變幻的歷史舞臺，大展其才能的嗎？在董老看來，諸葛亮之能名垂宇宙，這和他當初在隆中勤學砥礪的那一段生活是分不開的。隆中山的景色將永遠清麗幽雅，諸葛亮留在隆中的遺蹤勝跡將萬古長存。

若在襄陽隆中觀賞了三顧堂、草廬亭、躬耕田、梁父巖、抱膝亭等十多處諸葛遺址之後，再乘興去參觀著名的南陽臥龍崗武侯祠，不能不使人感到格外的驚異，怎麼這兒也會有著這麼多和隆中名稱完全相同的諸葛遺址呢？

原來這裏面有一段襄陽人和南陽人「爭奪」諸葛亮的故事，饒有興趣。襄陽人說諸葛亮是隱居在襄陽的，而南陽人不服氣，爭說諸葛亮是在南陽隱居的，這場「官司」不知打了多久，一直到清代襄陽人顧嘉衡到南陽去做知府，南陽人士非要他表個態不可，這使他感到很爲難：要定諸葛亮隱居在襄陽隆中，必然會遭到南陽人士的誹議；而斷諸葛亮隱居在南陽臥龍崗，又要落得個出賣桑梓的罵名。最後，眞虧這位郡守大人想出了個好辦法，他在南陽武侯祠內題寫了一副對聯：

湖北襄陽武侯祠.

心在朝廷，原無論先主後主；
名高天下，何必辨襄陽南陽。

這樣，他讓襄陽、南陽都沾邊，才平息了這場爭議。這個故事既帶有濃郁的鄉土味道，又富有鮮明的感情色彩，生動地反映了兩個地區的人們因諸葛亮居住過而倍加親切自豪的心情。

流傳已久的岳書〈前後出師表〉字帖，就出自南陽武侯祠石刻。關於這通石刻是否岳飛眞跡，姑且不必論它。自這通石刻問世以後，轉相拓製，不但在各地紀念諸葛亮和岳飛的祠廟中可見，連在許多與諸葛亮和岳飛都不沾邊的名山古剎也可看到。顯見這通石刻流傳之廣，在全國古碑刻中實屬罕見。

據石刻〈跋〉語中介紹：岳飛於紹興八年（一一三八年）八月中秋前夕，過南陽，拜謁武侯祠，遇雨，留宿祠內，說他「更深秉燭，細觀壁間昔賢所讚先生（指孔明）文詞、詩賦及祠前石刻二表，不覺淚下如雨」。並說他「是夜，竟不成眠，坐以待旦。道士獻茶畢，出紙索字，揮涕走筆，不計工拙，稍舒胸中抑鬱耳」。似乎岳飛眞的在南陽武侯祠寫下了〈出師表〉。觀此跋語，遙想岳飛當時憂懷國事，揮淚疾書諸葛宏文的動人情景實在催人淚下。無怪乎成都武侯祠諸葛亮殿上的對聯中就有「出師表驚人文字，千秋涕淚墨痕同濺岳將軍」的聯句。

諸葛亮上〈出師表〉「臨表涕泣」，是歷史事實；至於岳飛書〈出師表〉「揮涕走筆」，除南陽石刻〈跋〉語所記，別無史載。但人們深有同感，並不因其是否眞跡而不予重視。

恰好這年八月中旬，岳飛被趙構從鄂州召到杭州行朝去，表面上說是奏報邊事，實際上是要對這位力主抗金、手握重兵的岳元帥極力加以籠絡，以使其對趙構和秦檜蓄謀已久，當時正在加緊進行的所謂「和議」至少不持反對態度。無論此前或此後，岳飛對南宋君相推行這一喪權辱國的投降政策，始終持最激烈的反對態度。不管岳飛這次是否先到過南陽武侯祠寫過〈出師表〉，他在杭州見著趙構時，首先就堅決表示：「夷狄不可信，和好不可恃，相臣謀國不臧，恐貽後世譏議。」這使趙構大爲掃興，而且正是岳飛的精忠熱腸，使其三年之後，竟慘死在賣國賊秦檜之手。

由此可見，諸葛亮「北定中原」的宏圖難展，岳飛「還我河山」的壯志難酬，雖然時移事易，但這兩位齎志而沒的古代俊傑，在精神上卻是相通的。

這通石刻之所以並不因其是否眞跡而受到世人珍愛，除了它具有較高的書法藝術價值外，恐怕主要還在於既寄託了對宋代民族英雄岳飛一腔孤忠而壯志未酬的悼惜，又反映了對諸葛亮鞠躬盡瘁卻出師未捷的遺憾。在民間，早就流傳著「讀諸葛亮〈出師表〉而不落淚者非忠臣，讀李密〈陳情表〉而不落淚者非孝子」的說法。明代《古今小說》中的〈沈小霞相會出師表〉，就是根據這種說法寫得很感人的一篇。所以說岳飛揮淚寫下〈出師表〉，是具有廣泛群眾思想基礎的。這大概就是南陽這通石刻不脛而走，馳譽海內的根本原因。①

南陽是漢末劉表統治荊州的八郡之一，諸葛亮固然是隱居在荊州治所襄陽城西邊的隆中，而隆中地屬當時南陽郡之鄧縣，所以他在〈出師表〉中自云「躬耕於南陽」，這是從大處來說的。看來，後世南陽人爲諸葛亮修建祠廟，並和襄陽人「打官司」的主要理由，恐怕就在這句話上了。

臥龍潭，河南南陽武侯祠景區。劉禹錫在〈陋室銘〉中寫道：「山不在高，有仙則名，水不在深，有龍則靈」，諸葛亮又被稱為「臥龍先生」，因此此潭被稱為「臥龍潭」。

其實，後人根據諸葛亮的歷史活動加以附會傳說而成爲勝跡的，又何其多也。溯長江而上，沿著諸葛亮當年自荊州統兵入蜀的故道，就會看到不少這種情況：西陵峽中的黃陵廟，說是因諸葛亮寫過〈黃陵廟記〉而得名的；巫峽中臨江絕壁上字跡難辨的「孔明碑」，又傳說是諸葛亮爲勸告東吳都督陸遜不要攻蜀而刻建的；甚至把瞿塘峽中崖壁上的懸棺，也傳爲是諸葛亮的「兵書匣」；而奉節長江邊上的八陣圖，更說成是諸葛亮「功蓋三分國」的歷史見證。

如果來到白帝城，自然會使人想起劉備託孤於諸葛亮的故事。其實，劉備託孤並不在這裏。史書上明明是說，劉備伐吳兵敗「還魚腹（今四川奉節），改魚腹縣曰永安」。又說「章武三年（西元二二三年，即劉備住永安第二年）春，先主於永安病篤，召亮於成都，屬以後事」。可見劉備這年四

註釋

①據鄧拓《燕山夜話》（合集）第五集中〈由岳飛的書畫談起〉一文說：「歷來相傳的岳飛字，如〈還我河山〉、〈前後出師表〉等，現在已經證明並非岳飛的真。」並說：「上海文管會收集到的南宋拓本《鳳墅帖》上刊載有岳飛的信札，他的字體非常接近於蘇東坡。」

月臨死前託孤是在永安宮無疑。至今奉節縣城內還有依稀可辨的劉備臨終時住過的永安宮遺址。不過，想來諸葛亮住永安期間，常到白帝城視察防務，撫慰將士是有的。因此，後人就把諸葛亮和白帝城緊緊連在一起了，甚至把他受詔輔遺也說成是在白帝城發生的事。相沿至今，白帝城竟成了一處紀念諸葛亮的著名勝跡。

白帝廟原是為祭祀西漢末年據蜀稱帝的公孫述而建的。可是，在唐代以前，就逐漸把它改變成祭祀劉備、諸葛亮的先主廟和武侯祠了。唐大曆元年（七六六年）杜甫從成都來到夔州後，他「屢入武侯祠」，瞻拜先主廟，從他先後在這裏寫下的不少頌揚諸葛亮歷史功業的詩篇中①，可以看出這位唐代詩聖對諸葛亮懷著多麼深厚的崇敬之情。尤其是他專門寫給當地官吏，要求維修武侯祠的〈上卿翁請修武侯廟〉這首詩，更反映了他對祖國歷史文物的保護是多麼的關心。「諸葛大名垂宇宙」這一千古名句，就出自他在這期間寫的〈詠懷古跡五首〉之五這首詩中。

而今，在白帝廟哪裏還找得到公孫述的影子呢，不僅在白帝廟巍峨壯觀的明良殿上供奉著劉備、諸葛亮、關羽、張飛等一代明君良臣，而在明良殿西側又有專祀諸葛亮的武侯祠。祠前還有飛簷畫棟、富麗端莊的觀星亭，相傳是因諸葛亮曾在此夜觀「天象」而得名。登上觀星亭前望江樓，會使人胸襟為之一開，千古興亡事，湧上心頭，滔滔的江水沖去了歷史的沉渣，而留給人們的，總是值得紀念的勝跡。

如果再溯江西上，去到諸葛亮當年治蜀的中心——錦城成都，名揚中外的成都武侯祠，以它別具一格的古祠風貌，豐富多彩的歷史文物，更使人對這位深受歷代人民敬慕的蜀漢丞相有更多的了解和認識。

別具一格的成都古祠

座落在錦城南郊萬里橋（今南門大橋）西的成都武侯祠，是後世紀念諸葛武侯祀廟中保存至今規模較大的一座。佇立於萬里橋頭，遙想當年，諸葛亮南征歸來，立刻派遣昭信校尉費禕出使東吳，諸葛亮在此設宴餞行，臨行前，費禕對諸葛亮說：「萬里之路，始於此矣！」費禕當時是從深明諸葛丞相聯吳的一番苦心的，甚感自己肩負這一使命任重道遠，所以說了這麼一句感歎的話，橋因此而得名為「萬里橋」。②

來到紅牆縈繞，翠柏掩映的武侯祠前，不由人不想起杜甫昔年結廬「草堂」寓居成都時因遊覽武侯祠而寫下的那首著名的〈蜀相〉詩篇：

丞相祠堂何處尋，
錦官城外柏森森。
映階碧草自春色，
隔葉黃鸝空好音。
三顧頻煩天下計，
兩朝開濟老臣心。
出師未捷身先死，
長使英雄淚滿襟。

昭烈廟。按漢代陵寢制度，有陵必有廟，稱為原廟，與帝王祖廟即宗廟有別。因陵建廟，這就是劉備廟的來歷。

從這首詩中，我們看到詩人是懷著憑弔瞻仰的心意專程來尋武侯祠的。而當時那翠柏「森森」的古祠遠景，還添加了詩人內心肅穆、景仰的情緒。踱進祠內，映入眼簾的，是階前碧草春意盎然，葉間黃鸝婉轉吟唱的滿園明麗景色，可是千古名臣，而今安在，萬世功業，只今惟餘草青鳥鳴，所以用了「自」

註釋

①這些詩是：〈武侯廟〉、〈謁先主廟〉、〈諸葛廟〉、〈八陣圖〉、〈古柏行〉、〈夔州歌十絕句〉之十，〈詠懷古蹟五首〉之四、五，以及〈上卿翁請修武侯廟〉等。當然，在這些詩中也有詠讚劉備、諸葛魚水君臣關係的。

②劉光祖《萬里橋記》：「羅城南門外笮橋之東，七星橋之一，曰長星橋者，古今相傳，孔明於此送吳使張溫，曰：『此水下至揚州萬里。』後因以名。或曰費禕聘吳，孔明送之至此，曰：『萬里之道，從此始也。』」而李吉甫《元和郡縣志》則稱：「萬里橋架大江水，在成都縣南八里。蜀使費禕聘吳，諸葛祖之。禕歎曰：『萬里之路，始於此矣。』橋因以名。」又據張澍在《諸葛忠武侯文集》按語中說：「《大清一統志》以『萬里之行始於此』為武侯語，非也。劉光祖《萬里橋記》亦同此誤。」今從《元和郡縣志》。

「空」，來寄託感慨。杜甫是因安史之亂避難來成都的，他在詩中對諸葛亮匡時濟世的獻身精神給予了高度的讚揚，但同時又對他宿志未酬寄予了深切的同情。這首詩作於唐肅宗上元元年（七六〇年）春天。顯見當時南郊武侯祠已是一處著名的勝跡了。

玩味杜詩，再觀今日古祠廟貌，不禁使人萬分驚異：大門上高懸著「漢昭烈廟」金字橫匾，這哪裏是當年杜甫所「尋」的「丞相祠堂」呢？而大門外左邊牆上卻明白地嵌著石刻「武侯祠」三個貼金大字。這到底又是怎麼一回事，何以蜀漢昭烈皇帝劉備廟又成爲紀念諸葛丞相的武侯祠了呢？

蜀漢昭烈帝劉備

現在人們所見，固然不是杜甫當年所尋的那座古柏祠堂，不過，杜甫後來在夔州回憶他在成都遊覽武侯祠時，從他寫在〈古柏行〉中的詩句「憶昨路繞錦亭東，先主武侯同閟宮」，又的確告訴我們：在唐代，成都南郊既有武侯祠，又有先主廟。所謂「同閟宮」，是說同在一處，相隔很近，並非同在一個祀廟內。

更可貴的記載是，杜甫不僅在〈蜀相〉詩中描繪了當時武侯祠「柏森森」的古祠風貌，他在〈古柏行〉中，又將成都祠柏與白帝城孔明廟前「柯如青銅根如石」的「老柏」加以比較，進而繪出成都祠柏「崔嵬枝幹郊原古」的高大形象。從成都祠柏的蒼勁挺拔、森森茂密來看，儘管南郊武侯祠始建年代不詳，但也可知在唐代以前很早就建立了。

而劉備廟卻是因「惠陵」（即劉備墓）而建的。按漢代陵寢制度，有陵必有廟，稱爲原廟，與帝王祖廟即宗廟有別。因陵建廟，這就是劉備廟的來歷。考此廟初建，規制狹小，僅供祭祀。《古今記》謂之「先帝廟」；《寰宇記》又稱「惠陵祠」。南北朝時，因齊高帝蕭道成夢益州有天子鹵簿（儀仗），乃「詔益州刺史傅覃修之」。這次修建並非重修，而是據原廟加以擴建。可視爲今天昭烈廟之始。

劉禪開初是不同意爲諸葛亮修建祀廟的，尤其怕沖了他的祖廟，更不允許在成都建廟。可是，後人卻不管他那一套，不但要建，而且還偏偏把武侯祠建在他父親的墓葬旁邊。劉禪不尊重諸葛亮和他父親在世時和衷共濟的魚水之情，後人倒是特別看重這一點的。

其實，南郊武侯祠還不是成都最早的一座武侯祠。據宋代祝穆《方輿勝覽》記載：西元四世紀初李雄稱王成都時，「始爲廟於少城」；永和三年（西元三四七年）東晉桓溫平蜀，「夷少城，猶存孔明廟」。可見蜀亡四十餘年成都就有諸葛武侯的祀廟了。殷芸《小說》還記載了這麼一件有趣的事，說桓溫征蜀，遇見武侯時一個小史（侍僮），已年逾百歲，桓溫問道：「諸葛丞相今誰與比？」答稱：「葛公在時，亦不覺異，自公沒後，不見其比。」這個故事說明，諸葛亮生前是和普通人一樣的平易近人，人們也沒有把他當「神」看待；但是，在他死後，人們對他所作所爲，處處感到他的好處，是任何人也比不上的。這是對諸葛亮非常眞切而崇高的評價，不是跟隨諸葛亮多年的人是講不出來的。這大概就是偉大寓於平凡的道理。這個故事再與桓溫「夷少城，猶存孔明廟」這件事聯繫起來看，桓溫這個東晉權臣是這樣的殘暴，但是對已死的諸葛亮，卻還不敢動一根毫毛，這正是說明諸葛亮的過人之處。

曾做過桓溫幕僚的東晉史家習鑿齒，由於發現桓溫在滅蜀之後蓄意謀篡東晉政權，乃著《漢晉春秋》，用諸葛亮輔佐劉氏的史實，對其陰寓規諫，希望桓溫以諸葛亮爲楷模，打消謀篡的念頭。至今，成都武侯祠諸葛亮殿上有聯語道：「異代相知習鑿齒，千秋同祀武鄉侯。」這副對聯把習鑿齒和諸葛亮比作是「異代相知」，因爲習鑿齒著書立說，記載了諸葛亮的歷史功績，歌頌了諸葛亮的學識品德，使後世更加了解和懷念這位三國時代傑出的政治家。雖然桓溫到底沒有去學諸葛亮「兩朝開濟」的忠貞品質，終因篡奪未成而死去。

自桓溫在少城留下了這座孔

明廟之後，成都不少地方都先後爲諸葛亮建過祀廟，這些祀廟名稱不一，或名武侯祠、武侯廟，或稱諸葛廟、丞相祠，等等。大概是由於後來南郊武侯祠修建得特別好，又靠近劉備墳塋，來此瞻仰者日益增多，其中高人、韻士，不乏其人，因而名聲遠噪，其他那些祀廟也就逐漸消失或歸於統一了。

杜甫之後，過了四十九年，裴度於唐憲宗元和四年（八〇九年）因拜謁南郊武侯祠而撰述了一篇著名的碑文。碑名爲《蜀丞相諸葛武侯祠堂碑》。這通碑由當時成都少尹的柳公綽（唐代書法名家柳公權之兄）書寫，並由當時名工魯建鐫刻，由於文章、書法、刻技均臻精絕，自明代中期以後就有「三絕」之譽。

唐代「蜀丞相諸葛武侯祠堂碑」，唐憲宗元和四年（西元809年）刻立，。碑文對諸葛亮的一生，作了重點褒評；竭力讚頌諸葛亮的高風亮節，文治武功。

按碑文記載，元和四年（八〇九年）前後裴度在臨淮公、劍南西川節度使武元衡幕府「獲參管記」，作節度使署書記。裴度後來成爲唐代中期名相。他在碑文中竭力稱讚諸葛亮「勤勞王事」、謀求統一的事功，這和他自己在當時力主維護國家完整、削平藩鎮割據的思想是有一定聯繫的。

裴度看到當時武侯祠香火旺盛、遊人如雲的盛況，他在碑文銘語中記載說：「古柏森森，遺廟沉沉，不殄禋祀，以迄於今，靡不駿奔，若有照臨。」面對莊嚴肅穆的古柏祠堂，裴度最後借「蜀人之心」表達了他對諸葛亮極爲欽敬的思想感情。裴度這篇碑文，不僅高度評價了諸葛亮，也反映了裴度自己的學識品格。

晚唐著名詩人李商隱也到南郊武侯祠遊覽過，他在唐宣宗大中六年（八五二年）寫下的〈武侯廟古柏〉詩，是借詠讚武侯祠前的古柏來懷念諸葛亮的。詩中說：「蜀相階前柏，龍蛇捧閟宮。陰成外江畔，老向惠陵東。」詩人不僅描繪了祠前的古柏，像龍蛇一樣圍捧著丞相祠宇，給人以森古幽靜之感；而以它伸向東邊的惠陵，去庇護劉備的陵墓，更使人想起諸葛亮效忠劉氏的生死不渝之情。無疑這和詩人「虛負凌雲萬丈才，一生襟抱未嘗開」，終身抑鬱不得志的遭遇有關。

李商隱之前，不僅杜甫、裴度先後在詩文中描繪過武侯祠的「森森」古柏，唐穆宗長慶四年（八二四年）劍南西川節度使段文昌在武侯祠勒石，還寫下了〈武侯廟古柏銘〉，說「斯廟斯柏，實播芳馨」。看來，以柏寫廟，託物寄思，深切地表達了人們遊覽武侯祠時對諸葛亮的懷想之情。在唐代是這樣，到了宋代，更是如此。

據宋代趙抃《成都古今記》，說武侯祠前「有雙文柏，古峭可愛」。而田況在《儒林公議》中，更說武侯祠前大柏係孔明手植，圍數丈。唐末漸枯，歷王建、孟知祥兩代不敢翦伐。至宋太祖乾德五年（九六七年）夏，「枯柯復生，時人異之」。這記載雖不完全可信，但說明祠柏深受人們愛護，即使在唐末五代亂世，連死柏也無人砍伐，這應是諸葛武侯遺愛在民，致使後世思其人猶愛其樹的結果。

宋代大詩人陸游居住成都時，常到南郊遊覽，從他寫下的〈謁漢昭烈惠陵及諸葛公祠宇〉這首詩中，我們看到這位愛國詩人徜徉在「柏密幽鳥哢」的武侯祠前，「尙想忠武公，身任社稷重」，寄抒他當時報國無門、宿志難酬的憤激之情。

由此可見，成都南郊武侯祠在唐宋之世，早已名聞遐邇，不但詩人墨客接踵而至，冠蓋顯宦亦相繼而來。《蜀古跡記》和《聞見錄》中都記載了這麼一個神奇的故事，說「宋太祖建隆二年（九六一年），曹彬爲都監，伐蜀，謁武侯祠，視第宇雄觀，頗有不平之色，謂左右曰：『孔明雖忠於漢，然疲竭蜀之軍民，不能復中原之萬一，何得爲武，當因其傾敗者拆去之，止留其中，以祀香火。』左右皆諫不可。俄報中殿推塌，有石碑出，驚視之，出土尺許，石有刻字，宛若新書，乃孔明親題也。題曰：『測吾心腹事，惟有宋曹彬。』（曹彬）讀訖，下拜，曰：『公，神人也，小子安能測哉！』遂令蜀守新其祠宇，爲文祭之而去。」去掉這個故事的虛妄色彩，我們可以看到：以成敗論英雄的觀點來看待諸葛亮，人們是不同意的。

這個故事還告訴我們，唐宋時期成都南郊武侯祠「第宇雄觀」，是一座極其宏偉壯麗的古柏祠堂。從李商隱的詩句，我們知道這座古柏祠堂是在惠陵的西邊。宋代吳曾《能改齋漫錄》亦有記：「蜀先主祠在成都錦官門（南城門）外，西夾（近）即武侯祠。」南宋紹興二十八年（一一五八年）昭烈廟重修過一次，任淵在這次寫的〈重修先主廟記〉中說：「昭烈廟西偏少（稍）南，又有別廟祀忠武侯，老柏參天，氣象甚古，詩人常爲賦之。」這正是唐宋詩人一再描繪武侯祠的情景。可惜，這座在唐宋時與昭烈廟相鄰的古祠，到了明初，卻被明代統治者出自某種偏見而加以廢掉了。

明代初年，明太祖朱元璋第十一子蜀獻王朱椿來到成都，看見南郊武侯祠與昭烈廟并立，特別是目睹劉備墳塋「孤塚纍然」，冷落淒涼；而旁邊的武侯祠卻「丹碧巋然」，宏麗壯觀，作爲帝王家子的朱椿，觸景生情，心裏很不是滋味。他在動了一番腦筋之後，爲劉備整修陵廟時，提出武侯祠逼近「惠陵」，於祀制不合，並以「君臣宜一體」爲理由，把諸葛亮請進昭烈廟，置於劉備殿東，關羽、張飛置於殿西。自此，昭烈廟「西偏稍南」的武侯祠遂廢。著名的「三絕」唐碑亦同時遷入昭烈廟中。事畢後，朱椿還親自寫了一篇冠冕堂皇的〈祭昭烈忠武君臣文〉，在對劉備、諸葛亮「君明臣良」讚美一番之後，對經他整修過的昭烈廟說是「新規模於今日，聚精神於一堂，告厥成功，我心孔臧」，表示對他這番安排很滿意，很放心了。

朱椿滿意，人民滿不滿意，很難說。

到了明代中期，連四川統治者內部也有人提出：「侯之功德大矣，不專何崇，不崇何稱。」認爲還是應該爲諸葛武侯建專祠才合適，不這樣，實在和他在歷史上的功德不相稱。終於又在草堂東南瀕臨浣花溪另建了一座武侯祠。可惜，這座專祠在明代末年焚於兵火。

耐人尋味的是，南郊武侯祠自明初廢後，而稱謂猶存。長期以來，雖然大門上仍高懸「漢昭烈廟」金字横匾，人們卻習慣地把這座君臣合廟籠統稱之爲武侯祠。就在明代人寫的碑記上，亦反映了這種情況。這倒是朱椿所意想不到的。對此，民國時代曾有人寫過一首詩來詠歎這件事，詩云：

門額大書昭烈廟，
世人都道武侯祠。
由來名位輸功烈，
丞相功高百代思。

這首詩既直率地反映了人們對

諸葛亮的仰慕勝於劉備的心情，也表明了歷史人物的功績和人民對他的態度，不是由名位的高低來決定的。

伊：伊尹。周，周公姬旦。經濟：經世濟民，治理國家的才幹。這個詞意思是說諸葛亮治理國家的才幹，與伊尹、周公一樣。清人馮昆所書。

然而，成都武侯祠歷經滄桑之變，現在人們所見，既非唐宋舊觀，亦非明代廟貌，乃是清康熙十一年（一六七二年）在明末毀於戰火的舊廟基址上劃地五十六畝重新建成的。清初四川按察使宋可發主持重建武侯祠時，又提出以諸葛亮附祀昭烈廟中，與歷代「專祀之義」不合，乃於劉備殿後建專殿崇祀，即大體奠定了今日成都武侯祠的規模。

明良千古　取"君明臣良，千古垂范"之意。清康熙丙子冬 四川提督吳英 題字，明字多一畫，以免被誤為反清復明。

從清初開始，直到今天，人們不斷在祠內大量補種柏樹，及其他竹樹花木，以恢復其古祠風貌。今天遊人來到武侯祠，仍有當年杜甫所詠的「柏森森」之感。

祠宇坐北朝南，主體建築分大門、二門、劉備殿、過廳、諸葛亮殿五重，嚴格勻稱地排列在從南到北的一條中軸線上。大門與二門之間，走道兩側的翠柏叢中，碑亭林立。從二門至劉備殿，連同兩側文武廊房；以及從過廳至諸葛亮殿，連同兩側書屋、客室，形成兩組以殿宇爲中心的嚴整的四合院式建築，具有我國古代建築的獨特藝

靜遠堂諸葛亮頭戴綸巾、手執羽扇的貼金塑像

術風格。劉備殿高大寬敞，氣勢雄偉，它與後面典雅壯觀、別具一格的諸葛亮殿相比，前高後低，顯示出這座久傳下來君臣合廟的特色。祠內除具有一千七百多年歷史的著名古塚——劉備墓外，共有塑像四十七座，碑碣、匾聯、鼎、爐、鐘、鼓九十餘件。其中不少文物在不同程度上記載和反映了諸葛亮的歷史事跡，對於了解諸葛亮這位三國時代的政治家和軍事家，以及研究蜀漢的歷史是很有幫助的。

武侯祠塑像，除六尊爲無名侍者外，其他四十一尊都是有名有姓的蜀漢歷史人物，分塑在劉備殿、文武廊及諸葛亮殿上。這些泥塑大多是清初重建武侯祠時由民間藝人塑製的，道光年間曾有過一些調整更動①。劉備殿正中爲三米高的蜀漢昭烈皇帝劉備的貼金泥塑坐像，左側陪祀的是他悲壯殉國的孫子北地王劉諶。正殿兩邊的東、西偏殿配祀蜀漢名將關羽、張飛。偏殿下的左、右廊房各有蜀漢文臣武將的著色泥塑像十四尊。文臣以爲劉備出謀劃策、奪占益州的軍師龐統爲首；武將以勇敢善戰的鎮東將軍趙雲領先。

劉備殿一堂上下，塑像神采飛揚，顯示出當年創建蜀漢政權、龍虎風雲際會的盛況。諸葛亮殿正中是諸葛武侯的貼金泥塑坐像，兩側陪祀著他的兒子諸葛瞻、孫子諸葛尚。蜀臨亡，諸葛瞻、諸葛尚一起在綿竹陣戰身殉。很明顯，歷代統治者在選塑這些像時，是嚴格地按照「忠義」這個道德標準來挑選立祀的。

武侯祠內現有碑碣四十多塊，有的立於道亭，有的嵌在壁上，其內容大多是頌揚諸葛亮的歷史功績，或書寫其遺文，或感歎蜀漢盛衰興亡，或記述祠宇興建和維修的情況，等等。大門內走道東側的唐碑，不僅極具文獻價值，又是一通書刻俱佳的藝術珍品。這通唐人評價諸葛亮歷史功績的重要碑刻，至今保存完好，甚爲中外學者所注目。

祠內碑刻均具一定書法藝術價值，字爲行、草、楷、篆各體。其中尤以嵌於諸葛亮殿後壁上的篆書〈出師表〉，爲世所稀有。這是清光緒末成都知府劉心源書寫的，字體爲鐵線篆。以其筆力剛勁，結體秀直，富於質感，頗受人欣賞。而其書刻，一字不苟，逼眞傳神。這書、刻二者的完美結合，把〈出師表〉本身所含有的崇高品質，充分表現出來了。

武侯祠內表彰諸葛亮的匾額和對聯，語言凝練、含意深遠。這些匾、聯，或將諸葛亮比作舜的名臣皋陶和商的賢相伊尹（「匪皋則伊」）；或讚其歷史功績超過春秋齊相管仲、戰國名將樂毅（「勳高管樂」）；或採杜詩稱道他的才能更在漢高祖佐命功臣蕭何、曹參之上；或頌揚諸葛祖孫「三世忠貞」，等等。而其中最爲有名的是懸掛在諸葛亮殿正門上的那副對聯：

能攻心則反側自消，
從古知兵非好戰；
不審勢即寬嚴皆誤，
後來治蜀要深思。

這副對聯用「攻心」、「審勢」來評價諸葛武侯治蜀的文治武功。從用兵和施政兩個方面提出了很有啓發性的問題。上聯說諸葛亮不愧是一個聰明的軍事家，他深知用兵打仗採取軍事行動本身只是一種手段，必須輔以「攻心」戰術，從思想上瓦解敵人。只有這樣，才能達到長治久安的政治目的。諸

註釋

①清道光二十九年（一八四九年），武侯祠塑像在劉沅主持下進行過一次調整更動。他於文臣廊中除去法正、劉巴、許靖，武將廊中去掉李彪、張虎。對此，劉沅在《漢昭烈廟從祀功臣記碑》中說得很清楚：李彪、張虎「於傳無稽」（史傳、演義上均無記載），法正「報怨於睚眦」（斤斤計較個人恩怨），劉巴、許靖「輾轉輕生」（輕於去就），他們都不是劉備的「純臣」，因此，劉沅加以取締。從經劉沅調整至今兩廊配祠的塑像來看，其中有久隨劉備轉戰南北的北方舊人，有受劉備和諸葛亮稱讚過的謀士良將，還有好幾人都是效忠蜀漢的死節之臣。可見劉沅這次是嚴格以「忠義」這個道德標準來進行調整更動的。

葛亮平定南中，就是採用「攻心」政策，最後收到了「南人不復反矣」的實效。下聯用反語，從正面稱讚諸葛亮是一位卓越的政治家，說他治蜀能審時度勢，制定了一系列符合客觀實際，寬嚴得宜的方針政策，提醒後來治蜀的人從中得到教益。這自然使人想起諸葛亮在〈答法正書〉中所闡明的以法治蜀的道理。

對聯作者趙藩，是清末雲南劍川白族人。時任代理四川鹽茶使之職，他於一九○二年遊覽武侯祠，有感於當時四川民變四起，而四川統治者一味採取武力鎮壓，便寫下此聯，有規諫當道之意，但是這副對聯所提出的深刻道理，卻值得人們

明碑全名為《諸葛武侯祠堂碑記》。明嘉靖二十六年（1547）立。四川巡撫張時徹撰文，碑身下有贔屭碑座，座高110cm。碑文主要介紹了武侯祠歷史沿革。

傳誦記取①。過廳內還有永川人游俊撰書的一聯，「兩表酬三顧，一對足千秋」，兩表指前後〈出師表〉，一對指隆中對，概括得體，簡潔明快，也爲眾口流傳。

諸葛亮在人民心中是一位永遠值得紀念的歷史人物，從後來民間長期形成的關於他的傳說中，更可以得到充分的證明。有些事物本來和諸葛亮毫不相干，而人們偏偏把它與諸葛亮連在一起，賦予它以全新的意義，並成爲紀念他的重要文物了。至今陳列在成都武侯祠諸葛亮殿塑像前的三面銅鼓，之所以又稱「諸葛鼓」，就是這種情況的反映。

其實，銅鼓早在春秋戰國時代就已經出現，主要流傳於南方少數民族地區，它既是樂器，又象徵著權力和財富。

但後世卻傳爲諸葛亮南征時創製於軍中，白天用來煮飯，夜晚敲它報警，因而得名「諸葛鼓」。明代的何宇度在《益部談資》中還對「諸葛鼓」的形制大小，紋飾圖案，以及敲擊時的音響等作了具體生動的描述。顯然這是採自民間傳說附會於銅鼓的一種記載。不過，「諸葛鼓」之說，無疑是對諸葛亮平定南中，實行「和撫」民族政策的一種讚揚。這和南中地區類似的其他許多優美動人的傳說一樣，表達了後世對諸葛亮的懷念，因而置銅鼓於諸葛亮像座前，其意義就在於此。

今天，人們來到成都武侯祠，仰望著後殿靜遠堂上正襟危坐的諸葛武侯塑像，從他那雍容安詳，手持羽扇，凝神沉思的儀態中，不禁使人想起他當年那日理萬機、成竹在胸的將相風度。他的一生何以具有如此巨大的魅力，使千百年來人們對他交口讚美，稱譽不絕！「下國臥龍空寤主，中原逐鹿不由人」②，儘管當時的歷史條件未能使他的一生抱負最終展現，然而，當年杜甫來此瞻仰寫下的詩句，「出師未捷身先死，長使英雄淚滿襟」這一千古絕唱，曾喚起後世多少風雲人物的感歎情懷！又曾使多少英雄爲挽救國家危難而熱淚沾襟，並且像諸葛亮那樣「鞠躬盡瘁，死而後已」，獻身於自己理想的事業呵！宋代抗金名將宗澤，在他生命的最後一息，不就是長吟著杜甫詠歎諸葛亮未竟之志的這兩句詩而含恨死去的嗎！

當然，要了解諸葛亮這樣一位對後世有著深廣影響的歷史人物，我們絕不能僅從歷代統治者對他的推崇，或是單從人民群眾對他的敬愛中來了解。前者無疑是從維護統治者的利益出發，帶有某種顯明的政治目的；而後者因長期受小說和傳統戲曲的感染，又不無誇張傳飾之處。我們應該依循他在歷史上留下的腳印，從他當時所處的歷史環境中來具體考察他一生的作爲。歷史上五十四歲的諸葛亮，恰好是半生成長，半生操勞，由布衣而至將相，但是，他畢生爲之盡力實現的統一大業，到底未能成功。看來，還諸葛亮以歷史的本來面目，實在是一項細緻而又艱鉅的研究任務，卻也是一件十分有意義的工作。

註釋

①這副對聯選入《全國楹聯大觀》。近年來有不同的解釋，甚至有人卻認為是批評諸葛亮的。但聯繫趙藩寫這副對聯的背景來看，似應以表彰諸葛亮之文治武功為其主旨。

②溫飛卿〈經五丈原〉。全詩：「鐵馬雲雕共絕塵，柳營高壓漢宮春。天清殺氣屯關右，夜半妖星照渭濱。下國臥龍空寤主，中原得鹿不由人。象床寶帳無言語，從此譙周是老臣！」

第一章 隆中十年

離開山東老家

諸葛亮，字孔明。徐州琅琊郡陽都（今山東沂南縣）人。東漢靈帝光和四年（一八一年）七月二十三日誕生在一個門第不高的官僚家庭裏。他的遠祖諸葛豐在西漢元帝時做過司隸校尉，爲官清正，「刺舉無所避」，有直聲於時。再往上溯，諸葛亮原本姓葛，乃秦末跟從陳涉起義的將軍葛嬰之後。因葛嬰有功反被陳涉殺害，到了漢文帝時追錄其功，封他的孫子爲諸縣（屬琅琊郡）侯。不知過了幾代之後，由諸縣遷至陽都，因陽都先有姓葛的，陽都的人爲了把他們與當地姓葛的區別開來，就稱他們爲「諸葛」，久而久之就習用以爲複姓了。①

這諸葛氏家族到了諸葛亮父親這一代，家世雖並不顯達，但多少還有點名望。諸葛亮的父親諸葛珪做過泰山郡郡丞，他的叔父諸葛玄和當時名門世族中的高官顯宦袁術，以及荊州牧劉表等都有往來。不幸的是，諸葛亮幼小時，生母章氏就病故了。在他上面有比他大五歲的哥哥諸葛瑾，下面有一個弟弟諸葛均，此外還有兩個姐姐。

爲了撫育孤息，父親又娶了一個妻子。大約諸葛亮八歲上，父親諸葛珪又去世了。一家子的生活也就只有依靠叔父諸葛玄來安排料理了。②

這時天下洶洶，人心浮動。就在諸葛亮出生的第四年，即漢靈帝中平元年（一八四年）二月，爆發了驚天動地的黃巾農民大起義。不到一個月的時間，天下紛紛響應，起義軍所到之處，焚燒官府，嚴懲貪官污吏，打擊土豪劣紳，一時搞得東漢帝國上自皇帝，下至州郡官吏，一片驚慌，無不爲之膽寒。在這生死存亡的緊急關頭，東漢王朝動員了它的全部力量，再加上各地結寨自保的地主武裝，對起義軍進行了瘋狂的血腥鎮壓。

雖然在不到一年的時間內，黃巾軍的主力被鎮壓下去了，但這場鬥爭彼起此伏，時高時低，一直延續達二十餘年之久，從根本上動搖了東漢王朝的統治基礎。繼之而來的，是在鎮壓農民革命的血泊中膨脹起來的豪強割據勢力，他們各自擁兵自重，進而又火併廝殺，戰亂不休。自此而後，東漢統治了二百年的江山四分五裂，東漢皇帝成了大豪強手中的玩具，名存而實亡了。

諸葛亮生當亂世。在黃巾起義中，他的家鄉徐州琅琊郡也遭到起義軍衝擊，這在他幼小的心靈上留下了深刻的印象。就在漢靈帝去世的前一年（中平五年，即西元

註釋

①《三國志．吳志．諸葛瑾傳》裴注引應劭《風俗通》：「葛嬰為陳涉將軍，有功而誅，孝文帝追錄，封其孫諸縣侯，因併氏焉。」又裴注引韋曜《吳書》：「其（諸葛瑾）先葛氏，本琅琊諸縣人，後徙陽都。陽都先有姓葛者，時人謂之諸葛，因以為氏。」從這兩條史料來看，《風俗通》所稱「因併氏焉」，與《吳書》「因以為氏」略有不同，前者沒有說清楚因何以併氏，後者把併氏的原因解釋清楚了。但都說明了「諸葛」姓氏的來歷與諸縣的關係。而此兩書都比《三國志》成書早，應是比較可靠的。據《地名知識》：「考漢之諸縣，治所在今山東諸城西南三十里處，即枳溝公社喬莊村東。其處有地名葛坡，今周圍十數里內，猶有葛姓居住，並相傳為諸葛亮的同族。」由此更證實了「諸葛」是指由諸縣遷至陽都而併氏的那一部分葛姓者。

②《諸葛亮集》故事卷一〈諸葛篇〉注引《諸葛氏譜》說：「珪生三子，長瑾，次亮，次均。珪與妻章氏相繼卒，三子俱叔玄撫養。」又說：「玄死時，瑾年十三，亮年八歲。」按《三國志．蜀志．諸葛亮傳》裴注引《獻帝春秋》，說諸葛玄死於建安二年（一九七年），時諸葛亮十七歲。據《資治通鑑》「興平二年（一九五年）劉繇使豫章太守朱皓攻袁術所用太守諸葛玄」，時諸葛亮已十五歲。可見《諸葛氏譜》說諸葛玄死時，「亮年八歲」，是不可靠的。所謂「玄死時」，應為「父死時」之誤。

諸葛瑾

諸葛瑾，字子瑜，徐州琅琊郡陽都（山東沂南）人，諸葛亮之兄，東吳大將軍。興平元年（一九五年）秋，舉家東渡，落户曲阿。與當地名士張承、步騭等相友善。初為長史，後遷中司馬。建安二十四年（二一九年）討關羽，收復荊州，立有戰功。孫權稱吳王，諸葛瑾升綏南將軍，封宣城侯，領南郡太守。孫權稱帝，諸葛瑾拜大將軍、左都護，領豫州牧。諸葛瑾屢建戰功，深得孫權器重。孫權稱：「孤與子瑜，有生死不易之誓。子瑜之不負孤，猶孤之不負子瑜也。」諸葛瑾德行尤純，頗受同僚敬重。孫權頒詔各州推舉「賢人君子」，諸葛瑾名列榜首。赤烏四年（二四一年）六月病故，享年六十八歲。

諸葛瑾有個神童兒子諸葛恪（二○三～二五三年，字元遜）。自幼聰明伶俐、才華穎異。世人皆知「諸葛子瑜之驢」的故事。是説一次孫權宴會群臣，因諸葛瑾臉長，孫權一時起童心，叫人牽頭驢來，在驢臉上題字：「諸葛子瑜」（諸葛瑾之字），眾人皆笑。諸葛恪求添兩字，孫權命人給筆，他添寫「之驢」，於是變成了「諸葛子瑜之驢」，眾人大笑，孫權遂將驢賜給了諸葛瑾。又一次，孫權問諸葛恪：「你父與叔（諸葛亮）誰賢？」這問題很難回答：説父賢，未免自誇；説叔賢，對父失敬，況叔在蜀效力。可諸葛恪毫不遲疑答道：「父賢於叔！」孫權好奇，問其故。諸葛恪儼然而答：「因我父知事明君，而叔不知，所以父賢於叔。」孫權大笑，「深器異之」，曾當面贊揚諸葛父子，説：「藍田生玉，名不虛也。」

兒子是神童，一般父母都會為之高興和自豪。諸葛瑾則不然，「常嫌之，謂非保家之子，每以憂戚」。甚至認為「諸葛恪不但不會大興吾家，而且會給吾家帶來滅門之禍」。諸葛亮的兒子諸葛瞻也是小聰明，諸葛亮也為他憂戚，在給諸葛瑾的家書中説：「瞻今已八歲，聰慧可愛，嫌其早成，恐不為重器耳。」

諸葛恪後來的發展不幸被諸葛瑾言中。諸葛恪屢建功勳，飛黃騰達，三十二歲即為撫越將軍、丹陽太守，後任威北將軍、封都鄉侯。孫權死後，拜大將軍、太子太傅，主持朝政，鎮壓叛亂；率軍築東興城，大勝魏軍，威望達到頂峰。每出入，國人延頸相望，仰其風采。然他少年得志，一帆風順，驕傲、剛愎、蔑眾、輕敵等弱點迅速膨脹。

孫吳自立國之始即屬自守型政權，「劃江而治」是孫權立下的基本國策。歷史事實也證明，孫吳自守易勝，攻易敗。然諸葛恪當政之初，認不清大局，不將休養生息、整軍經武當作根本大計，對國力、對自己的權勢估計過高，不顧大多數人反對，強行徵調二十萬軍隊，出兵伐魏。結果大敗而歸，舉國怨憤，被政敵孫峻殺死在宮中的宴席上。除早先過繼給諸葛亮的諸葛喬之外，諸葛恪全族被誅殺淨盡。

五年後孫峻被殺，諸葛恪得到平反。有朝臣提出給諸葛恪樹碑立傳，博士盛沖認為：「盛夏出軍，士兵傷損，無尺寸之功，不可謂能；受任孤之任，死於豎子之手，不可謂智。」吳主孫休贊同，於是作罷。

一八八年），也就是他父親剛死的這一年冬天，青州、徐州一帶的黃巾軍餘部又大張旗幟，攻打郡縣，轟轟烈烈地幹起來①。朝廷任命丹陽人陶謙爲徐州刺史，很費了一番氣力才把徐州地區的黃巾軍趕走，使「州境晏然」②。徐州境內剛安定下來，可是，青州黃巾軍卻有了更大的發展。這與當時天下分崩，戰禍連綿，給人民帶來的災難直接有關。

東漢末年，外戚與宦官爭權奪利，政治極其腐敗。漢靈帝死後，年僅十四歲的少帝劉辯繼位，國舅何進以大將軍秉政。由於何進在解決宦官的問題上優柔寡斷，異想天開地召外兵董卓入京，想借董卓之手來根除宦官。豈知董卓是一個懷有極大野心、又極端殘忍暴戾的軍閥。在他未到洛陽之前，何進已被宦官殺害，而何進部將袁紹勒兵悉誅宦官達二千餘人之多。在外戚與宦官兩敗俱傷的情況下，董卓乘亂入京，廢掉少帝，立了九歲的陳留王劉協爲帝，這就是東漢朝最後一位皇帝——漢獻帝，政權落入了董卓之手。董卓在洛陽，收聚財寶，殺人爲戲，姦亂宮庭，無惡不作。這一變亂，就是蔡文姬在她的〈悲憤詩〉中所說的「漢季失權柄，董卓亂天常」。

第二年（初平元年，一九○年）春天關東州郡紛紛起兵，推舉袁紹爲盟主，聯軍討伐董卓。應該說從這一年起，由於東漢朝廷的名存實亡，正式拉開了豪強之間割據戰爭的序幕，經過長達近二十年的較量，弱肉強食，相互兼併，最後出現了三分鼎立的局面。十七年後諸葛亮在〈隆中對〉中開頭說的「自董卓以來，豪傑並起，跨州連郡者不可勝數」，指的就是自此開始的情況。

董卓在關東聯軍的壓力下，挾持獻帝逃往長安。就在董卓西遷之後，關東聯軍內部也在彼此之間，爾虞我詐，相互吞併起來。戰爭給勝利者帶來土地和財富，而給人民帶來深重的災難。群眾被逼得無法生活下去，只有鋌而走險，奮起反抗，這就是當時青州黃巾軍迅速發展起來的原因。

漢獻帝初平三年（一九二年），也就是王允聯絡董卓義子呂

註釋

①《資治通鑑》卷五十九：「靈帝中平五年（一八八年）冬，十月，青、徐黃巾復起，寇郡縣。」

②《資治通鑑》卷六十：「朝廷以黃巾寇亂徐州，用謙為刺史。謙至，擊黃巾，大破走之，州境晏然。」

布在長安計殺董卓的這一年，青州黃巾軍已發展到眾至百萬，鄰近州郡莫不爲之震恐。

這年十二歲的諸葛亮也開始認識社會了，用他那雙明亮的眼睛來觀察周圍發生的一些事情，以他幼稚的頭腦來思考一些能夠思考的問題。從他記事的時候起，就常常聽到家裏的人說起「黃巾」，兩年以前徐州地區鬧黃巾，他親眼看見那些頭裏黃巾，揮戈舞刀的勞苦百姓，並不那麼可怕。使他感到可怕的，倒是近兩年從他叔父常在家裏談起的那些駭人聽聞的消息：一會兒說是袁氏弟兄把宮中的宦官斬盡殺絕了；一會兒說董卓把小皇帝搶到長安去了，還放火燒毀了洛陽；一會兒又說是關東州郡爲爭地盤也互相打起來了。從這些消息中，諸葛亮朦朧地意識到「國無寧日」，天下將要大亂了。

這一年，青州黃巾軍倒沒有來攻徐州，卻以迅猛之勢攻入兗州，一戰而下任城（今山東濟寧），殺掉任城相鄭遂。進至東平（今山東東平），再戰而陣斬兗州刺史劉岱，立時兗州無主，一片混亂。何以黃巾軍在兗州能夠取得這麼輝煌的戰果呢？

原因是頭一年袁紹從韓馥手中奪占冀州並自領冀州牧後，又和幽州的公孫瓚爲爭奪河北地盤進行戰爭，劉岱周旋於袁紹和公孫瓚之間，首鼠兩端，無所適從。後來他

程昱

程昱，字仲德，原名程立。東郡東阿（今山東陽谷）人。「長八尺三寸，美鬚髯」。黃巾之亂時，被推為縣令，與百姓共同守城，保全東阿。初平三年（一九二年），兗州刺史劉岱請為輔，不肯。曹操任兗州牧請為輔，從命。鄉人不解：「何前後之相背也？」笑而不答。任壽張縣令。曹操東征徐州，與荀彧留守鄄城（兗州治所，今山東鄄城北）。保全鄄城、東阿范縣三城。升東平相。曹操與呂布戰於濮陽，不利。袁紹欲與曹操聯合，曹操新失兗州，且軍糧將盡，有意應允。說曹操放棄此念。與荀彧堅持奉迎天子建都許昌的策略，造成曹操奉天子以令諸侯的戰略優勢，為其後戰爭的順利實施奠定了基礎。封尚書、東中郎將，領濟陰太守，都兗州事。後升振威將軍、奮武將軍，封安國亭侯。多出計謀。後稱「知足不辱，吾可以退矣。」自表歸兵，閉門不出。曹丕稱帝後，以衛尉進封安鄉侯，增邑三百户，前後共計八百户。去世，追贈車騎將軍，謚肅侯，子程武嗣。幼子程延及孫程曉封列侯。

雖聽從東郡人程昱的意見，拒絕了公孫瓚而與袁紹聯合，但他心裏總是不踏實。果然不久，袁紹竟任用曹操來做兗州的東郡太守，染指兗州，更增加了他的疑慮。他處在這種惶恐不安的心情下，哪裏還想得到去防備青州的黃巾軍呢？青州黃巾軍也正是利用兗州防務空虛攻打進來的。當黃巾軍一舉而占領任城之後，濟北相鮑信鑒於黃巾軍聲勢浩大，而老百姓又向著他們，曾勸阻劉岱不要去和黃巾軍硬拚，要固守險要，以逸待勞，而他偏不聽從，自以爲黃巾軍盡是些烏合之眾，不堪一擊，並親自上陣督戰，結果不出鮑信所料，活活被黃巾軍斬殺於陣上。①

劉岱死後，兗州很亂了一些時候。兗州人士大多希望東郡太守曹操能站出來收拾局面。其實，曹操自己也眞是求之不得的。經過他的部將東郡人陳宮與兗州刺史的幕僚們聯絡後，大家一致推舉他出任兗州牧，擔當起剿滅黃巾軍的重任。此前，曹操曾多次和農民軍打過仗，積累了不少經驗。早先他追隨皇甫嵩、朱儁在潁川一帶屠殺黃巾軍達數萬人之多，並以功升遷爲濟南相。去年袁紹任他爲東郡太守，也是因他圍剿河北黑山軍有功的關係。

曹操出任兗州牧，是他一生中的一個轉折點。他立刻調集軍隊與濟北相鮑信一道，就在壽張（今山東東平西南）附近向農民軍發起猛烈的攻擊，儘管鮑信也落得和劉岱一樣的下場，被農民軍殺死在陣上，但曹操毫不示弱，他深知這是他一生成敗的關鍵，能不能保有兗州，進而爭雄天下，在此一舉。因此，他親自督率將士，厲行賞罰，經過一晝夜激戰，終於把黃巾軍擊退。曹操緊追不捨，這年十二月，青州黃巾軍在濟北被迫向他投降。曹操收得降兵達三十餘萬之多，又得男女一百多萬人。他選拔其中強

註釋

①《三國志．魏志．武帝紀》：「青州黃巾眾百萬入兗州，殺任城相鄭遂，轉入東平。劉岱欲擊之，鮑信諫曰：『今賊眾百萬，百姓皆震恐，士卒無鬥志，不可敵也。……今不若蓄士眾之力，先為固守。彼欲戰不得，攻又不能，其勢必離散，後選精銳，據其要害，擊之可破也。』岱不從，遂與戰，果為所殺。」《三國志．魏志．武帝紀》裴注引孫盛《異同雜語》：「（曹操）嘗問許子將（許劭字）：『我何如人？』子將不答。固問之，子將曰：『子治世之能臣，亂世之奸雄。』太祖大笑。」《資治通鑑》卷六十：「是時，徐方百姓殷盛，穀實差豐，流民多歸之。……許劭避地廣陵，（陶）謙禮之甚厚，劭告其徒曰：『陶恭祖（陶謙字）外慕聲名，內非真正，待吾雖厚，其勢必薄。』遂去之。」

壯的組成一支生力軍，號爲「青州兵」。從此，曹操身價日高。清代學者何焯指出：「魏武之強自此始。」情況正是如此。

曹操收降青州黃巾軍的消息傳到徐州，徐州牧陶謙大爲震驚，他早就聽汝南名士許劭說過，曹操是個了不起的人物①。因爲曹操當時依附於袁紹，而他自己則是和公孫瓚結盟對付袁紹的。因此，曹操勢力的發展，不能不對徐州是一個威脅。所以曹操消滅青州黃巾軍的消息不但沒有使陶謙感到欣慰，反而給他帶來了恐懼。他擔心有一天，曹操會受袁紹的支使，對徐州用兵。

果然陶謙擔心的事，就在第二年秋天發生了。而引起曹操氣勢洶洶出兵徐州的直接原因，連陶謙自己也蒙在鼓裏。原來做過太尉的曹操父親曹嵩，因避難從故鄉譙縣（今安徽亳縣）遷居徐州琅琊，到曹操取得兗州地盤後，就派人去通知他父親到兗州來住。並命令兗州所屬的泰山太守應劭派兵去接。由於曹嵩家財極多，裝了一百多輛車，一路上招搖過市，剛走到泰山郡境內的華縣（今山東費縣東北）、費縣（今山東費縣西北）之間，就被陶謙別將張闓奪去，並把曹嵩和跟隨他的曹操弟弟曹德也一併殺掉，等到應劭的兵馬趕到，張闓他們早已逃得無影無蹤了。據說張闓攜帶著這批財寶投到淮南袁術那兒去了。這件事應劭是不好交代的，只得棄官而逃。曹操得知消息，氣得捶胸頓足，恨得咬牙切

荀彧

荀彧，字文若，潁川潁陰（今河南許昌）人。出身官宦世家，「為人偉美」，「瑰姿奇表」，有「王佐之才」。舉孝廉，遷亢父令。董卓亂政時，棄官與家人搬到冀州。先依附袁紹，後投奔東郡太守曹操。曹操視為張良，任為奮武司馬，再為鎮東司馬。曹操二征徐州，陳宮與張邈叛迎呂布，與程昱、夏侯惇力保三城，使曹操得以據此反攻。

為曹操獻策：迎漢獻帝到許昌，挾天子以令不臣。任侍中，守尚書令，參與曹操軍國大事，舉薦荀攸、鍾繇、郭嘉、陳群、杜襲、司馬懿、戲志才等謀士，建立陣容強大的智囊團。多出計謀，使曹操最終擊敗袁紹。封萬歲亭侯，食邑一千户，任侍中、光祿大夫，持節，參丞相軍事。因反對曹操自封魏公、加九錫，受曹操嫉恨排擠。

奉命赴譙犒軍，途中憂鬱而死。另說曹操送一空盒，示意自盡，於是仰藥而死。時年五十，謚敬侯。

齒，也不管是不是陶謙支使幹的，非找陶謙拚命不可。

曹軍進入徐州境內，一連打下了十多個城池，直抵彭城（今江蘇徐州市），和陶謙帶來堵截的主力軍相遇，曹操厲兵奮擊，一場惡戰。陶謙戰敗後，急忙引著敗殘人馬退保郯城（今山東郯城縣西南），再也不敢出來。曹操圍攻郯城不下，他把復仇的盛怒情緒轉向找徐州老百姓去出氣。於是他縱兵掃蕩，進行了慘無人道的大屠殺，光一次在泗水邊上就坑殺男女數萬口，使泗水爲之不流。②

當時，徐州在曹兵未到之前，還是一個比較安定的地區，關中和中原地區的人民紛紛來此避難。曹操的父親不是也到這兒來避難了嗎，而且還居住在諸葛亮的故鄉琅琊郡。經過曹操這次大屠殺，徐州被糟蹋得殘破不堪了，有的城池連一個人影子也找不到，不但人沒有了，連雞犬也消滅光了。經過這次徐州的大屠殺，也使曹操以其殘忍而聞名於世。

曹操在徐州折騰了一個秋冬，到下一年（即漢獻帝興平元年，西元一九四年）春天，才暫時回到兗州。經過一番休整之後，夏天又再次進攻徐州。由於陶謙這次得到公孫瓚的支援，派了平原相劉備率領關羽、張飛等領兵到徐州來幫助他，心裏踏實些了。可是，曹操這次攻徐州，來勢仍然凶猛，一舉打下五城，掠地至琅琊、東海。這一次，諸葛亮的

註釋

①〈三國志・魏志・武帝紀〉裴注引孫盛《異同雜語》：「(曹操)嘗問許子將(許劭字)：『我何如人？』子將不答。固問之，子將曰：『子治世之能臣，亂世之奸雄。』太祖大笑。」《資治通鑑》卷六十：「是時，徐方百姓殷盛，谷實差豐，流民多歸之…許劭避地廣陵，(陶)謙禮之甚厚，劭告其徒曰：『陶恭祖(陶謙字)外慕聲名，內非真正，待吾雖厚，其勢必薄。』遂去之。」

②《資治通鑑》卷六十稱：「初，京、雒遭董卓之亂，民流移東出，多依徐土，遇操至，坑殺男女數十萬口於泗水，水為不流。」顯然是根據《後漢書・陶謙傳》「凡殺男女數十萬人，雞犬無餘，泗水為之不流」，把曹操這次在徐州「凡殺」的總數當成一次坑殺於泗水的人數了。而據《三國志・魏志・荀彧傳》裴注引〈曹瞞傳〉：「自京師遭董卓之亂，人民流移東出，多依彭城間，遇太祖至，坑殺男女數萬口於泗水，水為不流。」這條史料已經夠說明曹操的殘忍了。

故鄉也直接遭到了破壞①。

當曹操在郯城東邊擊敗陶謙和劉備的聯軍，正準備拿下郯城的時候，突然接到荀彧從兗州派人送來的信，說的是陳留太守張邈和陳宮勾結、共迎呂布爲兗州牧的消息，曹操看後，強忍住內心的驚恐，外表上卻不動聲色，迅疾地從徐州撤兵趕回兗州去了。

徐州經曹操這兩次所加的兵災，弄得滿目淒涼，一片荒殘的景象。戰爭使人民離鄉背井，流離失所，也給諸葛亮一家帶來了劇烈的變化。早些時袁術和劉表都曾先後遣人來請過諸葛玄出去做官，諸葛玄鑑於世亂紛紛，官很難做，再加之哥哥死後留下一大家子，也實在走不開，便都婉言辭謝了。但最近這兩年，諸葛玄眼看徐州戰亂不止，再難安身下去，心裏也正盤算著把家轉移到一個比較安全的地方去。恰好這時，袁術從淮南派人帶來任命他爲豫章太守的書信。諸葛玄便決定留下諸葛瑾在家照顧繼母，並看管家財②。其餘諸葛亮姐弟都隨他到豫章（今江西南昌）上任去。這樣，諸葛亮一家就分離了。

興平二年（一九五年）諸葛亮姐弟離開山東老家，隨叔父剛到豫章不久，時逢東漢王朝又派了一個叫朱皓的人來做豫章太守取代他的叔父，而這個朱皓還從當時正和袁術爭奪揚州的劉繇那兒借得一支兵馬，用武力來強行上任。因此，諸葛玄只好帶著他們姐弟匆忙地去投奔他的好友荊州牧劉表。

結廬隆中

諸葛亮隨叔父到荊州在襄陽住下之後，就聽說曹操在兗州打敗了

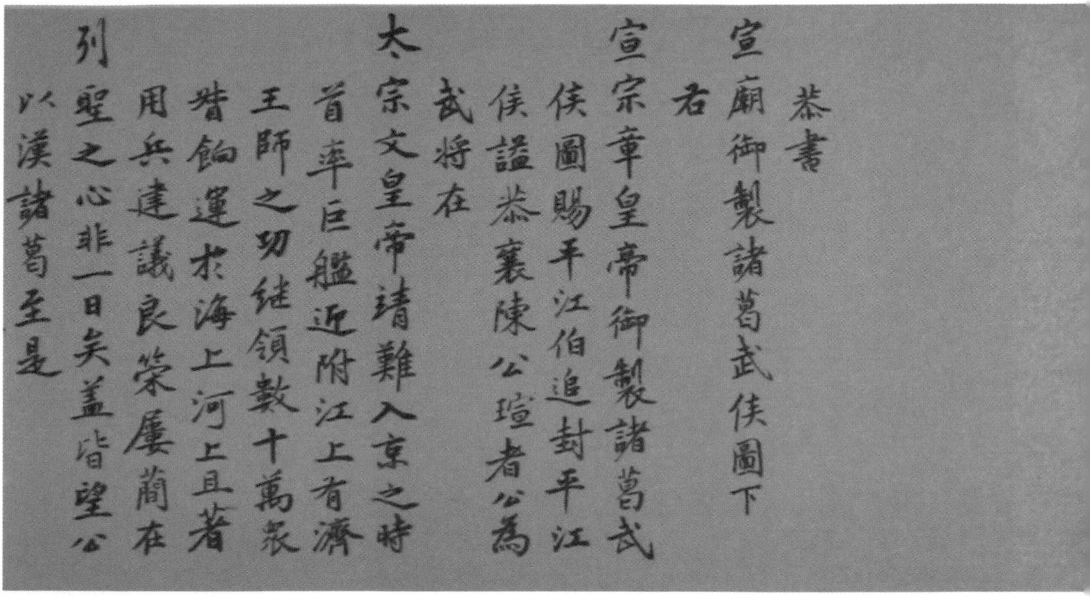
恭書
宣廟御製諸葛武侯圖下
右
宣宗章皇帝御製諸葛武
侯圖賜平江伯追封平江
侯謚恭襄陳公瑄者公為
武將在
太宗文皇帝靖難入京之時
首率巨艦近附江上有濟
王師之功繼領數十萬衆
督餉運于海上河上且著
用兵建議良策屢簡在
列聖之心非一日矣蓋皆望公
以漢諸葛至是

武侯高臥圖
明宣宗朱瞻基繪畫作品。此圖繪諸葛亮出茅廬輔助劉備之前，隱居南陽躬耕自樂的形象。

呂布，並把呂布趕到徐州去了。及至陶謙病死，徐州人士共同擁戴劉備做了徐州牧。呂布到徐州去會不會和劉備爭徐州呢？曹操又會不會再打到徐州去呢？十五歲的諸葛亮深爲留在家鄉的兄長和繼母的安全擔心。過了不久，又聽說李傕、郭汜大亂關中，連和他同歲的小皇帝也不知去向了。到這一年年底，才聽說漢獻帝逃難到了安邑（今山西省夏縣北）。

諸葛亮從他自己這一年多來的親身經歷中，深深地感受到國家的分裂給人民帶來的苦難，不要說當時處在戰亂之中的勞苦百姓沒法下去，就連貴爲天子的皇帝也直接經受著這一災害。諸葛亮儘量以他自小從書中得來的一些知識，和他從父輩

註釋

①《資治通鑑》卷六十一：「曹操使司馬荀彧、壽張令程昱守甄城，復往攻陶謙，遂略地至琅琊、東海，所過殘滅。」

②《三國志．蜀志．諸葛亮傳》：「亮早孤，從父玄為袁術所署豫章太守，玄將亮及亮弟均之官。」而《三國志．吳志．諸葛瑾傳》，說諸葛瑾避亂到江東，「值孫策卒」，是在建安五年（二〇〇年），即諸葛亮隨叔父離開琅琊之後五年。諸葛瑾自己對孫權說是「遭本州傾覆，生類殄盡。棄墳墓，攜老弱，披草萊」，歷盡艱辛到江東的。《華陽國志．劉先主志》說劉備據荊州後，孫權遣使求共伐蜀，稱：「雅願以隆，成為一家，諸葛孔明母兄在吳，可令相併。」可見諸葛瑾是後來奉繼母一同到江東的。

們口中聽到的有關國家興亡的歷史故事，來看待眼前的社會現實。

襄陽是荊州的首府，地控南北，水陸交通極爲便利。荊州地區在當時，比較而言，還算是一個較爲安全的區域。諸葛亮隨叔父來到這裏，生活雖然安定下來了，但他的思想卻起了較大的變化，他的心情隨著見識的增長愈來愈不平靜。諸葛亮從小是一個喜歡動腦筋的人，遇事總要問個究竟。由於襄陽交通方便，南來北往流動的人甚多，幾乎每天都會遇到一些新鮮的事，聽到一些難得聽見的奇聞，這些見聞進一步啓迪著他對社會的認識。

聘龐圖

諸葛亮住居襄陽期間，因他叔父的關係，先後結識了不少當地以及外地流寓而來的知名人士。其中，有南郡襄陽縣的大名士龐德公，從潁川遷居來襄陽、號稱「水鏡」先生的司馬徽，以及沔南名士黃承彥等。而那個比他大兩、三歲的龐德公侄兒龐統，雖然外貌不揚，卻也是一位談吐不俗的青年俊士。而在這些名士之中，最使他尊敬的莫過於龐德公了。

龐德公隱居在襄陽城外峴山之南，耕種自食。在荊州地區很有名望。司馬徽尊稱他爲「龐公」，把他當兄長看待①。諸葛亮聽說劉表曾多次請他出來做官，都被他拒絕了。有一次，劉表親自去時，他正和妻子在田間耕耘，抬頭看見劉表來到他面前，只好放下手中的活，「釋耕於壟上」，就和劉表在田埂上談起話來，而他的妻子仍在地裏幹活。劉表眞拿他沒有辦法，只得悻悻而返。

諸葛亮常到龐德公家走動。每次去總是很恭敬地向龐公行禮，甚至「獨拜床下」。開初，龐公也不加制止②。時間久了，龐公覺得這個俊秀的青年實在可愛，而尤其使他感覺到的，是這個青年身上有著某種非同尋常的氣質，好似一塊天然美質的璞玉渾金。龐德公漸漸地讓他免去了那些世俗凡禮，並誠懇地和他結成了忘年之交，敞開胸懷和他交談起來：從國家的盛衰存亡，談到眼前的得失利弊；從古今成敗的經驗教訓，談到個人的愛好志趣。諸葛亮深感龐公是一位思慮精密、學識淵博的人。諸葛亮每想起劉表請他的事，對他不肯出山相助總感到迷惑不解，但人各有志，不便唐突詰問。

兩年之後，即漢獻帝建安二年（一九七年），諸葛亮的叔父在襄陽病逝。好在叔父病故之前，兩個姐姐均已出嫁，都有了個好的著落。他的大姐嫁給中廬縣的蒯祺③，蒯家世代書香，是荊州地區的名門望族。二姐嫁給龐德公的兒子龐山民④。龐山民也是一位名士。這使諸葛亮感到十分欣慰。親人之中，除了遠在老家的哥哥和繼母常使他惦念外，剩下就是他身邊的小弟弟諸葛均了。

諸葛亮本想帶著弟弟回老家去，想起徐州地區還是鬧哄哄的，上一年呂布從劉備手中奪占了徐州，迫使劉備投奔到曹操那兒去。又聽說曹操去年把從關中逃難出來的漢獻帝接到了許昌，漢獻帝封他爲大將軍，惹起了袁紹的不滿，曹操只得把大將軍讓給名高勢大的袁紹去做，而他自己只當司空，行車騎將軍事，才算暫時擺平。

孫策去年已經平定了江東。就今年內發生的事來看，情況簡直糟糕透了：荊州北面南陽一帶曹操就正在和張繡、劉表打仗。更荒唐的是，淮南的袁術竟稱帝於壽春（今安徽壽縣），公然做起皇帝來了。孫策原是聽從袁術的，爲這件事也就和袁術翻臉。天下紛紛，何處是國？又何處是家？

諸葛亮不禁想起了龐德公。龐公在他叔父死後再三表示對他的關

註釋

①《後漢書．龐公傳》李賢等注引《襄陽記》：「司馬德操（司馬徽字）嘗詣德公，值其渡沔上先人墓，德操徑入其堂，呼德公妻子，使速作黍，徐元直（徐庶字）向云當來就我與德公談。其妻子皆羅拜於堂下，奔走共設。須臾德公還，直入相就，不知何等是客也。德操年小德公十歲，兄事之，呼作龐公，故俗人遂謂龐公是德公名，非也。」

②《三國志．蜀志．龐統傳》裴注引《襄陽記》：「諸葛孔明為臥龍，龐士元（龐統字）為鳳雛，司馬德操為水鏡，皆龐德公語也。德公，襄陽人。孔明每至其家，獨拜床下，德公初不令止。」

③明萬曆《襄陽府志》：「欽從祖祺婦，即諸葛孔明之大姐也。」

④《三國志．蜀志．龐統傳》裴注引《襄陽記》：「德公子山民，亦有令名，娶諸葛孔明小姊。」《三國演義》第三十五回中說「龐德公字山民」，顯然是弄錯了。

心，希望他能留下來，特別是希望他不要虛度年華，要致力於學，要多讀些書，尤其要多探討些經邦濟世的學問，現在一時用不著，來日方長，將來總有用得上的一天。水鏡先生也作了同樣的表示和鼓勵。其他的一些好友，如崔州平、徐元直、孟公威、石廣元等①，也都希望他不要走，留下來繼續和大家一起切磋學問。經過一番深思熟慮之後，諸葛亮決定不走了。

就在叔父死的這一年，十七歲的諸葛亮帶著弟弟諸葛均，搬遷到襄陽城西邊二十里、地屬當時南陽郡鄧縣管轄的隆中山村②，在這兒蓋起了幾間草屋，開始過著他三十年後在〈出師表〉中所說的「躬耕於南陽，苟全性命於亂世，不求聞達於諸侯」的隱居生活。不管他後來怎麼說，還是看看他當時長達十年的這一段生活到底是怎麼過來的。

諸葛亮在這山明水秀、「萬樹桑柘美」③的隆中小山村住居之後，心境也頓然安靜下來了。平時除參加田間的耕作外，多半是在草堂內掩門攻讀。有時也應學友相邀外出遊歷，或自個兒出去尋訪師友。當然最常去的是龐公家裏，一方面是去看望他的二姐，更主要的是去向龐公討教。而居住在魚梁洲之南④的水鏡先生處，也是他喜

孫策

孫策，字伯符，揚州吳郡富春（今浙江富陽）人。破虜將軍孫堅長子。少居江淮間，頗有聲望。父死，投袁術，不得志。興平二年（一九五年），率其父所部千餘人渡江，轉戰江東。攻揚州刺史劉繇、會稽太守王朗諸部。美姿顏，為人闊達，善於用兵用人，軍紀嚴明，得周瑜、張紘等地方勢力支持，先後攻占吳、會稽等郡。建安二年（一九七年）袁術稱帝，奉漢帝詔與曹操等共討之，拜討逆將軍，封吳侯，領會稽太守，以親族分守諸郡。四年（一九九年），攻敗廬江太守劉勳，得袁術、劉勳兵兩萬餘，盡納江東六郡，割據東南，為後來吳國的建立奠定堅實基礎。五年（二〇〇年），曹袁官渡之戰，密謀襲許昌，迎獻帝，兵未發，於丹徒被吳郡太守許貢門客刺殺，終年二十六歲。臨終囑弟孫權繼承其事業。弟孫權稱帝後，追謚長沙桓王。

孫策妻大喬，弟孫權、孫紹、孫奉、孫朗，二妹。論者以為：孫策平定天下的大志和素質，不亞於操、備。他極具軍事才能，攻城拔營有楚霸王之風，謀略更勝霸王，趁曹袁決戰，欲迎獻帝，居大義，在戰機、戰略把握上均為上乘。孫策能以極短的時間平定江東，除正確的戰略戰術外，其以領袖風采和魅力，深得軍民擁戴也是必要條件。

愛去的地方。諸葛亮和司馬徽在一起交談，感覺到別有一番雅致的情趣。龐公的淵博精深，固然使他欽佩之至，而司馬徽的清奇之論，又格外使他明目爽心。而和沔南的黃承彥老先生接觸，從他那開朗豪邁的性格和他那談笑古今的神態之中，又使諸葛亮感到意氣風發，不禁擊節思奮。

諸葛亮每天清晨讀書之後，常縱情開懷於山崗之上；而夜間觀書之餘，則盤足撫琴於草廬之中。諸葛亮從小就喜好流傳在山東老家的一首《梁父吟》古曲⑤，現在諸葛亮彈奏起這支曲子，不僅僅是寄抒了他對故鄉的懷念之情，而且由於這首古曲的內容講的是春秋時齊晏子「二桃殺三士」的故事，因而就更能激起他對國家命運的關注，歷史上哪一代的衰亡又不是小人進讒賢士遭害所致的結果呢！遠的不說，從本朝前後兩代盛衰興亡的經

註釋

① 《三國志・蜀志・諸葛亮傳》稱：「博陵崔州平、穎川徐庶元直與亮友善。」又裴注引《魏略》：「亮在荊州，以建安初與穎川石廣元、徐元直、汝南孟公威等俱游學。」

② 《三國志・蜀志・諸葛亮傳》裴注引《漢晉春秋》：「亮家於南陽之鄧縣，在襄陽城西二十里，號曰隆中。」

③ 《資治通鑑》卷六十五胡三省注引蘇東坡〈萬山詩〉：「回頭望西北，隱隱龜背起；傳云古隆中，萬樹桑柘美。」

④ 《三國志集解》：〈龐統傳〉裴注《襄陽記》引趙一清曰：「《水經・沔水注》，沔水中有魚梁洲……司馬德操宅洲之陽。」

⑤ 《梁父吟》，又作《梁甫吟》，古歌謠名。全詩：「步出齊城門，遙望蕩陰里。里中有三墳，纍纍正相似。問是誰家塚？田疆古冶子。力能排南山，文能絕地理。一朝被讒言，二桃殺三士。誰能為此謀？國相齊晏子。」按宋代郭茂倩編輯《樂府詩集》引謝希逸〈琴論〉說：「諸葛亮作梁甫吟。」認定《步出齊城門》這首為諸葛亮所作。清代張澍編《諸葛忠武侯文集》亦收進此篇。可是，歷來對於這首詩歌是否為諸葛亮所作有懷疑，而且對其內容的解釋也不一。有人根據梁父山在泰山下，山小而險，引張衡〈四愁詩〉中「欲往從之梁甫艱」之句，說諸葛亮「好為梁父吟」，是感慨事業的艱辛。也有人說「梁父吟本是歌謠，諸葛吟之遺興耳」（《藝文類聚》十九引〈陳武別傳〉），沒有什麼深意。對於詩中提到的晏子，有人說是諸葛亮稱讚晏子的智謀；也有人恰好相反，認為諸葛亮是不贊成晏子這種進讒害能的行為的。從傳文本身來看，諸葛亮「好為梁父吟」，不一定他就作了《梁父吟》，也不一定「梁父吟」就是這首詩。所以清人沈德潛在《古詩源》中雖然把這首詩列為諸葛亮所作的漢詩，但他卻在注釋中說：「武侯好為梁父，非必但指此章，或篇帙散落，唯此流傳耳。」這是比較客觀的說法。

驗教訓來看，豈不是充分證明了這一點嗎！而國家的衰弱又總是導致無休止的戰爭，從而給國家民族帶來巨大的災難。

諸葛亮居住隆中的第四年，即漢獻帝建安五年（二〇〇年），北方的上空戰雲密佈，眼看中原要發生一場大戰了。來荊州避難的人日漸增多。事情是這樣：前年呂布在徐州被曹操擒殺；去年十一月張繡也在南陽投降了曹操。而這之前，那個在淮南過了一年多皇帝癮的袁術，也因內外交困，走向窮途末路，在取道徐州去投奔其兄袁紹的半路上為劉備所逼吐血而亡。劉備是曹操指派他去的，他在堵截袁術時趁機奪回了徐州。而袁紹在消滅幽州的公孫瓚之後，已跨有幽、冀、青、并四州之地，成為北方最強大的割據者。能與之頡頏的，就是個曹操。從去年八月起，袁曹兩家屯兵相持於官渡（今河南中牟縣東北）。眼看逐鹿中原，一決雌雄的大戰已箭在弦上了。

前些時候，諸葛亮聽黃老先生說，劉表的幕僚們為此爭論不休，有的勸他投靠曹操；有的則因袁紹勢大，勸他最好依附袁紹。據黃老先生認為：從曹操這幾年的作為來看，儘管力量不如袁紹大，論智計袁紹卻遠遜於曹操，恐怕不是曹操的對手。果然今年一開始，曹操為

司馬徽

司馬徽（一七四年—二〇八年），字德操，潁川陽翟（今河南省禹州市）人。自幼飽讀經史，才高學廣，有君子之風。鑑於「黨錮之禍」，從不隨意臧否人物，一味稱「好，好」，得綽號「好好先生」。實際則以知人、育人、薦人而著稱，被譽「人鑑」，號「水鏡先生」。

建安四年（一九九年），為避戰亂遷居荊州，設館授徒，培育人才。與襄陽名流、中州名士交往密切，龐德公、龐統、徐庶、諸葛亮、崔州平、石廣元、孟公威、尹敏、李仁等都是他的座上客或弟子。他慧眼識人才，以躬耕南陽臥龍崗的諸葛亮為王佐之器、君相之才，將他比做「臥龍」，又將龐統比做「鳳雛」，於十二年（二〇七年）推薦給了劉備。十三年（二〇八年），曹操大軍南征，俘獲司馬徽，擬加重用，因司馬徽病故，未果。

避免和袁紹、劉備兩線作戰的危險，以迅雷不及掩耳之勢，一舉而下徐州，不但劉備隻身走河北，連關羽也被擒降了。曹操回師官渡不久，就和袁紹正式拉開了戰爭的帷幕。到這年十月戰事結束，又果如黃承彥之所料。①

就在這一年，諸葛亮得知他的哥哥諸葛瑾和繼母也離開山東老家，避難到了江東。這消息還是龐統從江東帶回來的。一天，諸葛亮從住在檀溪②邊上的崔州平、徐元直那兒聽到龐統已從江東遊歷歸來③，還說龐統在江東會見了他的家兄諸葛瑾，並轉告他說：「龐統近日內要到隆中來看你。」諸葛亮心想龐統比自己年長，既已知道他遠道歸來，又帶回家兄的消息，還是自己先去看望他吧。於是，諸葛亮就到沔水環繞的白沙曲④上去拜會龐統。一見面，龐統就拉著他的手，上下仔細打量一番，然後笑著說道：「一別三載，越發英秀俊偉了，怎麼山川靈氣都聚合在你們諸葛氏弟兄身上呢。」

原來諸葛瑾到江東時，正值孫策死去，周瑜、張昭等受命輔佐其弟孫權。孫權的姐夫弘咨見諸葛瑾儀表非凡，談吐不俗，就把他引薦給孫權。孫權一見也十分歡喜，因而諸葛瑾和魯肅一樣受到優禮相待。龐統正是在魯肅處會見諸葛瑾的。因龐統日內要動身回荊州去，諸葛瑾特意給諸葛亮寫了封家書託他捎回，並囑他問候荊州的親友們。

註釋

①《三國志·蜀志·諸葛亮傳》裴注引《襄陽記》：「黃承彥者，高爽開列，為沔南名士。」又《三國志集解》引〈襄陽耆舊傳〉：「漢末諸蔡最盛，蔡諷姊適太尉張溫，長女為黃承彥妻，小女為劉景升（劉表字）後婦，瑁之姊也。」

②《三國志集解》：〈諸葛亮傳〉引《水經·沔水注》：「沔水又東合檀溪水，溪之陽有徐元直、崔州平故宅。」

③《三國志·吳志·陸績傳》：「績容貌雄壯，博學多識，星曆算數無不該覽。虞翻舊齒名盛，龐統荊州令士，年亦差長，皆與績友善。」《三國志·蜀志·龐統傳》裴注引張勃〈吳錄〉，亦說龐統與江東名士陸績、顧邵等交往甚密。裴注引〈江表傳〉又說龐統「為周瑜功曹」。〈龐統傳〉又說龐統後歸劉備，亦「魯肅遺先主書」所薦。根據這些史料，龐統與江東人物的交往密切。

④《三國志集解》：〈龐統傳〉引趙一清曰：「《水經·沔水注》，沔水中有魚梁洲，龐德公所居，士元居漢之陰，在南白沙，世故謂是地為白沙曲矣。」

龐統

龐統(一七九～214)，字士元，襄陽(今湖北襄樊)人。出身世家，叔父是大名士龐德公。龐統才華橫溢，有治世之能，曾與東吳陸積、顧劭等臧否人物，自稱「論帝王之祕策，攬倚伏之要最，吾似有一日之長。」與諸葛亮、司馬徽齊名，諸葛亮為「臥龍」，龐統為「鳳雛」，司馬徽為「水鏡」。

龐統曾任東吳功曹。劉備任荊州牧後，投靠劉備，未得重用，僅命以從事身分代理縣令，因不理縣務，被免官。魯肅寫信給劉備推薦龐統，中有：「龐士元非百里才也，使處治中、別駕之任，始當展其驥足耳。」（魯肅也向孫權全力推薦過龐統，稱往日周公瑾多用其言，孔明也深服其智。當時周瑜剛死，孫權大喜，急招面談，不想龐統出言不遜，竟稱自己比周瑜強得多，孫權不悅，對魯肅道：「一個狂士，用之何益！」）諸葛亮亦薦舉。於是劉備召見龐統，交談後大為器重，任為治中從事。後與諸葛亮同為軍師中郎將。

建安十六年（二一一年），法正奉益州牧劉璋之命到荊州，迎接劉備入益州共拒張魯，私下請劉備藉機謀取益州。劉備不能決斷。龐統進言道：「荊州荒蕪殘敗，人物流失殆盡。且東有孫權，北有曹操，難有發展。益州戶口百萬，土地肥沃，物產豐饒，如奪取此地以為根基，當可成就大業。」劉備遂留諸葛亮、關羽等鎮守荊州，而自帶龐統，率數萬兵士進入益州，屯駐葭萌關。龐統向劉備獻策三條，上策為：暗選精兵，晝夜兼程，逕襲成都。劉璋既不懂軍事，又無準備，大軍突至，一舉便定。中策為：劉璋名將楊懷、高沛，各率強兵，據守關隘，聽說他們屢次寫信勸諫劉璋，讓劉璋發遣將軍回荊州。將軍可派人告訴他們，說荊州有急，欲回救之，並收拾行裝，造成回荊州的假象。此二人既服將軍英名，又喜將軍之去，必乘輕騎來見，將軍就勢捕之，進取其兵，再攻成都。下策為：從白帝退還荊州，慢慢再尋找奪取益州的機會。稱「若沉吟不去，將致大困，不可久矣。」

劉備採納中策，斬楊懷高沛，揮兵直攻成都。一路勢如破竹，所向披靡，很快便打到涪城。劉備於涪城大會將士，置酒作樂。龐統則道：「伐人之國而以為歡，非仁者之兵也。」劉備已醉，怒道：「武王伐紂，前歌後舞，難道不是非仁者嗎？你說的不對，出去！」龐統起身而退。劉備立悔，請他回來。龐統歸位而坐，飲食自若。劉備問：「剛才是誰的錯？」龐統道：「君臣俱有錯。」劉備大笑。

那天，諸葛亮和龐統在白沙洲上談起北方的戰事，龐統告訴他說：「要是孫策不死，這隻江東猛虎還要越過長江去襲取許昌，中原逐鹿就更加複雜了，究竟『鹿』死誰手也就未可料也。從現在的情況看來，曹操雖已打敗袁紹，北方的大局已定，但還得亂上好一陣子。至少也要好幾年才能擺得平。不過，從長遠看，曹操一旦根固北方，必定南下荊州，飲馬長江，這是我在江東常和周瑜、魯肅、顧邵等人談起的話題①。周瑜、魯肅再三挽留我，我一時還拿不定主意，打算過些時候再說。」說到這裏，龐統突然把話頓住，再用目光審視了一下諸葛亮，然後低聲對他說：「從家叔、水鏡先生和黃老先生處得知你這幾年發奮攻讀，學識倍增，將來必定大有一番作爲。不過，撥亂反正，談何容易。曹操雖是一個能臣，但又是一個亂世的奸雄，汝南許子將對他早有定論，願您我輩共勉之。②」

一連好多天，諸葛亮覽書之餘，總在草堂內踱來踱去，心潮起伏，思緒萬千。現在哥哥在江東輔佐孫權，應是得其所哉，以他爲人忠厚，秉性堅貞，雖不能以功業顯世，然有始有終，至死不改其志這一點是可以肯定的③。看來，龐統是早晚也必去江東的，以其才能必顯於世，這就要看孫權能不能誠心待他了。治亂世固然必以才智，然盡其才智又必依明主才能取成。想到這裏，他猛省龐德公之不願出輔劉表，恐怕道理就在於此。自然他又想到黃承彥，黃老先生和劉表還是內親，怎麼他也不願意出來幫助劉表呢？從來荊州的這些年，劉表的所作所爲，確實證明了他是一個務虛名、尚空談，不足與謀大事的人。處在群雄爭鬥的亂世，坐而論道又怎麼行！

註釋

①《三國志・蜀志・龐統傳》裴注引〈吳錄〉：「（顧）劭就統宿，語，因問：『卿名知人，吾與卿孰愈？』統曰：『陶冶世俗，甄綜人物，吾不及卿；論帝王之秘策，攬倚伏之要最，吾似有一日之長。』劭安其言而親之。」

②《三國志・蜀志・龐統傳》：龐統「性好人倫」，曾對江東全琮說：「卿好施慕名，有似汝南樊子昭。雖智力不多，亦一時之佳也。」《後漢書・許劭傳》：許邵「好人倫，多所賞識。若樊子昭、和陽士者，並顯名於世。」可見許邵、龐統都好品論人物，而都對樊子昭評論過。許邵評曹操語，龐統應有所聞。

③《三國志・吳志・諸葛瑾傳》裴注引《吳書》：「瑾才略雖不及弟，而德性尤純。」《三國志・蜀志・董和傳》：諸葛亮稱：「昔初交州平，屢聞得失，後交元直，勤見啓誨。」

想到這些，諸葛亮不禁感到有些內愧，雖說這幾年讀了不少書，然而對書中義理總是不能理解得那麼透徹。有時和崔州平、徐元直他們討論起來，他們的見解就要比自己高明得多，深感自己有所不足①。看來，讀書不下苦功是不行的。就拿潁川徐元直來說吧，他少年時雖然家境貧寒，但他爲人義肝俠腸，曾因替人報仇殺了人，逃避他鄉，後改行向學，苦心攻讀，終至義理精熟，學業大成。

諸葛亮正在冥思苦索，忽聽諸葛均報說水鏡先生來到。抬頭就從窗外看見司馬徽笑吟吟地攜著小弟踱進了柴門。諸葛亮急忙迎了出來，恭敬地把司馬徽讓進草堂坐下，諸葛均奉上茶來。司馬徽端起茶杯呷了一口，就開言問道：「適才聽小弟說，您這幾天悶悶不樂，我觀你的氣色也不大好，你心中有何疑難，說出來看我能否幫你排遣排遣。」諸葛亮一向是把水鏡先生當師友看待的，聽如此說，也就把這幾日在心裏思索的話和盤托了出來。

司馬徽認眞聽了，不禁撫掌大笑，連聲說：「太巧了，太好了，以君之才，當訪明師指點，龐公常以璞玉渾金比你，現在正是時候，我已替你想好了一位開璞之匠、煉金之師了。我今天來就正是和你商量這件事呵！」

司馬徽告訴諸葛亮：在汝南靈山居處有一位名叫酆玖的隱士，大家尊稱他爲「酆公」。此人熟諳韜略，司馬徽曾經親自去向他請教過，深感他才學淵博。拿司馬徽謙遜的話來說，要想知道他的學問有多深，好比「如蠡測海」。今天司馬徽是專門來引薦他去汝南拜師的。

諸葛亮聽了，滿心歡喜，感激地望著司馬徽。兩人越談興致越濃。這時天色已晚，諸葛亮留司馬徽在草堂住下，作竟夜之談。第二天一早，用過早膳，諸葛亮收拾行裝隨司馬徽去靈山拜師了。

至靈山，司馬徽引諸葛亮拜見酆玖之後，就返回襄陽。光陰荏苒，春去冬過，諸葛亮在靈山一住就是一個對年。在這整整一年之中，酆公並不教他學業，盡是指派他做一些灑掃庭除、挑水打柴的雜活。開初，諸葛亮在心裏產生了動搖，但他忽然想起黃石公對待張良的態度，不禁感到愧赧，既然誠心來求教，就應該有耐心和信心，也許老師是在鍛煉自己的韌性，考驗自己是否眞有誠意。再聯想到水鏡先生對酆公的崇敬，就更加責備起自己來。因此，他對老師「奉事惟謹」，唯恐出了差錯。果然，一年之後的一天，酆公眉開眼笑地把諸葛亮叫到跟前，指著案上的三本書，說：「這一年來眞難爲你了。

湖北襄樊古隆中。諸葛亮17歲至27歲在此隱居躬耕。劉備三顧茅廬，諸葛亮全面分析了當時三分天下的局勢，提出了《隆中對》。

自今天起，你就不必再幹其他的活了，只把這三本書朝夕揣摩，潛心研究。百日之後我再有話說。」諸葛亮接過書來一看，原來是講兵法陣圖、治國安邦之道的書②，打心眼裏感到高興從這一天開始，諸葛亮不分白天夜晚，邊讀邊琢磨，越讀越有興味，百日之中，把這三本書讀得滾瓜爛熟。

百日之後的一天，酆公對諸葛亮進行了一次測試，發現諸葛亮不但對書中的義理一般都能掌握，而且還能「致其奧妙」，有比較精闢獨到的見解。酆公不住地點頭讚許。諸葛亮試探地請教說：「曹操是國賊，孫權爲竊命，我當此亂世，只想退隱躬耕，養志樂道，老師以爲如何？」酆公正色答道：「不能這樣想，你懷此才能而不拯救百姓，就不是仁者之心。不過，賢者擇主而事，愼審出處是完全應該的。」酆公勉勵了一番之後，就叫諸葛亮下山去了。

諸葛亮回到隆中，前去拜謝司馬徽，聚談之後，司馬徽改容稱道說：「眞第一流也。」過了不久，龐德公也深感諸葛亮學識不凡，把他看成是隱藏在隆中山林中的一條龍，這條龍一旦飛騰，必將響震寰宇，幹出一番驚天動地的業績。因此，龐德公美稱諸葛亮爲「臥

註釋

①《三國志・蜀志・董和傳》：諸葛亮稱：「昔初交州平，屢聞得失，後交元直，勤見啓誨。」

②據《諸葛亮集》故事卷二遺事篇〈仙鑑〉，是說《三才秘錄》、《兵法陣圖》、《孤虛相旺》諸書。

龍」；而把他的侄兒、被司馬徽稱爲「南州士之冠冕」①的龐統也讚爲「鳳雛」，與諸葛亮齊名。由於龐德公、司馬徽等人的器重，諸葛亮的名氣在荊州地區一天天大起來。

隨著諸葛亮的名氣愈來愈大，諸葛亮的年齡也一年復一年的增加，因他把全副精力都用在學業上，絲毫不考慮個人的婚姻。他自己倒無所謂，卻把他在荊州的兩個姐姐急壞了。不管是大姐或是二姐，每次來隆中總要向他提起這件終身大事，說他早過弱冠之年，應該成個家，使小弟諸葛均也有個嫂嫂照顧一下。這件事說得多了，也使諸葛亮有所觸動。但他想到婚姻乃人倫大事，處理得不好，會直接影響到自己在學業上的長進。因此，他在配偶的選擇上，有他自己的獨到見解，不輕易作出決定，這隱藏在他心中的祕密，外人如何得知。

由於親友們的關心，諸葛亮擇親的事，像他的名氣一樣在遠近流傳著。不要說一般的鄉鄰友好，即便是親朋故交，也難免認爲：以諸葛亮之年輕英俊，風度翩翩，而又才學不凡，必定要選擇一個人才出眾的絕色女子。這種長期形成的「郎才女貌」的世俗觀念在一般人的頭腦中是很難消除的。也就有人自以爲是地當面向諸葛亮說出這個看法，儘管諸葛亮一笑置之，毫不介意，但隨著親事一天天地拖下去，周圍的人就更加相信諸葛亮是在「郎才女貌」上大做文章了。

隨著時間的推移，在諸葛亮擇親的這件事上，引起了沔南黃承彥老先生的注意。開初，他在龐德公家裏得知此事，曾在腦子裏閃過一念：以諸葛亮的才學和自己的阿醜女兒倒是很相配的。但也僅僅是閃過這一念而已，黃承彥長歎一聲，再也

民國時期的年畫：《諸葛亮招親》。在三國史上，諸葛亮舉足輕重，關於他的夫人，史書上雖有記載，但只是蜻蜓點水。他們的愛情故事，更是鮮為人知。

不敢往下想了。這事明擺著是不可能的。天公不作巧，有才的又未必有貌。像諸葛亮那樣才貌雙全，而又品學兼優，實在是世間少有②。黃彥自認定這樁親事與自己無關之後，也就心地坦然地祝願諸葛亮能夠找到一位和他相匹的姑娘。

可是經過相當一段時間的觀察，黃承彥發現諸葛亮在處理自己的終身大事上，似乎並不著眼於郎才女貌。若果眞如此，他大姐家裏給他提說的荊州士宦之家的千金小姐，爲什麼他又不樂意呢？黃承彥是個爽快的人，在家裏免不了和他的女兒阿醜提起這事。不管黃承彥是有意試探，或是隨便說說，這確實觸動了女兒阿醜的心事。黃承彥的夫人去世較早，留下女兒阿醜和他相依爲命。這阿醜雖然自小天性聰慧，但卻長得矮小，膚色又黑，再配上一頭黃髮，一個姑娘家長成這個模樣，實在是醜。黃承彥卻也因此把她當小子看待，從小就教她讀詩書。說也奇怪，這阿醜眞能讀書，十數年間，其所讀之書，上自天文、歷史，下至地理、軍事，諸子百家，無不涉獵。更難得的是，古人講到的，她能心領神會；古人沒有講到的，或講得不夠透闢的，她能發微引伸，奇論突至，有時使黃承彥也爲之傾服。但黃承彥眼看女兒早已過了及笄之年，一想起她的終身大事，就喟然歎息。要說拿她這副才具嫁給尋常人家也實在可惜，而且女兒在這件事上也自負不凡，竟至說，若找不到一個和她在學識上不相上下的人，她寧可終身不嫁。黃承彥只有在心裏暗暗替她著急。

這天黃承彥有感於諸葛亮擇親的事，和女兒擺起家常。而黃承彥也僅是從印象上感覺到諸葛亮不一定是在郎才女貌上考慮，但也不敢斷言諸葛亮就只是重才而不重貌。倒是阿醜聽了，低頭沉思了好一陣，忽然抬起頭來，目光炯炯地盯住她的父親，黃承彥心想她又有什麼新論奇談要發了，果然阿醜問道：「爸爸，那您說諸葛亮在等什麼呀？」

黃承彥對這突然一問，感到有些吃驚，一下語塞了；女兒好像也並不需要父親回答，接著就說了下去：「從那天諸葛亮和您在書房中

註釋

①《三國志．蜀志．龐統傳》：「統弱冠往見徽，徽採桑於樹上，坐統在樹下，共語自晝至夜。徽甚異之，稱統當為南州士之冠冕，由是漸顯。」又裴注引《襄陽記》：「統，德公從子也，少未有識者，惟德公重之，年十八，使往見德操。德操與語，既而歎曰：『德公誠知人，此實盛德也。』」

②《諸葛亮集》卷首陳壽〈進諸葛亮集表〉：「亮少有逸群之才，英霸之器，身長八尺，容貌甚偉，時人異焉。」

發的那一番救時補偏的宏論看來，他哪有過多的心思用在兒女情長上面呢？像他這種學貫古今，非同凡響的人，有家也可，無家也行，反正他是以拯世爲務，把國當家的。不信您去問問他，看我說得對不對？」

黃承彥深受感染了，他感到女兒不像是在說笑話，而是認眞地在和他討論這件似乎與她有關的事，不禁勾起了曾經在他腦子裏閃過的那一念，他正在猶豫要不要說出來和女兒商量商量，忽聽阿醜又繼續說道：「要說諸葛亮要家也可以，那就要看學識和他配不配，了不了解他那一片憂國傷時的苦心了。」

黃承彥再也忍不住了，深情地望著女兒說：「我看你和他倒滿合適！」女兒一下臉紅了，撒嬌似地投進了父親的懷裏。黃承彥愛撫地摸著女兒的頭，輕聲地說：「明天我就動身到隆中去！」

其實，諸葛亮對黃家阿醜是早就有所了解的，只不過遠近傳聞其容貌甚醜，究竟有多醜，諸葛亮雖多次到過黃老先生府上，卻也沒有見過。倒是在書房中偶爾翻著一些詩文，據黃老先生說是他的女兒阿醜做的。諸葛亮看了不禁嘖嘖稱羨，眞不敢相信這竟是出自閨門女子之手，其立論之正，發微之精，連鬚眉也爲之羞愧。諸葛亮要找的配偶，正是像黃家姑娘這麼有才氣的女子。奇怪的是，諸葛亮不禁想到，黃老先生對自己的姻事也很關心，可他從來沒有提說過他家的這位姑娘，難道眞就有大家傳說的那麼醜麼？但又轉念一想，即便是醜一點，她的才識實在難得呵！

諸葛亮正在這麼思索著的時候，黃承彥來到了隆中。在他當面弄清了諸葛亮對親事的態度之後，這位沔南名士胸有成竹地對諸葛亮說道：「聞君擇婦，身有醜女，黃頭黑色，而才堪相配，足下以爲如何？」諸葛亮一聽，眞是喜出望外，上前躬身一禮，斬釘截鐵地說出兩句話：「拜謝泰山！」一言爲定！」諸葛亮揪心的親事就這麼解決了。隨即就用車子去沔南把阿醜姑娘接了回來。

這件事一下子就哄傳開了，大大超出人們的意料，不少的人爲此替諸葛亮感到惋惜，更有好事者編成諺語來加以嘲笑，所謂：「莫作孔明擇婦，止得阿承醜女。」豈知諸葛亮得此賢內助，不僅在當時對他的學業甚有補益，而且在他一生的事業上也起了相當的作用。

隱居待時

諸葛亮娶親之後，黃氏夫人把家中料理得井井有條，閑暇時就和諸葛亮研討學問，談論古今。有時還輔導弟弟諸葛均習學經史。諸葛亮對自己處理的這件姻事萬分滿意。自此，他就更加專心向學，並從妻子那裏得到不少的啓發。學友們常來隆中聚會交談，大家對諸葛亮學識的長進，見解的深遠，無不交口讚賞，大有士別三日，便當刮目相看之感。有一次，客人來家，諸葛亮囑妻子磨麵作食款待，不一會兒就做好端了出來。諸葛亮甚感驚異：那能這麼快呢？於是，他悄悄去後面窺看，「見數木人斫麥，運磨如飛」。諸葛亮情不自禁，當即就向妻子討教，「求傳是術」。由此，諸葛亮對妻子的智慧和才學更加欽佩。據說二十年後諸葛亮在北伐戰爭期間，用來轉運軍糧的木牛流馬，就是「變其制」而搞成的。隨著諸葛亮在隆中讀的書愈來愈多，學識的增長，使他對現實社會的認識就更加清楚；而以他親身經歷的東漢統治的崩潰給人民帶來的苦難，就使他對先賢的聖教明訓有更深的體會和理解。

諸葛亮專門寫了一篇《論光武》的文章，對光武君臣「謀合議同」、中興漢室的大業極為讚賞。

唯其諸葛亮讀書是用來觀察和了解社會的，因而他的讀書方法，也就和當時被司馬徽叫做「儒生俗士」①的人大不相同。那些人崇尚訓詁名物，專門在咬文嚼字上下功夫，玩弄沒完沒了的文字遊戲，脫離實際，毫無用處。諸葛亮關心國家大事，立下拯世濟時的大志，他要學的是安邦治國之學，這種學問絕不是鑽牛角尖能鑽得出來的。因此，他的讀書方法是博覽群籍，「獨觀其大略」，把握書中要點，著重領會精神實質，學以致用。從他一生的談吐和著述，特別是從他那千載流傳的〈隆中對〉和〈出師表〉中所反映的巨大思想內容，可以想見他在隆中期間是何等的勤奮好學，涉獵之書是何等之廣。在寧靜的隆中山村，諸葛亮因志成學，而被司馬徽稱之爲「識

註釋

①《三國志．蜀志．諸葛亮傳》裴注引《襄陽記》：「德操曰：『儒生俗士，豈識時務？識時務者在乎俊傑。』」

時務」的「俊傑」。這個識時務的意思，表明諸葛亮對當時天下形勢已經洞若觀火，瞭如指掌，而卓有識見。諸葛亮後來在〈誡子書〉中所說的「學須靜也，才須學也，非學無以廣才，非志無以成學」，這正是他身處隆中時立志向學、因志成學的經驗之談。諸葛亮常和石廣元、徐元直、孟公威在一起讀書討論。他們三人的讀書方法就和諸葛亮的不盡相同，諸葛亮是「獨觀其大略」，而他們則是「務於精熟」。不過，這種「務於精熟」的讀書方法，還是和當時儒生俗士咬文嚼字的腐朽學風有所區別。他們三人能和諸葛亮相唱和，成爲諸葛亮的好友，絕非一般儒生俗士可比。只是他們的志向不如諸葛亮的遠大，他們的襟懷沒有諸葛亮的寬廣而已。有一天，諸葛亮抱膝長嘯，從容地對三位好友說：「你們要是做官的話，是可以做到郡守、刺史的。」他們反問諸葛亮又如何，諸葛亮只是「笑而不言」。其實，他們對諸葛亮胸懷大志，不問心裏也是很明白的。諸葛亮在隆中常以管仲、樂毅自比。他認爲當世既無像管仲那樣的賢相，也沒有似樂毅那樣的名將。面對東漢王室的衰微，群雄並立，爭戰不休的嚴重局面，他自比管、樂，是以一身兼將相自許的。他既希望像管仲當年輔佐齊桓公，九合諸侯，一匡天下那樣來興復漢室；又希望似樂毅當年扶持弱燕，統帥強兵，一舉下齊七十餘城那樣來掃除群雄，結束分裂。後世評價他的人，也往往就用管、樂來比譬他。還有人認爲他的功業可比管仲，而樂毅還比不上他。甚至有人還說他功業超過了管、樂，可與商、周時代的賢相伊尹、大將呂尙相匹。

不管後世如何看待他、在當時，除了他的好友崔州平、徐元直等人了解他、相信他外，一般的人還不以爲然，或許還認爲他心高志大，有些矜誇。這也不足爲怪，一般的人又如何能了解當時諸葛亮隱居待時，以救天下爲己任，渴望像歷史上管仲、樂毅那樣建立一番功業的心情呢？當他的學友汝南孟公威因思念故鄉，打算回到北方老家去時，諸葛亮勸他說：「中國饒士大夫，遨遊何必故鄉邪？」這句話完全是諸葛亮志之所在，以天下爲懷的自我表述。諸葛亮並非不思念他父母墳塋所在的故土，但在那烽火遍地的亂世，邦國不振，何處是家？出於這種心思，諸葛亮只好以天下爲家了。

諸葛亮隱居所屬的南陽郡，是當時荊州八郡中最大的一郡，爲當年光武帝劉秀中興漢室的發祥地。諸葛亮對光武中興這段歷史很感興趣，他對光武帝本人，以及他周圍的謀臣良將都十分熟悉。後來他還專門寫了一篇〈論光武〉的文章，說劉秀自己就「策慮深遠」，而追隨他的又多是些「忠貞智勇」之人。因此，他對光武君臣「謀合議同」、中興漢室的大業極爲讚賞。諸葛亮早就把荊州這塊地盤看在眼裏，他在隆中就向劉備談到了荊州所處的戰略地位之重要。後來他從隆中茅屋走出，決心輔佐劉備再走一次漢光武帝的道路時，也就是去實現他以天下爲懷的素志了。

諸葛亮從小就受著食君祿、報皇恩的正統觀念的薰陶，再加上他在隆中十年間系統地學習經史子集，探索諸子百家思想，聯繫當時的社會現實，逐漸形成了他一整套忠君報國的政治主張。而這些主張，又集中體現在他離開隆中時向劉備指陳天下大計的那一番談吐——〈隆中對〉之中。從中可見

他對當時政局的變動，了解得多麼深刻，而又多麼廣博。諸葛亮的卓有識見，絕非後世曾經在武侯祠內給他掛的匾額「星臨古益」、「神以往來」所說的那樣，把他看成是天上的星宿，能知過去未來的神仙，而是他在隆中期間勤於學習，從對當時社會形勢的深刻認識中產生的。

曹操在官渡之戰後，連年進擊，建安七年（二〇二年）五月，袁紹因戰敗發病，嘔血而死。建安九年（二〇四年）八月，攻占袁氏老巢冀州鄴城（今河北臨漳縣西南）。又經兩年，到了建安十一年（二〇六年），也就是諸葛亮離開隆中的前一年，曹操最後擊走袁紹外甥并州刺史高幹。至此，曹操從袁氏手中全部奪得幽、冀、青、并四州之地，宣告曹、袁逐鹿中原的戰事最後結束了。

曹操戰勝袁紹而統一北方，正是在諸葛亮隱居隆中的十年間進行的。這期間，諸葛亮在關心中原戰事的同時，也密切注視著孫氏創業江東的進展。諸葛亮認爲，孫權繼父兄基業坐領江東，和當時曹操稱霸中原一樣，是使天下形勢發生巨變的又一件大事。

孫權的父親孫堅，字文臺，吳郡富春（今浙江富陽）人。早年隨中郎將朱　轉戰河南，鎮壓黃巾軍，以功拜別部司馬。後做長沙太守，封烏程侯，參加討伐董卓的聯軍。在這次戰爭中，孫堅和曹操出類拔萃，表現得最有膽識。董卓西逃長安，關東諸侯混戰時，孫堅於初平二年（一九一年）爲袁術攻擊荊州牧劉表，被劉表部將黃祖射殺於襄陽城南的硯山。孫堅死後，他哥哥的兒子孫賁率領部眾依附袁術。

孫堅死時，孫權之兄孫策才十七歲，隨母親吳氏居家壽春。孫策年少時就以「交結知名，聲譽發聞」，時舒（今安徽廬江縣西）

人周瑜專程來訪。孫策與周瑜同年，「獨相友善」，成爲至交。後來又同娶橋公二女，結爲內親。這一段姻緣因孫策、周瑜才貌出眾，大小二喬又是國色天香，一時傳爲佳話。孫策當時在周瑜的贊助下，收合江、淮間人士，逐漸形成一個以孫策爲首的政治集團。興平元年（一九四年），袁術把孫堅舊部歸還孫策，這支千餘人的軍隊雖然爲數不多，但都是由一些過去追隨孫堅久經戰陣的精兵猛將所組成。孫策就是依靠這支軍隊爲核心到江東斬將奪地開基立業的。

第二年，也就是諸葛亮到荊州的這一年，孫策開始領兵到江東，大小數十戰，所向無敵，先後奪占了吳、會稽等五郡。當袁術稱帝時，孫策叫張紘作書，「責而絕之」。在脫離袁術之後，曹操表孫策爲討逆將軍，封吳侯。袁術死後，孫策和周瑜襲破廬江郡。自此，孫策在江東建立起一個以吳、會稽、丹陽、豫章、廬陵、廬江等六郡爲根據地的孫氏政權。

官渡之戰時，孫策正要起兵襲奪許昌，迎取獻帝，就被仇家故吳郡太守許貢的家人射殺。死年才二十六歲。孫策臨終時對孫權說：「舉江東之眾，決機於兩陣之間，與天下爭衡，卿不如我；舉賢任能，各盡其心，以保江東，我不如卿。」孫策這番話對他自己和他弟弟孫權作了一個評價。後來曹操對孫權能保守江東，內政修明而外禦強敵，不禁讚歎道：「生子當如孫仲謀，劉景升兒子若豚犬耳！」這是曹操把孫權和劉表的兒子劉琮所作的比較，從孫權能守住父兄基業這一點來看，劉琮是遠遠比不上他的。

諸葛亮在隆中看到孫權主領江東後，在張昭、周瑜等的輔佐下，「招延俊秀，聘求名士」，事業大興。特別是周瑜舉薦魯肅給孫權，孫權見而異之，「與語甚悅」，留魯肅「合榻對飲」，問以天下大計，魯肅向孫權敞開胸懷地說：「漢室不可復興，曹操不可卒除。爲將軍計，惟有鼎足江東，以觀天下之釁。」他具體建議孫權就近剿除江夏黃祖，進取荊州，全占長江天險，「然後建號帝王以圖天下」。後來孫權稱帝時，不禁想起了魯肅，他向公卿們說：「昔魯子敬嘗道此，可謂明於事勢矣。」可見當初魯肅從「鼎足」的觀點出發，爲他開基拓業的謀劃很中他的意。

漢末群雄紛爭，鼎立之出現是勢所必然。魯肅就是從這一形勢來爲孫權謀劃的。眞可謂英雄所見略同，諸葛亮走出隆中之前，也正是根據這一形勢，並聯繫自己的遠大抱負來考慮的。諸葛亮和魯肅所不同的是：魯肅從漢室不可復興的角度，純粹是爲孫氏謀取天下；而諸葛亮則是立足於復興漢室，要盡他的最大才智來力挽狂瀾，興微繼絕。這大概就是後世統治者推崇諸葛亮的一個內在原因。諸葛亮綜觀當時天下形勢，爲實現他「興復漢室」這一凌雲壯志，當劉備到隆中來敦請他時，一個謀求天下統一的大計已在他的胸中逐漸形成了。

劉備諸葛亮大事年表

漢靈帝光和四年	一八一年	諸葛亮誕生于琅邪陽都（今山東沂南縣）。
中平元年	一八四年	組織鄉兵，征討黃巾軍。因功授安喜尉。鞭打督郵，棄官逃亡。應募戰下邳，因功授下密縣丞，不久辭官。
中平六年	一八九年	諸葛亮生母章氏去逝。
漢獻帝初平元年	一九〇年	任高唐縣尉、縣令，參加討董，被打敗，投奔公孫瓚，爲別部司馬，因功授平原令、平原相。
初平三年	一九二年	諸葛亮父親諸葛矽去世。
興平元年	一九四年	與田楷救陶謙，擊退曹軍，陶謙送死千丹楊兵，依附陶謙，屯小沛，被表爲豫州刺史。陶謙病故，入主徐州。被朝廷拜爲鎮東將軍、封宜城亭侯。
興平元年	一九四年	叔父諸葛亮玄收養了諸葛亮與弟諸葛均及妹妹，繼母與兄長諸葛謹赴江東。
興平二年	一九五年	呂布敗於曹操，來投，准屯於小沛。
興平二年	一九五年	叔父諸葛玄任豫章太守，諸葛亮與弟妹一起隨叔父赴豫章（現南章）。
建安元年	一九六年	擊袁術。呂布乘機偷襲下邳。改駐海西，後向呂布求和。呂布還其妻子，准屯小沛。不久聚合萬餘兵馬。呂布來攻，敗投曹操。
建安二年	一九七年	叔父病故。諸葛亮偕弟妹移居隆中。
建安三年	一九八年	隨曹操消滅呂布。表左將軍，曹操禮遇有嘉，出則同車，坐則同席。借攻打袁術，脫離曹操。

第二章 三顧茅廬

劉備到荊州

劉備自曹操破徐州奔河北投袁紹之後，在官渡之戰中，曾先後兩次被袁紹派往汝南（今河南汝南縣東）去聯絡那裏背叛曹操、響應袁紹的黃巾軍。當他第一次到汝南時，與黃巾軍劉辟等部聯合，在許昌以南一帶發起攻勢。就在這期間，關羽得知他的下落，從曹操那裏回到了他的身邊①。曹操爲穩定後方，派大將曹仁領兵進擊，劉備敗歸袁紹大營。這時，劉備眼看袁紹集團內部明爭暗鬥，爾虞我詐，兵眾雖多，早晚必敗於曹操之手，因而產生了「陰欲離紹」的念頭。爲此，他表面上向袁紹獻「南連荊州牧劉表」之策，實際上是想借此機會脫離袁紹，另謀出路。恰巧這時，汝南另一支以龔都爲首的黃巾軍又起來響應袁紹。因此，袁紹再次派劉備至汝南與之聯合。劉備、龔都雖然這次把曹操派來討伐的大將蔡陽也殺掉了②，但不久曹操就在官渡計燒烏巢糧屯，斬將搴旗，一舉擊潰了袁紹。

就在曹操取得了官渡決戰勝利的第二年（建安六年，二〇一年），揮師南擊劉備，劉備被迫到荊州依附劉表。

劉表聽說劉備到荊州來投靠他，喜出望外，親自到郊外迎接，待以上賓之禮。何以劉表對劉備的到來如此熱忱地表示歡迎呢？因爲劉表正在發愁曹操打敗了袁紹，早晚之間必定要來找他的麻煩，不要說前兩年張繡在南陽背叛他而投歸曹操，就連遠在長沙的張羨也倒向曹操，好不容易去年張羨病死了，很費了一番氣力才把荊州在長江以南的局勢穩定下來。劉備的到來，正好成爲他抗拒曹操的助手。於

清代戲曲劉備戲畫

是，劉表給劉備添加兵眾，使其駐在荊州北面的新野（今河南新野縣南），為他防守荊州的北大門。

劉備在新野駐屯之後，白天和關羽、張飛、趙雲等操練兵馬，閑暇時就和孫乾、簡雍、麋竺等談說古今，研討時局。每當夜闌人靜之時，劉備想起他二十餘年來的戎馬生涯，到此仍然落得個寄人籬下、仰人鼻息的境況，不禁撫劍長嘯，心潮久久不能平靜。作為皇室宗親一脈的劉備，他怎能甘心祖宗基業落入他人之手！在他冷靜下來之後，他又不能不從他早年參加鎮壓黃巾起義，到周旋於豪強割據勢力之間，輾轉奔走的痛苦經歷中總結經驗教訓。

劉備，字玄德，涿郡涿縣（今河北涿縣）人。他是西漢景帝之子中山靖王劉勝的後裔。漢武帝元鼎五年（前一一二年），劉勝之子、封涿郡陸城侯的劉貞，因「坐酎金失侯」③，從此劉貞一支就在涿郡世世代代居住下來。直到劉備祖父劉雄手上，舉孝廉，做過東郡范縣（今山東范縣）令。劉備父親劉弘亦在州郡做過小官。劉備年少時，父親就去世了，家境敗落，他與母親便以販賣草鞋、編織草席為生業，日子過得十分清苦。

漢靈帝熹平四年（一七五年），劉備十五歲上，母親省吃儉用積攢了一些錢，供他去求學。這時，做過九江太守的涿郡人盧植告

註釋

①《三國志．蜀志．先主傳》：「曹公與袁紹相拒於官渡，汝南黃巾劉辟等叛曹公應紹。紹遣先主將兵與辟等略許下。關羽亡歸先主。」

②《三國志．蜀志．先主傳》：「曹操遣蔡陽擊之，為先主所殺。」又《三國志．魏志．武帝紀》：「（曹操）遣蔡揚（先主傳作陽）擊（龔）都，不利，為都所破。」根據這兩條史料，無論蔡陽是劉備「所殺」，或為龔都「所破」，顯然不是《三國演義》上所渲染的關羽斬蔡陽。以關羽「熊虎」之稱，若當時真的斬了曹操任以方面之重的統兵官，想必史傳上應是有所記載的。

③漢代禮制，以正月旦作酒，八月成，名酎酒；皇帝以之薦於宗廟，諸侯皆須獻黃金助祭，謂之酎金。《史記．平准書》：「列侯坐酎金，失侯者百餘人。」即是說違犯了繳納酎金的禮法而削去侯爵。

病還鄉。劉備便與同宗劉德然、遼西公孫瓚一道去拜盧植爲師，跟他學習經書。劉德然父親劉元起常常資助劉備，引起了德然母親的閒話。劉元起對妻子說：「吾宗中有此兒，非常人也。」公孫瓚就在這時和劉備結成了好友，因公孫瓚年長，劉備把他當兄長看待。

劉備逐漸長成一副身長七尺五寸①，垂手過膝，目能自顧其耳的英偉形象。他平素間少言語，待人和善，喜怒不形於色，是一個胸有城府的人。因他不甚喜歡讀書，極愛交結豪俠，先後結識了河東解縣（今山西臨猗西南）人關羽、涿郡人張飛。劉備與此二人「寢則同床，恩若兄弟」，關係十分親密。②不久，劉備得到中山郡巨商張世平、蘇雙的大力資助，於是收合徒眾，興兵舉事。

黃巾起義爆發時，劉備已二十四歲，他率領關羽、張飛等隨校尉鄒靖鎮壓黃巾軍，以功任爲安喜（屬中山郡，在今河北定縣）縣尉。

因督郵到縣勒索，劉備將他綁在馬樁上飽打了一頓，然後把印綬掛在督郵的頸上，棄官而去。後來，又因跟從何進部將毌（同「貫」）丘毅鎮壓黃巾軍，「力戰

曹仁

曹仁，字子孝，沛國譙（今安徽亳州）人。曹操堂弟，少年好弓馬，任俠放蕩，及至成為大將，則變得嚴整，奉法守令。追隨曹操，長期領騎兵作戰，「以議郎督騎」，屢立功勳。官渡時壺關之戰，曹操下令城陷盡坑敵軍，結果連月不下。曹仁向曹操示意「圍城必闕」，曹操從其言，城池立降。封都亭侯。曹操倚為南方屏障，封征南將軍。

赤壁戰後，留守江陵。吳軍先鋒呂蒙率數千人馬先到，將曹將牛金等團團圍住。曹仁親率數十人衝出，連殺數人，救出牛金等。呂蒙退去。曹軍長史陳矯等大為折服，嘆道：「將軍真天人也！」《傅子》有：「曹大司馬（曹仁）之勇，賁、育弗加也。擊孫軍。周瑜改變策略，圍而不攻，分兵攻下附近幾個縣城，孤立江陵。曹仁拖住周瑜一年，使曹操得以從容佈置東南防線，而後，在襄陽守將樂進接應下安然撤還。

曹操討伐馬超時，曹仁為安西將軍守潼關。後屯樊城，被關羽荊州軍團重重包圍，堅守半年，一直守到徐晃兵至解圍，間接使諸葛亮「待天下有變，則命一上將將荊州之兵以向宛、洛，將軍身率益州之眾以出秦川」的戰略失敗，令蜀吳不和，為曹丕登基奠定了相對穩定的外部環境。

曹丕稱帝，拜曹仁為車騎將軍，都督荊、揚、益諸州軍事，進封陳侯。又與徐晃攻破陳邵，進軍襄陽，拜為大將軍。後奉詔移屯臨潁，左遷大司馬，總督諸軍據守烏江，還屯合肥。

魏黃初四年（二二三年），曹仁病故，諡忠侯。

有功」，先後做過下密（屬北海郡，在今山東昌邑）丞、高唐（屬平原郡，在今山東禹城）尉、高唐令。初平二年（一九一年）青州黃巾軍攻破高唐，劉備去投奔他的好友、占據幽州的公孫瓚。

這年公孫瓚任他爲別部司馬，並派他領兵去幫助青州刺史田楷抗拒袁紹。時常山眞定（今河北正定）人趙雲也在公孫瓚帳下聽用。趙雲便是這一年在公孫瓚處和劉備結識的，並隨劉備一起領兵到平原。因劉備數有戰功，被任爲平原（今山東平原）令，後又升做平原相。不久，趙雲因兄長死了，歸家奔喪，和劉備暫時分離。其實，趙雲是看不起公孫瓚的爲人，借此機會離開了公孫瓚。後來劉備投奔袁紹到鄴城時，趙雲找了來，從此就一直跟隨劉備，成爲劉備的心腹愛將。

劉備做平原相時，漸露頭角開始有點聲譽了。他在平原，「外禦寇難，內豐財施，士之下者，必與同席而坐，同簋（讀鬼，古時盛食之器，圓口有雙耳）而食，無所

孔融

孔融（一五三～二〇八年），字文舉，魯國（今山東曲阜）人，孔子二十世孫。著名文學家，被譽為「建安七子」之首（其他六子：王粲、陳琳、劉楨、徐幹、阮瑀、應瑒）。靈帝中平初年，舉為侍御史，託病辭歸。後拜中軍候，遷虎賁中郎將。獻帝初平元年（一九〇年），因忤董卓，轉議郎，出至黃巾軍最盛的青州北海郡為相。興平二年（一九五年），劉備表領青州刺史。建安元年（一九六年），袁紹之子袁譚攻青州，妻子被俘，隻身出奔。曹操遷獻帝都許昌，徵為將作大匠，遷少府。不滿曹操雄詐，多所抵忤，被免官。後復拜太中大夫，退居閒職，好士待客，聲望甚高。終為曹操所忌，枉狀搆罪，下獄棄市，終年五十六歲。臨終詩：言多令事敗，器漏苦不密，河潰蟻孔端，山壞由猿穴。涓涓江漢流，天窗通冥室。讒邪害公正，浮雲翳白日。靡辭無忠誠，華繁竟不實。人有兩三心，安能合為一。三人成市虎，浸漬解膠漆。生存多所慮，長寢萬事畢。

註釋

①漢代一尺相當於今市尺六寸九分。七尺五寸約當於今市尺五尺一寸多。

②《三國志．蜀志．關羽傳》：「先主於鄉里合徒眾，而羽與張飛為之禦侮。……先主與二人寢則同床，恩若兄弟。而稠人廣坐，侍立終日，隨先主周旋，不避艱險。」又《三國志．蜀志．張飛傳》：「少與關羽俱事先主。羽年長數歲，飛兄事之。」顯然《三國演義》上渲染的「桃園三結義」，就是根據這些歷史記載加工製造的。

簡擇。眾多歸焉。」一次，人遣刺客去暗殺他，他不知道來訪者就是刺客，待之甚厚，刺客不但不忍下手，反而坦然向他說明最初的來意。

當時頗負才名的北海相孔融因被黃巾軍圍困，派人到平原來求救於劉備，劉備不勝感慨地說：「孔文舉（孔融字）也知道天地間還有我劉備嗎！」劉備解了北海之圍，名聲遠噪。廣陵太守下邳人陳登，字元龍，「有雋才，輕天下士」，但他對劉備甚爲敬重，他對功曹陳矯說：「雄姿傑出，有王霸之略，吾敬劉玄德。」這時，劉備在一般士大夫的眼中已被看成是一位具有「王霸之略」的傑出人物了。

在諸葛亮離開徐州琅琊老家的前一年（一九四年），劉備領兵去救徐州，正式脫離了公孫瓚集團。徐州牧陶謙上表劉備爲豫州刺史，駐屯小沛（今江蘇沛縣東）。自此，時人常呼劉備爲劉豫州。這年十二月，陶謙病危時，對別駕麋竺說：「非劉備不能安此州也。」於是陶謙死後，麋竺率州人擁戴劉備做了徐州牧。第二年呂布被曹操趕出了兗州之後，到徐州來投奔劉備。劉備看到呂布舉止輕浮，言語無狀，「外然之而內不悅」。

劉備坐領徐州得到了袁紹的認可，袁紹對徐州派去的使者說：「劉玄德弘雅有信義，今徐州樂戴之，誠副所望也。」曹操迎獻帝都

陳登

陳登，字元龍，下邳淮浦（今江蘇漣水西）人。當地士族。少有扶世濟民之志，學通古今，文武雙全，雄姿異略。二十五歲舉孝廉，任東陽（今江蘇盱眙境）長。後徐州牧陶謙表為徐州典農校尉。曾修築汴、泗二水灌溉系統，著名的有蕭縣（今安徽省）南境梧桐陂、相縣（今安徽濉溪）鄭陂、彭城（今江蘇徐州）附近安陂等，大幅度提高了水稻產量，是水稻成為主要農作物廣為種植的起始，積極促進當地農業生產的恢復和發展。建安二年（一九七年）降曹操，任廣陵郡（治所射陽，今安徽淮安）太守，領郡兵為曹軍先鋒攻打呂布。加封「伏波將軍」。後收降「海賊」萬餘户，兩敗東吳孫權軍隊，開邗溝西道（今淮安至揚州段運河的前身），縮短江淮水路行程，便利兩岸農田灌溉。五年（二〇〇年），築「捍淮堤」（今高家堰），治理淮河水害。廣施仁德，明審賞罰，民畏愛之。六年（二〇一年）逝世，終年三十九歲。

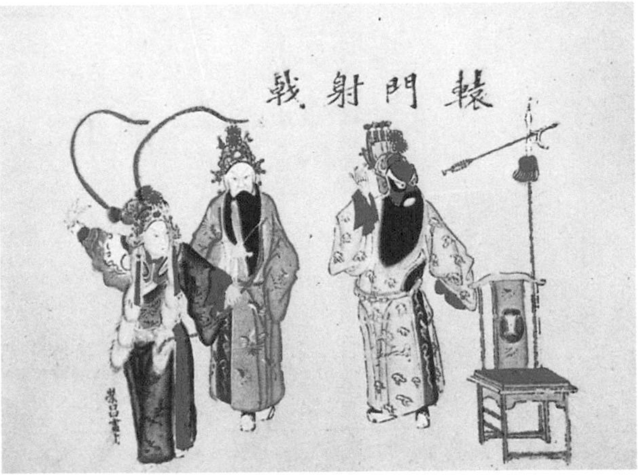

清楊柳青年畫轅門射戟。

許昌後，也拉攏劉備，並以天子的名義任劉備爲鎮東將軍、封宜城亭侯。倒是淮南的袁術對劉備坐得徐州火冒三丈，發兵來爭。呂布卻正是趁劉備出兵擊袁術之際，乘虛襲奪了徐州，並虜獲了劉備的妻子。這年劉備已三十六歲了，剛剛得到徐州這塊地盤卻又丟失。劉備迫不得已反向呂布請和。呂布歸還了劉備妻子，叫他仍住小沛。而呂布卻據下邳（今江蘇邳縣東），自稱徐州牧。劉備還小沛後，收合兵眾萬餘人，呂布擔心劉備坐大，親自領兵來攻。這次，劉備被呂布打得大敗，連妻子也顧不上，就倉皇投奔到曹操那裏去了。

劉備率關羽、張飛等領著敗殘人馬來到許昌。曹操的謀士程昱勸曹操說：「觀劉備有雄才而甚得眾心，終不爲人下，不如早圖之。」不管曹操當時心頭是怎麼想的，但他口頭上卻斷然地說：「方今收英雄時也，殺一人而失天下之心，不可！」於是厚待劉備，並任他爲豫州牧。又給劉備補充兵員，供給軍糧，叫他做好進討呂布的準備。建安三年（一九八年）曹操幫助劉備擒斬呂布於下邳，卻並沒有把徐州交還給劉備，而是加升他爲左將軍，劉備只好帶著再次團聚的家屬隨曹操回到許昌。曹操表面上對劉備「禮之愈重，出則同輿，坐則同席」，暗中卻派人對他進行監視，把劉備牢牢地控制在他的身邊。

有一次，曹操邀劉備和他對坐飲酒，席間談及當世英雄人物，飲至半酣時，曹操先用手指指了一下劉備，再用手指指自己，同時從容地對劉備說出：「今天下英雄，唯使君與操耳。」劉備正用筷子夾食，突然聽到曹操這麼說，不禁心頭一驚，連筷子也掉在地下了。因爲劉備最擔心曹操重視他，以至容不得他。現在曹操當面把他和自己並提，怎麼不驚。正巧天空一聲霹靂，劉備岔開曹操所議的話頭，佯笑說道：「聖人云『迅雷風烈必變』，眞是這樣。一震之威，乃何至於此也！」劉備也眞有兩下子，就這麼隨機應變地輕輕掩飾過去了。

田豐

田豐，字元皓，冀州鉅鹿人，博覽多識，權略多奇，曾任侍御史，因不滿宦官專權，棄官歸家。袁紹起兵討伐董卓，應邀出任別駕，為袁紹設謀略，消滅公孫瓚，平定河北，虎據四州。曾勸袁紹早日圖許，奉迎天子，爭取政治優勢，袁紹不能從。建安四年（一九九年），曹袁爭霸，提出穩打穩紮的持久戰略，袁紹執意南征而不納，但在曹操東擊劉備時，卻以兒子生病為由，拒絕其奇襲許都之計，錯失良機。官渡之戰，再議據險固守，分兵抄掠的疲敵策略，乃至強諫，被袁紹以沮眾下獄。建安五年（二〇〇年），袁紹官渡戰敗，老羞成怒，竟將其殺害。

劉備在許昌，很明白自己的處境，他不能不時時提防著曹操加害自己，他處處小心，收鋒斂跡，以至閉門種菜，裝得胸無大志的樣子。當然，他內心的苦悶卻與日俱增。他親眼看到曹操把漢獻帝當傀儡，把持朝政、專斷獨行的種種情形，他無時不在尋求脫身之計，準備起兵討伐曹操以清君側，作爲漢皇室苗裔的劉備，這種心情也是很自然的。

第二年，漢獻帝丈人① 車騎將軍董承接到漢獻帝夾藏在衣帶中的「密詔」，要他設法除掉曹操。所以當董承來聯絡劉備時，劉備慨然應允。此外，還有長水校尉种輯、議郎吳碩、將軍吳子蘭、王子服等人參與這一同謀。正當醞釀發動政變之際，劉備就被曹操派去截擊取道徐州北上的袁術。劉備一到徐州，便使關羽襲殺曹操所任的徐州刺史車冑，奪回了徐州。過了不久，就聽說董承等人因密謀敗露而被曹操在許昌殺掉了。劉備擔心曹操兵至，立即派孫乾去河北與袁紹連和。

官渡之戰前夕，曹操親提大軍猛撲徐州，劉備急忙向袁紹呼救。袁紹竟以小兒生病爲辭，既不發兵救徐州，也不採納謀士田豐之計派兵去偷襲許昌，眼睜睜看著曹操一舉擊潰劉備，復得徐州。

從劉備孤單單逃奔到袁紹那裏，直到他在官渡決戰之前離開袁紹這期間，他從袁紹的所作所爲中，不禁想起那次在許昌曹操和他品論天下英雄時，曹操直言不諱地說：「本初（袁紹字）之徒，不足數也。」如果當時他還認爲曹操太不把雄踞四州之地的袁紹放在眼裏，有些矜誇自負的話，那末到這時，他也眞有和曹操同樣的看法了：袁紹的好謀寡斷，志大才小，和曹操的多謀善斷，心雄智廣，正好形成鮮明的對照。當他決計脫離袁紹，第二次到汝南不久，就得知袁紹被曹操打得大敗，這原是他意料中的事。

劉備在新野回顧他這半生坎坷

董承，東漢車騎將軍，漢獻帝之舅，因圖謀誅殺曹操被發現遭曹操處斬。

所走過的道路，深感自己身邊缺少有眞才實學的人輔助。因此，他下決心從頭做起，把延攬英才，招納俊秀作爲當務之急。劉備在荊州數年間，經過他的一番努力，不但荊州地區的豪傑們歸附他的日漸增多，就連劉表幕府中也有人常和劉備往來過從甚密的皞②。這卻因此而引起了劉表的懷疑，暗中對他提防起來。

劉表處在漢末群雄紛爭之世，卻無經略遠圖之志，只想坐保江、漢之間，求得個相安無事的局面就十分滿足了。官渡之戰中，袁紹派人來聯絡，他表面上敷衍著袁紹，「許之而不至」，但他也不幫助曹操。他的謀士中有人勸他「舉州以附曹公」，說是曹操一旦打敗袁紹之後，「稱兵以向江、漢，恐將軍不能禦也」。連他的心腹大將蒯越也這麼勸說他，這就引起了他的疑慮。他派了謀士韓嵩到曹操那裏去觀看虛實。韓嵩回來後，向他盛稱曹操「威德」，並建議他把兒子送一個到許昌去，作爲他傾心服從曹操的一種表示。

劉表聽了，不禁勃然大怒，懷疑韓嵩暗通曹操，當即就把他抓了起來，要不是劉表後妻蔡夫人講情，韓嵩險作刀下之鬼。死罪雖免，但仍把韓嵩囚禁起來。劉表就是這麼一個「外貌儒雅，而心多疑忌」的人。因此，他對劉備在荊州羅致人才的作爲，怎麼會不起疑心呢？所以劉備在荊州數年，劉表雖「厚待之，然不能用」③。

一次，劉備在劉表府中，相對閑坐聊天。劉備於坐間起身入廁，歸坐時，劉表見他淚流滿面，不禁

註釋

①按《三國志・蜀志・先主傳》裴注：「董承，漢靈帝母董太后之侄，於獻帝為丈人。蓋古無丈人之名，故謂之舅也。」而獻帝係靈帝王美人所生，拿今天的話來說，董承似應為獻帝之表叔。又《後漢書・伏后紀》：「董承女為獻帝貴人，操誅承而求貴人殺之。」據此，董承似應為獻帝之丈人。至於裴注說董承為董太后之侄，《後漢書・董后紀》不載，不知何據。

②《三國志・蜀志・先主傳》：「荊州豪傑歸先主者日益多，表疑其心，陰御之。」《三國志・蜀志・伊籍傳》：「伊籍字機伯，山陽人。少依邑人鎮南將軍劉表。先主之在荊州，籍常往來自託。」

③《三國志・魏志・劉表傳》。

感到十分驚詫，問他心中有何不快之事，劉備慨然答道：「吾常身不離鞍，髀肉皆消，今不復騎，髀裏肉生。日月若馳，老將至矣，而功業不建，是以悲耳！」①劉備這一番話固然是情發於衷，言者無意；可是劉表聽者有心，儘管他當時聽了，在表面上還安慰了劉備兩句：

劉皇叔與漢獻帝世系表

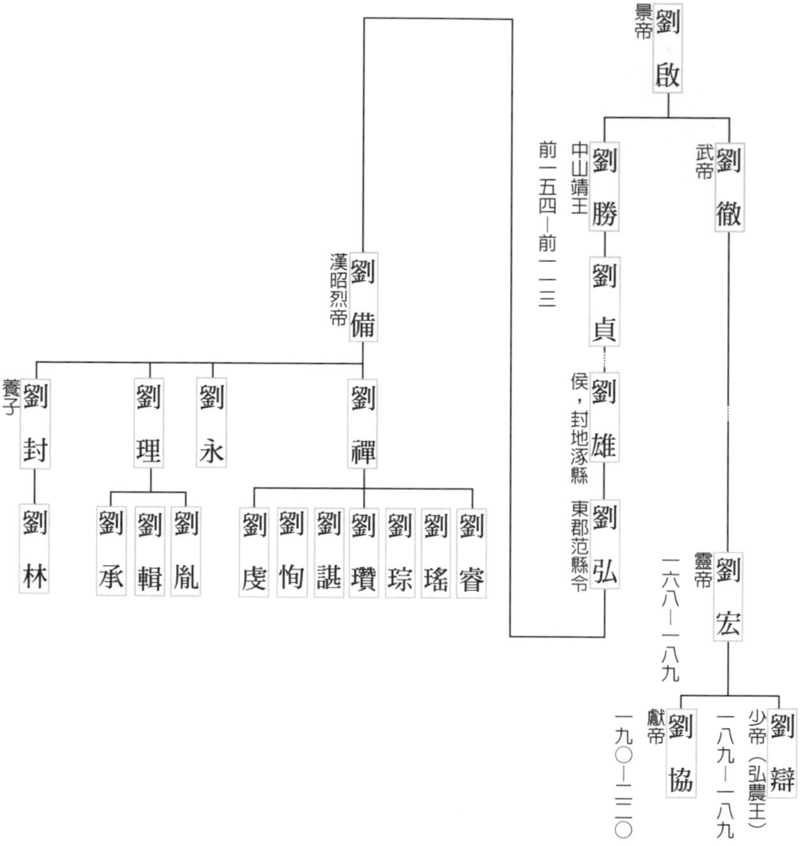

「賢弟不必悲傷，有志者事竟成也！」但在心裏卻增加了對劉備的懷疑，更爲警惕起來。

不過，由於劉備到荊州的第二年（建安七年，二〇二年），就在新野北面博望坡設伏兵，計敗曹操大將夏侯惇、于禁②。劉表對劉備爲他防禦曹操首戰告捷感到十分滿意，因之儘管他對劉備心裏感到懷疑，但在外表上還不得不以禮相待，說點客氣的話。

到了建安十二年（二〇七年），當曹操舉兵北征烏桓時，劉備力勸劉表趁機襲取許昌，劉表不從。其實，曹操當時最擔心的，也正是怕劉備說動劉表出兵偷襲許昌。曹操部下諸將也多以此勸阻過他。唯獨謀士郭嘉力排眾議，剴切地對曹操說：「劉表坐談客耳。自知才不足以禦備，重任之，則恐不能制；輕任之，則備不爲用，雖虛國遠征，公無憂矣。」

事實又果如曹操手下這位著名的年輕謀士所料。當時，劉表眼看劉備羽翼已成，不能不有所戒備。不要說他沒有那個膽量，他更沒有那份心思。奇怪的是，當他聽到曹操這年北征凱旋回到許昌，他又後悔起來，非常慚愧地對劉備說：「不用君言，失此良機。」劉備只好安慰他說：「今天下分裂，日尋干戈，事會之來，豈有終極乎？若能應之於後者，則此未足爲恨也。

就在劉表不納劉備襲取許昌之計的這一年冬天，劉備先後經司馬徽、徐庶的推薦，親自帶著關羽、張飛去隆中，敦請諸葛亮出山了。

三請諸葛亮

號稱「八俊」之一的劉表，在漢末享有「海內清名之士」的聲譽，因慕劉表之名，從北方避難而來荊州的士人中，有不少是具有眞才實學的人。這些人到了荊州，從劉表的舉止作爲中，又大多看不起劉表。當時在龐德公、諸葛亮周圍就先後聚集了這樣一些有學識的人。他們常常在一起研討時勢，切磋學問，等待時機去建立功業。

當曹操在北方逐漸造成一個安定而興旺的局面的時候，也吸引了他們當中的一部分人投奔到曹操那兒去了。比如，潁川人士杜襲、趙儼、繁欽一同避難到荊州，劉表待以賓客之禮。繁欽打算歸依劉表，杜襲告誡他說：「我和你到荊州來，只不過是爲了保全自身以待時而動罷了，豈是因劉表當爲撥亂之主而準備託身於他。你若眞有此打算，我只好和你絕交了。」繁欽因此打消了歸附劉表的念頭。就在曹

註釋

① 《三國志‧蜀志‧先主傳》裴注引《九州春秋》。髀裏肉生，指股腿相接處的肌肉，因久不騎馬而長了肥肉，是說劉備顧此而悲歎歲月蹉跎之意。

② 《三國志‧蜀志‧先主傳》：「（劉表）使（先主）拒夏侯惇、于禁等於博望（在新野之北）。久之，先主設伏兵，一旦自燒屯僞遁，惇等追之，為伏兵所破。」《三國志‧魏志‧李典傳》：「太祖遣典從夏侯惇拒之。（劉）備一旦燒屯去，惇率諸軍追擊之，典曰：『賊無故退，疑必有伏。南道狹窄，草木深，不可追也。』惇不聽，與于禁追之，典留守。惇等果入賊伏裡，戰不利，典往救，備望見救至，乃散退。」《資治通鑑》以此事發生在獻帝建安七年（二〇二年）。可見《三國演義》中諸葛亮初出茅廬，在博望坡火燒夏侯惇的故事，與史實不符。這事發生在諸葛亮出山之前五年，和諸葛亮沒有關係。

操迎獻帝都許昌之後，他們認為曹操必能「匡濟華夏」，又一同回到北方去了。杜襲、趙儼後來與同郡辛毗，陳群「並知名」，成為魏國的重臣。後來，諸葛亮的好友石廣元、孟公威也相繼返回北方去了，在魏國做官「亦貴達」①。雖說龐德公終身不仕，也不願出來輔佐劉表，但他的兒子、即諸葛亮的姐夫龐山民卻到魏國去做了官②。

固然，像諸葛亮那樣具有正統觀念，有志於興微繼絕的人是不願意去投靠曹操的。劉備來到荊州，以他戎馬半生的經歷，特別是他作為漢皇室苗裔而久負盛名，自然就成為他們心目中的理想人物了。因此，這一部分人參加到劉備集團中去，也就是理所當然的了。

從劉備主觀上來說，根據他屢遭挫折的沉痛教訓，在他周圍雖有關羽、張飛、趙雲等良將，而確實缺少出謀劃策、運籌帷幄的謀士。所以他到荊州的這些年，看到荊州地區人才濟濟，他未嘗一日不在四處打聽，尋求良輔。

一天，劉備去訪問襄陽隱士司馬德操，向他請教「世事」。其實，司馬德操對劉備來荊州這幾年的作為，早就看在眼裏，他十分明白劉備所要進行的事業是非常艱鉅的，要是沒有真正有才學的人來輔佐他，恐怕很難成功。他出於對劉備事業的理解，也出於對

劉表集團主要人物一覽

姓名	任職	身分	備註
蒯良	主要謀臣	襄陽地區豪族	南郡中廬縣（今襄樊南漳）人
蒯越	主要謀臣	襄陽地區豪族	南郡中廬縣（今襄樊南漳）人
龐季	主要謀臣	襄陽地區豪族	劉表妻弟
蔡瑁	大將	襄陽地區豪族	蔡瑁外甥
張允	大將	襄陽地區豪族	
黃祖	大將	襄陽地區豪族	
文聘	大將	襄陽地區豪族	
韓嵩	謀臣	荊楚名士	荊州義陽（今河南桐柏）人
劉先	謀臣	荊楚名士	零陵人
鄧羲	謀臣	荊楚名士	
傅巽	謀臣	北人	

劉備苦心求賢的感佩，因而他在經過一番慎重的考慮之後，坦然地對劉備說：「儒生俗士，豈識時務？識時務者在乎俊傑。此間自有臥龍、鳳雛。」劉備一聽，高興地問是誰？德操回答說：「諸葛孔明、龐士元也。」

司馬德操說出諸葛亮、龐統的名字之後，就把話收住，不再往下說了。他更深一層地想到，要使像劉備這樣一位年近半百、飽有閱歷的老英雄，對這兩位年輕的山林隱士感興趣，從而引起他足夠的重視，還得有一個過程。所以當劉備想進一步了解諸葛亮、龐統的情況時，司馬徽只是叫他不要著急，希望他再多方打聽打聽，看他說的這兩個人是否眞行？夠不夠得上稱之爲俊傑？

這是劉備第一次聽到了諸葛亮和龐統的大名。過了些時，司馬徽的同鄉，也是諸葛亮的好友徐庶到新野來投歸劉備，一番交談之後，劉備對徐庶的學識見地十分佩服，因此很器重他。徐庶也和司馬徽一樣，深感劉備所要開創的事業非同尋常。爲此，徐庶感到非得有比自己更高明的人來輔佐他才能取成，因而也就很自然地想到諸葛亮和龐統了。因龐統這時已到江東去了，於是他就決心向劉備推薦諸葛亮。在徐庶來說，他也把請諸葛亮出山當成一件大事來對待，在如何引起劉備的重視上很動了一番腦筋。一天他先用試探的口氣提了出來，像是很隨意地對劉備說：「我有位好友名叫諸葛孔明，人稱他爲臥龍先生，想必將軍您早就聽說過了，您有沒有興致打算見見他呢？」劉備聽了，眞是大喜過望，想不到徐元直和諸葛孔明還是至交好友，於是迫不及待地說：「眞太好了！臥龍大名如雷貫耳，早就聽水鏡先生說過了，那就麻煩您代我致意，快快地請他來吧！」

看到劉備著急的樣子，徐庶心裏感到十分歡欣，但他在外表上卻絲毫也沒有流露出來，而是很從容地向劉備解釋道：「諸葛孔明這個人，將軍您還不太了解吧？他常常自比管仲、樂毅。依我看來，他的才學還不在管仲、樂毅之下哩！恕我直言，像他這樣一位身藏大器的人，願不願意出山來還得看您的誠意如何？所以我建議：最好還是將

註釋

① 《三國志・蜀志・諸葛亮傳》裴注引《魏略》：廣元名韜，「至黃初中，韜仕歷郡守、典農校尉」。又裴注：「公威名建，在魏亦貴達。」

② 〈三國志・蜀志・龐統傳〉裴注引《襄陽記》：「龐山氏，為魏黃門吏部郎，早卒。子渙，字世文，晉太康中為牂牁太守。」

軍您親自屈尊去請，或許他親身感受到您的一片誠意，還樂意出來也說不定。」劉備聽了，忽然想起成湯請伊尹、文王載太公的故事，不等徐庶把話說完，就連連應道：「承教，承教，我一定去，拿出我最大的誠意去！」徐庶會心地笑了，最後叮囑了一句：「千萬別提是我，或是水鏡先生推薦的。」①

劉備於第二日就帶著禮物，並叫關羽、張飛隨他一同往隆中去。一路之上，劉備無心觀看山景，想起昨天和徐庶的那一番談話，聯想到前些時水鏡先生以「俊傑」稱譽諸葛孔明，徐庶更說他比管仲、樂毅還要強，想來這位孔明先生一定是個了不起的人才。再回想自己半生困頓的坎坷經歷，不禁感慨萬端，蒼天不負有心人，到底找到了這麼一位良輔。劉備情不自禁自言自語地說：「我一定要向他披肝瀝膽地表示自己的誠意！」

就這樣，劉備一路上殫精竭慮地想著，由關羽、張飛在前詢路，不覺就來到了隆中諸葛亮的草廬前。劉備和關、張下得馬來，看見柴門虛掩，劉備在前，關、張隨後，踱進院內，見一眉清目秀的少年走了出來，問道：「您們莫非是找二家兄的嗎？」劉備聽徐庶說過孔明弟兄三

因祭祀桃園三結義的劉、關、張而得名。廟始建於清康熙年間，原有四進五殿，在市區中心的提督街，一九九七年因城市建設的需要，遷建於今址。

人，排行第二，心想原來這是孔明的弟弟了，急忙回答道：「正是，劉玄德求見臥龍先生。」諸葛均說：「二家兄不在，前兩天就和崔州平他們出外遊歷去了。」劉備問道：「什麼時候回來？」諸葛均答稱：「或三、五日，或十天、半月，沒有定準。」劉備悵然若失，只得囑咐他說：「若令兄歸來，請轉告劉備特來拜訪。」然後就帶著關羽、張飛返回新野去了。

半月之後的一天，劉備又帶著關羽、張飛來到隆中。剛到草廬前下馬，就看見諸葛亮的弟弟隨一老者牽著一匹毛驢走了出來。諸葛均一見劉備他們，就向老者介紹說：「這就是剛才說起的劉豫州。」又轉向劉備說：「這是二家兄的岳父黃承彥老先生。」劉備慌忙上前施禮：「久仰！久仰！」劉備早就聽說黃承彥是個大名士，接著說道：「今天再次來拜望您老的門婿諸葛先生，想不到竟有幸會著了老先生，眞是幸運得很！」

黃承彥爽朗一笑，說：「不敢當！將軍來又落空了。我也是專門來看小婿的，想不到他還未回，我和您都是白跑了一趟。」轉身對諸葛均說：「那麼辦吧，等您二兄回來，就叫他回拜劉將軍去。」然後對劉備和關、張把手一拱，說道：「恕不奉陪了，我有點事先走一步，要是將軍得閑，就請進草屋吃杯茶再去。」說著就跨上毛驢飄然下山去了。」

諸葛均把劉備和關羽、張飛讓進草堂坐下，奉上茶來。劉備眞沒想到諸葛亮原來還是大名士黃承彥的女婿，心想此人定是才學非凡，更加證實了司馬徽、徐庶的話是可靠的。抬頭就看見草堂壁上掛著一付屏條：「淡泊以明志，寧靜以致遠」。劉備心情激動起來，雖兩番來此，未見著諸葛亮本人，但從這副字條中可以看出：諸葛孔明豈是一般的山林隱士，他高臥隆中，隱居待時，身藏致遠之才，眞正是一位「臥龍」呵！但見窗外梅花怒放，劉備不禁想到，梅花沖寒而開，臥龍應運而起，在此時也。

劉備正在遐思默想，忽聽關羽、張飛催促道：「既然孔明先生不在，我們還是回去吧！」劉備只得起身告辭。諸葛均說：「剛才黃老先生說過了，改天叫二家兄來回拜將軍，就不必再勞駕將軍下顧了。」劉備連連擺手，說：「使不得！使不得！過幾天還是我們

註釋

①根據《三國志・蜀志・諸葛亮傳》徐庶舉薦諸葛亮，劉備「凡三往，乃見」的歷史記載，與《三國演義》中徐庶離開劉備時「走馬薦諸葛」的故事迥異。並非小說上所說的諸葛亮未出山時，徐庶已經離開了劉備。

來吧，再麻煩您轉達劉備的敬慕之意！」劉備去後過了兩天，諸葛亮回到隆中。

一進柴門，諸葛均就在院內迎著，並告訴他，劉備和關羽、張飛已來過兩次了，說最近還要來。諸葛亮聽了，微微一笑，悄悄問道：「你嫂嫂知道了，她怎麼說的？」諸葛均正要開口，隨即用手一指：「你直接問嫂嫂吧！」

諸葛亮掉頭但見妻子迎了出來，並笑著說道：「看來，成湯三請伊尹的千古美談，當今之世又要重演了。」諸葛亮急忙說：「夫人眞會湊趣，我諸葛有何德能敢與阿衡①相比。何況劉玄德飄搖半生，無立錐之地，又未必能成個氣候，夫人眞眞取笑了。」「怎麼不能成？劉玄德英名蓋世，豪氣不減當年，豈能久屈人下！」諸葛亮回過頭來，見黃老先生笑著踱了進來。

諸葛亮一面上前行禮問候，一面應聲說道：「請岳父大人指教！」然後恭敬地把黃承彥請進草堂坐下。轉身入內室更衣去。

黃氏上前請安後，笑著向父親問道：「爸爸，您說隆中是不是要演一齣成湯三請伊尹的戲文了？」黃承彥深知女兒的脾性，雖說是打趣，但說的卻是實在的情形，不禁勾起了他的心事，言發於衷，低聲問道：「你捨得他離開你嗎？」一句話反問得女兒面紅耳赤，黃氏正要開腔發作，一見諸葛亮更衣出來，於是轉開話頭，借題發揮說：「人家要去大顯身手，擬著我甚事。不過，世亂紛紛，道途艱辛，若眞要創出一個局面，沒有撥亂反正、力挽狂瀾的決心和信心怎麼行！看劉玄德的意思，不只是一般的請去出出點子，而是要付之以重任。固然斤斤計較得失利弊不可取，但過於消閑超脫也要不得，作人臣的惟勤惟謹這一點，是萬萬不可忽略的。」

黃承彥聽到這裏，忍不住哈哈大笑，說：「這麼說，你不但是衷心地期望，而且是百分之百地贊成他去一展宏圖囉。你放心好了，以他之才，你等著他封侯拜相的好消

銀釦馬蹄型漆盒，東漢(西元25-220年)山東萊西岱墅村出土。漢代貴族婦女的化妝用品大多盛放在漆製妝具內。梳子、 多盛於馬蹄形漆盒中，脂粉多盛於圓型漆盒內，簪多盛於長方形漆盒裡。當時的高級漆器製品邊緣常鑲金、銀、銅等金屬，被稱為「釦器」。

息吧！」黃氏瞪了她父親一眼，用嘴努了努。

黃承彥看到諸葛亮一直在低頭沉思，然後掉頭對他說道：「賢婿，從劉玄德來荊州的這幾年，他兢兢業業，一面練兵講武，一面收攬英才。他經常四處打聽，訪求良輔，前不久，他還到水鏡先生那兒去過，最近徐元直也到新野去了。難能可貴的是，劉玄德深知創業的艱難，儘管他一再遭到失敗，但他能忍辱負重，能從失敗中找出之所以失敗的教訓，所以我說他壯心不已，豪氣不減當年，這正是他能夠成功的基礎。何況在他身邊還聚集了像關羽、張飛、趙雲這樣一些當世第一流的虎將，缺少的正是像你臥龍賢婿這樣的人去幫助他規劃方略，馭將掌兵。

黃承彥歎息了一聲，接著說道：「恐怕最近劉備他們還要來，大前天我在草廬門外見著他們，我深感他們對你是抱有很大希望的。」說到這裏，黃承彥把話頓住，深情地看著他的女兒，點了點頭。

諸葛亮從他父女的談話中深受感染，不禁激動起來，說：「聽岳父一席話，茅塞頓開；夫人微言大義，銘記在心。只要劉玄德他們再來，眞正出於一片誠意，我一定開懷和他們暢談一番。只要一經決定，我就盡自己平生所學，不遺餘力地去幫助他，竭誠盡智地去做一番事業。正如夫人所說，世亂紛紛，道途艱辛，不管怎樣，既然自己認定了這條道路，就要一直走下去，即便是荊棘滿路，也要披荊斬棘地走到底！鞠躬盡瘁，死而後已，這就是我的決心和信心！

黃氏夫人忍不住打斷他的話，笑著說道：「你還沒有去，就想到了死嗎？人生與草木同腐固然不值得，但爲拯救國家，爲拔除黎民塗炭之苦，即便是死，也就死得其所了。你現在還是認眞仔細地考慮一下：劉玄德他們過兩天來，你究竟打算和他們談些什麼吧。」諸葛亮點頭讚許，說：「夫人言之有理，就照夫人說的辦吧。」

第二天，黃承彥回沔南去時，囑咐諸葛亮說：「賢婿滿腹經綸，抱濟世之才，放心去吧！家中的事自有我常來看顧，勉之，勉之。」

數日之後的一天，雪霽初晴，碧空萬里，隆中山色格外明麗。劉備果然帶著關羽、張飛第三次到了隆中。諸葛亮正在草堂上觀書，忽聽柴門外馬蹄之聲，諸葛均報說：

註釋

①阿衡，即伊尹。伊尹佐成湯滅夏，以功居多，成湯尊之為阿衡。《詩．商頌．長發》鄭箋：「阿，依也；衡，平也；伊尹，湯所依倚而取平，故以為官名。」

「劉豫州至。」諸葛亮迎了出來。劉備下了馬，不用問便知出來的必是諸葛亮無疑了，看他的相貌有點和諸葛均相像，身長約八尺許，頭戴素巾，身著布袍，風度瀟灑，舉止不俗。劉備急忙搶上前去施禮，口稱：「劉玄德兩次到此空返，今日得睹尊顏，幸甚！幸甚！」

諸葛亮深深還禮，並應聲說道：「山村閑散之人，何勞將軍一再下顧！」說著就謙讓劉備進去。劉備回身吩咐關羽、張飛在外等候。他自己就跟著諸葛亮進去了。

隆中對

劉備跟諸葛亮來至草堂上坐下之後，諸葛均奉上茶來，轉身就退了出去。劉備一看四周再沒有其他的人了，就挪動了一下身子，極其誠懇而又極其坦率地對諸葛亮說：「眼看漢朝王室傾危，奸臣當道，竊持國柄，皇上蒙受欺凌，由來已久。我深知自己既無才德，也沒力量，儘管這樣，我決心盡力去做，一定要伸張大義於天下。可是，想終歸是想，確實由於自己才智不足，辦法不多，以致於天下洶洶，奸佞猖獗，一直鬧到今天，而自己也東奔西走，毫無成就。但我並不因此而感到氣餒，也絕不因此而善罷甘休。今天我來拜會先生，就是特地來討教，請先生指明我應該怎樣去做，如何？」①諸葛亮認眞、仔細地聽了劉備這一番傾述之後，深深被劉備這種虛心求教的精神所感動。更使他從中看到劉備復興漢室、撥亂反正的一副忠肝熱腸。他不禁想起劉備曾經在許昌參與過董承受衣帶詔誅除曹操的密謀，這件事從失敗到今天，恐怕劉備還念念不忘吧！諸葛亮對劉備初次和他見面，竟能如此坦露胸懷，把他的心事和盤托出，這是劉備對自己竭誠相待的表示。

諸葛亮有感於此，不緊不慢，從容不迫地把他心中要說的話全部說了出來。

他首先針對劉備屢遭挫折的心理，說：「自從董卓入京造亂開始，四方豪傑蜂起，搶州奪郡的人，多得數也數不清。經過一番較量之後，現在形勢已經愈來愈明顯了。成功者自有他所以成功的經驗，失敗者必有他所以失敗的教訓。拿曹操和袁紹的情況來說吧，就名望高低、兵眾多寡看，曹操是沒法和袁紹相比的，可是曹操居然能打敗袁紹，變弱爲強，這個道理又在哪裏呢？想來將軍您曾經周旋於他們之間，心裏也是很明白的：這絕不是天命使然，而確實是在於人的智謀所決定的。」

諸葛亮說到這裏，見劉備不住點頭，接著說道：「今年曹操又取得北征烏桓的勝利，徹底掃除了袁紹的殘餘勢力，基本上把北方統一了起來，不要說他現在已擁兵百萬，而且他還處處假借皇上的名義來號令諸侯，可以說在今後相當長一段時間內無法和他爭強比勝的。北方曹操的情況是這樣，那麼，我們再看看南方孫權的情況，形式就更加清楚了。孫權割據江東，已歷經他父兄和他自己三世的經營，那裏地勢險要，百姓歸附，有德行、有才能的人都樂於爲他效力。將軍您到荊州的這些年，想必對江東的情形也是有所了解的。照我看來，要和曹操爭天下，孫權是不可忽視的，應該堅決和他結成同盟，作爲外援；千萬不可覬覦江東，希圖占領。」

諸葛亮見劉備陷入沉思之中，突然把話頭一轉，微笑著說了下去：「我們就來看看眼前荊州這兒的情況吧。荊州北依漢水，南達南海，東連吳會，西通巴蜀，從這一大片地區所提供的人力、物力資源來說，堪稱用武之地，是自古以來兵家必爭的戰略要衝。可是，現在的荊州之主是早晚守不住這塊地盤的。這大概就是上天留給將軍的，將軍您是否有此打算呢？」

諸葛亮並不要劉備回答，他也知道劉備對此不便表態，緊接著就說道：「再看西邊的益州，那裏也是一個地勢十分險固的地方，腹地遼闊，沃土千里，向來稱爲天府之國，漢高祖就是靠這塊地盤進取天下，建成了帝業。但是，而今的益州之主劉璋懦弱無能，統治不了；在他的北面，還有漢中張魯的威脅，時刻都在打他的主意。所以儘管益州人多國富，而劉璋卻並不知道怎麼去愛惜。再說，那裏有才能的人都希望有一位英明之主去取代他。這和江東的情形豈不是正好相反嗎！」

諸葛亮話到此間，興奮地向劉備點了點頭，滿懷信心地說：「將軍您既是皇室的後裔，信義又早就顯揚於四海，廣交天下英雄，求賢如飢似渴，如果您能據有荊、益二州，固守險要，西邊和好諸戎，南邊安撫夷越，對外結好孫權，對內修明政治，一旦天下發生變動，時機一到，就命令一員上將統率荊州的軍隊向宛城、洛陽推進，將軍您親統益州大軍席捲關中，到那個時候，老百姓誰個又能不擔著飯食、盛著酒漿來迎接將軍呢？誠能如此，那麼統一天下的霸業就可以成功，漢室也就再次復興起來了。」

註釋

①《三國志．蜀志．諸葛亮傳》（劉備）因屏人曰：「漢室傾頹，奸臣竊命，主上蒙塵。孤不度德量力，欲信大義於天下，而智術淺短，遂用猖獗（《資治通鑑》作蹶），至於今日。然志猶未已，君謂計將安出？」

董卓

董卓，字仲穎，涼州隴西臨洮（今甘肅岷縣）人，出身豪富，父曾為潁川郡輪氏縣尉。「性粗猛有謀」，有膂力，能左右馳射。「少好俠，嘗游羌中」，與羌人豪帥相結，享有「健俠」之名。

桓帝永康元年（一六七年），以六郡良家子任羽林郎，統管元郡（漢陽、隴西、安定、北地、上郡、西河）羽林軍。旋升軍司馬，隨中郎將張奐征討并州叛羌。積功歷升郎中、廣武（今山西代縣）令、郡守北部都尉、西域戊己校尉、并州刺史、河東太守，任中郎將後，敗於黃巾軍，貶回隴西。

靈帝中平元年（一八四年），邊章、韓遂殺金城（今甘肅蘭州西北）太守陳懿，翌年以討伐宦官為名，率軍「入寇三輔，侵逼園陵」。重起中郎將，拜破虜將軍，大敗邊章、韓遂，封臺鄉侯，食邑千户。中平三年（一八六年）韓遂再起，聯合馬騰、王國等人進攻三輔。五年（一八八年）攻至陳倉（今陝西寶雞市），危及長安、洛陽。董此前拜前將軍，與左將軍皇甫嵩大敗韓遂、馬騰，共解陳倉之圍。拜并州牧。拒交兵權不赴任，率軍進駐河東，以隴西為勢力範圍。

靈帝死，少帝劉辯繼位。奉外戚何進密招進京，時外戚宦官已同歸於盡，遂盡收兵權，挾天子以令諸侯。進而廢殺少帝，立獻帝，鴆何后，自封太尉、郡侯、國相，躍居三公之首，掌宰相權，享有「贊拜不名，入朝不趨，劍履上殿」等特權。且封己母為池陽君，地位同公主，拜弟董旻為左將軍，封雩侯，封幼孫女為渭陽君，「侍妾懷抱中子，皆封侯，弄以金紫」。

據有武庫甲兵，國家珍寶，威震天下。脅迫獻帝將都城從洛陽遷至長安。為防官員人等逃回故都，將洛陽城及附近一百里宮殿、宗廟、府庫等全部焚毀。昔日繁華的洛陽，轉瞬變為焦土。於己封地修築高厚七丈，與長安城牆相等的塢堡，公然命名「萬歲塢」。用各種卑鄙手段控制中央和地方的主要政治力量，對反對派狠下辣手，斬草除根，威懾朝野。

時洛中貴戚室第相望，家家殷積，縱放兵士，淫掠婦女，剽擄資財，謂之「搜牢」。曾遣軍到陽城，搶劫正在鄉社集會的百姓，殺死全部男子，凶殘地割下頭顱，血淋淋並排在車轅上，擄走大批婦女和財物，稱攻賊大獲，呼萬歲。一次，邀朝中文武赴宴，以當場殘殺幾百名北方反叛者俘虜佐酒，先剪掉舌頭，後斬斷手腳，挖掉眼睛。另一次，將幾百名俘虜用布條纏綁全身，頭朝下倒立，澆上油膏，點火燒死。國家制度朝令夕改，法律刑罰混亂無度。以嚴刑脅眾，睚眥之隙必報，人不自保。派司隸校尉登記所謂「為子不孝，為臣不忠，為吏不清，為弟不順」的臣民，冊上有名者均處死，財產沒收。民怨沸騰，冤獄遍地。

為聚斂鉅額財富，橫徵暴斂，洗劫皇家陵墓和公卿墳塚，盡收珍寶。毀壞通行的五銖錢，鎔天下銅人、銅鐘、銅馬，重鑄粗製濫造的小錢，不僅重量比五銖錢輕，且無紋章，無輪廓，不耐磨損。貨幣貶值，物價猛漲，一石穀約需數萬錢。百姓到處傳唱《千里草》的歌謠，咒其早死。其倒行逆施引起各方征討，終被王允、呂布謀殺，並誅連三族。被殺之時，文武將士高呼萬歲，長安百姓載歌載舞。死後被暴屍東市，守屍吏將點燃的捻子插入肚臍，因其腸肥脂滿，「光明達曙，如是積日」。

諸葛亮在隆中對劉備剖析天下形勢的這一番宏論，被晉代史家陳壽加以整理，記載於《三國志．諸葛亮傳》上，後世把它稱之爲〈隆中對〉或〈草廬對〉。①

很明顯，諸葛亮在隆中草廬對劉備的一番議論，歸根結底，是爲了達到「霸業可成，漢室可興」的目的，使歷史上再次出現「光武中興」的局面。

諸葛亮根據當時的天下形勢，從政治、軍事、經濟、地理和人事等各個方面進行了具體分析，在反覆比較的基礎上提出了一整套戰略和策略。從實現長遠的戰略目標來說，則是從荊州、益州兩路出兵構成鉗形攻勢收復兩京（長安、洛陽），擊滅曹氏，復興漢室。眞要到了那一天，東吳孫權除了納土歸降是再也沒有別的出路可走了。雖然諸葛亮把消滅曹氏集團作爲最終戰略目標確定下來，但他認爲：在目前，以曹操在軍事上的實力和他在政治上的巨大優勢，只能把他暫時放在一邊。

因此，諸葛亮爲實現最終戰略目標而提出了一套具體的策略步驟，也就是應該立刻著手去逐步實現的，即就是：奪占荊、益二州爲根據地，通過和西南的少數民族搞好關係，穩定後方；對內革新政治，把根據地建設好，積蓄力量；對外聯合孫權，孤立曹操，造成三分鼎立的局面。等待時機一旦到來，就發動「北定中原」的強大攻勢，實現最終的戰略目標。這就不難看出，諸葛亮這一套完整的策略步驟，是他從實際出發，在總結了歷史上正、反兩方面的經驗，特別是在研究了當時各種集團勢力消長的情況之後提出來的。

雖然劉備當時聽了諸葛亮的建議非常高興，但是後來，當劉表病死，曹操南下荊州，劉琮舉州投降，情況萬分危急時，諸葛亮再次提醒劉備乘勢奪取荊州，劉備竟不聽從，以致慘遭挫敗，直到赤壁

註釋

①《諸葛亮集》文集卷一〈草廬對〉：「自董卓已來，豪傑並起，跨州連郡者不可勝數。曹操比於袁紹，則名微而眾寡，然操遂能克紹，以弱為強者，非惟天時，抑亦人謀也。今操已擁百萬之眾，挾天子而令諸侯，此誠不可與爭鋒。孫權據有江東，已歷三世，國險而民附，賢能為之用，此可以為援而不可圖也。荊州北據漢、沔，利盡南海，東連吳會，西通巴、蜀，此用武之國，而其主不能守，此殆天所以資將軍，將軍豈有意乎？益州險塞，沃野千里，天府之土，高祖因之以成帝業。劉璋闇弱，張魯在北，民殷國富而不知存恤，智能之士思得明君。將軍既帝室之冑，信義著於四海，點攬英雄，思賢如渴，若跨有荊、益，保其岩阻，西和諸戎，南撫夷越，外結好孫權，內修政理，天下有變，則命一上將將荊州之軍以向宛、洛，將軍身率益州之眾出於秦川，百姓孰敢不簞食壺漿以迎將軍者乎？誠如是，則霸業可成，漢室可興矣。」

之戰以後，才從曹操手裏奪回荊州一部分地盤爲立足點。然後才按照諸葛亮的計劃向西發展，去奪占益州。

諸葛亮根據東漢後期，由於益州地區統治者的貪殘暴虐，使西南少數民族不斷起兵反抗的事實，他認爲占領益州後，必須採取「和撫」的民族政策，改善與少數民族的關係，使內部穩定，才有可能向外拓展。所以他把奪占荊、益與和戎撫夷聯在一起來考慮，這是完全切合實際的。

清初餖版八色套印本《繡像三國志》。這是名著《三國演義》其中最為珍貴的版本，採用餖版彩色印刷方式印製。

至於說到「內修政理」，從大處看，鑒於東漢帝國的崩潰，必須從中吸取沉痛教訓。具體地說，從劉表、劉璋在荊、益兩州的統治來看，舉賢任能，改革弊政，更是燃眉之急。在這方面，作爲政治家的諸葛亮是慧眼獨具，很有魄力的。從他後來治蜀的措置中，得到了充分的證實。

對外「結好孫權」，這是諸葛亮預見三分鼎立的形勢之必將出現，爲劉備制定的一個重要策略方針。既然他把消滅曹氏作爲最終的戰略目標，那麼聯合孫權就是不可忽視的策略手段。事實上，「聯孫」這個策略，一開始就顯示出它的巨大威力，取得了赤壁之戰的輝煌勝利。正是由於這個勝利，劉備才在荊州站穩了腳跟，才有可能向西發展，打開蜀漢立國的興旺局面。可以說「聯孫」這一外交策略，是蜀漢立國的根本大計，是關係到蜀漢盛衰存亡的基本國策。後來蜀漢的歷史更充分地證實了這一點。

當時劉備聽了諸葛亮這一席對天下形勢的精闢分析之後，他不但在口頭上連聲叫絕，而且從內心深處對這位才二十七歲的青年俊秀由衷地產生敬意。諸葛亮淵博的學識，議論風生的談吐，從政治軍事，地理人物，到山川形勝，無不囊括在胸，使劉備深感司馬徽、徐庶的舉薦一點也沒有虛誇，這位英俊的山東青年，眞是個了不起的一代俊傑，正是他夢寐以求的良輔。

劉備恭敬地對諸葛亮說：「聽先生一席話，使劉備獲益非淺！願先生以天下蒼生爲念，以復興漢室爲務，大展宏才以建稀世之功，劉備至誠相邀，望先生萬勿推辭！」其實，諸葛亮從劉備開初的話中，已經感受到他的一片誠意了，因此，他毫不猶豫地說：「蒙將軍不棄，我就爲將軍奔走效勞吧！」於是，劉備喜不自禁，立刻叫關羽、張飛進去拜見諸葛先生，並奉上禮物。諸葛亮也叫妻子和弟弟出來拜見劉備。諸葛亮告別妻子和弟弟後，就毅然隨劉備和關、張下山去了。

諸葛亮自己在二十年後回顧這件事時，說：「先帝不以臣卑鄙，猥自枉屈，三顧臣於草廬之中，諮

孫權

孫權，字仲謀。揚州吳郡富春（今浙江富陽）人。孫堅次子，孫策之弟。十九歲繼承兄位，據江東有江東六郡。建安五年（二〇〇年），曹操上表請封為討虜將軍、會稽太守，屯守江浙，搜羅人才，發展勢力。赤壁之戰聯合劉備擊潰曹操。後西聯蜀漢，北抗曹魏，成三分天下的局面。又與曹操軍鏖戰合肥，並襲殺關羽，從劉備手中奪回荊州，授驃騎將軍、荊州牧，封南昌侯。曹丕稱帝後，受封吳王。魏黃初三年（二二二年）於夷陵之戰大敗劉備。太和三年（二二九年）於武昌（今湖北鄂城）稱帝，國號吳。不久，遷都建業（今江蘇南京）。在位二十二年，曾四改年號，為黃龍、嘉樂、赤烏、太元，七十一歲去世，諡吳大帝。孫權未立后，妃嬪為謝氏、徐氏、步氏、王氏、潘氏。子孫登、孫慮、孫和、孫霸、孫奮、孫休、孫亮，女孫魯班、孫魯育。

孫權重視農業生產、設立農官，獎勵農事，興修水利，多次減免賦稅，使江東六郡保持了相對安定的局面，且發展造船業，東吳海船經常北航遼東，南通南海諸國。黃龍二年（二三〇年）派大將朱溫率萬人船隊到達夷洲（今臺灣），這是大陸與臺灣聯繫的最早記錄。又派使臣朱應、康泰泛海至林邑（在今越南南部）、扶南（在今柬埔寨境）諸國，大秦商人和林邑使臣也曾到達建業，這些都促進了東南地區的經濟發展和社會繁榮。

三顧堂，河南南陽武侯祠景區。三顧堂是劉備三顧茅廬、諸葛亮作隆中對策時的紀念堂。

臣以當世之事。由是感激，遂許先帝以驅馳。」可見當時諸葛亮之出輔劉備，固然是他志之所致，但這位被曹操稱之爲「天下英雄」的劉先帝一再屈尊下顧，向他虛心討教，也使他非常感動。這就是後世所傳「三顧茅廬」的佳話。①諸葛亮的隆中對話，從思想上武裝了劉備，在他面前展示出了光明的前景。

諸葛亮來至新野，徐元直迎見，二人攜手言歡，格外相親。劉備把諸葛亮當良師益友來對待，朝夕相處，「情好日密」。趙雲倒沒說什麼，這卻引起了關羽、張飛的「不悅」，認爲劉備對這個比他自己小二十歲的青年人過於敬重了，何況還不知道他在用兵打仗上到底有多大本領？劉備察覺到後，坦率而又嚴肅地對他們說：「諸葛孔明卓有識見，我有了他，如魚之有水，請你們不要再說長道短了。」劉備用魚水的關係，來比譬他和諸葛亮結下的深厚情誼，從而表達了他對諸葛亮非常信任和極爲依重的思想感情。關羽、張飛聽到劉備說得這麼認眞，又這麼誠摯，儘管心裏還有點疑惑，但嘴上也就不便再流露出來，只好拭目以待了。

諸葛亮來到劉備軍中不久，眼看曹操在北征烏桓勝利之後，又在冀州鄴城作玄武池加緊習練水軍，做南進的準備。荊州首當其衝，曹操早晚是要來進攻的。而劉備的兵眾才只有數千人，實在太少，萬一曹操大軍來臨，如何能敵？劉備爲此也深感不安，但又想不出別的辦法，心中甚是煩悶。

一天，諸葛亮到劉備帳中，看見劉備正在用髦牛尾結毦②，不禁正色說道：「我以爲將軍當有遠志，卻原來不過是結毦而已！」劉備立起身來，皺著眉頭說道：「我哪有閑心，僅是以此忘憂罷了。」諸葛亮點了點頭，說：「將軍的心事不說我也明白，想必是憂慮兵少，難以對付曹操吧！」劉備一聽，立刻舒眉展笑地說：「想必先生定有良策教我。」③

諸葛亮微笑著說：「將軍不必憂慮，我已替您想好了。現在荊州不是人少，而是上戶籍的人少，若是像平常那樣按戶籍冊來征稅抽兵，必然就要引起在籍的人不滿，以至人心騷動。這件事事關重大，您可向劉表提出來，請他下令荊州境內所有游戶，限期自報上籍，這樣，立即就可以抽到大量兵員。」

劉備聽了，拱手稱謝道：「先生眞行！」於是就照著諸葛亮的辦法去做，果然從荊州無籍游戶中選拔了不少丁壯，使劉備的軍隊從幾千人擴大到數萬人，迅速壯大起來。這支軍隊經諸葛亮加以訓練，成爲劉備開創基業的核心武裝力量。

這時，劉表已經臥病在床，儘管他對劉備早存戒心，但在大敵當前，也只好睜隻眼閉隻眼讓劉備去擴大軍隊，依靠劉備來爲他抗拒曹操。但劉表心裏總不踏實，於是命令劉備移屯樊城（今湖北襄樊市），靠近襄陽，一方面便於措置機宜，同時也是爲了監視劉備。

劉表的長子劉琦，因劉表受後妻蔡夫人成年累月的挑唆，「愛少子琮，不悅於琦」，使劉琦深感自危，提心吊膽地過日子。他經常和劉備來往，也格外敬重諸葛亮。劉琦多次向諸葛亮求教「自安之

註釋

①據《三國志蜀志．諸葛亮傳》裴注《魏略》，說劉備三顧之前，諸葛亮先去見過劉備。顯然與史傳迥異。裴松之引〈出師表〉予以駁正。

②毦，用羽毛做的裝飾物。這裏說劉備用髦牛尾結之，可能是軍中旌旗上的用物。旌是古代旗的一種，綴旄牛尾於竿頭，下有五彩析羽，用作指揮或開道。

③《三國志．蜀志．諸葛亮傳》裴注引《魏略》：諸葛亮對劉備說：「今荊州非少人也，而著籍者寡，平居發調，則人心不悅；可語鎮南（劉表為鎮南將軍），令國中凡有游户，皆使自實，因錄以益眾可也。」唐代杜佑《通典》引作〈軍令〉。

劉表未用人才示例表

姓名	在荊州的記載	後歸屬	後任職
司馬芝	躬耕荊州十餘年	曹魏	歷任菅長、廣平令、大理正、大司農
裴潛	避亂荊州	曹魏	歷任參丞相軍事，出歷三縣令，拜代郡太守，丞相理曹掾、沛國相、兗州刺史、散騎常侍、典農中郎將、尚書、河南尹、太尉軍師大司農、尚書令。封清陽亭侯
和洽	初時投劉表	曹魏	歷任丞相掾屬、光祿勳、太常。封安成亭侯、西城鄉侯，死後謚簡侯
王粲	往荊州依附劉表，客居襄陽十餘年	曹魏	曹魏歷任丞相掾屬、軍謀祭酒、侍中、賜爵關內侯
桓階	初任長沙郡功曹，孫堅舉為孝廉，除尚書郎。劉表以為荊州從事祭酒	曹魏	歷任丞相掾主簿、趙郡太守、虎賁中郎將侍中、尚書令，封高鄉亭侯加侍中，徙封安樂鄉侯，食邑六百戶。病中拜太常，死謚貞侯
邯鄲淳	客荊州	曹魏	歷任博士、給事中
徐庶	因中原戰亂客居荊州	曹魏	歷任右中郎將、御史中丞
諸葛亮	隨叔父到襄陽投劉表，因叔父病亡，赴南陽躬耕十載	蜀漢	丞相，封武鄉侯，領益州牧。死後追謚忠武侯
龐統	襄陽名士龐德公之姪	蜀漢	歷任縣令、軍師中郎將
甘寧	建安九年（二〇四年），率八百健兒投劉表，不見進用	東吳	少有的猛將謀士，任西陵太守，拆沖（常勝）將軍

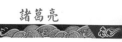

術」，諸葛亮總是迴避，「未與處畫」，不便加以過問。其實，諸葛亮在這件事上感到很傷腦筋，他並非不同情劉琦，不肯替他出點子。

諸葛亮深知劉表爲小兒子劉琮娶了蔡夫人的侄女，親上加親。蔡夫人夥同其弟荊州大將蔡瑁、劉表之侄張允等串通一氣，欲立劉琮已是情計早定，弄不好會捅出大亂子，直接危及劉備在荊州的地位。但是，劉琦仍不斷尋找機會來向諸葛亮求計。

有一天，劉琦趁諸葛亮隨劉備來襄陽商議軍情，邀請諸葛亮去後花園中賞玩，並攜手同登高樓飲酒，宴飲之間，劉琦命人將梯子搬開，然後對諸葛亮央求說：「今日上不沾天，下不著地，只有我們二人在此，言出先生之口，入於在下之耳，先生該可以教我了吧？」到這時，諸葛亮才低聲啓發劉琦說：「公子您怎麼忘了申生、重耳的故事，您難道不知道申生在內而亡，重耳在外而安嗎？」①劉琦一聽，恍然大悟，對諸葛亮稱謝不已。當即叫人安上梯子，將諸葛亮送出。

就在諸葛亮出佐劉備的第二年，也就是建安十三年（二〇八年）春，孫權趁劉表病重，爲報父仇，乘機襲殺夏口（今湖北漢口）守將江夏太守黃祖，並屠洗夏口城，「虜其男女數萬口」。劉琦因此而求爲江夏（郡治西陵，今湖北黃岡縣西北）太守，離開襄陽避難去了。

劉琦去後數月，曹操南下大軍已經出動了。而劉表的病勢也一天比一天沉重，蔡夫人等加緊安排「後事」，只等劉表一死，就擁立少子劉琮爲荊州之主。同時，避開劉備，積極策劃作投降曹操的準備。

恰好這時，劉琦聽到父親病危的消息，從江夏趕來省疾。蔡夫人聽說劉琦回襄陽，急忙和蔡瑁、張允商議，叫他們設法千萬不可讓劉琦和他父親見面，因劉琦素來有個孝子的名聲，萬一他們「父子相感，更有託後之意」，事情就弄僵了。因此，蔡瑁、張允天天守候在劉表內室外面，一見劉琦到來，就遠遠迎上前去加以阻攔，並大言不慚地說：「主公命公子鎮守江夏，防備孫權，其任至重，您怎麼擅離職守跑了回來？要是主公見了，必然要發怒責備您，這不但不能使主公寬心，反而會加重他的病情，這

註釋

①《後漢書·劉表傳》李賢等注：申生，晉獻公之太子。為驪姬所譖，自縊死。重耳，申生之弟。懼驪姬之讒，出奔。獻公卒，重耳入，是為文公，遂為霸主。見〈左氏傳〉。中旌旗上的用物。旌是古代旗的一種，綴旄牛尾於竿頭，下有五彩析羽，用作指揮或開道。

恐怕不是您做兒子的孝順吧！我們勸您還是趕快回去要緊。」劉琦無可奈何，只得一路哭著回江夏去了。

劉備正在樊城加緊操演兵馬，忽然得知曹操發兵的消息，正要派人去襄陽通知劉表早作準備，伊籍從襄陽來了，說：「劉表病危，速請將軍去商議大事」。劉備立即就帶著諸葛亮隨伊籍動身去襄陽。伊籍悄悄地告訴諸葛亮說：「公子劉琦前兩天回襄陽探病，被蔡瑁、張允擋駕，哭著回江夏去時，託我把消息轉告給您，請左將軍注意襄陽動靜。」並對諸葛亮耳語道：「要是劉表以州事相託，您千萬勸左將軍乘便答應下來，機會難得呵！」諸葛亮不動聲色地點了點頭。不管出於何種考慮，劉表臨終之前，把劉備請至床邊坐下，語重心長地對劉備說：「我的兒子沒有才能，荊州諸將也不齊心，我死之後，賢弟便掌管荊州之事。」劉備慌忙回答：「公子都是賢才，我一定盡力輔助他們，您就不必想得太多，還是安心養病要緊。」劉表呆呆地看著劉備，微弱地歎息了一聲，劉備又安慰了他一陣之後，退了出來。

回到住處，伊籍以目示意諸葛亮，諸葛亮心裏明白了，就向劉備問起去見劉表的情形，劉備感慨地說：「此人待我甚厚

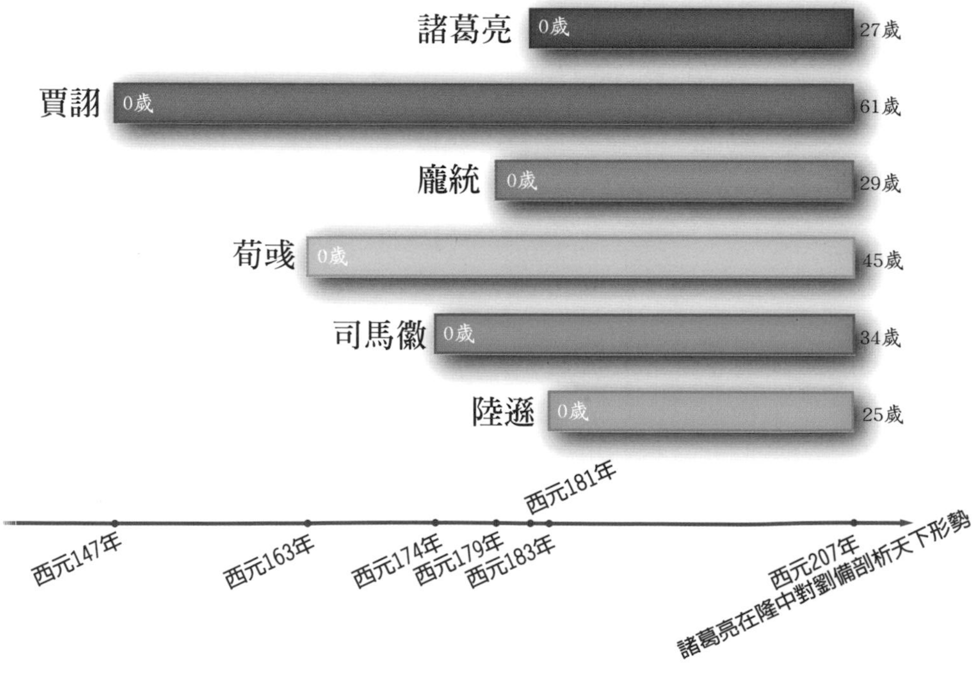

道，若果我答應他的話，旁人就會說我太薄倖了，我怎能忍心這樣去做呢？」諸葛亮對伊籍搖了搖頭，輕輕歎息了一聲，就不便再說了。

關於劉表託荊州給劉備這件事，南朝宋人裴松之認爲劉表夫妻素愛劉琮，捨長立幼，情計已定，不可能在臨終時改變主意，「舉荊州以授備」。不過，從當時的情勢來看，或許劉表深感荊州非劉備出來主持不可；也許以此試探劉備，以固其心，在他身後盡心輔佐劉琮。不管怎樣，不但當時有人勸劉備「宜從表言」，坐領荊州，他不答應，就是後來得知劉琮投降曹操，諸葛亮勸他乘勢拿下荊州，他也堅決不從。唯其如此，劉備當時甚得眾心，深受士人擁戴。劉備、諸葛亮回到樊城，過了幾天，曹操大軍還未到來，劉表就病死了。

劉備諸葛亮大事年表

建安四年	一九九年	殺徐州刺史車冑，留關羽守下邳，自回守小沛，派遣孫干聯合袁紹及其他地方勢力起兵反曹。
建安四年	一九九年	諸葛亮師從水鏡先生司馬徽。
建安五年	二〇〇年	董承事敗被殺，曹操來攻。大敗，妻子被俘，關羽降曹。劉備投袁紹，斬曹將蔡陽。
建安六年	二〇一年	曹操於官渡之戰大敗袁紹。劉備投劉表，屯於新野。
建安七年	二〇二年	曹將夏侯惇、于禁等南侵博望，劉備設伏，火燒自營僞退，夏侯惇等追殺，爲伏兵所破。
建安十二年	二〇七年	劉備三顧草蘆請出諸葛亮，得「隆中對」的戰略方針。
建安十二年	二〇七年	劉備三顧茅廬，諸葛亮出山輔助劉備。

第三章 赤壁大戰

曹操南下荊州

早在官渡之戰結束的第二年，曹操就打算乘勝對荊州用兵，「擊討劉表」，他手下的第一號謀士荀彧勸阻他說：「今袁紹戰敗，部眾離心，應抓住這個時機，取定河北；今若離開兗、豫，遠征江、漢，一旦袁紹收其餘眾，乘虛以出我後，就壞了大事。」曹操聽了，認爲荀彧說得很對，只好暫時把南進的事放一旁。

但在以後平定河北，征服烏桓的數年間，曹操何曾一刻忘了荊州。不但曹操沒有忘，最受他賞識的另一位謀士郭嘉也沒有忘。曹操常常和郭嘉在一起共論軍機，郭嘉總是提醒他：待北方平定之後，「當先定荊」。

可見，荊州這塊被稱之爲「用武之國」的地盤，不僅是諸葛亮早就在爲劉備打主意，就是當時北方的曹操和他周圍的謀士又何嘗不是如此呢！其實，南方的孫權比曹操還要著急，不要說魯肅初見孫權時就獻策進取荊州以成帝業，作爲「見面禮」，就在曹操北征烏桓回到鄴城之後不久，孫權就趁劉表病重之際，一舉擊滅了劉表的夏口守將江夏太守黃祖。孫權這次用兵，名義上是爲他父親孫堅報仇，而實際上他是採納荊州降將甘寧的計策，甘寧向他分析說：「今漢祚日

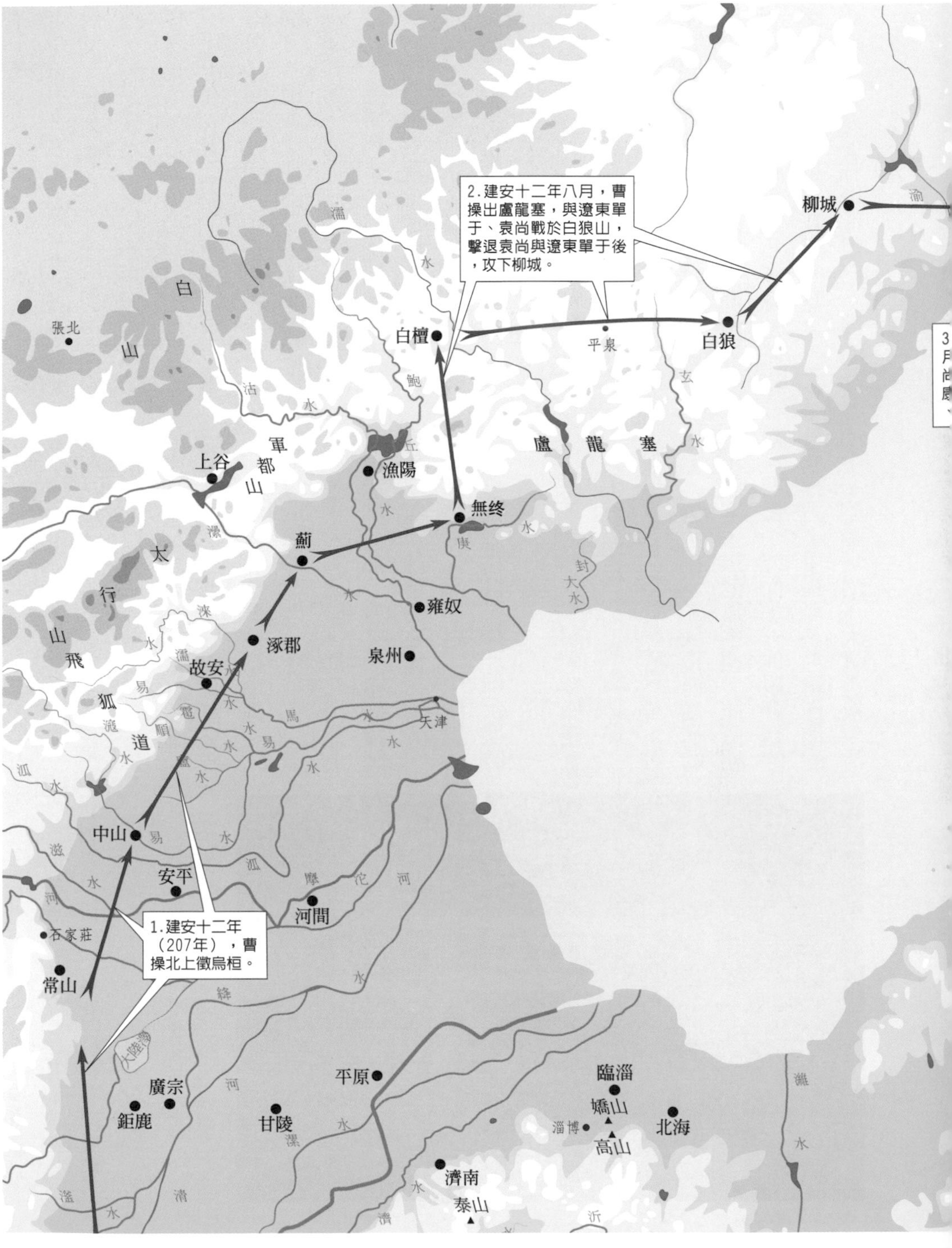
2.建安十二年八月，曹操出盧龍塞，與遼東單于、袁尚戰於白狼山，擊退袁尚與遼東單于後，攻下柳城。
1.建安十二年（207年），曹操北上徵烏桓。
柳城
白狼
白檀
平泉
盧龍塞
無终
漁陽
上谷
軍都山
白山
張北
太行山
飛狐道
薊
雍奴
涿郡
泉州
故安
天津
中山
安平
河間
石家莊
常山
廣宗
鉅鹿
甘陵
平原
臨淄
嬌山
淄博
高山
北海
濟南
泰山
大陸澤

微，曹操終於是要篡奪的。南荊之地，山川形勢利捷，是國家西邊的要衝。我看劉表，考慮事情既不遠，兒子又不中用，不是能夠繼承基業的人。您應當及早打定主意，不可落在人家後面。要打主意，應該先取黃祖。黃祖現已老朽昏瞶，物資、糧食又都不足，他的親信貪污驕縱，下面人心怨怒，以至舟船戰具，擱置朽廢，不加修理，軍紀蕩然，農田荒蕪。您如前去，必能攻破。一破祖軍，鼓行而西，扼守楚關，聲勢更大，就可逐漸進取巴、蜀了。」

甘寧這一席話，固然和魯肅當初向孫權開說天下大勢，建議就近「剿除黃祖，進伐劉表，竟長江所極」的那一番宏論完全合拍，而且他還勸孫權搶在曹操的前面拿下荊州。甘寧並爲孫權展示了據楚關以圖巴、蜀的前景。在這一點上，又和周瑜在赤壁戰後進規巴、蜀的計劃相一致。不過，孫權這次用兵夏口，也僅止於擊滅黃祖，獲得一些戰利品和擄掠了不少人口，並未取得荊州。

建安十三年（二〇八年）春正月，曹操一回到鄴城，就在玄武池習練水軍，加緊籌措南征。這時曹操經過北征三郡烏桓（遼西、遼東、右北平，即今河北北部與遼寧西部一帶），徹底掃除袁氏集團殘餘勢力之後，進入了如諸葛亮在〈隆中對〉中所說的「此誠不可與爭鋒」的全盛時期。

到了這年六月間，曹操授意朝廷表彰他統一中原的功績，「罷三公官（太尉、司徒、司空），置丞相」，恢復西漢初的丞相制度，以他爲丞相，總攬朝政。曹操一方面加強他對朝廷的控制權力，用崔琰、毛玠作他的助手，整頓吏治，大量選拔「清正之士」出來做官。司馬懿就是這時被曹操徵辟爲丞相府文學掾的。與此同時，曹操對關中割據勢力極不放心，他派張既游說馬騰到許昌做了衛尉後，才稍爲心安。

湖北嘉魚縣，赤壁古戰場遺址。

這年七月，曹操擔心劉表死後，荊州落入孫權之手，或爲劉備坐得。他在安排好朝中大事之後，就迫不及待地統兵南下了。臨行前，曹操問計於荀彧，荀彧獻策說：「今華夏已平，南土知困矣。可顯出宛、葉而間行輕進，以掩其意。」看來，曹操這次南進的勢頭，兵鋒甚銳，取道宛城（南陽郡治，今河南南陽市）、葉縣（屬南陽郡），以輕軍在前，大軍繼後，掩其不意，攻其不備。可是，就在曹操先頭部隊剛出發不久，八月間劉表就病死了。

劉表一死，蔡夫人等立即就擁立劉琮繼任荊州牧。在曹操大軍壓境的緊急關頭，荊州大將蒯越和謀士傅巽等人苦勸劉琮歸降曹操。劉琮開初還想「據全楚之地，守先君之業，以觀天下」。等到九月曹軍進至新野，劉琮深感自危，他就接受了傅巽當時對荊州時局和對他自身處境的一番分析：若用劉備去抵禦曹操，倘若不勝，後果將不堪設想；假若劉備能抗得住曹操，「則備不爲將軍（指劉琮）下也」，荊州也會被劉備奪去。於是，劉琮就背著劉備，派人到新野去向曹操請降。

這時，屯兵樊城的劉備，既不知道劉表病死，也不知道劉琮已向曹操納降，「久之乃覺」，立刻派遣心腹去向劉琮問個明白。劉琮眼看再也隱瞞不住了，乾脆派屬官儒士宋忠去向劉備「宣旨」，命令劉備向曹操投降。宋忠至樊城，剛把劉琮的命令傳達完，忽然得到曹操大軍已進抵宛城的報告，劉備怒不可遏，唰地拔出佩刀，指著宋忠斥責說：「即使砍下你的腦袋，也不足解我心中之恨，亦顯得大丈夫事到臨頭沒有能耐，拿汝等庸碌之輩消氣！」把手一揮，宋忠抱頭而去。

宋忠去後，劉備立刻與諸葛亮、徐庶等商議，決定從樊城撤退，速保江陵。過襄陽時，諸葛亮勸說劉備，若乘勢進攻劉琮，「荊州可有」。劉備想到劉表病重時，他在床前和劉表說的話，不禁長歎一聲，搖了搖頭，說：「吾不忍也。」於是他駐馬呼劉琮問話，劉琮懼不敢見。劉備只得轉向襄陽城東，拜辭劉表墓，「涕泣而去」。這時，劉琮左右及荊州百姓紛紛追隨劉備南行。到了當陽（今湖北當陽縣東），劉備這支軍隊和百姓相雜的隊伍，浩浩蕩蕩，人數竟增至十餘萬之多，輜重車達數千輛，道路擁塞，一天才走十多里。諸葛亮眼看這麼疲疲沓沓地撤退實在太危險了，他和劉備磋商之後，決定派遣關羽率領水軍，乘船數百艘，從水路先趕往江陵去。可是這樣下去還是不行，有人向劉備分析當時的情況，認爲雖擁有大量部眾，但眞正能上陣打仗的披甲戰士不多，若曹兵大隊擁來，如何能抵擋得住，因此勸說劉備「宜速行保江陵」要緊。劉備聽了，連連搖頭，不勝感慨地說：「夫濟大事必以人爲本，今人歸吾，吾何忍棄去！」這固然反映了劉備在事業上重視民心的可貴品德，但從當時的形勢對劉備來說，確實是非常險惡的。

曹操在新野接受了劉琮的投降之後，聽到劉備向江陵撤退的消息，心中甚爲不安，他既擔心江陵這個長江邊上的荊州戰略要地爲劉備所據；更害怕劉表過去貯存在江陵的大批軍械糧食用來武裝劉備新近收編的龐大軍隊。這樣一來，就會使整個戰局向著不利於自己的方面轉化。因此，曹操拋開輜重車輛，率輕軍趕到襄陽。一到襄陽，得知劉備早已從襄陽過去了。於是曹操親自率領「精騎」五千，以一日一夜行三百里急追劉備，終於在當陽縣東邊的長坂地方追上了。

劉備的隊伍被曹操的騎兵一衝，頓時大亂。這時劉備連妻子也顧不上了，急忙和諸葛亮等率領親隨數十騎向側面漢水邊奔走，去會合關羽水軍，留下張飛領二十騎拒後。曹軍追至，張飛據水斷橋，瞋目橫矛吼道：「身是張益德也，可來共決死！」曹軍見張飛如此氣概，又久聞張飛威名，大家你看著我，我看著你，沒有一個人敢上前去。這就是歷史小說《三國演義》上大加渲染的「張翼（益）德大鬧長坂橋」的故事。其實，張飛當時也只不過是以「決死」之勇，逞一時之威，鎮懾住了敵方，但並不能持久，所以他「據水斷橋」，很快就追隨劉備去了。

當陽這一仗，曹操不僅「大獲其人眾輜重」，劉備的兩個女兒也被曹操部將曹純虜獲了。劉備的甘夫人和一歲的弱子阿斗，賴趙雲保護，「皆得免難」。徐庶因母親被曹軍擄去，他來向劉備辭行，用手指著自己的心對劉備說：「本欲與將軍共圖王霸之業者，以此方寸之地也。今已失老母，方寸亂矣，無益於事，請從此別。」當時劉備、諸葛亮心情固然十分惋惜，但也找不出理由來挽留徐庶，只好和他依依惜別了。顯然這和小說上徐庶之母被曹操劫至許昌，程昱僞造徐母之書召徐庶去劉歸曹，徐庶離開劉備時「走馬薦諸葛」的故事迥然不同。

劉備、諸葛亮和徐庶惜別後，急奔漢津口與關羽水軍會合，渡過漢水，又與從江夏趕來接應的劉琦軍遇合。這時，劉備只得放棄退守江陵的計劃，和關羽、劉琦一同退往夏口。到夏口後，劉備軍隊只剩下關羽水軍一萬和劉琦江夏軍萬餘人了。與此同時，曹操順利南進至江陵，占領了這個控制長江中下了一封信，信中稱說：近者奉辭伐罪，旄麾南指，劉琮束手。今治水軍八十萬眾，方與將軍會獵於吳。

顯然，曹操這封書信的用意，無非是想威嚇孫權效法劉琮，儘早向他投降。當時擁兵柴桑（今江西九江市西南）「觀望成敗」的孫權，正在和諸葛亮進行談判，一下接到曹操這封書信，不但孫權自己猶豫起來，心中甚爲驚恐，而且「以書示群臣，莫不響震失色」。

當曹操大軍開始南下的時候，孫權就密切注視著戰局的發展。劉表一死，孫權立即採納魯肅「說（劉）備使撫表眾，同心一意，共治曹操」的建議，並派魯肅去荊州「弔表二子，且以觀變」。當魯肅至南郡，就聽說劉琮已舉州投降了曹操，劉備正倉皇南奔，魯肅迎至當陽長秔，與劉備相見。魯肅代表孫權向劉備表示慰問，並「致殷勤之意」。這時，魯肅試探地問劉備打算往哪裏去，劉備假意地回答，說他和蒼梧（今廣西梧州）太守吳巨是故交，準備去投奔吳巨。

魯肅坦率而又誠摯地對劉備說：「吳巨是個平庸的人，沒有多大能耐，而且地方偏遠，行將被人吞併，您去投奔他眞沒意思。我們的孫將軍，聰明仁惠，敬賢禮士，江東英豪莫不歸附。於他，現在已據有六郡之地，兵精糧足，足以成就功業。我爲將軍考慮，莫若遣一心腹

清 平度年畫《戰長板坡》

使者去和他結好，共濟大事，將軍以為如何？」

劉備聽了，心中大喜。魯肅這一番話，正說到他和諸葛亮的心坎上。劉備讚許地向身邊的諸葛亮點了點頭，意思是說：先生在隆中不是早就提出要與孫權聯合了嗎？現在正是時候了。

魯肅至荊州「勸備與權併力」的使命圓滿完成了。他和劉備一同退到夏口。鑒於夏口在長江北岸，受到曹軍的威脅，而且和江東聯繫也不太方便，魯肅因此建議劉備進駐江南鄂縣之樊口（今湖北鄂城縣西北）①。這期間，魯肅和諸葛亮頻繁接觸，並作了自我介紹，說他與諸葛亮的兄長諸葛瑾是好友，因而和諸葛亮「定交」，彼此也成了好朋友。自此開始，在共同締造和維護孫劉聯盟的政治風雲中，諸葛亮和魯肅建立了深厚的友誼。進駐樊口之後，諸葛亮向劉備說：「事急矣，請奉命求救於孫將軍。」劉備也感到形勢緊迫，立即派遣諸葛亮隨魯肅去柴桑見孫權。諸葛亮開始去實踐他在〈隆中對〉中早已確定的「聯孫」這一重要策略方針了。二十年後，諸葛亮在〈出師表〉中回憶說：「受任於敗軍之際，奉命於危難之間」，指的就是這件事。

出使東吳

諸葛亮隨魯肅乘船來到柴桑。魯肅把他延請至賓館中暫歇，就先去向孫權復命。孫權聽說劉備派來諸葛亮共商大計，急於想了解曹操方面的情況，就叫魯肅即刻引請諸

三國艨艟艦模型，南京出土，北京首都博物館展品。

游的戰略要地，又取得大量軍械裝備，一時軍威大盛。從占領江陵到這年冬天東下擊討劉備的這期間，曹操在加緊進行軍事部署的同時，積極從事鞏固對荊州的新統治權。

曹操因劉琮之降，劉備又在當陽被擊潰，基本上沒有遇到什麼抵抗，兵不血刃，就把長江以北的南陽、章陵（郡治章陵，在今湖北棗陽縣東）、江夏、南郡（郡治江陵，在今湖北江陵）等荊州四郡占領了。

占領江陵之後，立刻又派零陵人劉巴過江去「招納」長沙（郡治臨湘，在今湖南長沙縣南）、零陵（郡治泉陵，在今湖南零陵縣北）、桂陽（郡治郴，在今湖南郴縣）等三郡。同時又委派京兆人金旋爲武陵（郡治臨沅，在今湖南常德縣西）太守。

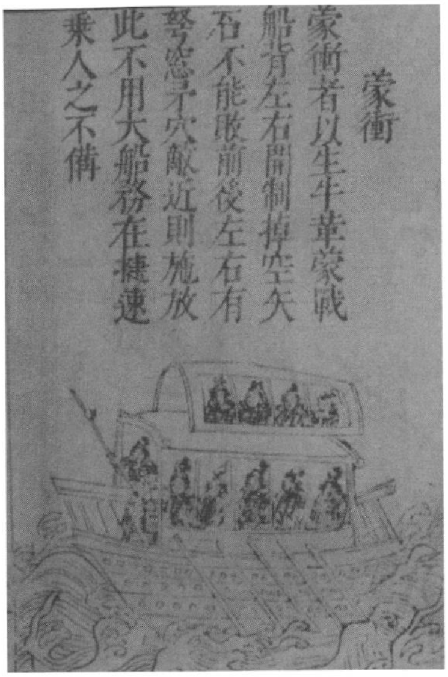
蒙衝
蒙衝者以生牛革蒙戰
船背左右開掣棹空矢
石不能敗前後左右有
弩窓矛穴敵近則施放
此不用大船務在捷速
乘人之不備

自此，荊州八郡幾乎全部落入曹操之手。曹操爲表彰荊州「服從之功」，任劉琮爲青州刺史，封列侯。劉琮以下，「蒯越等侯者十五人」。收編荊州降軍七、八萬人，得水軍「艨艟鬥艦」一千多艘。這時，遠在西蜀的益州牧劉璋也向曹操表示臣服，「始受徵役，遣兵給軍」，給曹操提供兵餉到這個時候，曹操在江陵眞是驕矜自得，滿以爲可以沿江東下，一舉而擊滅劉備，進而威逼江東，使孫權俯首聽命了。於是，曹操躊躇滿志地給孫權送去葛亮相見。

諸葛亮一見孫權，見他形貌奇偉，堂堂一表；而孫權審視諸葛亮，也覺得他年輕英俊，氣宇不凡。孫權亦早聞諸葛亮之名，寒暄兩句之後，就迫不及待地探問道：「今曹操勢大，劉豫州新敗，江東處此困境，足下有何良策賜教？」諸葛亮謙遜地笑了笑，又向魯肅點了點頭，就針對孫權思想上的疑團，從分析天下大勢著手，對孫權說道：「自從海內大亂以來，將軍起兵占領江東，劉豫州亦收眾於漢南（漢水之南），與曹操並爭天下。而今，曹操在平定河北之後，乘勝南破荊州，致使英雄無用武之地，所以劉豫州播遷至此。這就是擺在我們面前的嚴重情況。」

清戲畫群英會 諸葛亮

諸葛亮說到這裏，看見孫權不動聲色地緊盯住他，便微微一笑，接著就說了下去：「情況如此緊迫，我請將軍根據自己的力量認眞考慮一下：若是能以吳越之眾與曹操抗衡，不如趁早和他斷絕往來，爭取時間早定戰、守之策；若是不能這樣，那就只有投戈卸甲，也趁早去向曹操投降。可是現在將軍外託服從之名，而內心卻猶豫不決，事急而不能斷。要是這樣，大禍不日就將臨頭了。」

孫權萬沒想到諸葛亮會這麼小看他，不禁生氣地反問說：「如你所言，劉豫州怎麼不投降曹操呢？」諸葛亮旋即抓住孫權被刺激起來的情緒，理直氣壯地回答道：「漢初的田橫，不過是齊地的一個壯士，尚能守義不屈，何況劉豫州乃王室之後裔，英才蓋世，大家仰慕他如江河之歸大海，若眞的大事不成，此乃天意，豈能屈從於曹操之下！」

孫權再也忍耐不住了，勃然變色地說：「我不能以江東之地，十萬兵眾，受制於曹操。我的決心下定了！」孫權話雖說得硬氣，但心上卻壓著一塊石頭，他很清楚江東的兵力，雖口稱十萬，恐怕連五萬也難湊合，而劉備剛剛吃了敗仗，又有何能耐呢？因此，他禁不住懷疑地對諸葛亮說：「固然非劉豫州莫可以抵擋曹操，但豫州新敗之後，又怎能再去抗擊呢？」

於是諸葛亮滿懷信心，胸有成竹地向孫權具體分析敵我雙方的力量，他首先向孫權交個底，說劉備雖敗於長　，但現在戰士陸續歸來的，以及關羽水軍，不下萬人；劉琦江夏之軍亦不下萬人，總共還有兩萬多生力軍。其次，他指出曹軍遠來疲弊，為了進行追擊「一日一夜行三百餘里」，現在已成「強弩之末」了，而且北方之人不習水戰，更是一大弱點。再其次，他指出荊州之民暫時歸附曹操，是迫於兵勢，並非心服。然後諸葛亮鼓勵孫權說：「今將軍如果能命猛將統兵數萬，與劉豫州同心協力，打敗曹操是自不待言的。曹軍一破，必定北還，這樣，荊州、江東不但都能安然保全，而且勢力還會大大增強。而成敗之機，就在今天了。」

清戲畫群英會　魯肅

諸葛亮這一番宏論，說得孫權滿心歡喜，愁眉頓展，兩眼生光，心上的石頭搬掉了。孫權打心眼裏佩服這位比他大一歲的諸葛瑾的弟弟，確實是一位非同凡響，見解高超的人物。

孫權請魯肅送諸葛亮去賓館休息之後，立即召集江東文武。正要商討和劉備聯軍抗曹這件大事的時候，便接到了上述曹操派人送來的那封書信。這在孫權心上又壓上了剛才被諸葛亮搬開的那塊石頭。當孫權強忍住自己心中的恐懼，把曹操書信交給眾文武傳閱，請大家充分發表意見時，人們一個個目瞪口呆，誰也不作聲。過了好一陣子，還是江東元老張昭先開口說話了。可是張昭的話，反而使孫權心上的石頭越壓越沉重。

總起來說，張昭認為：曹操固然像豺虎一樣，但是他在名義上是漢相，又挾持天子，動不動就用朝

註釋

①《三國志・蜀志・先主傳》裴注引〈江表傳〉：「（劉）備從魯肅計，進住鄂縣之樊口。」

廷的名義來號令天下，「拒之不順」，這是第一；我們之能抵禦曹操，主要是依靠長江天險，現在曹操占領荊州，劉表上千艘艨艟鬥艦已爲曹操所得，沿江布列，此長江天險「已與我共之矣」，這是第二；至於說到雙方「勢力眾寡」，更是不可同日而語，相提並論了。因此結論是，對曹操以「不如迎之」爲上策。由於張昭是孫策臨終時的託付重臣，他取這種態度，影響極壞，一時「皆勸權迎之」，也就是向曹操投降。

這時，周瑜奉命去鄱陽調集水軍，不在柴桑。魯肅是堅決主張和劉備聯軍共抗曹操的，但是在眼前一片勸降聲中，如何力排眾議，必須十分慎重，注意效果。所以在大家勸孫權投降的時候，魯肅在旁邊一言不發，其實他在認眞思考如何去說服孫權，繼諸葛亮之後再去搬開孫權心上的那塊石頭。他觀察到孫權的神情，時而皺眉，時而怒目，看來是並不同意投降的。

當孫權起身更衣去時，魯肅跟了去。孫權知道他有話要說，親切地拉著他的手，問道：「子敬有何高見？」於是，魯肅說出了最使孫權感動的一番話，他說：「照我看來，眾人勸將軍投降，都是爲著自己打算。比如我魯肅投降曹操，回到

鄱陽湖位於中國中東部、長江中下游交接處的南岸，江西省的北部，是中國五大淡水湖泊之首。早在三國時期，周瑜為吳國水軍都督，就曾在鄱陽湖操練水軍，並構築點將台。

鄉里，品其名位，最低也可作一個下曹從事，乘牛車，有隨從，交游士林，悠閑自在，要是做官的話，或許還可以做到州郡之官。將軍您迎降曹操，能有我這樣自由自在嗎？我請求將軍早定大計，別再和那些沒骨氣的人糾纏了。」孫權聽後，不禁歎息道：「此天以卿賜我也。」魯肅立即向孫權建議，從鄱陽召回周瑜，和諸葛亮商議組成聯軍要緊。

當時孫權從他的地位出發，打心眼裏是不甘心投降曹操的，所以聽了魯肅的話，正中下懷，十分激動，他當即採納了魯肅的建議，派人去鄱陽急召周瑜；當然，他一想起曹操那封書信，心裏總是忐忑不安的。他打算等周瑜到來，就立刻召集文武群臣，再認眞會商一次。

其實，周瑜一回柴桑，就從魯肅那裏了解到江東內部的情況，他在見過孫權之後，也感到很有必要統一一下認識。因此在會商之中，當周瑜聽了張昭、秦松等人重彈那番投降論調之後，再也忍耐不住了，他認爲關鍵在於使孫權堅定信心，於是他對孫權說道：「曹操雖名爲漢相，其實是個漢賊。以將軍英武雄才，秉承父兄之基業，據有江東，占地數千里，兵精糧足，英雄樂建功業，正當縱橫天下，爲漢朝除奸去暴。何況曹操自來送死，怎麼可以去迎降他呢？」

周瑜說到這裏，用眼輕蔑地掃視了一下那些主張投降的人，繼續對孫權說了下去：「我爲將軍權衡了一下，曹操用兵江南有四不利：即使今天北方已經安定，曹操無內顧之憂，能和我們持久相爭，但也未必就能在長江江面上勝得過我們。何況現在北方並不安定，馬超、韓遂尙在關西，實爲曹操之後患，這是其一。其二，曹操捨鞍馬，乘舟船，來和我們較量，實在是棄長就短。其三，眼下正是盛寒時節，馬無草料，作爲曹軍主力的騎兵不能發揮作用。其四，曹操驅使中原士兵遠涉江湖之濱，不服南方水土，必生疾病。有此四不利，曹操冒險而來，將軍生擒曹操，現在正是機會了。」

周瑜話到此間，看見孫權不住點頭，於是信心十足地提高聲音說道：「請將軍給我精兵數萬，進屯夏口，我一定爲將軍擊破曹操！」

這時，孫權深爲周瑜這一席豪言壯語所感染，毅然抽刀砍掉案桌一角，斬釘截鐵地說：「如敢有再言迎降曹操者，與此案同！」這一下，使得投降派一個個面面相覷，啞口無言了。東吳內部這一場或戰或降的爭論，至此結束了。

眾官散去之後，孫權叫魯肅陪同諸葛亮和周瑜見見面，先議一議。魯肅去賓館請諸葛亮時，並向諸葛亮介紹了當天周瑜力排眾議，說服孫權下了決心的情況。諸葛亮聽了，微微一笑，說了句「恐怕未必」的話。魯肅懷疑問道：「這是何意？」諸葛亮說：「等一會兒見著公瑾，我們再細談細談。」

周瑜久聞臥龍之名。當魯肅引來諸葛亮相見，互道仰慕之後，剛坐了下來，魯肅就迫不及待地說：「適才孔明對孫將軍的決心還有懷疑，願聞其詳。」周瑜也甚感驚異地問：「這從何說起？」諸葛亮對魯肅微笑著點了點頭，然後掉頭對周瑜說：「自那天我和孫將軍面談之後，孫將軍的決心不是已經下了嗎，後來接到曹操書信，孫將軍就動搖了，再經你們二位開說，孫將軍又下決心了。不過，照我看來，還得公瑾再去說說，主要是把曹操兵馬多寡向他說個明白，他就放心了。只要孫將軍的決心眞正下定了，何愁大功不成，否則事情就不好辦，因爲你們這兒主張投降的人實在不少。」周瑜、魯肅一聽，覺得孔明的話提醒得很對。當諸葛亮介紹了曹軍的情況之後，周瑜表示今晚一定再去向孫權說說。

這天晚上，周瑜進見孫權。孫權一見周瑜，就問道：「你和諸葛亮會商情況如何？」周瑜回答說：「在商議之中，談及曹操那封書信，據諸葛亮之了解，曹操所稱八十萬水軍完全是恫嚇之詞。我

三國吳國貴族生活圖漆盤（局部），安徽馬鞍山朱然墓出土，北京首都博物館。

們這裏的一些人不加詳查，就勸將軍去迎降曹操，實在是荒唐。現已探明：曹操南下之軍不過十五、六萬，何況早已疲憊不堪；至於荊州降兵，至多不過七、八萬，對曹操尚存狐疑之心。所以，曹操以中原疲病之軍，統馭荊州狐疑之眾，人數雖多，毫不足懼。只要給我精兵五萬，與劉豫州聯合起來，打敗曹操是沒有問題的。請將軍放心好了。」

孫權聽了，不勝感慨地拍著周瑜的肩膀說道：「公瑾，你這一番話眞使我放心了。張昭、秦松等人各顧妻子，完全是出以私心，實在使我失望。唯有你和子敬與我的態度相同。這眞是上天安排你們兩位來幫助我的呵！」說到這裏，孫權又向周瑜交代，說五萬兵一時難以籌齊，不過已經選出三萬精兵，戰船、糧草和兵器等，也已辦好。孫權向周瑜表示：「你和子敬、程公（即程普）統兵在前，我賡即就繼續增兵，並多載物資糧食，親自來支援你們。萬一你們在前面抵擋不住，就退還與我會合，我誓與曹操決一雌雄！」

孫權決心下定後，孫、劉聯合抗曹的局面正式形成了。這一局面的出現，不能不歸功於諸葛亮、魯肅、周瑜的卓越識見。後來這場戰爭的實踐，又證明了他們當時的科學分析和論斷是十分正確的。

這年周瑜三十四歲，比諸葛亮大六歲，這與戲劇舞臺上表現的周瑜、諸葛亮的形象，正好相反。歷史上的周瑜不但器量宏大，而且「謙讓服人」①，並不像小說和戲曲中所謅的那麼忌妒諸葛亮。魯肅這年三十七歲，小說和舞臺上表現他是個忠厚長者，頭腦簡單，常常周旋於諸葛亮和周瑜之間，一再上諸葛亮的當，其實歷史上的魯肅，不失爲江東傑出的戰略家，在這場決定三分鼎立的戰爭中，他和諸葛亮、周瑜同心同德，「助畫方略，多負勞績」。

周瑜見孫權的第二天，孫權就正式任命周瑜和江東宿將程普爲左、右都督，並以魯肅爲贊軍校尉，參謀軍機，發兵三萬，準備和諸葛亮一道溯江而上，去會同劉備之軍，併力抗拒曹操。

這時，作爲江東元老的張昭，懷著恐懼心理，眼看再也無法使孫權改變主意了。但他忽然想起一件

註釋

①《三國志・吳志・周瑜傳》裴注引《江表傳》：「(程)普以年長，數陵侮瑜。瑜折節容下，終不與校。普後自敬服而親重之，乃告人曰：『與周公瑾交，若飲醇醪，不覺自醉。』時人以其謙讓服人如此。」又劉備對孫權說：「公瑾文武籌略，萬人之英，顧其氣量廣大，恐不久為人臣耳。」

事去見孫權，孫權以爲他又來勸降，緊繃著臉，心中正要發作，那知張昭是爲著勸他留下諸葛亮而來的。可見這位江東元老，雖然在如何對付曹操這一點上，出了個「餿主意」，他的擁護孫吳，還是實心實意的，他也知道諸葛亮是個人才，而要孫權把諸葛亮留下來。當然，說到底，他還是沒有眞正了解諸葛亮。他的計謀又落空了。但這卻引起了孫權的興趣。孫權立刻叫人去請了諸葛瑾來，孫權對諸葛瑾說：「孔明是你親弟弟，弟弟跟隨兄長，是理所當然的，你去勸勸孔明，把他留下來好嗎？若是孔明肯留的話，我親自給劉豫州寫封書信解釋一下就行了。」

諸葛瑾領了孫權之命，去勸諸葛亮留在江東。豈知諸

江西 九江 「周瑜點將台」遺址。

葛亮不但不肯留，反而勸諸葛瑾和他一道去輔助劉備。諸葛瑾只好回報孫權，並說：「我弟弟決意輔佐劉豫州，義無二心。弟之不留，猶如我之不願去一樣。」孫權當時聽了，雖然覺得有些惋惜，但也深爲諸葛瑾對他的忠耿之心感到欣慰。過了十三年之後，當劉備爲報關羽之仇，舉兵東征時，諸葛瑾寫信勸劉備與東吳和解，有人卻因此向孫權進讒告密，說諸葛瑾打算投歸劉備，孫權想起了這件事，甚不以爲然。

周瑜得知曹操已從江陵發兵順流東下了，立即和程普、魯肅等率

領水軍，和諸葛亮一道往樊口去會合劉備。

這時正值隆冬季節，劉備因諸葛亮未還，而曹軍已日益逼近，心中不安，天天派人到江上候望。一天，忽然得到東吳水軍到來的報告，劉備急忙派人前去慰勞。周瑜統軍在前，對來人說：「我有軍務在身，不能擅離職守，要是劉豫州能夠屈尊下顧的話，那眞使我感到幸運了。」來人回報劉備，劉備正欲去見周瑜，關羽、張飛阻攔說：「等破了曹操再見不遲。」劉備說：「周瑜欲見我，我若不去，就不是同盟之意了。」於是劉備坐上小船去會見了周瑜。互相寒暄了兩句之後，劉備問道：「我們兩家聯合起來抗拒曹操，非常及時而又必要！但不知將軍帶來多少人馬？」周瑜說：「三萬。」劉備皺著眉頭說：「實在少了點。」周瑜笑著說：「我看是足夠了，兵不在多，而在調度有方，豫州不必擔心，我和孔明已經商定了，請豫州發兵配合，且看我如何破敵吧！」

劉備正欲請魯肅相會，周瑜把手一擺，說：「算了吧！現在軍情緊急，改日再和子敬相會。孔明已同來，不過三兩天內就到了。」劉備又愧又喜，慚愧的是，此時找魯肅敘舊聊天實在不是時候；喜悅的是，周瑜治軍嚴整，膽識過人，必能成功。於是劉備告辭而回，等諸葛亮一到，就調兵遣將配合周瑜，水陸並進，前去迎擊曹操。

赤壁鏖兵

曹操占據江陵之初，就聽說劉備兵敗之後，去投奔東吳。這在曹操集團內部引起了一番爭論，不少的人認爲孫權「必殺（劉）備」。

這些人只看到孫、劉之間有矛盾的一面，而忽略了在大敵當前又有可能聯合的另一面。在這一點上，曹操的謀士程昱可謂慧眼獨具，比誰都看得清楚，他認爲：曹公南下荊州，威震江東，孫權雖有謀略，「不能獨當」；劉備早有「英名」，而他手下的關羽、張飛又「皆萬人敵」，孫權必定「資之以禦我」，豈可「得而殺也」。

按理說，程昱之見，在當時至少應當提醒曹操對孫、劉結盟的可能性引起警惕。可是，曹操大概由於勝利來得太快，因戰勝而驕，既不把屯兵樊口的劉備當一回事，也不把擁兵柴桑的孫權放在眼裏。在他給孫權送去那封「會獵於吳」的書信之後，或許他還相信孫權會殺劉備以邀功，步劉琮之後塵，舉江東以投順。

當然，雄才大略的曹操，絕不會消極地坐等孫權來投降。在對孫權進行政治訛詐的同時，也開始積極地做軍事進攻的一切準備，萬一

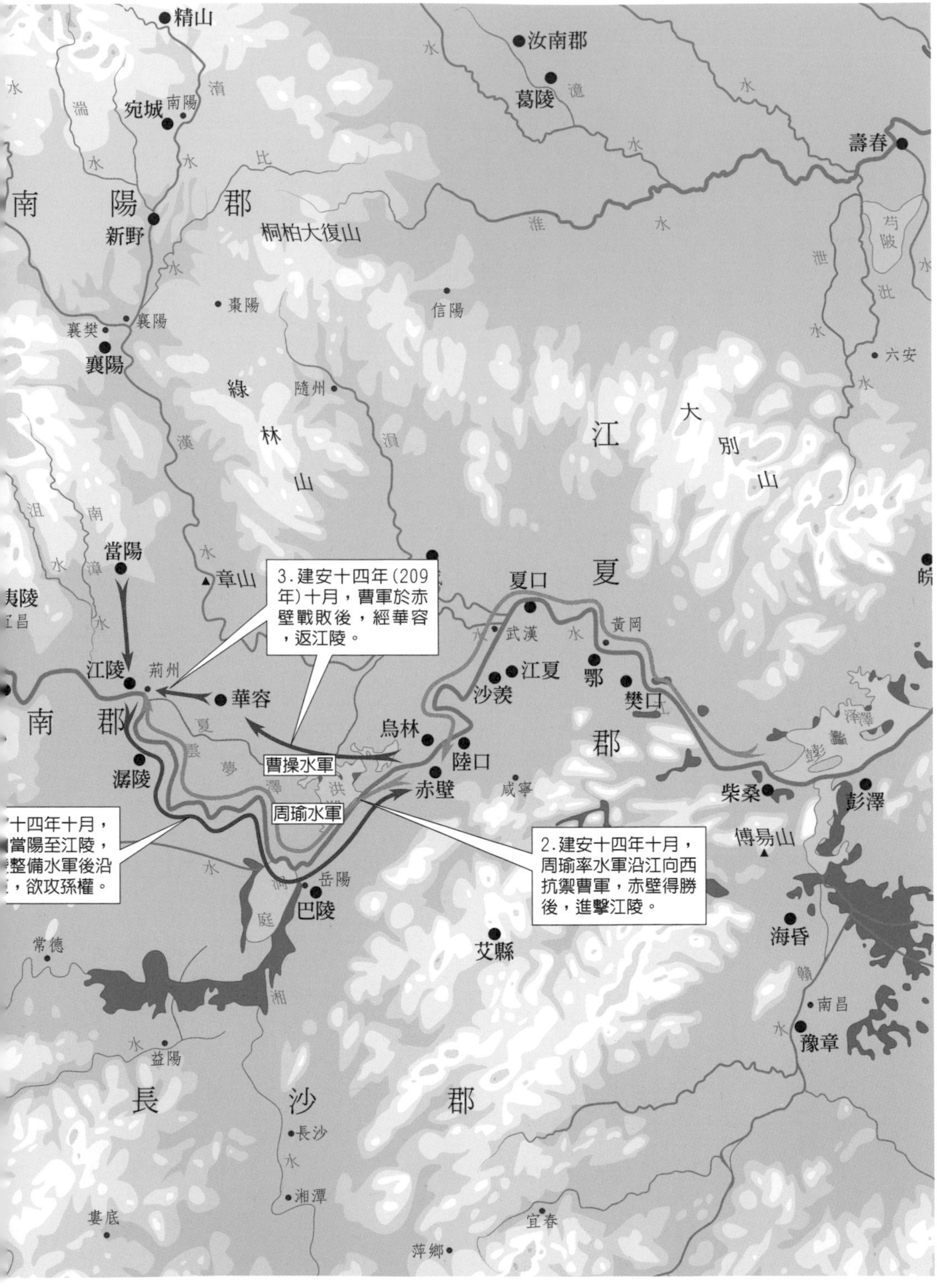

精山
汝南郡
葛陵
宛城
南陽
壽春
南陽郡
新野
桐柏大復山
棗陽
信陽
襄樊
襄陽
襄陽
六安
綠林山
隨州
江夏郡
大別山
當陽
章山
夏口
夷陵
宜昌
3.建安十四年(209年)十月，曹軍於赤壁戰敗後，經華容，返江陵。
武漢
黃岡
江陵
荊州
華容
江夏
鄂
沙羨
樊口
南郡
烏林
陸口
彭蠡
曹操水軍
赤壁
咸寧
柴桑
彭澤
潺陵
周瑜水軍
十四年十月，當陽至江陵，整備水軍後沿，欲攻孫權。
2.建安十四年十月，周瑜率水軍沿江向西抗禦曹軍，赤壁得勝後，進擊江陵。
傅易山
岳陽
巴陵
洞庭
海昏
常德
艾縣
南昌
豫章
益陽
長沙郡
長沙
湘潭
婁底
宜春
萍鄉

孫權置之不理，就乘勢東下，擒劉備，敗孫權，務收江南而後快。

就在曹操「欲順江東下」的時候，謀士賈詡勸諫他說：「明公破滅袁氏之後，現在又占領荊州，威名遠揚，軍勢大盛；若能以荊州之富饒，安撫百姓，使之休養生息，用不著多久，也不必興師動眾，孫權就會納土歸降的。」賈詡之諫，不用說是從長遠的利益來爲曹操著想的。而曹操卻著眼於眼前的現實，要是不解決劉備、收服江南，荊州又如何能安？況且馬超、韓遂「尚狼顧關右」，他也不能老是「安坐郢都以威懷吳會」，更何況曹操正因孫權竟敢藐視他而不予理會，必欲踏平江南才能解恨。而在軍事上，也經過差不多近兩、三個月的準備，一切佈置就緒，可以說箭已上弦，不得不發了。曹操當時正在火頭上，賈詡的話如何聽得進去。

曹操冒著嚴寒，親統大軍從江陵順流東下，進至赤壁（今湖北蒲圻縣境，在長江南岸），就和孫、劉聯軍相遇。初交鋒，曹軍就吃了敗仗，退守江北的烏林，與孫、劉聯軍隔江對峙。

這時，曹軍確如諸葛亮、周瑜所預料的那樣，既遠來疲憊，不習水戰；又由於不服水土，已生疾病。而曹操還鑒於北方軍隊經受不住江上風浪的顛簸，自作聰明把戰船頭尾相互鎖連起來。這雖然減少了因船身搖晃而使北軍暈船嘔吐的現象，但卻因此而給聯軍以可乘之機。首先，周瑜部將黃蓋獻計說：「現在敵眾我寡，難以持久。今觀曹操將戰船首尾相連，眞是天賜良機，正好施用火攻之法取勝他們。」

周瑜採納了黃蓋的建議，又具體商討了如何接觸曹軍戰船的作戰方案。決定把這個任務交給黃蓋去執行。辦法是：使黃蓋派人送書給

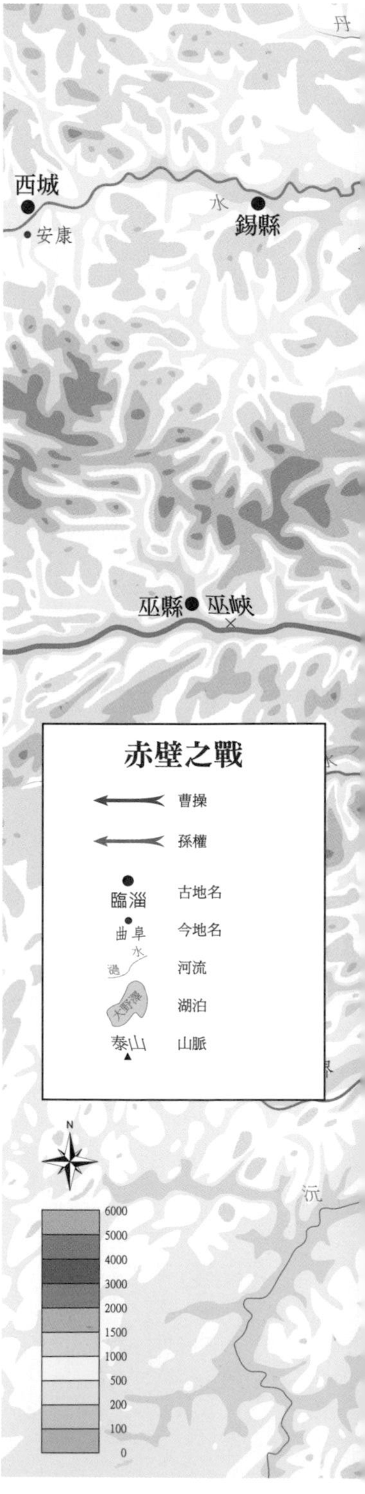

孫堅草船借箭

草船借箭的故事發生在孫堅跨江擊劉表之際，故事的主角並非諸葛亮與曹操，而是孫堅與劉表部將黃祖。

時孫堅與子孫策率水軍艦船殺向樊城。劉表部將黃祖伏弓弩手於江邊，見船靠岸，亂箭俱發。孫堅令諸軍勿輕動，只伏於船中，來往誘之；一連三日，船數十次靠岸。黃祖軍只顧放箭，箭已放盡，孫堅令軍士拔船上之箭，得約十數萬。恰值順風，一齊將箭反射岸上黃祖之軍，黃祖軍敗退。孫堅軍登岸，分兩路，直取黃祖營寨。黃祖大敗，棄樊城，逃入鄧城。孫堅大勝。

曹操，詐稱投降；待與曹操約定投降時間之後，由黃蓋率船前去「投降」。當接近曹軍戰船的時候，便縱火焚燒，然後揮兵大進，一戰成功。

曹操接到黃蓋派人送去的「降書」，上面寫著：蓋受孫氏厚恩，常爲將帥，見遇不薄。然顧天下事有大勢，用江東六郡山越之人，以當中國百萬之眾，眾寡不敵，海內所共見也。東方將吏，無有愚智，皆知其不可。

惟周瑜、魯肅偏懷淺戇，意未解耳。今日歸命，是其實計。瑜所督領，自易摧破。交鋒之日，蓋爲前部，當因事變化，效命在近。

曹操反覆細審書意，從他自下荊州，送書孫權，也得知江東主張投降的人不少，黃蓋書中所稱「東方將吏，無有愚智，皆知其不可」，豈不是充分證明了這一點嗎！因而曹操對黃蓋這封降書也就不加懷疑，而且對黃蓋在書中表示「交鋒之日」，願爲「前部」，又說「效命在近」，還十分讚賞。於是，曹操特別召見下書之人，經過一番「密問」之後，叫他帶話給黃

清 造箭戲畫

蓋：「若黃將軍果能如此，朝廷當授以爵賞，不用說要超過這前後所有來投順的人。」然後又具體約定了黃蓋來降的時間和暗號。

臨戰之日，黃蓋按周瑜的佈置，用艨艟鬥艦數十艘，滿載乾柴乾草，並灌以膏油，下用帷幕裏覆，上建旗幡遮掩。又預備了輕快、靈便的「走舸」，各繫於大船之後。這天確有東南風，是否如《演義》中所說爲諸葛亮所「借」，或是諸葛亮當時觀察天氣而預先測定的，查無史據。不管怎樣，當天黃蓋趁「東南風急」，以十船領先，一過江心，揚帆行駛如飛，同時令軍士齊聲高呼：「黃蓋來降！」曹軍將士紛紛擁出寨門，「延頸觀望，指言蓋降」。當船快接近曹軍水寨時，黃蓋命放開走舸，同時發火，火借風威，風助火勢，曹軍水寨頓時「煙炎張天」，並延及岸上營寨，曹軍人馬陷入一片火海之中。

劉備、周瑜等一見北岸火起，立刻率領輕銳水軍戰艦，擂鼓繼進，猛殺過來，曹軍大敗，「人馬燒溺死者甚眾」，就在聯軍人人奮勇，個個當先，追殺曹軍之時，黃蓋不幸中箭落水，爲吳兵救起，匆忙之中沒有認出是黃蓋，把他置於一旁。黃蓋看見吳將韓當到來，強自呼喚，韓當一見，原來是首立大功的黃老將軍，不禁爲之下淚，馬上派人把他送回大營去。

曹操冒煙突火，急忙率領敗殘人馬，取道華容

曹操敗走華容道

（今湖北監利縣西北），從陸路往江陵奔逃。這時，曹操忽然想起沿江還停留著不少船艦軍資，立即派人去江邊放火燒掉，以免落入孫、劉之手。後來曹操回顧這次敗逃時的狼狽情形，寫信給孫權說：「赤壁之役，值有疾病，孤燒船自退，橫使周瑜虛獲此名。」這顯然是曹操在打了敗仗之後，一種自我解嘲的言詞。不過，也多少反映了當時曹操在敗逃慌亂之中，還能沉著鎮定的指揮撤退。

就在這年十二月，正當劉備、周瑜率領聯軍水陸並進，追趕曹操至南郡的同時，孫權在東邊爲了配合聯軍西線作戰，親自率領軍隊圍攻合肥（今安徽合肥市東北）。曹操一到江陵，得知合肥告急，立即留下征南將軍曹仁、橫野將軍徐晃保江陵，又留折衝將軍樂進守襄陽，然後急匆匆退回北方，再派兵馳援合肥。

赤壁大戰是漢末三國時期，也是我國歷史上又一次以弱勝強，以少勝多的著名戰役。這次大戰，孫、劉聯軍以五萬兵力大破曹軍二十多萬，迫使曹操兵敗北還。這一戰役的勝利，證明了諸葛亮在隆中的戰略規劃中聯孫策略的正確。這次大戰的結果，初步決定了曹、孫、劉三家分立的形勢，正如諸葛亮說孫權時所預料的，「鼎足之形成矣」。赤壁之戰勝利的取得，固然絕非《三國演義》和戲

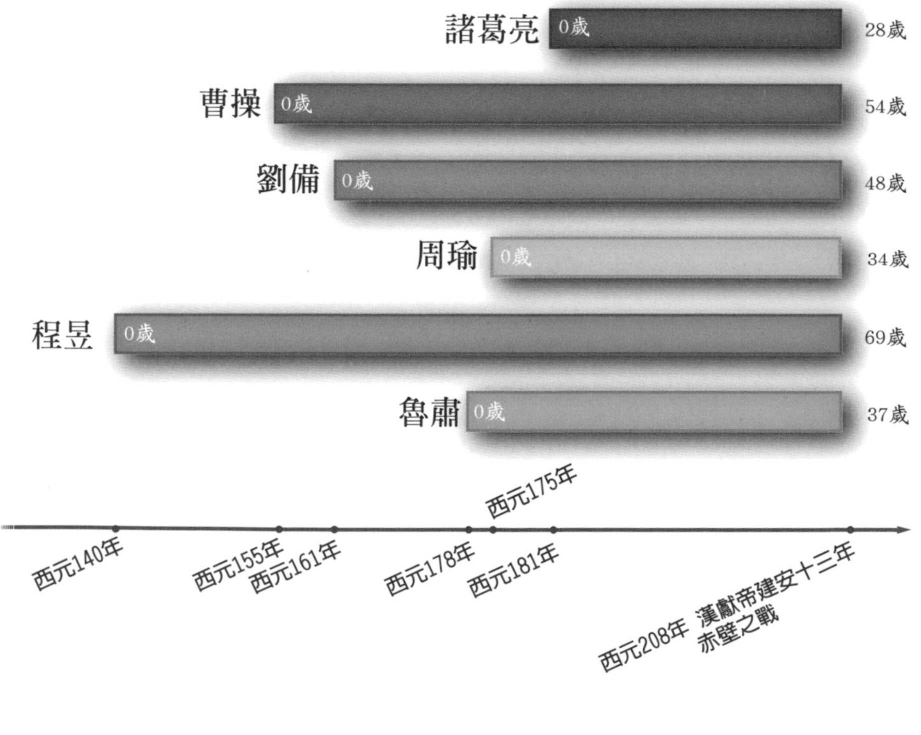

赤壁

古戰場赤壁的具體位置有多種説法。一為黃岡説。蘇東坡將黃岡（古黃州）城外的赤鼻磯視為赤壁古戰場，稱「故壘西邊，人道是三國周郎赤壁。」寫下了傳誦千古的前、後《赤壁賦》。此地巖壁垂直，顏色赤紅，宛若烈火燒過一樣。但人皆所知，這裡不是真正的赤壁。因為赤鼻磯既不在樊江上游，又不在大江之南，與史書所載不符。因稱赤鼻磯為文赤壁或東坡赤壁。

一為嘉魚東北説。酈道元《水經注》有：「赤壁山在百人山南，應在嘉魚縣東北，與江夏接界處，上去烏林二百里。」即今湖北嘉魚縣東北。清末著名地理學家楊守敬、王力主編《古代漢語》和朱東潤主編《中國歷代文學作品選》都持此説。

一為蒲圻西北説。李吉甫《元和郡縣圖志》稱：「赤壁山在蒲圻縣西一百二十里，北臨大江，其北岸即烏林，即周瑜用黃蓋策，焚曹公舟船敗走處。」即今湖北省蒲圻縣西北。《荊州記》、胡三省《資治通鑑》、陰法魯主編《古文觀止譯注》均主此説。

現人們多以為「蒲圻縣西北」説較為可信。主要由於《元和郡縣圖志》成書年代與赤壁之戰年代較接近，更早些時候的《荊州記》也有相同記載，且蒲圻赤壁陸續發掘東吳將士墓葬；出土大批東漢斷槍折戟、銅弩機、箭鏃等器物。

曲中大肆渲染的諸葛亮「登壇祭風」的結果，而是戰爭雙方的主、客觀條件所決定的。當然，這並不排斥諸葛亮在這場戰爭中所起過的重要作用。

曹操要平定江南，必定要和孫、劉在長江上展開決戰。但是，對這一決戰的認識，曹操在思想上的重視是不夠的。這顯然和他屢因戰勝而滋長起來的輕敵情緒直接有關。他在江陵給孫權的那封恫嚇信，就是這種情緒的反映。如果曹操在短時間內取得了荊州，而能用較長的時間把荊州鞏固起來，積極備戰，用已取得的荊州上千艘戰艦爲基礎，建立一支強大的水軍，恐怕形勢的發展將會出現另外一種情況，至少不會演成那種因勝利得快而失敗得也慘的尷尬局面。

曹操南進至江陵，在劉琮投降、劉備敗逃所造成的「威震四海」的大好形勢下，確實因勝利得太快而沖昏了頭腦，他急躁輕進，想一口吞掉劉備，進而迫使孫權像劉琮那樣束手歸降，他完全沒有充分估計到因形勢所逼而致使孫、劉締結軍事同盟的客觀必然性。儘管程昱在這一點上有比較清醒的認識，但程昱的認識並不等於曹操的認識，關鍵還在於曹操當時根本不把孫、劉放在眼裏。

曹操既錯誤地估計了客觀形勢，又在主觀上

拋開了自己的長處，「捨鞍馬，仗舟楫」，去和孫、劉久經戰陣的水軍相拼。無怪乎周瑜當時自豪地認爲，即使曹操「無內憂」，也很難和我們在長江江面上「較勝負」。曹操是熟讀兵書的，他恰好忘記了「以己之長克敵之短」這一條原則，而孫、劉方面則正是依循這一原則，充分發揮了自己的長處，在長江面上火攻戰取，橫掃千軍，挫敗勁敵曹操的。

赤壁戰敗之後，曹操的頭腦冷靜了下來，他不禁懷想起上一年死去的「深通有算略」、「見世事無凝滯」的謀士郭嘉來了，他十分感歎地說：「若郭奉孝尚在，也不至使我遭到這樣的慘敗了。」任何英雄人物也難免犯這樣那樣的錯誤，問題在於能不能從自己所犯的錯誤中吸取有益的教訓，若能如此，仍不失爲英雄。

赤壁之戰後的曹操，他從孫、劉結盟的大局出發，因曹仁在江陵被周瑜、劉備長期圍攻，傷亡「甚眾」，

《赤壁圖》局部，金武元直繪。此畫根據北宋蘇軾《赤壁賦》繪製而成，畫中懸崖嶙峋險峻，水流洶湧湍急，樹木搖曳。

很難守住，只得命曹仁放棄江陵，退保樊城。從此襄陽、樊城一直被曹操占據，成爲他在南面的重要屏障。同時，因孫權在這次戰爭中親自統軍進攻合肥，合肥被圍達三月之久，第二年春天曹操親統大軍至譙縣，「作輕舟，治水軍」，秋天到合肥後，又「開芍陂屯田」，使合肥成爲東南面的重要屏障。

然後，曹操回過頭來積極經營北方。建安十六年（二一一年）春，用朝廷名義任其子曹丕爲五官中郎將，「置官屬，爲丞相副」，進一步把持國政。這年秋天，曹操親自西征，解決關中馬超、韓遂等十多個割據勢力。第二年在取得決定性的勝利之後，曹操把馬超之父馬騰一家統統殺掉了。建安十八年（二一三年），即在馬超兵敗奔漢中的這一年，曹操進封爲魏公。第二年，曹操又派夏侯淵攻滅在枹罕（今甘肅臨夏市東北）稱王三十餘年的宋建。次年韓遂逃入氐中爲部下所殺。自此，從關中到隴右一帶，完全併入了曹操的勢力範圍，北方進一步統一起來了。

赤壁戰後，孫權的江東政權更爲鞏固了。周瑜以得勝之軍，取得長江以北荊州的南郡、江夏郡。孫權任周瑜爲南郡太守，統兵鎮守江陵；以程普爲江夏太守。而孫權自己則由劉備上表朝廷，晉升他爲車騎將軍，領徐州牧。孫權本想利用江陵作爲前哨陣地進取益州，因受到劉備的抵制而無法實現，轉而向嶺南發展，擴地至交、廣二州。

赤壁大戰剛一結束，劉備就在和周瑜圍攻江陵之時，他立即表奏劉琦爲荊州刺史，以子承父業，名正言順，實現他當初答應劉表盡力輔佐公子的諾言。與此同時，劉備納諸葛亮之策，分兵向長江以南去收服武陵、長沙、桂陽、零陵等四郡。這四郡都在曹操南下江陵之後，先後投降了曹操，這時曹操已兵敗北還，劉琦又做了荊州的主人，再加之劉備以戰勝之威，兵臨城下，長沙太守韓玄、桂陽太守趙範、零陵太守劉度都紛紛反正投降了。武陵太守金旋雖爲曹操所任命，到這時也只有向劉備投降。不久，在廬江（今安徽潛山縣）叛變曹操的將軍雷緒，爲夏侯淵所破，帶著「部曲數萬口」投歸了劉備。後來成爲蜀漢名將的南陽人黃忠，字漢升，就是這期間在長沙攸縣（今湖南茶陵縣西北）投歸劉備的。

當劉備以趙雲爲偏將軍，領桂陽太守，率兵去取代趙範時，趙範見趙雲身長八尺，姿顏雄偉。趙範爲了結好趙雲，因兄長死了，打算把年輕「有國色」的寡嫂樊氏許配給趙雲。趙雲正色地說：「你我同姓，你的兄長也就是我的兄長，這怎麼行，此事萬難從命。」固辭不允。而趙雲左右的人卻認爲這是一件美事，「勸雲納之」，趙雲說：「趙範被迫投降，是否眞心歸順很難說；天下女子不少，何必非要娶此女不可呢？」仍不依從。果然趙範不是誠心投順，他在趙雲辭婚後不久就逃走了。趙雲對此心地坦然，付之一笑。

後世讀史的人，認爲趙範之嫂樊氏有國色，況且又是寡居，而趙雲不取未免太固執了。但把趙雲不娶樊氏這件事，與當年關羽隨曹操圍攻呂布於下邳時，一再向曹操要求，殆城破之後，乞娶呂布屬吏秦宜祿之妻杜氏這件事加以比較，認爲趙雲「賢於關羽」遠矣。

劉備在平定江南四郡之後，拜諸葛亮爲軍師中郎將，住在臨蒸（今湖南衡陽縣），督守零陵、桂陽、長沙三郡，並「調其賦稅，以充軍實」。就在赤壁戰後的第二年劉琦病逝後，諸葛亮和荊州將士一致擁戴劉備做了荊州牧。劉備立營於油江口（今湖北公安縣東北），改名公安，暫時作爲荊州州治。孫權眼看劉備羽翼已成，他不但在名義上承認了劉備荊州牧的地位，而且還叫周瑜分江陵南岸地給劉備，讓他住屯公安。到這時，劉表舊部紛紛從曹操那裏叛逃來投歸劉備。後來成爲蜀漢大將的魏延，大概也是這期間率領部曲投歸劉備的。劉備集團勢力興旺起來，使孫權也感到有點不安。但爲了對付曹操，孫權還不能不拉攏劉備，從鞏固聯盟著想，當他得知劉備的甘夫人於這年死了，就把他二十多歲的妹妹嫁給了四十九歲的劉備。這正如史書上所說：「權稍畏之，進妹固好。」後世根據孫、劉結親這件史實加以渲染，出現了周瑜用美人計弄假成眞、吳國太甘露寺相親的故事。其實，孫權之母吳國太，即孫堅之妻吳夫人，在赤壁之戰前就已去世，甘露寺相親之說純屬藝術加工。至於周瑜是否用孫權之妹行使

甘露寺說親

了美人計，亦查無史據。歷史上劉備的孫夫人，沒有記載其名字，小說上則叫孫仁，而戲曲中又稱孫尚香。史書上明明是說，吳夫人嫁孫堅，生「四男一女」。而在小說中則稱說吳夫人與其妹共嫁孫堅，孫夫人乃其妹所生。顯然這些都與史實不符。不管怎樣，孫、劉結親在歷史上是帶有濃厚的政治色彩的，後來形勢演變到劉備入蜀，孫權迎孫夫人歸吳，既使孫、劉之間在政治上的聯盟開始出現裂痕，而且也意味著劉備、孫夫人這段奇特的政治姻緣的結束。

當時，劉備在荊州雖然立住了腳，名義上也作了荊州牧，可是實際統治只有原來荊州在長江以南的地區，而在長江以北原荊州的大片土地，除襄、樊一帶爲曹操所控制，其餘還都落在孫權手中。因此，就在孫、劉結親的第二年（建安十五年，西元二一〇年），劉備打算去江東見孫權，向孫權面求不僅在名義上、而且在事實上「都督荊州」，說得明白點，就是要求孫權讓出長江以北被他控制的荊州原有之地。這就在兩家親戚之間，也就是在聯盟內部出現了一個新問題——即所謂「借荊州」，需要雙方認眞、妥善地加以解決。

劉備諸葛亮大事年表

建安十三年	二〇八年	曹操南下。劉表病卒，次子劉琮即位，降曹。劉備攜眾南逃，另遣關羽乘數百艘船先走，到江陵會合。曹操派五千精騎追趕，兩軍於當陽長阪相遇，劉備棄妻子先逃，於漢津遇關羽船隊及劉表長子劉琦萬餘人，一起逃到夏口。孫吳魯肅來探，劉備派諸葛亮出使孫權，與孫權結盟。孫劉聯盟於赤壁大破曹軍。 劉備表劉琦爲荊州刺史，取荊南四郡。劉琦病死，諸將推舉劉備爲荊州牧，孫權也將其妹嫁給劉備。劉備向孫權要求都督荊州，在魯肅斡旋下獲准。
建安十三年	二〇八年	諸葛亮說服孫權同意與劉備結盟，參與赤壁之戰獲勝。

第四章 開創基業

借荊州，進益州

奪占荊、益，這是諸葛亮在〈隆中對〉中爲劉備開創基業早已定下的大計方略。但要付諸實現，也並非那麼一帆風順，道路是十分艱難的。諸葛亮自走出隆中的這兩年之間，就經歷了這麼一場事關成敗的戰爭考驗。現在劉備雖在荊州取得了一塊地盤，但很不理想，要是周瑜長期屯兵江陵，不要說西進益州根本辦不到，就是在荊州也伸展不開，處處受到東吳的制約。諸葛亮爲改變眼前這一被動局面，雖然和劉備反覆切磋過，但對劉備要親自去江東找孫權，請求孫權自動讓出長江以北荊州的地盤，覺得有些不妥，弄不好還會出事。但在這件事上，劉備倒是很堅決的，雖經諸葛亮再三勸阻，仍執意要去。

按劉備的想法是，此行雖「出於險途，非萬全之計」，但孫權當時「所防在北」，還得依靠他「爲援」，共同對付曹操，恐怕也未必敢把他怎麼樣。諸葛亮聽了劉備這個想法，儘管心裏還是有點不踏實，但看到劉備態度這麼堅決，也就只有囑咐他到了江東，凡事多和魯肅商議，千萬要提防周瑜等人從中作梗，以至變生意外。

劉備到江東，至京口（今江蘇鎮江市）見著孫權。原本是新姑爺拜見大舅，而且又是兩位當代英傑第一次見面，自然親上加親，彼此互道仰慕之意。果然如諸葛亮所料，當劉備一提出「都督荊州」的事，孫權就感到有些爲難，他只好往周瑜身上推，說江陵是周瑜血戰打下來的，若要周瑜現在就讓出來，恐怕一時不好辦，還得和周瑜商量商量。孫權請劉備不要性急，好事不在忙，得慢慢來解決。

孫權不但在口頭上推，還眞的派人去通知周瑜，請他拿個主意。周瑜立即上疏給孫權，不僅非常鮮明地表示了他的態度，而且還向孫權獻計說：

劉備以梟雄之姿，而有關羽、張飛熊虎之將，必非久屈爲人用者。愚謂大計宜徙備置吳，盛爲築宮室，多其美女玩好，以娛其耳目；分此二人，各置一方，使如瑜者得挾與攻戰，大事可定也。今猥割土地以資業之，聚此三人，俱在疆場，恐蛟龍得雲雨，終非池中物也。

這就不難看出，《演義》中說周瑜用了美人計，大概就是由此引申而加工創造的。但這和歷史上孫權「進妹固好」的記載，完全是兩回事。如果把周瑜此時所獻軟禁劉備之計叫做「美人計」的話，那也是在孫、劉結親之後，劉備爲「借荊州」而引起的。

孫權一接到周瑜這封疏，立即就把魯肅和呂範召來，請他們就周瑜之疏談談看法。孫權之所以把彭澤太守呂範也請了來，是因爲劉備一到江東，呂範就向他「密請留備」，建議把劉備軟禁在江東。這和周瑜的意思完全一致。而魯肅卻與周瑜、呂範等人的意見正相反，唯獨他從「共拒曹公」的大局出發，力勸孫權「借荊州」給劉備。孫權爲了再聽聽兩方面的意見，所以把他們兩位有代表性的人物請了來。自不待言，呂範完全贊同周瑜疏中所說，認爲這實在是個絕好機會，希望孫權當機立斷。

魯肅聽了呂範的話，搖了搖頭，嚴肅地向孫權說道：「這怎麼行！將軍雖然英武蓋世，但力量實在不能和曹操相比，何況我們剛得荊州，還談不上對荊州百姓有什麼恩信可言。依我之見，最好把荊州借給劉備，讓他去安撫荊州，這對我們有利。因爲這樣做，是給曹操增加一個勁敵。要說是計的話，難道這不算是最好的計策嗎？」魯肅這一席顧全大局的話，不但使孫權聽了連連點頭，就是呂範一時也找不出更好的理由來反駁他。

孫權雖然沒有聽從周瑜、呂範的意見，把劉備軟禁起來，但卻感到已經到口的肥肉要吐出來，心裏總不是滋味。就在他和張昭、魯肅等人送走劉備之後，正要派人去江陵請周瑜來京商議，而周瑜卻不請自來了。

周瑜見著孫權，得知劉備已去，心裏雖怨孫權，但也無可挽回了。於是，周瑜只好向孫權另獻一策，說：「曹操自赤壁敗還後，威信掃地，現在正致力於安定內部，不可能再來和我們相爭。這正是個好機會，讓我和奮威將軍孫瑜一道進兵取蜀，得蜀之後再併吞張魯，由孫瑜守在那裏，結好馬超，互相支援。然後我就回來和將軍一道北攻襄陽，直迫曹操，北方是不難打下的。」很明顯，周瑜是因孫權不願意和劉備翻臉，只好避開荊州去向西發展，最後與曹操爭衡中原。孫權當時聽了周瑜這一番話，深爲周瑜這種氣魄所感染，精神大爲振奮，不但立刻同意了周瑜這個計劃，而且還派遣使者送書去公安，約劉備「共取蜀」。

山東平度戲出年畫：《蘆花蕩》（《三氣周瑜》）。描繪張飛擒獲周瑜的場景。

劉備接到孫權書信，展開一看，不禁大吃一驚，立即交給諸葛亮，上面寫著：

米賊張魯居王巴、漢，爲曹操耳目，規圖益州。劉璋不武，不能自守。若操得蜀，則荊州危矣。今欲先攻取璋，進討張魯，首尾相連，一統吳、楚，雖有十操，無所憂也。

孫權、周瑜這一著，完全和諸葛亮西進益州的隆中計劃相牴觸，諸葛亮沉吟一下，建議馬上給孫權寫個回信阻止他，同時還要作好應變的部署。使者帶回劉備書信，孫權看了心中猶豫起來，上面寫的是：

備與（劉）璋託爲宗室，冀憑英靈，以匡漢朝。今璋得罪左右，備獨竦懼，非所敢聞，願加寬貸。若不獲請，備當放歸於山林。

這簡直是在爲劉璋求情，而且這個情還非准不可！如果不准，劉備就要入山當和尚，這給孫權連一點考慮的餘地都不留。當時孫權已經命令孫瑜率領水軍進駐夏口了。

事眞湊巧，而且意外，雄心勃勃的周瑜正是在返回江陵去時，竟在半路上發病死在巴陵（今湖南岳陽縣）。孫權一接到周瑜死訊，不禁痛哭流涕地說：「公瑾有王佐之資，今忽短命，孤何賴哉！」這時孫權哪裏還有心思去收川呢？更何況又接到諸葛亮已經調兵遣將佈防江岸的報告，於是他立即派人把孫瑜召回。可見《演義》中周瑜和劉備兵戎相見，活活被諸葛亮氣死的故事，顯然並非史實，而是藝術的創造。

周瑜臨死時，上疏給孫權

說：當今天下，方有事役，是瑜乃心夙夜所憂，願至尊先慮未然，然後康樂。今既與曹操爲敵，劉備近在公安，邊境密邇，百姓未附，宜得良將以鎭撫之。魯肅智略足任，乞以代瑜。瑜隕踣之日，所懷盡矣。

這封疏充分反映了周瑜忘身憂國、大志未竟的心情，他在臨終之前，到底還是冷靜了下來，他從「與曹操爲敵」出發，考慮到和劉備相鄰，這個「百姓未附」的狀況，使他不能不認識到在這個時候解決荊州問題是不現實的，要對付曹操，就非得和劉備搞好關係不可，所以他特別舉薦了力主加強孫劉聯盟的魯肅來接替他鎭守江陵。

魯肅也正是在替代周瑜之後，再次向孫權建議「借」荊州給劉備。到這個時候，孫權也就依從了。魯肅從江陵下屯陸口（今湖北嘉魚縣西）後，劉備就把荊州治所從公安遷至江陵。以關羽爲襄陽太守、蕩寇將軍駐江北；任張飛爲宜都太守、征虜將軍駐南郡。當曹操在北方聽到孫權「以土地業備」，把荊州讓給劉備的消息，正在寫書，不禁「落筆於地」。在曹操眼裏，劉備是位英雄，一旦有了更多的地盤，其勢愈張，正如魯肅向孫權說的，給他增加了一個勁敵，所以曹操得此消息，竟至把筆也掉在地上了，表現了他內心的恐懼和不安。

從此，劉備取得荊州大部分土地，基本上實現了諸葛亮隆中戰略規劃中「跨有荊、益」的一半，西進益州自然也就提上了日程。

益州這塊肥肉，不獨孫權有意，曹操又何嘗無心。赤壁戰後，曹操以重兵屯守襄陽、樊城，西進關中解決馬超、韓遂等勢力，目的也是爲了掃清道路，從關中南下取漢中、定益州，這種局面一旦造成，正如孫權邀請劉備共同取蜀的信中所說的，「若操得蜀，則荊州危矣」。就在孫權邀請劉備共同取蜀時，劉備集團中就有人主張接受孫權的約請，說定蜀之後，「吳終不能越荊有蜀，蜀地可爲己有」。

荊州主簿殷觀認爲這樣去做太危險，他分析說：「若爲吳先驅，進未能克蜀，退爲吳所乘，即事去矣。」以諸葛亮之智，豈能未見及於此。可見赤壁之戰後，曹、孫、劉三家都處在爲謀求統一而政治風雲又瞬息萬變的境況中，任何一家頭腦簡單了，就有可能被另外一家或兩家聯合起來吞掉的危險。

而在當時孫、劉結盟牽制曹操的大前提下，由於劉備處於極爲不利的地位，他既無力向北去和曹操爭衡，更不能拋開聯盟去向孫權取利，擺在他面前的唯一出路，只有按諸葛亮隆中戰略部署，去實現「跨有荊、益」這第一個重要目標。只有把益州占領了，建立起犖固的根據地，才能眞正造成三分鼎立的局面，也才有可能爭取實現隆中戰略的最終目標。

這期間，周瑜功曹龐統，在周瑜死後，送喪至吳，他不願留在江東，打算回荊州去。先後經魯肅、諸葛亮舉薦，受到劉備的器重，親待僅次於諸葛亮，而與諸葛亮並爲軍師中郎將①。

清柴桑口戲畫荊州之役，周瑜被諸葛亮所窘，敗至巴邱，得諸葛亮書，誚其失策。周瑜大恚，嘔血死。諸葛亮隻身往吊之於柴桑口，痛哭祭奠。

龐統從荊州經過戰爭浩劫，以及劉備當時的處境，也向劉備分析了奪占益州的重要性和必要性，他說：「荊州荒殘，人物殫盡，東有吳孫，北有曹氏，鼎足之計，難以得志。今益州國富民強，戶口百萬，四部兵馬，所出必具，寶貨無求於外，今可權借以定大事。」劉備聽後，說曹操是他「水火」不相容的敵人，捨曹操去奪取益州，師出無名，所謂「以小故而失信義於天下者，吾所不取也」。對此，龐統向劉備指出：「權變之時，固非一道所能定也。兼弱攻昧，五伯之事。逆取順守，報之以義，事定之後，封以大國，何負於信？」龐統特別提醒劉備：「今日不取，終爲人利耳。」龐統這一席話，確實使劉備動了心，以他半生顛沛的經歷，對此頗有體會：遠的不說，就拿兩年前荊州發生的這場戰爭來看，若當曹操南下，劉琮舉州投降時，就聽從諸葛亮的意見，從劉琮手裏奪取荊州，何至於在當陽長　遭到那樣的慘敗，從而使荊州百姓蒙受了更大的災難。看來，「逆取順守，報之以義」的道理是用得著的，要幹一番大事業，墨守成規是絕對不能取得成功的。龐統說得很對，「權變之時，固非一道所能定也」，在利害攸關的時候，怎麼能用簡單的信條來束縛自己的手足呢！春秋五霸，「兼弱攻昧」，不都是幹出了一番轟轟烈烈的事業嗎！

建安十六年（二一一年），也就是龐統投歸劉備的第二年，正當諸葛亮、龐統和劉備商議收川之時，益州牧劉璋派遣法正到荊州來迎接劉備入蜀了。何以事情會這麼湊巧呢？話還得從曹操下江陵時說起。當時益州牧劉璋曾派遣別駕張松至荊州結好曹操，張松本想投靠曹操，不料曹操因戰勝而驕，對張松不加禮遇，甚爲輕慢，張松以此懷怨。當曹操兵敗北還，張松回到成都，就向劉璋「疵毀」曹操，並勸他和曹操斷絕往來，交好劉備。張松對劉璋說：「劉豫州和你是同宗兄弟，可以成爲你的心腹，最好和他交好。」劉璋採納張松的建議，並根據張松的舉薦，派扶風人法正去荊州和劉備通好。過了不久，又派法正和孟達送兵數千給劉備以助守禦。

原來張松和法正是好朋友，常在一起私下議論，認爲跟隨劉璋「不足與有爲」，成不了大事。張松前次奉使去荊州就有外向之意，因遭曹操冷落，轉而想起久負盛名的劉備。赤壁戰後，張松舉薦法正去荊州，就是讓他這位好友去摸摸劉備的底。果然法正從荊州回來，向他稱說劉備「有雄略」。於是，張松和法正「密謀協規，願共戴奉」，準備共同擁戴劉備爲益州之主，等機會來實現。從張松、法正身上充分證明了諸葛亮早在隆中向劉備分析形勢時所說的：益州「智能之士思得明君」的現狀。到了建安十六年（二一一年）這一年，益州牧劉璋得知曹操準備對漢中用兵的消息，「內懷恐懼」，張松、法正認爲時機已到。

張松對劉璋說：「曹公兵強無敵於天下，若因張魯之資進取蜀土，誰能抵擋得住呢？」劉璋怔怔地看著張松，還未及開口，張松又進而說道：「現在州中諸將龐羲、李異等人恃功驕豪，欲有外意，如果敵人從外面進攻，而這些人乘機在內部作亂，就實在太危險了。」張松這些話正說到劉璋內憂外患的心坎上，劉璋不禁歎息地說：「我正爲此擔憂，還沒有想出辦法來。」張松心中暗喜，從容地向劉璋建議說：「劉豫州和你親如手足，而和曹操卻有深仇大恨，且善於用兵，若請得他來，用他去討伐張魯，必操勝劵。張魯一破，益

註釋

①《三國志・蜀志・龐統傳》：魯肅遺先主書曰：「龐士元非百里之才也，使處治中、別駕之任，始當展其驥足耳。」諸葛亮亦言之於先主，云云。但《三國演義》中根據龐統初見劉備，劉備任他為耒陽縣令，「在縣不治，免官」的史實，渲染成劉備派張飛、孫乾前往查辦，張飛識才龐統於耒陽縣的故事，這在歷史上是沒有記載的。

州勢強，曹操又能把我們怎麼樣呢？」劉璋因早已和劉備通好，這時聽了張松的話，也就欣然不疑，所以立即派遣法正領兵四千到荊州來迎請劉備入蜀，並前後贈給劉備以「巨億」的錢作爲兵餉。法正至荊州，向劉備「陳（述）益州可取之策」，說：「以將軍之英才，乘劉璋之懦弱，加上益州智士張松響應於內，必能得手。然後依仗益州的財富，憑借天府的險阻，以此完成大業，就易如反掌了。」法正又獻上標示蜀中「山川處所」的詳細地圖①，使劉備、諸葛亮、龐統等「盡知益州虛實」。於是，劉備開始去實現「跨有荊、益」的後一半計劃了。

劉備和諸葛亮、龐統商議之後，決定留下諸葛亮、關羽等鎮守荊州。劉備親率龐統和黃忠、魏延等謀臣武將統兵數萬入蜀。就在法正動身去荊州迎請劉備時，益州主簿黃權、從事王累等皆諫阻過劉璋，特別是王累「自刎州門，以明不可」，劉璋一概不聽。及至得知劉備已起兵入蜀，下令所過之處，「迎送供奉」，眞使劉備感到「入境如歸」。劉備統軍至巴郡（郡治江州，今重慶市），巴郡太守嚴顏撫心歎惜說：「此所謂獨坐窮（深）山，放虎自衛也！」

劉備從江州北面墊江（今四川合川）取水路向涪（今四川綿陽市東）進發。劉璋親率步騎三萬多人，「車乘帳幔，精光曜日」，趕往距成都三百六十里的涪城去與劉備相會。劉備至涪，劉璋親自出迎，「相見甚歡」。

在這前後，張松使法正暗中向劉備獻計：可於相會時襲殺劉璋。劉備不從，認爲「此大事也，不可倉卒（猝）」。龐統也向劉備獻策說：「若趁現在和劉璋相會之機，就把他抓起來，那麼將軍也就可以免去用兵之勞而坐得益州了。」劉備還是不從。劉備因龐統是他的心腹謀士，他不能不讓龐統了解他的實際想法，於是坦率地對龐統說：「我們剛到這兒，對老百姓毫無恩信可言，所以不能這麼匆忙地幹。」龐統聽後，就不便再說下去了。

劉璋和劉備在涪城每日宴樂，一住三個多月。劉璋推舉劉備爲大司馬，兼領司隸校尉，劉備推舉劉璋爲鎮西大將軍，兼領益州牧。這期間，劉璋給劉備增加兵眾，請他向北去討伐張魯。還把白水關（今四川青川縣東）駐軍也撥給劉備指揮。又將米二十萬斛、馬千匹、車千乘，以及大量繒絮錦帛等「資送劉備」，一切安排完畢後，劉璋回成都去了。

劉備統軍北至葭萌（今四川廣元西南），就停了下來，「未即討魯，厚樹恩德，以收眾心」。這

清楊柳青年畫《趙雲截江奪阿斗》

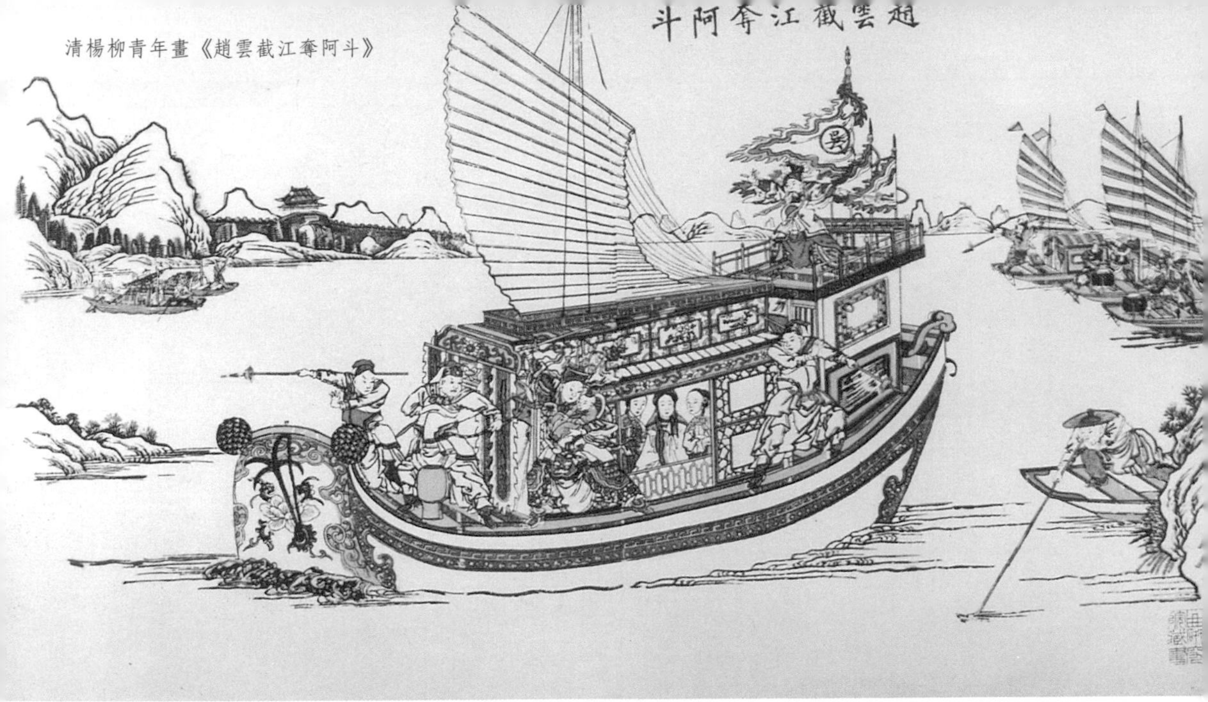

時，忽然接到諸葛亮送來的報告，說孫權派人把孫夫人接回東吳去了，還說孫夫人臨回時差點把五歲的阿斗帶去，好在趙雲和張飛勒兵斷江，把阿斗奪了回來。劉備得此報告，感到事情並不簡單，應儘快解決益州問題。

第二年，白水關守將楊懷、高沛眼看劉備無意進討張魯，暗地派人去向劉璋報告，並建議及早將劉備遣還荊州。龐統得知消息，認爲形勢危急，立即向劉備獻上收川三計：一是暗選精兵，徑襲成都，一舉便定，此爲上計；二是收斬白水關守將楊懷、高沛，併其部眾，然後直取成都，此爲中計；三是退還白帝，連結荊州，徐圖進取，此爲下計。龐統提醒劉備說：「要是再猶豫不決，將致大困，後悔莫及。」劉備以上計太急，下計太緩，「然其中計」，認爲中計比較平穩。恰好這時，孫權送來曹操南征的消息，叫劉備回去「自救」。不管孫權有何用意，這倒給了劉備一個藉口。於是劉備

註釋

① 《三國志・蜀志・先主傳》裴注引《吳書》：「（劉）備前見張松，後得法正，皆厚以恩意接納，盡其殷勤之歡。因問蜀中闊狹，兵器府庫人馬眾寡，及諸要害道里遠近，松等具言之，又畫地圖山川處所，由是盡知益州虛實也。」可見小說和舞臺上渲染的張松獻地圖，即是據此而進行的藝術加工。然而，《吳書》這段材料既不為陳壽撰寫《三國志》所取，也未被司馬光編纂《資治通鑑》採用，而〈先主傳〉上僅記述了法正「陳益州可取之策」卻沒有張松本人到荊州和劉備直接打過交道的記載。與其說張松獻《西川圖》，還不如說法正將益州虛實盡情告訴劉備（或向劉備獻了《西川圖》）更符合史實些。

劉備手下能臣一覽表

姓名	籍貫	備註
關羽	河東郡解良（今山西運城解州）	大將 涿郡共同起事
張飛	涿郡（今河北涿州）	大將 涿郡共同起事
簡雍	涿郡（今河北涿州）	謀士 涿郡共同起事
孫干	北海郡（郡城營陵，今山東昌樂東南）	謀士 徐州歸附
糜竹	東海郡（郡城郯，今山東郯城北，後遷彭城）	文臣 徐州歸附 妻兄 豪族
趙雲	常山郡真定（今河北正定）	大將 鄴城歸附
諸葛亮	琅邪郡陽都（今山東沂南縣）	謀士 荊州歸附
伊籍	山陽郡（今山東金鄉西北）	謀士 荊州歸附
黃忠	荊州南陽郡（今河南南陽）	大將 荊州歸附
蔣琬	荊州零陵湘鄉（今湖南湘鄉）	謀士 荊州歸附
龐統	荊州襄陽（今湖北襄樊）	謀士 荊州歸附
馬良	荊州襄陽（今湖北襄樊）	謀士 荊州歸附
馬謖	荊州襄陽（今湖北襄樊）	謀士 荊州歸附
許靖	荊州汝南（郡城上蔡，今河南上蔡西北）	謀士 益州歸附 豪族
董和	荊州南郡（郡城江陵，孫吳曾移公安）	謀士 益州歸附
李嚴	荊州南陽郡（郡城宛）	謀士 益州歸附
費禕	荊州江夏郡	謀士 益州歸附 豪族
劉巴	荊州零陵郡	謀士 益州歸附 豪族
法正	右扶風（今陝西郿縣）	謀士 益州歸附
黃權	巴西郡（今四川今南部縣）	謀士 益州歸附 豪族
彭羕	廣漢郡（今四川梓潼縣及金堂縣一帶）	謀士 益州歸附
馬超	扶風茂陵（今陝西興平）	大將 涼州歸附

依計而行，先派人送書給劉璋，藉口曹操進攻孫權，說孫權和他是「唇齒」相依的盟友，理應回兵去救，又說張魯乃「自守之賊」，用不著擔心。並向劉璋求借「萬兵及資糧」。劉璋得書很生氣，這眞是事與願違，只答應給兵四千，「其餘皆給半」。劉備以此激怒部眾說：「我爲益州征強敵，勞軍遠來，不辭辛苦，要點人馬軍資都不給，這怎麼能使我們甘心爲他去賣命呢！」

就在這時，張松又在成都出事了。原來，張松聽到劉備要回荊州，不明究竟，急忙寫信去問劉備和法正：

「眼看大功告成，怎麼一下就要離開呢？」信未送出，其兄廣漢太守張肅「懼禍及己」，向劉璋告發。於是劉璋收斬張松，並通知各處關隘嚴加防範，和劉備斷絕往來。劉備得知大怒，立即召來白水關守將楊懷、高沛，「責以無禮」，殺掉。自此，和劉璋正式攤牌，拉開了收川戰爭的序幕。

劉備收併白水軍後，以黃忠、卓膺為先鋒，揮師南還，進據涪城。建安十八年（二一三年）劉璋聽說劉備已據涪城，速命劉璝、冷苞、張任、鄧賢、吳懿等前往堵擊，皆戰敗，退保綿竹（今四川德陽縣北）。吳懿率所部投誠。劉璋再派李嚴督綿竹諸軍去爭奪涪城，而李嚴在戰敗之後，又率眾向劉備投降了。張任、劉璝退與劉璋兒子劉循固守雒城（今四川廣漢縣北）。這時，劉備軍威大振，在分遣諸將平定益州郡縣的同時，和龐統親率主力進攻雒城。雒城之戰，是劉備兵定益州的一次關鍵性戰役。這年夏天，當劉備進軍雒城時，蜀中名將成都人張任恃勇輕敵，帶兵出屯於雒城之南的雁橋，戰敗之後，被龐統用計擒獲。劉備久聞張任忠勇，令其歸降，張任厲聲回答道：「老臣決不能再扶侍第二個主人了！」劉備歎惜不已，只得將他殺掉。正是張任被擒斬之後，劉循再也不敢出戰，劉備和龐統指揮軍隊把雒城圍困達一年之久。直到第二年夏天才把雒城打下。也正是在攻占雒城的激戰之時，三十六歲的龐軍師，「為流矢所中」，中箭陣亡了。

《演義》中，說龐統和劉備分兵進攻雒城，龐統被張任亂箭射死於落鳳坡後，諸葛亮痛哭龐統，遂由荊州入川，提兵雒城，計擒張任於金雁橋斬之。顯然這與史實不符。那末，歷史上的諸葛亮到底何時起兵入川的呢？

諸葛亮入川

在歷史上，劉備圍攻雒城的整整一年之間，諸葛亮既沒有在雒城計擒過張任，也沒有在雒城指揮過戰事；張飛、趙雲亦沒有在雒城打過仗。史書上只有諸葛亮和張飛、趙雲等統兵溯江西上，分定郡縣，與劉備「共圍成都」的記載。這時已在龐統陣亡，劉備打下雒城，進圍成都之後。在這之前，諸葛亮已從荊州起兵入川多時了，否則，豈能在數十日之內，攻城掠地直抵成都？所以諸葛亮從荊州起兵入川，應是在劉備分遣諸將平定益州郡縣，親率主力進攻雒城之初，也正是在劉備、龐統雁橋擒斬張任的前後。

當劉備進圍雒城不下之際，忽然接到葭萌守將霍峻派人送來告急的報告，說劉璋從閬中（今四川閬中縣）遣兵圍攻葭萌，提醒劉備防備敵人從後面來進攻。這時劉備更擔心劉璋發兵從東面堵擊，截斷和荊州的聯繫。於是派人送書去荊州，請諸葛亮起兵入川，留關羽鎮守荊州。諸葛亮得書，只好按劉備書中之意，把荊州重任託付關羽，並留下馬良、糜竺、糜芳、廖化、士仁等一班謀士武將輔佐他。一切安排就緒之後，起兵數萬，以張飛為先鋒，諸葛亮率趙雲、劉封等統軍繼後，溯江而上，殺奔益州去與劉備、龐統會師。

張飛在打下巴東（郡治魚腹，今四川奉節）之後，進至江州。巴郡太守嚴顏早就料到劉璋邀請劉備入蜀，無異是把老虎請進深山。嚴顏雖然預先有所準備，如何能敵張飛之猛，不但一戰就被張飛擊破，而且嚴顏自己也被擒獲。張飛威風凜凜地坐在堂上，厲聲斥責道：「大軍到此，為何不降而敢抗拒？」嚴顏毫不畏懼，振振有辭地回答說：「是你們太沒道理，侵犯我們益州，乾脆給你說，我們這裏只有斷頭將軍，沒有投降將軍！」

張飛一聽，圓睜雙眼，勃然大怒，命令左右推出斬首，嚴顏面不改色，仰視張飛說：「砍頭便砍頭，你又何必發怒呢！」張飛見此情狀，打心眼裏佩服嚴顏的勇氣和膽量，不禁走下堂來，一邊親自給嚴顏鬆了綁，一邊口中說道：「將軍真是英雄，張飛得罪，還望見諒！」嚴顏久聞張飛威名，今又見他如此義氣，於是誠心歸附了。

諸葛亮一到江州，就和張飛、趙雲兵分三路：一路張飛由墊江向北，收服巴西（郡治閬中），出成都之北；另一路分遣趙雲從外水（長江）溯江西進，攻取江陽（今四川瀘州市），收服犍為（郡治武陽，在今四川彭山縣東北），

《西川圖》益州劉璋因受張魯之侵，思結外援，遣別駕張松持西川地圖往許都求見曹操。曹因新破馬超而驕，不加禮待，反陳兵耀武，張松乃運舌辯加以嘲諷。曹怒，驅之出境。諸葛亮知而亟遣關羽、趙雲迎請張松，厚加禮遇，張松乃將西川地圖獻與劉備。

四川廣元嘉陵江畔，明月峽古棧道：古金牛道。

出成都之西；諸葛亮親率劉封等自取中路，兵向德陽（屬廣漢郡，在今四川遂寧縣東南），直取成都。張飛得到嚴顏的幫助，很快平定巴西，與諸葛亮會兵德陽，一舉打敗劉璋派來堵截的張裔，張裔兵敗逃回成都。諸葛亮、張飛乘勝向成都進軍。與此同時，趙雲在打下江陽，又占領資中後（屬犍為郡，在今四川資陽），也向成都逼近。

這期間，劉備在雒城久攻不下，心中十分煩悶，當他得到諸葛亮克定巴東，在占領江州後分兵掠地的報告，也就放心多了。不久，劉備聽說馬超投奔漢中張魯之後，甚不得志，立即派遣從南中跑來投歸他的益州郡人李恢去漢中交好馬超。到了建安十九年（二一四年）夏四月，劉備得知諸葛亮和張飛、趙雲等已平定巴西，打下資中、德陽的消息，於是發起對雒城的猛攻。龐統就是在這次率眾攻城時陣亡的。劉備對失去龐統，非常痛惜。這時，法正一邊安慰劉備，同時寫了一封長信給劉璋，向他陳明形勢，勸他自動投降。

法正在這封信中，一開始就為自己投歸劉備辯解，但說得很隱諱，好像自己「捐身於外，不敢反命」，是出於不得已。但現在「國事已危，禍害在速」，他還忘不了對劉璋「以盡餘忠」。卻把演成現在事變的責任推到劉璋身上，同時也讓他左右那些「不達英雄從事之道」的人承擔一部分責任。然後就直截了當地勸告劉璋，說雒城危在旦夕；而諸葛亮、張飛等數萬之眾「三道並侵」，已入「心腹」之地，「存亡之勢，昭然可見」。並且最後又代劉備表明態度，說左將軍劉備對他「舊心依依，實無薄意」，只要他投降，絕不會虧待他。的兵馬也到了。劉備和諸葛亮相會，一說起龐統就「言則流涕」，自然諸葛亮深為他這位老朋友的才能沒有充分發揮就死去了，感到萬分惋惜，也不禁為之淚。

馬超自從劉備派李恢到漢中和

他聯絡後，就決計歸附劉備。這時，聽說劉備已打下雒城，兵圍成都，立即派人給劉備送密書請降。劉備得書大喜，和諸葛亮商議之後，馬上叫人去止住馬超，暗中調撥一支兵馬給他，請馬超出其不意地來到成都。果然，當馬超威風凜凜引著一支旗甲鮮明的軍隊突然出現在城北時，劉璋以爲救兵到了，先是一喜；後一探明，又是一驚，而且這一驚非同小可。城中聽說西涼勇將馬超也投歸了劉備，引兵前來助戰，大家都驚恐起來。

這時候，劉備派簡雍進城去見劉璋。劉璋眼看大勢已去，打算投降。但是，劉璋左右卻有人認爲，城內尚有精兵三萬，而且糧食、布匹亦足可供應一年，特別是成都吏民又都爲劉璋鳴不平，「咸欲死戰」，因而勸他不要投降。對此，劉璋感歎地說：「我父親和我在益州二十多年（中平五年至建安十九年，一八八～二一四年），對百姓談不上有什麼恩德，現在老百姓爲我打了三年的仗，吃的苦夠多了，要是再打下去，我怎忍心！」左右聽了，莫不下淚。於是開城出降，和簡雍同坐一輛車出城來。

劉備見著劉璋，神色有些不自然，但他想起龐統「逆取順守，報之以義」的話，也就只好向劉璋表示抱歉地說：「事出無奈，實在是不得已呵！」於是叫劉璋帶上自己的全部財物，並讓他佩帶振威將軍的印綬，去南郡公安居住。

劉備進入成都，大擺慶功宴，犒勞三軍。劉備以荊州牧又兼領益州牧，但卻以左將軍、大司馬的名義開府治事。拜諸葛亮爲軍師將軍，任原益州郡太守董和爲掌軍中郎將，以諸葛亮和董和並署左將軍、大司馬府事。論功行賞，賜給諸葛亮、關羽、張飛、法正每人金五百斤，銀千斤，錢五千萬，錦千匹。其餘賞賜，依功勞大小有所差別。

武侯祠關羽雕像

當在商議欲將成都城內屋舍，以及城外園地、桑田分賜給有功諸將時，趙雲對此獨排眾議。他說：「昔年霍去病（漢武帝時抗匈奴名將）曾以匈奴未滅，何以爲家，今曹操非匈奴可比，未可求安居寧。須待天下統一，各返故鄉，卸甲歸田，才是安享太平之時，今益州人民，剛受戰爭災害，田宅理應歸還，使其安居復業，然後才有可能籌集兵餉，得到人民的支持和擁護。」趙雲這番話雖是從鞏固新政權和實現統一大業出發考慮的，但卻反映了他關心百姓疾苦，先國家而後個人的高貴品質。因此，感動了劉備，立即採納，付諸實行。

劉備依諸葛亮爲股肱，以法正爲謀主，大量起用劉璋原來部下的「智能之士」，不論親疏，量才錄用。比如南郡枝江人董和，原是劉璋手下一位地方官吏，凡他治理過的地方，「皆移風變善，畏而不犯」。在劉備取得益州之前，董和還當過南中地區的益州郡太守，他和少數民族的關係也搞得很好，收到了「南土愛而信之」的治績。在當時劉璋昏庸統治下的益州，像董和這樣能幹的地方官吏實在不多。諸葛亮了解到他是個人才，建議劉備重用，於是提拔董和做了諸葛亮的副手。

又如許靖，汝南名士許劭之兄，也同樣有名，劉璋因慕名專門派人迎請他入蜀，讓他做了蜀郡太守，應該說他是劉璋比較信重的人。可是就在成都危急時，許靖準備逾城出降，被人告發，劉璋因自身難保，也就沒有殺他。劉備卻因此而鄙夷許靖，不打算再用他。法正不以爲然，對劉備說：「天下有其名而無其實的人，許靖算是一個。但是，現在主公開創大業，沒法使天下都了解不用許靖的緣故，而許靖在海內又名聲遠揚。若不用他，天下之人還以爲是主公輕慢賢士呢。照我看來，還不如對他加以敬重，以延攬遠近賢才，這大概就是當年燕昭王禮待郭隗的意思吧。」劉備聽了，連連點頭，立刻就任許靖爲左將軍長史。後來劉備稱漢中王，還讓許靖做了太傅；稱帝後，又拜爲司徒。諸葛亮對許靖也格外敬重。

再如零陵人劉巴，早在曹操南下荊州，劉備奔夏口時，荊、楚人士從之如雲，而劉巴偏偏北投曹操。他還受命招安長沙、零陵、桂陽三郡。當曹操兵敗北還，劉備收服三郡，諸葛亮住臨烝時，專門寫信召他，他表示不願意輔佐劉備，因而劉備對劉巴「深以爲恨」。後來劉巴輾轉從交趾投奔了劉璋。當劉璋遣法正去迎請劉備時，劉巴諫

武侯祠張飛雕像

劉備的文武大臣

劉備

侍衛隊長　趙雲　鎮東將軍

謀臣
- 徐庶　謀士
- 諸葛亮　軍師將軍　丞相
- 龐統　軍師中郎將
- 郤正　尚書令　護軍將軍
- 楊儀　中軍師
- 呂乂　尚書令
- 蔣琬　大司馬　大將軍

嫡係（親族或義親族）
- 麋蘭　國舅　安漢將軍
- 麋芳　國舅　南郡太守
- 孫乾　國舅
- 吳懿　國舅　車騎將軍
- 關羽　義弟　前將軍
- 張飛　義弟　車騎將軍
- 諸葛瞻　駙馬　尚書令　護軍將軍

豐嫡系
- 黃忠　後將軍
- 馬超　驃騎將軍　涼州牧
- 馬岱　平北將軍
- 陳到　征西將軍
- 馬忠　鎮南大將軍

後期文武
- 李嚴　驃騎將軍
- 李恢　安漢將軍
- 姜維　大將軍
- 董和　掌軍中郎將
- 魏延　前軍師　征西大將軍
- 廖化　右車騎將軍
- 王平　鎮北大將軍
- 馬謖　車騎將軍
- 鄧芝　大將軍
- 費禕　大將軍
- 董允　尚書令

阻說：「劉備野心很大，入必爲害，千萬不可請他進來。」劉璋不納。劉備入蜀之後，劉巴再次提醒劉璋：「若叫劉備去討張魯，就等於把老虎放歸山林了。」劉璋亦不聽。於是劉巴只好閉門稱疾，緘口不言了。劉備進圍成都，給軍中下了一道「誰要是害了劉巴，就誅滅三族」的命令。進入成都後，劉巴來謝罪，劉備一點也不責備他，諸葛亮又加以推薦，劉備徵辟他爲左將軍西曹掾。

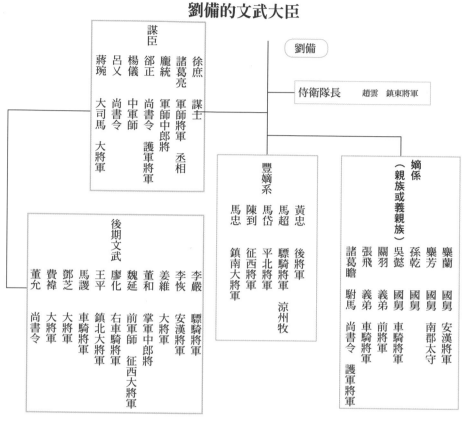

其他如黃權、李嚴、吳懿、彭羕等人，或是因忤劉璋之意被排擠的，或是戰場上投誠歸降，或是劉璋的親戚，或是因得罪劉璋受過刑罰的，只要是有才幹而又願意爲新政權效勞，一概授以相當職位，得到重用。

隨著劉備集團的擴大，諸葛亮特別注意調和新、舊文武官員之間的矛盾，使之和衷共濟，共同爲實現統一大業出力。比如，劉備因得馬超甚喜，兵定益州後，拜馬超爲平西將軍。遠鎮荊州的關羽，因馬超原非故人，一下子就做了平西將軍，心中憤憤不平，情不自禁地寫信給諸葛亮，問馬超的才略可與誰比？諸葛亮深知關羽之爲人，只好作書答稱：

孟起（馬超字）兼資文武，雄烈過人，一世之傑，黥、彭之徒，當與益德並驅爭先猶未及髯（關羽美鬚髯，諸葛亮以此稱他）之絕倫逸群也。

諸葛亮在書中把馬超比之於西漢初的勇將黥布、彭越，以及當代的猛將張飛，但要和他超群絕倫的美髯公相比，是比不上的。關羽覽書大悅，並把書信拿給左右賓客們看。可以想見關羽當時傲慢自得的神態。不過，諸葛亮總算給關羽平了氣。

馬超奉張魯之命功打葭萌關，張飛出關交戰，二人旗鼓相當，從白天持續打到晚上，還是分不出勝負。.

而諸葛亮自己卻以身作則，謙遜待人，帶頭和新附的人搞好關係。他和董和「獻可替否，共爲歡交」，互相取長補短，同心共事，成了至交好友。而對於法正，因他幫助劉備收川，立下大功，被任爲蜀郡太守，又領揚武將軍，外統都畿，內爲謀主，一時權勢顯赫。可是法正斤斤計較個人恩怨，好搞打擊報復，尤其爲報私仇，擅自殺了好幾個人。有人向諸葛亮建議說：「法正在蜀郡太專橫了，軍師理應轉告主公，對他有所抑制才行。」諸葛亮感歎地說：「當初主公在公安，北畏曹操之強，東憚孫權之逼，近則又懼孫夫人生變於肘腋之下，正是處在這種進退狼跋之時，法孝直（法正字）來幫助主公，使之翻然翱翔，不可復制，現在怎能不讓他按自己的意願去做點稱心的事呢？」想來諸葛亮這一番話傳到法正耳朵裏，法正也應該有所收斂吧。

後世對諸葛亮縱容法正頗有誹議，認爲「諸葛氏之言」，是「失政刑矣」。豈知諸葛亮在對待法正這件事上，可謂用心良苦：一則是法正深得劉備信任，二則他是蜀中很有影響的代表人物，要是在當時對法正不加寬貸，不要說在劉備那裏通不過，而且也會給剛建立的蜀中新政權帶來不利。何況諸葛亮雖和法正「好尚不同」，在個人志趣愛好方面不一樣，但「以公義相取」，諸葛亮對法正的「智術」，還是很佩服的。

再拿對待劉巴來說。開初，劉備圍攻成都，曾與部下有約：「若打下成都，府庫財物我全不要。」及至進入成都，將士們都放下刀槍，把庫藏財寶一搶而光。於是造成軍用不足。這使劉備甚爲憂慮。劉巴獻策說：「這也不難，只需多鑄些直百錢（值一百文），平諸物價，由官家制定價格，把市場管理好就行了。」果然照著劉巴這個辦法去做，數月之間，府庫就充實起來。但劉巴爲人高傲，對張飛也不加理睬，連話都不願和張飛說，致使張飛憤恨。

諸葛亮爲此勸劉巴說：「張飛雖實武人，但他敬慕足下。主公方收合文武，以定大事；足下雖秉性高雅，理應有點隨和才是。」劉巴傲慢地說：「大丈夫處世，當廣交四海英雄，和粗魯的武夫有什麼好談的？」諸葛亮倒沒有再說什麼，這卻引起了劉備火冒三丈地說：「我欲定天下，子初（劉巴字）專和我作對。他大概是想回到曹操那裏去，借道於此，豈是眞心幫助我成就大事的嗎？」這一下，劉巴倒眞有點收斂了。

益州初定，劉備常常征伐在外，諸葛亮留守成都，調撥軍餉，「足食足兵」，支援前線。就在劉備占領益州的第二年（建安二十年，二一五年），正當劉備、諸葛亮在積極鞏固益州新政權的時侯，孫權因劉備已得益州，派遣諸葛瑾使蜀，求還荊州。劉備因孫權趁他入蜀接回孫夫人，還差點把阿斗也帶去作人質，正恨著孫權，但因使者是諸葛亮的哥哥，還不得不在表面上敷衍一下，他對諸葛瑾說：「等我們打下涼州之後，就把荊州讓給你們。」諸葛瑾回去一說，孫權就火了，立即命大將呂蒙引軍襲奪長沙、零陵、桂陽三郡。

劉備得知消息，即刻引兵五萬下公安，同時命關羽入益陽（屬長沙郡，在今湖南益陽縣東）挑戰。孫權也毫不含糊，他使魯肅屯兵益陽拒關羽，調呂蒙幫助魯肅，他親自進駐陸口統督諸軍。眼看聯盟破裂，戰爭一觸即發，忽然傳來曹操兵向漢中的消息，劉備大驚，唯恐益州有失，急忙主動派出使者與孫權講和，雙方議定平分荊州，以湘水爲界：湘水以東江夏、長沙、桂陽三郡屬吳；湘水以西南郡、零陵、武陵歸蜀。這樣才使矛盾暫時緩和下來，避免了一場戰爭，從而使吳蜀聯盟得以繼續維持下去。就當時的形勢來說，倘若曹操兵取漢中，眞要直下巴、蜀，這對孫權又何嘗不感到威脅呢？這一聯盟的存在，對雙方都還是非常必要的。

劉備回到江州，聽說張魯逃到巴中，黃權對劉備說：「若失漢中，則三巴（巴東、巴西、巴郡）難保，就好比割去了蜀的股臂一樣。」劉備立即以黃權爲護軍率諸將北迎張魯。當黃權到達巴中（泛指嘉陵江、渠江上游地區），張魯已返回南鄭（今陝西南鄭縣東），投降了曹操。黃權把曹操所置巴東太守朴胡、巴西太守杜濩、巴郡太守任約擊走。剛收服巴中，曹操就命張郃出兵三巴，進軍宕渠（今四川渠縣東北），劉備使巴西太守張飛迎戰，相拒五十餘日，張飛一舉擊破張郃，張郃兵敗走還南鄭，三巴局勢穩定了下來。

曹操之對漢中用兵，是因劉備取得益州，擔心劉備乘勢進取漢中，威逼關中的緣故。而這年曹操占領漢中後，僅是先以新近降附之巴地賨人夷酋朴胡、杜濩、任約等向三巴小試鋒芒，後派張郃是爲了掠取三巴之民以徙漢中，卻沒有繼續大舉向南推進，去奪取益州的打算。雖然這年劉備因荊州問題，領兵到公安與孫權對抗，但曹操認爲孫、劉聯盟在當時還是存在的。就在這一年八月，孫權趁曹操用兵漢中，親統大軍圍攻合肥。這使曹操不能不考慮到赤壁之戰的教訓，若大軍攻蜀，諸葛亮據險固守，把主力膠著在西面，而孫權乘勢在東面發起強大攻勢，就會出現兩面作戰的被動局面。因此，在謀士司馬懿、劉曄先後勸他乘勝進兵取蜀時，曹操感歎地說：「人心苦於不知滿足，既得隴，又望蜀，還是算了吧！」所以在張飛、黃權兵定三巴之後，曹操於這年十二月自南鄭回去了，把鎮守漢中的重任交給了他的心腹大將夏侯淵。第二年，曹操進封爲魏王。

劉備在擊敗張郃之後，也沒有立即進兵漢中，他深知漢中已落入曹操之手，要與曹操抗爭，還必須充分準備才行，於是劉備回成都去了。一方面，要同諸葛亮進一步商討謀取漢中的計劃；另一方面，由於連年征戰，軍隊也十分需要補充休整。

奪取漢中與劉備稱王

漢中對劉備來說，是必爭之地，諸葛亮在隆中就向劉備分析了「劉璋闇弱，張魯在北」的形勢，說明當時漢中張魯從北面威脅益州的狀況。而現在漢中和益州都換了主人，在漢中被劉備稱爲「自守之賊」的張魯換成了地廣兵強的曹操，這對剛占領益州開創基業的劉備不能不感到嚴重威脅。

這時，諸葛亮心裏十分明白，要從曹操手中奪取漢中比從張魯手

中奪取要困難得多。所以後來當漢中戰事吃緊的時候，劉備急書發兵增援，諸葛亮以此徵求蜀郡從事楊洪的看法，楊洪不僅說漢中是益州的「咽喉」，關係到益州的「存亡」，而且還提出：「方今之事，男子當戰，女子當運，發兵何疑？」諸葛亮以楊洪見解深遠，因當時蜀郡太守法正隨劉備從征，於是就上表提升他爲蜀郡太守，不久又轉任益州治中從事。可見劉備集團的有識之士對於奪取漢中非常重

7.建安二十年（215年）三月，曹操親自領兵徵張魯。
8.建安二十年七月，曹軍攻得漢中。
4.建安十七年（212年）十二月，劉備斬劉璋部將，進據涪縣。
6.建安十九年（214年）閏五月，劉備攻綿竹，圍雒城，攻破雒城後進圍成都，劉璋開城投降。
3.建安十六年十二月，劉備假借擊張魯為由，屯軍葭萌。
5.建安十八年（213年）五月，劉璋派軍攻涪失利，退保綿竹、雒。
2.劉
祿曲
臨潭
卓尼
岷縣
臘子口
武山
甘谷
秦安
麥積
天水
禮縣
下辨
河池
隴南
青川
廣元
葭萌
涪城
綿竹
雒
成都
玉壘山
蒙山
鶴鳴山
廣漢
德陽
南充
康定
雅安
眉山
犍爲
資中
漢安
自貢
重慶
巴
邛來大山
西
漢
水
白
江
青
衣
梓
潼
涪
沫

視，認爲必須舉國上下一致動員起來才行。這在某種程度上來說，表明從曹操手中奪取漢中比從劉璋手裏奪占益州還要艱巨，這是關係到當時劉備集團能否立國於巴蜀的頭等大事，即就是楊洪所說的「若無漢中則無蜀矣」。

經過兩年的積極備戰，到了建安二十二年（二一七年），就在劉備舉兵北征漢中的這一年，東吳大將魯肅病逝的消息傳來，諸葛亮深爲這位志同道合的盟友之死而感到痛惜，他在成都爲魯肅發喪致哀。魯肅之死，在諸葛亮心上投下了一個陰影：如果說魯肅生前，還能顧全大局，與鎮守荊州的關羽和好相處；那麼魯肅死後，呂蒙繼魯肅屯兵陸口，情況又將如何呢？他眞有點爲吳蜀聯盟的前途擔憂。由於魯肅之死，諸葛亮感到奪占漢中，鞏固巴蜀，更是刻不容緩的事了。

這年法正向劉備獻策說：「前年曹操一舉而打敗張魯，兵定漢中，不乘勢進取巴、蜀，而只留下夏侯淵、張郃屯守，自己又馬上領兵北還了，並非他短於智略，而實在是由於力量不夠，恐怕他內部還有問題，所以匆匆忙忙地趕回去了。就夏侯淵、張郃的才略而論，比不上我們的將帥，若舉眾往討，必能成功。打下漢中之後，廣種糧穀，積蓄軍實，時機一到，上可蕩滅敵寇，復興漢室；中可兼併雍、涼二州，開拓疆土；下可固守險要，與敵持久相抗。這大概是上天賜與我們的良機，萬萬不可失去呵。」

劉備採納了法正的建議，又與軍師將軍諸葛亮細商之後，這年冬天，劉備親自統率趙雲、黃忠、魏延等進兵漢中，請法正從征，參謀軍機，派張飛、馬超、吳蘭等率兵入武都，屯下辨（武都郡治，今甘肅成縣西），牽制曹軍，配合主力進攻漢中，而以諸葛亮鎮守成都。第二年春天，曹操命曹洪進兵下辨，一舉擊滅吳蘭，張飛、馬超退走。

這時，劉備屯兵陽平關（今陝西勉縣西北），與曹軍大將夏侯淵、張郃、徐晃等相拒，與戰不

清「過巴州」戲圖

龐統陣亡，諸葛亮乃自荊州以大軍入川接應。張飛分兵前進，過巴郡，守將嚴顏年邁而勇，堅守不出；張飛乃佯作焦躁，從小路取城，並遣部卒假扮己狀先行，誘嚴截擊，自突出以攻其後，果生擒嚴顏，又以禮勸降。

利。諸葛亮自成都發兵增援。這年九月曹操也趕往長安，關注漢中戰局。劉備與夏侯淵在陽平相持一年多，戰爭處於膠著狀態。

建安二十四年（二一九年）春，劉備大軍從陽平關南面渡過沔水，緣山稍前，依定軍山山勢安營下寨。夏侯淵唯恐作爲漢中西面屏障定軍山有失，親自領兵來爭。夏侯淵兵眾甚精，來勢凶猛，劉備用法正以逸待勞之計，據險不戰。等到夏侯淵求戰不能，曹軍將士倦怠之時，法正說：「可擊矣！」劉備立命黃忠「乘高鼓譟」而下，黃忠一馬當先，好比虎入羊群，衝入敵陣，夏侯淵措手不及，被黃忠刀劈馬下。這一仗，劉備不但使黃忠陣斬被曹操讚之爲「虎步關右（西），所向無前」的曹軍主將夏侯淵，而且還把曹操所署的益州刺史趙顒也殺掉了。

這年三月，曹操自長安兵入斜谷，趕往南鄭。劉備聽到曹操到來，滿懷信心地說：「曹公雖來，無能爲也，我必有漢川矣。」曹操本想和劉備見個高低，而劉備仍斂眾據險，不和曹操硬拼。當劉備得知曹操蓄積軍糧數千萬袋於北山下，命黃忠率軍前往偷襲，以趙雲屯兵於後，策應黃忠。黃忠過期未還，趙雲領數十騎出營迎視，正遇曹操揚兵大出，趙雲且戰且退，回到營中，趙雲部將張翼正欲閉門拒守，趙雲卻令大開營門，偃旗息鼓。曹軍見此情狀，疑有伏兵，急忙退走。趙雲見曹軍一退，立刻命軍士擂鼓，一霎時鼓聲震天，趙雲趁敵軍慌亂，領軍一齊殺出，唯以勁弩從後面猛射，曹軍嚇破了膽，自相踐踏，跌入漢水淹死的甚多。第二天一早，劉備察看趙雲昨日交戰之處，不禁讚歎地說：「子龍一身都是膽也。」從此軍中稱趙雲爲虎威將軍。

又過了一個多月，曹操戰守無策，計窮智盡，再加之軍士逃亡不少。後來成爲蜀漢著名將領的王平，就是這期間從曹操那裏投歸劉備的。這年五月，曹操只好把這塊當時被他比之爲「雞肋」的漢中要地放棄①，拔出漢中之軍退回長安去了。自此，劉備得漢中。

可見歷史上這一漢中戰役，自始至終都是在劉備、法正的具體指揮下進行的。然而，在羅貫中《三國演義》中無處不渲染諸葛亮智取漢中：先是智激黃忠斬夏侯淵，再遣趙雲戰漢水，後又用疑兵計退曹操。其實，諸葛亮當時坐鎮成都，提供兵餉，不失蕭何之功，何曾到過漢中前線。根據史實，曹操後來聽說劉備奪取漢中是出自法正之策，感歎地說：「吾故知玄德不辦有此，必爲人所教也。」這固然是曹操在打了敗仗之後的又一次自我解嘲。不過這一次，他恰好說到了被他稱爲「天下英雄」的劉備的可貴之處。劉備早用諸葛亮之策取荊州，又用龐統之計收西川，再用法正之謀奪漢中，正表明劉備在三國時代不失爲一位善於識用人才的雄傑。

劉備在取得漢中的同時，命宜都太守孟達從秭歸（今湖北秭歸）北攻房陵（今湖北房縣）。孟達殺房陵太守蒯祺之後，進兵上庸（今湖北竹山縣東南）。劉備恐孟達難以獨任，又立刻派他的義子副軍中郎將劉封自漢中乘船從沔水順流而下，節制孟達軍，與孟達會攻上庸。曹操的上庸太守申耽舉郡投誠，並發遣妻子及宗族到成都。劉備加申耽爲征北將軍，仍領上庸太守。而以申耽之弟申儀爲建信將軍、西城（從漢中郡分置）太守。劉備任劉封爲副軍將軍留鎮上庸，爲漢中東南屏障。

蜀老將黃忠，當曹操攻打西蜀重鎮葭萌關時，發揮老當益壯的精神，向諸葛亮討令拒敵，打退了敵將張郃，乘勝攻佔了曹軍屯糧的天蕩山，又再接再厲地用計斬了曹軍大將夏侯淵，奪取了曹軍大本營所在的定軍山。

經過近兩年的戰爭，由漢中的取得，諸葛亮「跨有荊、益」的計劃算是基本上實現了。劉備用兵漢中的同時，諸葛亮坐鎮成都，一面調集軍餉支援前線，一面積極從事恢復和發展社會生產，安定社會秩序，使益州根據地迅速鞏固起來。

兵定漢中後的這年秋七月，劉備手下文臣武將一百二十人聯名上表漢獻帝，尊劉備爲漢中王。奇怪的是，這篇爲益州才子、號稱「李氏三龍」中的廣漢人李朝所作的表文，領銜的

不是軍師將軍諸葛亮，而是平西將軍馬超，其次是劉璋舊臣許靖、龐羲、射援，然後才是諸葛亮、關羽、張飛等人。上表名次先新附、後舊屬，是有特殊用意的。顯然，這既是表示不論新故、同心擁戴之誠，甚至新的比老的更迫切，這對馬、許等人是能增強向心力的；同時，也表現了諸葛亮等腹心舊臣的恢宏氣度與謙遜之德。這篇表文無疑是經諸葛亮審閱過的。

表文一開始就列舉從唐堯至西漢昭帝之間幾次「安危定傾」的事例。說到本朝，把曹操和董卓連在一起，說他們「剝亂天下，殘毀民物」。然後追述劉備「受朝爵秩，念在輸力」，曾與董承「同謀誅操」，未能成功。直到現在，大家都擔心會再次出現歷史上趙高使閻樂殺二世之禍、或是王莽廢孺子嬰爲安定公之變。近因劉備破曹操於漢中，「海內英雄，望風蟻附」，請求皇上進封劉備爲漢中王，以漢中、巴、蜀、廣漢、犍爲立國，「糾合同盟，掃滅凶逆」，復興漢室。這無非是官樣文章，也不管漢

註釋

①《三國志・魏志・武帝紀》裴注引《九州春秋》：「時王欲還，出令曰『雞肋』，官屬不知所謂。主簿楊修便自嚴裝，人驚問修：『何以知之？』修曰：『夫雞肋，棄之如可惜，食之無所得，以比漢中，知王欲還也。』」《三國演義》中據此說曹操借機殺掉楊修，其實楊修是後來被曹操殺掉的。楊修死後百餘日曹操就病逝了。事見《三國志・魏志・陳思王傳》裴注引《典略》

獻帝批不批准，反正是走過場。表文一上，就在沔陽（今陝西勉縣東南）設壇場，陳兵列眾，舉行隆重的典禮。等到把表文一念，便向劉備奉上王冠、玉璽，劉備也就做了漢中王。

劉備稱王後，自己又上了一道表章給漢獻帝，說他稱王是「群寮（僚）見逼，迫臣以義」，但退思「國難未已，宗廟傾危」，他只好「輒順眾議」。因此，他向漢獻帝表示要「盡力輸誠，獎勵六師」，去「撲討凶逆，以寧社稷」，是說他要盡最大努力來復興漢室。又因他已當了漢中王，向漢獻帝拜章上還「左將軍、宜城亭侯印綬」。這同樣是例行公事而已。於是，立太子劉禪爲王太子。

從此，蜀漢政權正式建立起來了。從成都至白水關，起館舍，建亭驛，四百餘處，加強漢中與成都之間的聯繫。劉備從漢中還治成都時，因考慮到漢中是國防前哨的戰略要地，「當得重將以鎮漢川」，群僚們私下議論，大家都認爲這一重任必定落在張飛肩上，而張飛自己「亦以心自許」，非他莫屬。可是劉備卻選中了牙門將軍魏延，提升魏延爲鎮遠將軍、領漢中太守。這大出人們意外，以至「一軍盡驚」。就在劉備大會群臣，正式宣布之後，他當著眾大臣的面問魏延：「今天我委你以重任，你打算怎麼辦？」魏延回答說：「若曹操舉天下兵馬而來，我爲大王拒之；若曹操派偏將領十萬之眾到來，我爲大王吞之。」劉備聽了點頭讚許，眾大臣也都被魏延的這番豪言壯語所感動。

劉備回到成都，拜許靖爲太傅，法正爲尚書令，關羽爲前將軍，張飛爲右將軍，馬超爲左將軍，黃忠爲後將軍。以軍師將軍諸葛亮總理軍國重事。當劉備欲用黃

黃忠斬夏侯淵後，曹操聞訊大驚、親率大軍至陽平關報仇。

黃忠

黃忠（一四五—二二〇），字漢升，南陽（今河南南陽）人。三國演義中第5神箭，蜀漢「五虎上將」第5位。最初在劉表屬下任中郎將鎮守長沙攸縣。建安十三年（二〇八），曹操占領荊州，任命他為裨將軍，駐守原地，隸屬於長沙太守韓玄。翌年，劉備攻占長沙、零陵、桂陽、武陵等荊州4郡，黃忠投降劉備，隨劉備進取四川，常為先鋒，勇冠三軍。二十四年（二一九），又隨劉備北上進軍漢中，在定軍山（今陝西勉縣）陣斬曹軍大將夏侯淵，大敗曹軍，封征西大將軍。劉備自立漢中王后，拜後將軍，與前將軍關羽齊名，賜爵關內侯。二十五年（二二零），病逝營寨，終年75歲，追諡「剛侯」。有子黃敘，早夭。後人有詩：

老將說黃忠，收川立大功。
重披金鎖甲，雙挽鐵胎弓。
膽氣驚河北，威名鎮蜀中。
臨亡頭似雪，猶自顯英雄。

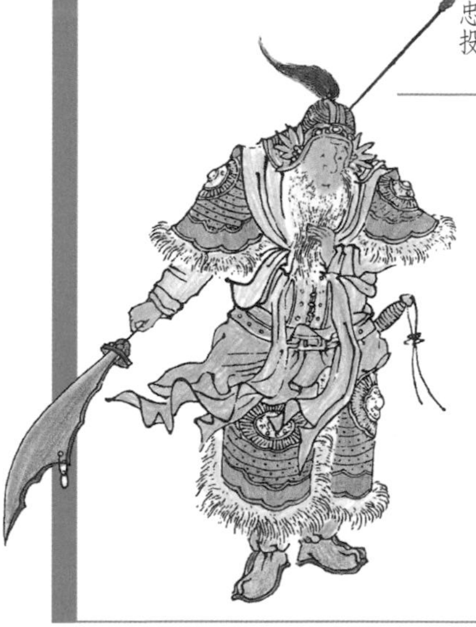

忠爲後將軍時，諸葛亮說：「黃忠的名望，素來就比不上關羽、馬超，現在以黃忠和他們平起平坐，馬超、張飛在近，親見其功，想來是沒有異議的；而關羽遠在荊州，恐怕有些不服氣，這件事可否再考慮一下。」劉備說：「軍師放心，我自有辦法。」於是，劉備派了益州前部司馬費詩去荊州，給關羽送去前將軍印綬。

果如諸葛亮所料，費詩至荊州，關羽一聽黃忠爲後將軍，不禁大怒道：「大丈夫誓不與老兵同列！」不肯拜印。費詩從容地對關羽說：「自古以來，開創王業的，要善於使用各方面的人才。當年蕭何、曹參與高祖從小相親，而陳平、韓信都是後來歸附的，論其名位，韓信最高，未聞蕭、曹以此爲恨。而今漢中王以一時之功，提拔黃漢升與君侯同列，然漢中王內心的輕重，豈當眞把他與君侯等量齊觀嗎？何況漢中王與君侯好比一體，同休戚，共生死。照我看來，君侯不宜計較官位之高下，爵祿之多少。我僅是奉命而來，君侯如不受命，我也只得就這麼回去了，我固然爲君侯如此行事感到惋惜，但

蜀漢武將（二一九年以後）

大司馬	蔣琬
丞相（大將軍）	諸葛亮　蔣琬　費禕　姜維　姜維（左）　閻宇（右）
驃騎將軍	馬超　李嚴　胡濟（右）
車騎將軍	張飛　劉琰　吳懿　吳班　鄧芝　夏侯霸 張翼（左）　廖化（右）
衛將軍	姜維　諸葛瞻
輔國大將軍	董厥
鎮西大將軍	姜維　胡濟
鎮北大將軍	王平
鎮南大將軍	馬忠　張翼
征西大將軍	魏延　張翼　宗預
前將軍	關羽　李嚴　袁綝　鄧芝　胡濟
左將軍	馬超　吳懿　向朗　句扶　郭循
右將軍	張飛　諸葛亮　高翔　輔匡　閻宇
後將軍	黃忠　劉琰　吳班　劉邕　宗預　姜維　張表
輔漢將軍	李嚴　張裔　姜維
鎮東將軍	趙雲
鎮南將軍	輔匡
鎮北將軍	魏延
鎮軍將軍	趙雲
征西將軍	陳到　姜維
征南將軍	趙雲　劉巴
征北將軍	申耽　黃權

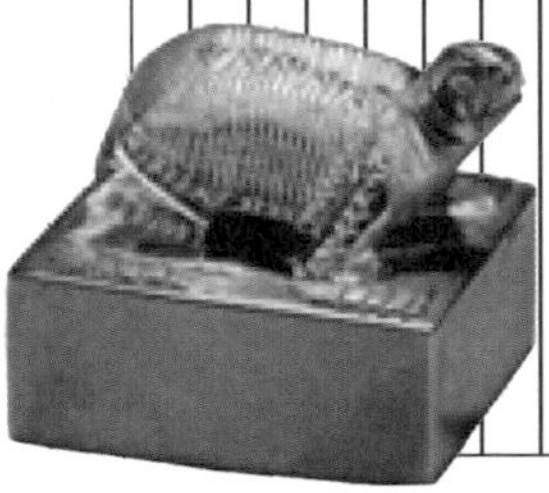

恐怕君侯也要後悔的！」關羽聽了費詩這一席話，大為感悟，當即就拜受了印綬。就在劉備稱漢中王的第二年（建安五年，二〇〇年），後將軍黃忠就病故了，後追諡為剛侯。而四十五歲的尚書令法正，亦病逝於這一年，諡為翼侯。尤其是法正之死，漢中王劉備深為痛惜，「為之流涕者累日」，一連哭了好些天。可見在漢中戰役中，這一文一武是頗負勞績的。法正死後，劉備提升劉巴做了尚書令。

跨有荊、益

劉備自建安十六年（二一一年）起兵收川，直到建安二十四年（二一九年）兵定漢中，前後歷經九年，實現了諸葛亮「跨有荊、益」——這個隆中戰略中的第一個重要目標。從此，造成和北方曹魏、江東孫吳鼎足三分的局面。這個局面的出現，除了諸葛亮、劉備主觀方面的努力外，也有其客觀方面的必然因素。

赤壁之戰後，曹、孫、劉三方都在新形勢下調整自己的勢力範圍。曹操因吃了孫、劉聯盟的苦頭，在赤壁戰後回頭經營北方。但曹操也並未放棄南進的打算，他在積極經營北方的同時，除了在南面東、西兩大基地——合肥和襄、樊分屯重兵外，未嘗一日不在關注南方的動向。只不過這時曹操的頭腦冷靜多了，他很明白要和孫、劉重開兵釁，必須充分做好準備才行。

當然，這主要是指軍事上和經濟上的準備。但是，如能從政治上去瓦解敵人，只要有機可乘，曹操也絕不放過。

周瑜

周瑜（一七五—二一〇），字公瑾，廬江舒縣（今安徽舒城）人。出身世家大族，少時與孫策情同兄弟。孫策率父舊部千人及門客數百東征時，寫信報知周瑜，周瑜立刻起兵響應，孫策大喜道：「吾得卿，大事成了！」歷任中郎將、中護軍領江夏太守。建安四年（一九九），周瑜跟隨孫策攻破皖城，與孫策分娶江東名媛大小橋，關係更為緊密。五年（二〇〇），孫策遇刺，弟孫權接權。周瑜與張昭共輔孫權。當年官渡之戰曹操打敗袁紹，命孫權送子到曹營為質構和。孫權與其母及周瑜商議，周瑜堅主拒絕，孫母支持，並要孫權對周瑜以兄視之。十三年（二〇八）秋，曹操率軍南下，占領荊州，向東吳進逼。大軍壓境之際，東吳群臣出現主和、主戰兩派。孫權從魯肅建議，招回在鄱陽的周瑜以定大計。周瑜精闢分析了敵我雙方大勢，力主聯合劉備，決戰決勝。與程普、魯肅共率大軍，採納黃蓋建議，巧施詐降之計，火燒赤壁，大敗曹操。

赤壁戰後，周瑜與程普乘勝追擊，在南郡與曹軍大將曹仁隔江對持，用一年時間攻克南郡。孫權拜周瑜為偏將軍，領南郡太守，屯據江陵。十五年（二一〇），周瑜提出征伐西蜀，孫權允准，但在趕回江陵準備出征途中病故巴丘，終年36歲。

周瑜有兩男一女。女為孫權太子孫登之妃。長子周循娶公主，官任騎都督，早死。次子周胤初拜興業都督，後改封都鄉侯。

就在赤壁之戰的第二年，曹操聽說周瑜「年少有美才」，自以爲可以游說周瑜投順。而且他還特別密遣「有儀容，以才辯見稱」的九江人蔣幹去對周瑜下說詞。可見曹操在爭取周瑜這件事上是很動過一番腦筋的。但是，曹操把對象搞錯了，像周瑜這樣對孫氏忠心耿耿的英才，豈能爲言辭所動。雖然蔣幹和周瑜是故人，蔣幹到江東，受到了周瑜的盛情款待。但是在宴會上，當蔣幹聽了周瑜「丈夫處世，遇知己之主」應盡忠瀝膽的一番談吐之後，蔣幹就只好「但笑，終無所言」，再也沒有說過一句游說的話。蔣幹回去後，如實向曹操報告，稱說周瑜「雅量高致，非言辭所能間也」。可見蔣幹不僅有才，且能識才。這顯然與《演義》和戲劇舞臺上的蔣幹，從外表到內在都迥然不同。而且蔣幹說周瑜這件史實，與小說中的敘述在時間上也對不上號。要眞如小說中所說，蔣幹是在赤壁之戰當中去說過周瑜的，那末，蔣幹回來以後，力勸曹操不要輕視江東周郎，謹防「背時」，曹操就應有所警戒，而赤壁之戰曹軍之敗，從思想根源上來說，就由於曹操輕敵。可見演義中有關情節是虛構的。

固然曹操這次派蔣幹游說周瑜落空了，但卻反映了曹操在赤壁戰後，對南方由軍事進攻轉入防禦之後，他並沒有睡大覺，他從政治上進行策反，甚至搞到周瑜頭上來了。後來證明，曹操在軍事方面，無論對孫權，或是對劉備，都沒有多大進展，這不能不承認孫、劉聯盟這一客觀存在的巨大作用。而孫、劉在戰後勢力的發展，也不能不歸功於這一聯盟的鞏固和加強。但在聯盟內部也並不是風平浪靜的。關鍵在於，當時孫、劉雙方都還能從對付曹操的大局出發，及時調整和處理同盟之間出現的新問題。諸葛亮「跨有荊、益」的計劃，正是在妥善地解決了這些新問題之後才得以實現的。

赤壁之戰一結束，孫、劉雙方就在荊州問題上發生了矛盾。要不是魯肅堅持把荊州「借」給劉備，眞要是按周瑜的想法去搞，後果眞不堪設想。其實，魯肅也並非出於對劉備的厚愛，或是與諸葛亮的交情，他是一位比較注意現實，講求實際的政治家。魯肅初見孫權，就提出了進取荊州、全占長江天險的建議，他之所以在赤壁戰後主張把荊州「借」給劉備，完全是從當時客觀實際出發考慮的：劉備在赤壁戰後以劉琦爲荊州刺史，名正言順地承繼劉表舊業，南收四郡，劉琦死後，劉備自領荊州牧已成事實，連孫權都是承認了的，此其一；第二，曹操屯重兵於襄、樊，要是孫、劉發生衝突，就會給曹操以可乘之機，孫權不接受周瑜軟禁劉備的建議，他自己對此也是很有感受的。因此，魯肅這時力主把荊州讓劉備，「多操（曹操）之敵」，實屬必要。儘管孫權在這個問題上很猶豫，但在周瑜死後，到底採納了魯肅的意見，把荊州「借」給了劉備。

值得一提的是，從周瑜死後，孫權雖拜魯肅爲奮武校尉，代周瑜領兵屯守江陵，但又以江夏太守程普代周瑜爲南郡太守，亦駐江陵。孫權借荊州給劉備後，命程普仍回去做江夏太守，那麼，這所謂「借荊州」，也無非是僅僅把原荊州長江以北被孫權控制的南郡讓了出來，而江夏郡仍在孫權手中。不過，劉備取得了江陵這個荊州戰略要衝，也爲他西進益州提供了必要的支援基地。

但是，不管荊州是「借」或是「讓」，無論對魯肅，抑或是孫權，都是一時的權宜之計，是暫時的應變之策，一當劉備的勢力進一步發展，特別是在取得益州之後，不僅曹操感到了威脅，就連作爲盟友的孫權也深感不安。曹操之入漢中，孫權之使呂蒙襲奪三郡，就是對劉備取得益州的直接反響。

其實，孫權一得知劉備起兵入川，就想起劉備上一年拒絕和他共同取蜀，並爲劉璋「求情」時所說的「放歸於山林」的鬼話，情不自禁地罵道：「猾虜，乃敢挾詐如此！」一怒之下，將孫夫人接回東吳。就在劉備入川的第二年，孫權在東邊和曹操打仗，他也沒有忘記西進益州的劉備，甚至派人給劉備送書去，故意說曹操將犯荊州，叫劉備回兵「自救」。孫權不但沒有達目的，反而給了劉備要挾劉璋以開兵釁的一個藉口。而當劉備剛取得益州，立即就派諸葛瑾索討荊州，進而襲取三郡。可見孫權對劉備取得益州，連結荊州，威脅江東的形勢出現，是多麼擔心。就在劉備引兵下公安，關羽入益陽，與孫權、魯肅相抗三國銅鏡時，要不是曹操兵入漢中幫了個倒忙，這場吳、蜀爭奪荊州的戰爭早就提前爆發了。當時，魯肅屯兵益陽和關羽相持，在約關羽「單刀赴會」中，責備劉備不講交情，說劉備「今已藉手於西川矣，又欲翦併荊州之土，斯蓋凡夫所不忍行，而況整領人物之主乎！」可見力主孫、劉結盟的魯肅到這時也不能忍受了。

因曹操之入漢中，使孫、劉雙方這場危機得到緩和，加之孫權已取得荊州江南三郡成爲事實，迫使劉備向孫權求和，達成了以湘水爲界，平分荊州的協議。可見「跨有荊、益」，還不能從完整的地理概念上來理解。這時，劉備僅有荊州

的南郡、零陵、武陵等三郡了。固然荊州重鎮江陵還在劉備手中。

三國的封侯

漢制郡國並行，一郡統有數縣，但若遇封侯情事，則該縣改稱為國，即郡下有國。漢朝列侯「功大者食縣，小者食鄉、亭，得臣其所食吏民」，爵秩因租邑大小，有縣侯、鄉侯及亭侯之別。

其中縣侯，所食租邑規模為縣級，但因改縣為「國」，不再稱縣，所以省略「縣」字；鄉侯，所食租邑規模為鄉級，稱「某某鄉侯」，雖前面地名常為縣名；亭侯，所食租邑規模為亭級，稱「某某亭侯」，雖前面地名常為縣名或都亭名。

如關羽的漢壽亭侯，若讀為「漢，壽亭，侯」，則指縣侯，享有壽亭縣地方（當時無此縣），可領一縣之地；或讀為「漢壽，亭侯」，則指漢壽之地的亭侯，可領一亭之地。

「漢法，大縣侯位視三公，小縣侯位視上卿，鄉侯、亭侯位視中二千石」。而三國封侯名號與食邑是分開的，因此有「虛封不享」或「得國兼享」的現象。

「虛封不享」，如文聘「進爵長安鄉侯」，封地為長安，然長安不是鄉，且文聘為江夏太守數十年，不可能遠赴長安食邑；洛陽、長安封了很多「亭侯」及「鄉侯」，洛陽號稱二十四都亭。荀彧（萬歲亭侯）、董昭（千秋亭侯）、徐緒（東陽亭侯）等，都為都亭侯，這些都亭侯及都鄉侯均無奉邑。另一種情況是所封之地尚在敵國手中，是為「遙領」。上述不管是縣侯、鄉侯還是亭侯，均難食封地之租户。所以另有封户，如「封邑八百户」、「增邑一千户」等。

「遙領虛封」，也有向「實領」過渡的可能，特別是所封之地從敵國手中奪過來後或將他地地名改為與封號對應名稱等。關羽的漢壽亭侯，張飛的西鄉侯、孔明的武鄉侯開始都屬遙領虛封，後劉備將某些地名改而對應。

「得國兼享」，如曹操為武平侯，按所封只享邑武平國（一縣），但是曹操卻食四縣（其他三縣為柘縣、苦縣及陽夏縣，計二萬户）等。

不過，荊州雖有所失，而益州卻有所增。正是由於孫、劉聯盟還繼續的存在，劉備從曹操手中奪占了漢中，才使得益州更加穩固起來。打下漢中，劉備稱王，是他在諸葛亮輔佐下，一生事業興盛的標誌。從以後的事態演變來看，也可以說是劉備在他一生事業上達到的光輝頂點。

問題的關鍵在於：諸葛亮在〈隆中對〉中說：若「跨有荊、益」，就要「保其岩阻，西和諸戎，南撫夷越，外結好孫權，內修政理」。很明顯，應該繼續「結好孫權」，堅定不移地貫徹聯孫抗曹的原則，爭取時間把根據地建設

諸葛亮	封武鄉侯
關羽	漢壽亭侯
張飛	封西鄉侯
馬超	封犁鄉侯
黃忠	賜關內侯
趙雲	永昌亭侯
蔣琬	封安陽亭侯
費禕	封成鄉侯
姜維	姜維封平襄侯

好。可是，就在這個關鍵時刻，在劉備稱王後不到半年的時間，情況卻發生了意想不到的變化，不但使新興的蜀漢政權遭到挫折，從而也給諸葛亮的隆中戰略帶來不可彌補的損失。而問題恰恰就出在荊州。

劉備諸葛亮大事年表

建安十四年	二〇九年	二〇九年諸葛亮任軍師中郎將。
建安十五年	二一〇年	應益州牧劉璋之請入蜀。劉璋配給劉備士兵，令他攻擊張魯。劉備駐霞萌關，收買民心。
建安十六年	二一一年	諸葛亮與關羽、張飛、趙雲鎮守荊州。
建安十七年	二一二年	劉璋見劉備駐軍不前，又發現張松私通劉備取蜀，雙方決裂。劉備回攻益州。
建安十九年	二一四年	諸葛亮、張飛、趙雲等率軍入蜀援助，劉璋投降，劉備成為蜀主。
建安十九年	二一四年	諸葛亮留關羽獨守荊州，與張飛、趙雲率兵會師劉備。劉備進成都，掌管巴蜀。諸葛亮任蜀軍軍師將軍，署左將軍，兼任大司馬府事。
建安二十年	二一五年	孫劉爭奪荊州，後因曹操來攻，雙方媾合，平分荊州。但關係已惡化。
建安二十年	二一五年	諸葛亮整頓巴蜀內政。
建安二十二年	二一七年	率軍北上攻打漢中。
建安二十三年	二一八年	諸葛亮為籌集軍糧留守巴蜀，供應在漢中作戰的劉備。

第五章 永安託孤

關羽失荊州

諸葛亮早在隆中分析天下大勢時，就向劉備提出荊州是「用武之國」，是從來兵家必爭之地，他根據當時荊州牧劉表的作爲，明確得出「其主不能守」的結論。可見諸葛亮爲劉備謀取荊州著眼於一個「守」字。取荊州以守之，是諸葛亮隆中戰略計劃中「跨有荊、益」的第一個步驟。只有守住荊州，才能西進益州，也只有在「跨有荊、益」之後，才能按隆中戰略兵分兩路實現北定中原的宏圖大業。顯見荊州之必守，是實現隆中戰略的關鍵。實際證明，赤壁戰後劉備取得荊州，在鞏固孫、劉聯盟的前提下，在一段時間內荊州還守得不錯。可是一當諸葛亮統兵入蜀，關羽繼鎮荊州後，情況就逐漸起了變化。

正是由於荊州守將關羽，對諸葛亮聯吳以守荊州這個重大策略不加重視，驕傲輕敵，盲目自大，他不但常和魯肅在邊境上「數生狐疑」，製造摩擦，挑起事端；而當孫權遣使爲兒子提親，求娶他的女兒時，他不但不許婚，還辱罵孫權的使者，可見關羽連吳主孫權也不放在眼裏。倒是魯肅生前能從同盟大局出發，「常以歡好撫之」，終魯肅之世，還沒有出大問題。但是，就在魯肅死後兩年，也就是劉備稱王漢中的這一年，諸葛亮擔心的事終於不可避免地發生了。

這年七月，關羽受封前將軍，假節鉞，舉兵北征，殺奔襄陽、樊城。這時曹操從漢中撤兵至長安，唯恐襄、樊有失，立即派遣左將軍于禁率領七軍趕去協助曹仁防守樊城，又命平寇將軍徐晃屯兵宛城聲援曹仁。曹仁使這年年初和他一起鎮壓了宛城叛將侯音的立義將軍龐德出屯樊城之北。于禁領兵至，曹仁讓他和龐德一起屯於城北。時樊城諸將因龐德乃馬超舊將，其從兄龐柔現又在益州做官，對他頗有懷疑。而龐德卻表示他一定要和關羽拚個你死我活，說：「今天不是我殺死關羽，就是關羽殺死我！」

八月間一連下了十多天大雨，漢水暴漲，平地水深數丈，于禁、龐德和諸將皆登高避水。關羽趁機乘大船猛攻，于禁被迫率眾投降。而龐德在堤上，披甲持弓，繼續頑抗，從早晨力戰至午後，箭用完了，就短兵接戰。而水勢愈來愈大，及至部下盡皆投降，龐德欲乘小船突圍奔樊城，可是浪掀船翻，落水被擒。龐德立而不跪，關羽勸其投降，龐德不但不降，還斥罵關羽，因而被殺。這與當時于禁之屈膝投降形成了鮮明的對比。後來曹操感歎地說：「我和于禁相交三十年，何以到了危急關頭，反而不如龐德呢？」

關羽擒降于禁，斬了龐德之後，乘勢將樊城團團圍住，又分遣一支兵馬把曹軍大將呂常圍困在襄陽。這時，不但曹操所置的荊州刺史胡修、南鄉（分南陽郡置）太守傅方投降了關羽，許昌以南不少地方也紛紛起來響應，有的還接受了關羽的「印號」，服從關羽的調遣。關羽一時身價百倍，震動中原，即是史書所稱「威震華夏」，也就是關羽一生功業最爲得意的時刻。然而這個時刻，對於歷史上這位萬人之敵來說，實在太短暫了。

當時，坐鎮洛陽的魏王曹操，

清同治皇帝御匾「威震華夏」及香爐，湖北當陽關陵（關羽墓）。

深感許昌受到關羽的威脅，打算遷都到鄴城，躲避關羽的兵鋒。當他和眾謀士商議時，大家都覺得這樣做會動搖人心，勸其不可。司馬懿、蔣濟分析當時的戰局，向曹操獻計說：「于禁等人是被水所淹，非爭戰之失，無損於國家大計。劉備、孫權，外表親密而內心疏遠，關羽得志，孫權必定不樂意，可派人勸說孫權去襲取江陵，許事成之後，把江南封給他。若能這樣，樊城之圍就自解了。」曹操欣然採納，一面命徐晃進兵救樊，一面遣使去江東。

其實，孫權早就在打荊州的主意了。儘管魯肅在世時，再三勸他「以曹操尚存」，對關羽「宜相輔協，與之同仇」，共同對付曹操，但魯肅兩年前一死，呂蒙代替魯肅領兵鎮守陸口後，卻提出了與魯肅截然相反的主張，認為關羽「素驍雄，有兼併之心，且居國上流，其勢難久」，像現在這個局面很難說能維持多久。呂蒙曾祕密地向孫權獻策說：「關羽君臣靠使用欺詐的手腕，反覆無常，千萬不可把他們當心腹看待。現在關羽之所以不敢向東邊來打我們，是因為主公聖明，呂蒙等尚在。今若不趁我們都還強壯時把荊州收回，一旦我們都死去了，再也不能為主公效力了。」孫權深為呂蒙這一番話所感動。

當孫權提出「先取徐州，然後取羽」，徵求呂蒙的意見時，呂蒙坦率地說：「主公今日取得徐州，曹操後旬必來相爭，即使以七、八萬兵力防守，恐怕也很難守得住。不如收服荊州，全據長江，東西相連，易於防守。」孫權聽了，連連點頭。

及至關羽這年舉兵北征，以南郡太守麋芳守江陵，將軍士仁守公安，留重兵防備東吳。呂蒙在陸口上疏給孫權說：

《關羽擒將圖》

羽討樊而多留備兵，必恐蒙圖其後故也。蒙常有病，乞分士眾還建業，以治疾為名。羽聞之，必撤備兵，盡赴襄陽。大軍浮江，晝夜馳上，襲其空虛，則南郡可下，而羽可擒也。

孫權立即照計而行，公開行文召呂蒙回建業養病。呂蒙一接到孫權的命令，就故意張揚其事，預備船隻，並帶走一部分兵馬。在回建業的途中，下至蕪湖，駐守蕪湖的定威校尉陸遜來看望他，說：「關羽恃勇輕敵，盛氣凌人，剛建大功，便意驕志滿，一心北進，哪把我們放在心上，他一聽說你又生病離開了陸口，就更加不防備了。今若出其不意，必能成功。將軍見著主公，正好商定大計。」呂蒙聽了，暗自心驚，原來他的這番安排卻被陸遜識破。但兵機不可洩漏，他不動聲色地說：「關羽素來勇猛，難與為敵，何況久據荊州，恩信大行，再加之這次北進取勝，膽氣更壯，這可不是鬧著玩的。」可是，呂蒙一到建業，便向孫權舉薦陸遜以自代，他認為陸遜思慮深遠，才堪負重，加之陸遜當時還沒有多大名氣，不會引起關羽的注意。於是孫權召來陸遜，再和呂蒙密商之後，就拜他為偏將軍、右都督，代呂蒙出鎮陸口。

這時，恰好曹操使者來到江東，孫權決心和曹操聯合起來，並寫了一封信交使者帶回。孫權在信中表示他願意為曹操效勞，並把偷襲荊州的計劃告訴他，請求曹操嚴守秘密。曹操以此徵求眾謀士的意見，大家都認為應該保密，唯獨董昭力排眾議，主張把這個消息透露給樊城被圍的將士，使他們增強信心堅守下去；同時也讓關羽知道，若他一退兵，則樊城之圍自解。關羽南返，必然與孫權交兵，「可使兩賊相對」，而我們又可坐收漁人之利。董昭還估計到關羽「為人強梁」，好勝心強，自以為樊城指日可破，又恃以荊州後方公安、江陵守備牢固，「必不速退」，這也不會影響孫權偷襲荊州的安排。董昭這一分析，全面周到，曹操聽了，十分讚賞。

正如董昭所料，當徐晃受命把書信用箭射進樊城內，守城將士更加「志氣百倍」；而關羽得知消息，又果然「猶豫不能去」。這時，曹操已進駐摩陂（今河南郟縣東南），增派軍隊給徐晃指揮，待機反攻。

正當關羽心中猶豫，懷疑曹操使用反間計的時候，忽然接到陸遜從陸口派人送來的書信。關羽覽書，不禁連連點頭。原來陸遜在書中，不僅稱說關羽「小舉大克」，「利在同盟」；而且還讚美關羽擒于禁，立下蓋世之功，連當年晉文公城濮敗楚之師，韓信井陘拔趙之略，都比不上他。又說曹操是「猾虜」，願關羽「廣為方計，以全獨克」。而陸遜在書中卻把他自己說成是什麼都不懂的一介「書生」，好在和關羽這樣一位德高望重的人相鄰，樂於把自己的想法說出來，僅供參考，極表對關羽敬仰的一片誠意。關羽正是因呂蒙已回建業養病，又聽了陸遜這些甜言蜜語，「意大安」，大為放心了。於是撤去荊州一部分軍隊赴樊城助戰。荊州軍隊一動，陸遜賡即就把這個情況報告給孫權，並向孫權陳述關羽「可擒」之策，建議立即發兵偷襲江陵。

孫權不僅接到陸遜的報告，又聽說關羽擅自掠取湘關（吳蜀平分荊州置關湘水上）米以充軍食，馬上以呂蒙為大都督潛軍西上襲取江陵。呂蒙一到潯陽（今湖北黃梅縣北），把精兵隱藏在船艙裏，叫搖櫓的士兵扮著商人，穿上白衣，晝夜兼行，把關羽沿江所置屯候（崗哨）「盡收縛之」。這時，關羽全然不知，正在樊城和徐晃對壘交鋒。

等到關羽得知消息，公安守將士仁、南郡太守糜芳都先後投降了東吳。關羽眼看大勢已去，立即向南撤退。豈知呂蒙一進入江陵，對關羽及將士家屬，盡皆撫慰，並法紀嚴明，下今軍中不得妄取民間一物。有呂蒙帳下一親兵，與呂蒙又是同鄉（汝南郡），因擅拿民家一頂斗笠覆蓋官鎧，被呂蒙斬首後，軍中為之「震慄」，而至於「道不拾遺」，連東西丟在路上，也沒有人敢撿了。呂蒙還把荊州所有府庫財物加以封存，待孫權來處理。當關羽一再派人責問呂蒙違背同盟時，呂蒙厚待使者，並使其「周游城中，家家致問」。使者回營，私相傳聞，盡知「家門無恙，見待

義勇武安王是北宋皇帝宋徽宗於宣和5年（1123年）加封三國名將關羽的封號。歷朝皇帝都以關羽為忠義的化身，其封號由「侯而王，王而帝，帝而聖，聖而天」。

過於平時」，致使關羽軍心渙散，「吏士無鬥心」，於是關羽軍隊不戰自散。孫權至江陵，荊州將吏「悉皆歸附」。到了這時，驕矜一世的關羽，才眞正感到陷入四面楚歌的境地了。

關羽從樊城敗退時，曹操下令給曹仁，叫他不要去追擊關羽，大概就是董昭所說的使「兩賊相對」的意思。關羽孤軍入麥城（當陽縣東南）後，被孫權派兵團團圍住。

呂蒙

這時，西川路遙，關羽唯一的希望，是盼著鎮守上庸的劉封、孟達發兵來救，而偏偏救兵不至。這年十二月，關羽從麥城突圍，被吳將潘璋部下司馬馬忠擒獲於臨沮縣之漳鄉（當陽縣西）。他的兒子關平和都督趙累亦一起被擒，同時遇害。

湊巧，就在關羽被殺後，孫權因取得荊州，於公安大會群僚擺慶功宴時，呂蒙病發，「以疾辭」，孫權不允，稱讚說：「擒羽之功，子明（呂蒙字）謀也。」等到宴會一結束，孫權用隆重的儀仗把呂蒙送歸住所，呂蒙病勢大增，當孫權命人把他「迎置內殿」後就死去了。史書上明明交待呂蒙「常有病」，呂蒙「稱病」離開陸口時，關羽都是深信不疑的。大概圍取荊州，呂蒙心力交瘁，勞累過度，突然發病死去。《演義》和戲曲中，把關羽之被殺與呂蒙發病而死聯在一起，渲染成關羽的陰魂把呂蒙勾去的，進行了驚人的創造，帶著濃厚的恐怖氣氛。顯然，這與後世把關羽當成神來崇拜有著直接的關係。

其實，歷史上這位被孫權視爲「次於公瑾」，而「勝於子敬」，「籌略奇至」的江東英傑呂蒙，不僅爲孫權奪取荊州勞績卓著；而且一生儉樸，克己奉公，他在臨死前，將「所得金寶諸賜盡付府藏」，命人在他死後上交，還叮囑「喪事務約」，不要鋪張浪費。孫權聽說後，「益以悲感」。陳壽稱讚呂蒙：「有國士之量，豈徒武將而已乎！」看來，呂蒙在三國時

曹操：「若天命在吾，吾為周文王矣！」

代，文武兼備，是一個難得的人才，可惜呂蒙死時才四十二歲，所以孫權「哀痛殊甚」。

關羽失荊州，使諸葛亮隆中戰略兩路出兵鉗擊中原的計劃爲之流產，形勢演變到這個地步，大出諸葛亮之意料。孫權奪占荊州之後，以陸遜爲鎮西將軍屯兵夷陵（今湖北宜都縣境），守住峽口，把勢力伸向三峽之東。從此，三國的勢力範圍從地理上加以固定下來了。

這年曹操表孫權爲驃騎將軍，領荊州牧，封南昌侯。在名義上也承認了孫權對荊州的統治權。孫權不但給曹操送去了關羽的人頭，而且還上表向曹操「稱說天命」，表示臣服。孫權這一手，如何能瞞得過老謀深算的曹操。對此，曹操一面用諸侯的葬禮把關羽之首葬於洛陽城南，一面把孫權所上之書宣示群臣，說：「孫權這小子想把我放到爐火上去烤呵！」侍中陳群還不太了解曹操的用意，以爲連孫權都稱臣了，趁機說這是「天人之應」，勸曹操「宜正大位」，取代漢朝。曹操搖了搖頭，歎息地說：「若天命在吾，吾爲周文王矣！」其實，曹操這麼做，又這麼說，都是給西蜀劉備看的。前不久劉備稱漢中王送來的表章還攻擊他「竊執天衡」，「欲盜神器」。這會兒孫權殺了關羽，奪了荊州，又把他往火上推，他豈能上孫權的當，再去和劉備、諸葛亮兵連禍結，給孫權以可乘之機。何況這時曹操已深感老病纏身，恐怕不久於人世了，還是給兒孫們去處理身後大事吧。果然就在關羽被害的下一個月，也就是建安二十五年（二二○年）正月，曹操病逝於洛陽了。終年六十六歲。其子曹丕，繼爲魏王。

開初，劉備聽到關羽節節勝利的消息，心中歡喜，自不待言。諸葛亮提醒他一定要叫關羽注意後方，防備東吳。待孫權使呂蒙襲取江陵的同時，命陸遜兵向秭歸，封鎖三峽，使劉備對關羽的消息突然中斷了。但上庸劉封、孟達按兵不動，也給劉備、諸葛亮產生了錯覺，要是關羽有所不利，上庸方面必會發兵救援，也一定會送消息到成都來。等到江陵被呂蒙襲取，關羽被害的消息傳到成都，時間已晚了。劉備差點氣得昏死過去，諸葛亮等勸醒之後，劉備開口就問：何以上庸不去救？諸葛亮把了解到的情況告訴他，說關羽兵圍樊城時就連呼劉封、孟達發兵助戰，他們借口「山郡初附，未可動搖」，不聽關羽調遣，關羽兵危時也不去救。劉備聽了，恨得咬牙切齒，立即就要派人去召劉封、孟達。諸葛亮勸他這件事不能性急，急則生變；並告訴劉備，早就聽說劉封、孟達不和，恐怕不久就有消息來。

果如諸葛亮所料，沒幾天孟達就給劉備上了一道辭王表章，影射說他與劉封不和，又懼不救關羽之罪，只好去投降魏國了。孟達降魏之後，曹丕以他爲新城太守，與右將軍徐晃率兵進攻劉封，上庸太守申耽又投降了。因此，劉封兵敗，走還成都來了。劉備正在火頭上，責他欺凌孟達，不救關羽，問他：「你知罪否？」劉封連連叩頭求饒。諸葛亮因太子劉禪性格和順，而劉封性情剛猛，擔心後來難免有麻煩，因而勸劉備趁此機會把他殺掉算了。於是劉備賜劉封自裁。

劉備稱王之後這一年間發生的事，眞夠諸葛亮傷腦筋的了。關羽失荊州雖說使他感到意外，但也不

許昌三絕碑之《魏公卿將軍上尊號奏》碑，河南許昌漢獻帝廟。此碑記東漢獻帝末年，華歆、賈詡、王朗等對曹丕勸進之事，實際上是曹丕玩弄的一個政治手腕，他隨後即正式禪位稱帝，史稱「曹魏」。

能說一點察覺都沒有。對於關羽的爲人，恐怕他是最清楚不過了。諸葛亮心中的苦衷眞是沒法說出口。自魯子敬死後，他就預感到荊州的事態不妙。現在荊州丟了，上庸也失了，當務之急應該把益州內部的事安排順當才是，可是漢中王一心要報關羽之仇，哪有心思內顧呢？現在孫權正和北方曹氏打得火熱，聽說在襲殺關羽之後孫權就上書向曹操稱了臣，曹操死後又不斷遣使向曹丕奉獻方物，竭力討好曹丕。東征的事應該暫時擱一下，恐怕不久北方還有大的變故發生，諸葛亮深爲漢室的命運和前途擔心。

這年十月，不幸的消息終於傳到了成都，曹丕廢掉了漢獻帝，自立爲帝，建立了魏國。又聽說漢獻帝已遇害。這個消息對劉備、諸葛亮在心理上的震動，從某種意義上來說，並不亞於關羽失荊州。作爲皇室苗裔的漢中王得知獻帝遇害，眼看祖宗基業廢於一旦，不禁放聲痛哭。經和諸葛亮商議之後，通告天下，命令蜀中文武百官盡皆掛孝，爲漢獻帝發喪，並追謚他爲「孝愍皇帝」。

接著又傳來消息，說孫權在曹丕稱帝後，遣使稱藩，魏文帝曹丕進封孫權爲吳王，劉備不禁大怒，又欲起兵征吳。這時，蜀中群臣紛紛上言勸進，所謂「應天順民」，「當龍升，即帝位」。開初漢中王不允，諸葛亮引光武帝故事，對劉備說：「當年吳漢、耿弇等勸世祖（光武帝廟號，代稱光武）即帝位，世祖前後謙讓了四次，耿純再進言說：『天下英雄跟著您出生入死，是抱有希望的。如不從議，他們各自散去，就不再爲您效命了。』世祖感於耿純所言至誠，就答應了。而今曹丕篡位，天下無主，大王乃宗室苗裔，繼世而起，現在即帝位，正是時候。士大夫隨大王征戰歷年，亦欲望得尺寸之功如耿純當時說給世祖的那樣。」諸葛亮這一席話，從當時的形勢，引古證今，用「正統」的觀點，把劉備應該當皇帝的道理說透了。劉備聽後，也就不再推辭了。

就在曹丕稱帝的第二年（黃初

《歷代帝王圖》局部，唐代畫家閻立本（601～673）繪，美國波士頓博物館藏。畫中人物為蜀主劉備。

二年，二二一年）四月，經過一番準備之後，劉備即皇帝位於成都武擔山（在城西北）之南。根據諸葛亮等人的建議，認爲「漢」是「高祖起定天下之國號」，劉備「襲先帝軌跡，亦興於漢中」，因此仍應定國號爲「漢」。顯然是諸葛亮決心繼續輔佐劉備再走一次漢高祖的道路，以求實現光武中興漢室的大業。由於這個目的未能達到，僅止於據蜀稱漢，所以歷史上把諸葛亮輔佐劉備建立的這個漢政權叫做「蜀漢」。

從這年開始改元章武。以諸葛亮爲丞相錄尚書事，許靖爲司徒，張飛爲車騎將軍，領司隸校尉。馬超爲驃騎將軍，領涼州牧。置百官，立宗廟。因劉備定益州後，孫夫人已還吳，娶了吳懿之妹爲夫人，劉備稱漢中王時爲王后，這年五月立爲皇后。立劉禪爲皇太子。又立皇子劉永爲魯王，劉理爲梁王。

劉備稱帝後就想起關羽之死，再也不能容忍了。把關羽當兄長看待的車騎將軍張飛也一再請求討伐東吳，爲關羽報仇。劉備把心一橫，命張飛自閬中率兵萬人先到江州，待和他會合之後，一同征討。

伐東吳

劉備這年四月稱帝，七月就興兵伐吳，這可是繼關羽失荊州之後，關係蜀漢盛衰的又一件大事。對此，蜀漢朝廷內部頗有爭議，作爲秉鈞衡之職的丞相諸葛亮眞是有苦難言。諸葛亮未及開口，倒是趙雲先說了話，他根據諸葛亮聯孫抗曹的原則，諫阻劉備說：「國賊是曹操，不是孫權。要是先滅了曹魏，孫權就會不戰自降。現在曹操雖死，其子曹丕篡位，人心不服。若我們趁此機會早定關中，占據黃河、渭水上流進討凶逆，則關東忠義之士必定會載著糧食、趕著車馬來迎接王師。所以不應把曹魏這個主要敵人擱在一邊，先去和孫權爭鬥。」趙雲特別提醒劉備：「戰爭一打起來，沒完沒了，不是很快就可以收場的。」

劉備聽了不以爲然，心想趙雲怎麼也不理解他的心意，心中甚感不快。這時益州學士秦宓又來向他「陳天時必無其利」，勸他不要去伐吳。劉備不禁大怒，斥責秦宓惑亂軍心，當即就把他下獄幽閉起來。諸葛亮見此情狀，也就不便再多說了。等劉備平靜下來後，諸葛亮爲秦宓說情，把他放了出來。自此，再也無人敢諫了。劉備命丞相諸葛亮輔佐太子守成都，擇日起兵御駕親征。

臨行前，忽聽閬中張車騎營中都督有表至，劉備大驚失色，脫口說出：「噫！益德出事了。」原來張飛和關羽這兩位當世名將，在個人性格上，尤其在對人處世方面卻有著迥然的不同。陳壽說關羽「善待卒伍而驕於士大夫」，而張飛則「愛敬君子而不恤小人」。可見關羽之長恰好是張飛之短，而張飛之長又正是關羽之短。陳壽還從他們各自這一難以克服的缺點中，看到他們最後遭到殺身之禍的必然結果，所謂「羽剛而自矜，飛暴而無恩，以短取敗，理數之常也」。

關羽自不待言了，劉備常常戒勸張飛說：「卿刑殺既過差，又日鞭撾健兒，而令在左右，此取禍之道也。」張飛總改不了。大概自關羽死後這一年多來，張飛性情變得更加暴躁，就在他受命從閬中調集兵馬臨去江州會合劉備之時，被他的帳下將士張達、范彊殺害，並割下他的頭，順流投奔孫權去了。張飛營中都督一發現，只得越職修表急送成都。所以劉備一聽說張飛都督有表至，就預感不妙了。劉備看過表文，自然又是一番悲痛。劉備把張飛被害的這筆賬也算在孫權身上，立即傳旨起駕東征。

到了江州，劉備把趙雲留了下來，鎮守在江州。命將軍吳班、馮習領兵爲先鋒，兵出三峽。這期間，孫權遣使求和，劉備盛怒不許。當劉備進至白帝城時，東吳代呂蒙領南郡太守住在公安的諸葛瑾也派人送信給劉備，勸兩家和解，信中說：

奄聞旗鼓來至白帝，或恐議臣以吳王侵取此州，危害關羽，怨深禍大，不宜答和，此用心於小，未留意於大者也。試爲陛下論其輕重，及其大小。陛下若抑威損忿，蹔省瑾言者，計可立決，不復咨之於群後也。陛下以關羽之親何如先帝（指漢獻帝）？荊州大小孰與海內？俱應仇疾，誰當先後？若審此數，易於反掌。

諸葛瑾這封信中提到漢獻帝，因西蜀爲漢獻帝遇害發喪，故稱先帝，以此來說劉備應首先去爲漢獻帝報仇。諸葛瑾顯然是站在東吳的立場向劉備分析當時的形勢，若劉備能與東吳和解，重修盟好，一致對付曹魏，當然是再好不過了；即便是把曹魏和東吳都當成敵人，「俱應仇疾」，也該有個先後。諸葛瑾這封信與趙雲諫阻劉備的意思差不多。劉備當時一心要爲關羽報仇，奪回荊州，哪裏聽得進去。蜀軍先鋒吳班、馮習在巫縣（今四川巫山縣）一戰打敗吳將李異、劉阿，進軍至秭歸。第二年（黃初三年，二二二年）正月，劉備到了秭歸。這時，治中從事黃權提醒劉備不要輕視東吳，他根據「水軍順流，進易退難」，再加之吳軍驍勇長於水戰的情況，建議劉備「宜爲後鎮」，讓他擔任前鋒，先驅破敵。劉備不但不聽，反以黃權爲鎮北將軍，督江北軍防備魏國。立刻命吳班、陳式率領水軍進屯夷陵，並派侍中馬良去聯絡武陵五溪蠻夷。而劉備自己親統大軍由江南進兵，直抵夷道（今湖北宜都）、猇亭（宜都北，在長江北岸）。孫權向劉備求和不遂，一面以鎮西將軍陸遜爲大都督統領諸軍拒敵，一面遣使向曹丕稱臣，再次表示臣服。以孫權之智，他心裏很明白曹魏是不會出兵幫助他的，但至少希望曹丕能保持中立就不錯了。孫權最擔心的是怕曹丕趁人之危，趁火打劫來一手。事實上，孫權的擔心是存在的。當時魏國謀臣劉曄就勸過曹丕配合劉備滅吳，說「蜀攻其外，我襲其內，吳之亡不出旬月」。倒是曹丕認爲孫權「稱臣降而伐之」，於情理不合，沒有接受劉曄的意見。

東吳都督陸遜因劉備兵鋒甚銳，知道硬拚是不行的，只好收縮兵力於夷道、猇亭，據險固守，俟機反攻。劉備前鋒把孫權侄兒孫桓包圍在夷道城，和陸遜相持於猇亭。蜀軍自巫峽、秭歸連營到夷陵，前後五、六百里，立營「數十屯」。劉備以馮習爲大督，張南爲前部督，從正月開始與吳軍相拒，至六月還未進行決戰。

當東吳安東中郎將孫桓被蜀軍圍困在夷道城，派人向陸遜告急時，諸將以孫桓是「公族」，應該發兵去救，而陸遜卻認孫桓平素治軍有方，甚得士眾之心，再加上夷道「城牢糧足」，用不著擔心，他對諸將說：「待吾計展，欲不救安東，安東自解。」江東諸將對陸遜一下讓出幾百里出來給敵人，心中本已不滿，孫桓被圍又不去救，就更加懷疑陸遜是在說大話而實際上是懼怕敵人。

由於江東諸將對陸遜以持久對速決、避銳待疲的作戰方針不

理解，求戰不許，難免口出怨言。這些將軍之中，有孫策時舊將，有公室貴戚，他們「各自矜恃，不相聽從」。對此，陸遜召集諸將，按劍而言：「劉備天下知名，連曹操都畏懼他，今天他以大軍壓境，是我們的勁敵。諸君深受國恩，理當同心同德，共滅此敵，上報國家才是，而不相和順，太沒道理了。」說到這裏，陸遜掃視諸將，看見內中還有人表現出滿不在乎的樣子，於是提高聲音說道：「我雖是個書生，但受命主上，國家之所以屈使諸君聽從我的調遣，總以我有尺寸可取，就算是能忍辱負重吧。我奉勸諸君各在其事，我既受重任，豈能推辭！軍令如山，不可違犯。」陸遜這一番軟中帶硬，字字錚錚的話，可把諸將軍鎮懾住了。他們不能不考慮一下，要是這位孫權的姪女婿，拿著上方寶劍的青年統帥真的翻臉不認人，可不是鬧著玩的。但陸遜也並非僅是憑藉孫權給的權力來制約諸將，而是以其卓越的軍事才幹來取信諸將的。陸遜執掌三軍，靠的是智謀策畫，馭將有術，遣兵有方，和諸葛亮一樣，是三國時代著名的儒將。

湖北宜昌猇亭，三國猇亭之戰故地。

劉備當時哪把陸遜放在心上，他以陸遜久不出戰，還真有點畏懼他。到了六月，劉備再也不能等下去了，於是心生一計，命吳班領兵數千於平地紮營挑戰。東吳諸將以劉備欺人太甚，「皆欲擊之」，陸

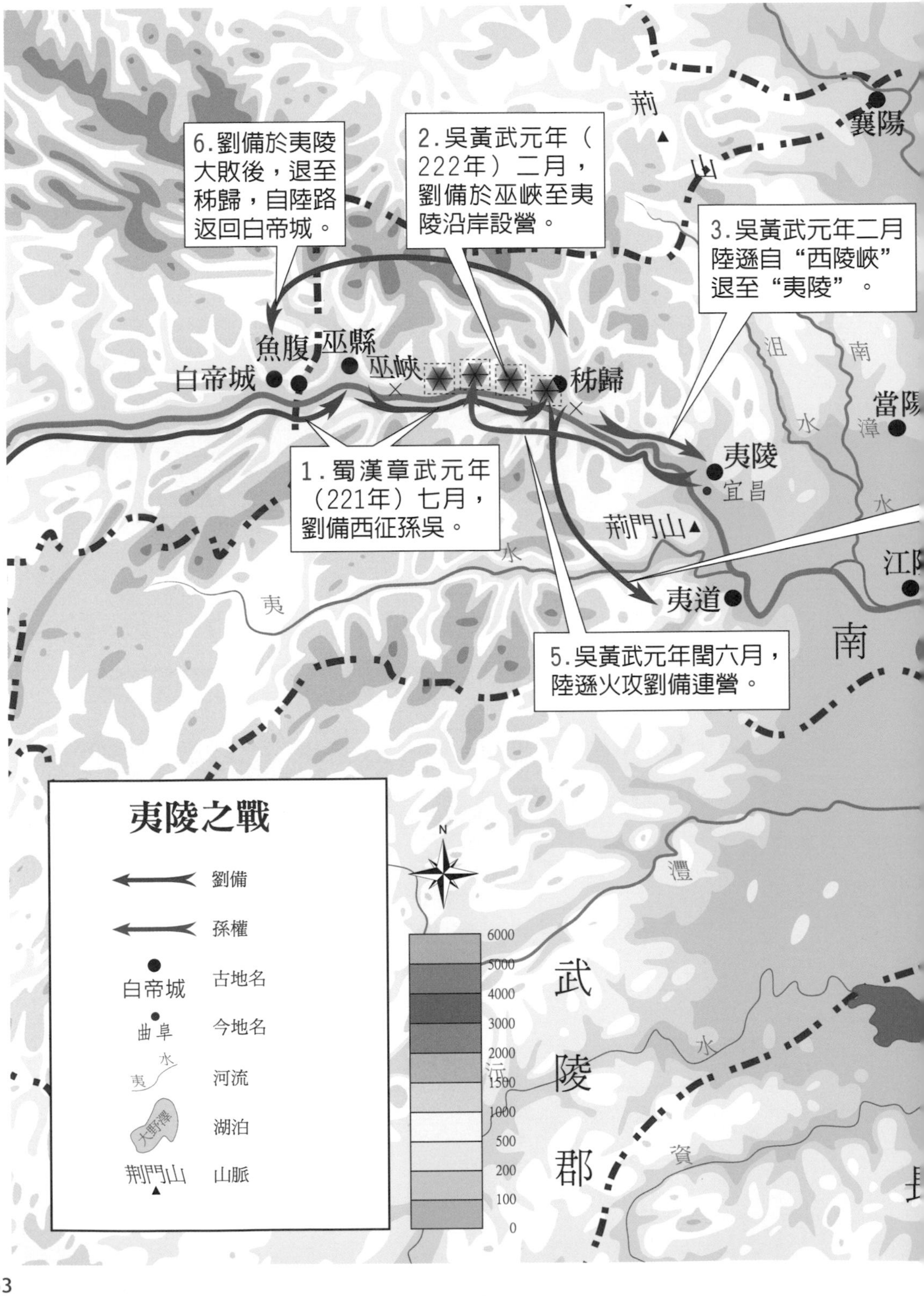
6.劉備於夷陵大敗後，退至秭歸，自陸路返回白帝城。
2.吳黃武元年（222年）二月，劉備於巫峽至夷陵沿岸設營。
3.吳黃武元年二月陸遜自“西陵峽”退至“夷陵”。
1.蜀漢章武元年（221年）七月，劉備西征孫吳。
5.吳黃武元年閏六月，陸遜火攻劉備連營。
荊
山
襄陽
白帝城
魚腹
巫縣
巫峽
秭歸
沮
水
南
漳
當陽
夷陵
宜昌
荊門山
水
夷
夷道
江陵
南
澧
武
陵
郡
沅
水
資
夷陵之戰
N
劉備
孫權
白帝城
古地名
曲阜
今地名
水
夷
河流
大野澤
湖泊
荊門山
山脈
6000
5000
4000
3000
2000
1500
1000
500
200
100
0

遜制止說：「此必有詐，你們不信，過幾天就明白了。」果然，劉備計不得施，只好撤出埋伏在山谷中的八千精兵。東吳將士見了，莫不佩服陸遜的卓識遠見。

這時，陸遜眼看劉備兵疲計窮了。原來，他最擔心的是劉備「水陸俱進」，而到了這個時候，劉備已把水軍撤到岸上，「捨船就步，處處結營」。於是他滿懷信心給坐鎮武昌的孫權上疏，表示他破敵「在近」，請孫權「高枕，不以爲念」，等著他勝利的好消息。

這年閏六月，陸遜召集諸將商議反攻，可是不少將領卻認爲：進攻劉備應在當初，現在人家已經深入五、六百里，相持達七、八個月，一些要害之地都已加固防守，擔心這時反攻未必有利。陸遜針對這些看法，說：「劉備老奸巨猾，見多識廣，進兵之初，思慮得很周密，我們不一定拚得過他們。而今相持已久，沒有占到便宜，士兵疲勞，鬥志沮喪，再也拿不出好的辦法對付我們了。現在反攻正是時候。」大家聽了，將信將疑。當陸遜派一支兵馬先攻蜀軍一營失利後，他從中找到了破蜀軍連營的火攻之法。立即命令諸軍每人持一把茅，乘夜殺入敵營，順風舉火，從江南、江北一齊動手。

劉備做夢也沒想到，他苦心經營的連營之陣，

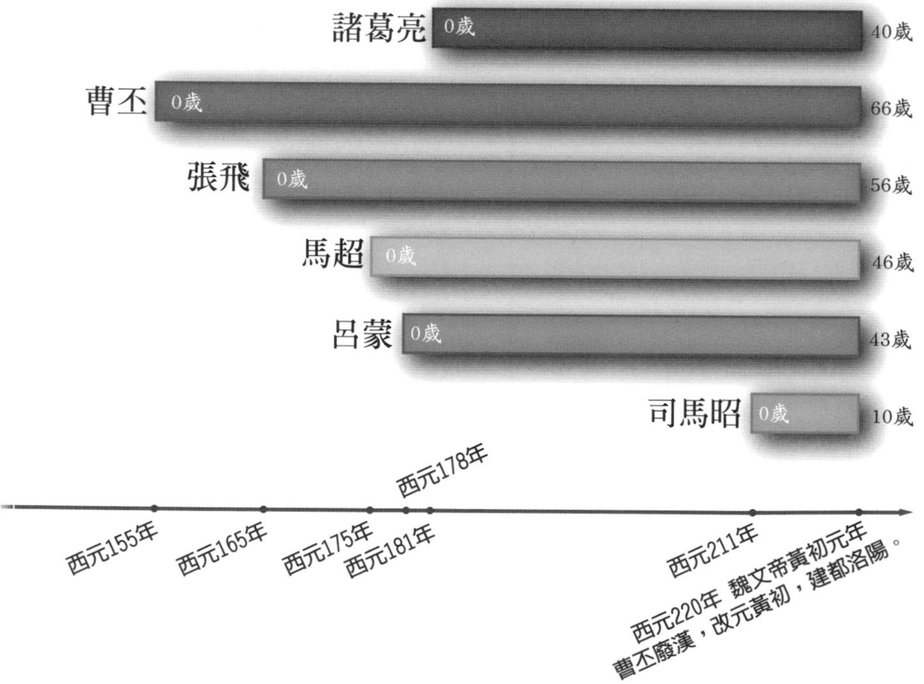

竟被陸遜一夜之間用火攻法突破。頓時，江南、江北諸營陷入一片火海之中。陸遜命宋謙、朱然、徐盛、潘璋等東吳大將統率諸軍，全面反攻，陣斬蜀軍前部督張南、大督馮習和胡王沙摩柯等，連破蜀軍四十餘營。蜀將杜路、劉寧被迫投降。果如陸遜所言，被蜀軍圍在夷道城中的孫桓，這時不救自解了。孫桓從夷道成中殺出，配合陸遜進擊。

劉備敗登馬鞍山（今湖北宜昌西北），陳兵環繞，驚魂稍定。陸遜指揮諸軍從四面圍攻，又殺死蜀軍一萬多人。這時，劉備望見遍野火光不絕，死屍重疊，塞江而下，心境好不淒然。劉備趁黑夜衝出重圍，向白帝城奔逃，賴將軍傅彤死戰殿後，又沿途命驛站燒鎧塞道。這樣，才到了白帝城。

劉備進入了白帝城後，又慚又恨地說：「想不到我竟敗在陸遜這孺子手下，豈非天意嗎！」這一仗，劉備的兵馬被東吳臨陣殺死和投降的達「數萬人」。其餘舟船、器械，水、步軍資，一時損失殆盡。好在牙門將軍向寵所領之軍還特別完好，劉備用以充作侍衛。這時趙雲率軍從江州趕來，劉備見著趙雲，固然甚感慚愧。劉備改魚腹（今四川奉節）為永安，住永安養病，命趙雲防守白帝。

《演義》和戲曲中渲染的趙雲救駕，陸遜困陣，顯然並非史實。

當劉備兵敗退守白帝後，以徐盛、潘璋、宋謙為首的一批東吳大將，紛紛上表給孫權，提出進兵白帝，「備必可擒」的主張。孫權一時也拿不定主意，只好派人徵詢陸遜的意見。

陸遜從大局出發，當機立斷，聯絡朱然、駱統一起給孫權上疏，說：「曹丕大合士眾，外託助國討備，內實有奸心，謹決計輒還。」孫權看到陸遜態度堅決，而且考慮得又全面周到，於是便同意陸遜下了撤軍的命令。正如胡三省在《資治通鑑》注上，把三年前關羽自襄、樊敗退時，曹操不追關羽，和這次陸遜不再追擊劉備的事聯繫起來看，說是「其所見固同」。而且還說正是這種「以智遇智」，互相頡頏的結果，出現了三

法正

國鼎立的局面。

既然陸遜並未親自去追趕劉備至白帝，當然也就談不上被困於諸葛亮入川時佈在江邊的「八陣圖」了。顯然這是小說家出自對諸葛亮智慧的渲染。奇怪的是，小說上還引了杜甫詩句「功蓋三分國，名成八陣圖。江流石不轉，遺恨失呑吳」來加以印證，說陸遜自歎不如孔明，收兵而回。倒是宋代的蘇東坡說得好，杜甫此詩，正指的是孔明不能諫阻劉備東下「呑吳」之舉，以致秭歸挫敗，成爲生平「遺恨」。其實，八陣圖，乃諸葛亮總結歷史上一些作戰經驗，加以改進制定的一種軍隊操練和作戰的陣圖，正如史傳中說他「推演兵法，作八陣圖」。然而，小說上以陸遜困陣，通過黃承彥之口說出：「變化無窮，不能學也。」更把八陣圖渲染得神乎其神，不知三昧了。

耐人尋味的是，後世多以劉備這次征吳之失，是不聽諸葛亮諫阻所致。《演義》中也說劉備入白帝城後，歎息道：「朕早聽丞相之言，不致今日之敗！今有何面目復回成都見群臣乎！」根據史實，劉備兵敗的消息傳到成都，諸葛亮感歎地說：「法孝直若在，則能制主上，令不東行；就復東行，必不傾危矣。」意思是說，若法正尚在的話，一定有辦法勸阻劉備東征；即便是去，也不致大敗而回。後世多引此說，認爲諸葛亮是不贊成這次戰爭的。小說中更表現了劉備後悔不聽「丞相之言」的內愧心情。細想起來，小說與歷史事實是有所出入的。

何以諸葛亮偏偏在打了敗仗之後想起了法正呢？這位在劉備集團中號稱「謀主」的法正，固然幫助劉備定西川，取漢中，以其「奇畫策算」，深得劉備信任，也爲諸葛亮所佩服，可惜在劉備東征的前一年就死去了。不過，如果說在諫阻劉備東征這件事上，諸葛亮不能辦到，法正卻能辦到，豈不是劉備信任法正更甚於信任諸葛亮了嗎？這恐怕有些說不過去。

一般的說，或籠統的說，諸葛亮不贊成這次戰爭，或是不贊成劉備在剛稱帝後就出兵東吳，不算太錯；但說諸葛亮不反對這次戰爭，恐怕也未必就錯。問題在於，趙雲、秦宓都說了明確的不贊成的話，諸葛亮卻沒有諫阻過劉備。諸葛亮懷想法正的話，是事後之論，著眼點還在於對法正智才的讚歎和惋惜上，所謂「就復東行，必不傾危矣」，是說假若法正尚在，隨著劉備一道去東征，就絕不會打了這麼一個大敗仗。三年前從曹操手裏打下漢中，不就是靠法正的智計嗎！從史實來看，這完全符合諸葛亮在事後追思法正的思想實際。

劉備東征時，諸葛亮之所以沒

遠眺白帝城，長江三峽瞿塘峽——夔門。

有諫阻過劉備，或者說沒有堅決反對這次戰爭，應該說這和諸葛亮自己在當時的實際想法有關。儘管諸葛亮早在隆中就制定了「聯吳」這個基本原則，赤壁之戰以此挫敗曹操而取得了荊州，然而天下形勢，因人而異，演變到關羽失荊州，打亂了諸葛亮從荊州、益州兩路出兵鉗擊中原的戰略佈署，諸葛亮豈能袖手旁觀，無動於衷。史傳上明明是說，劉備「忿孫權之襲關羽，將東征」，連孫權遣使求和，亦「盛怒不許」。在這種情況下，諸葛亮開不開腔，勸與不勸，實在沒多大意思。不管劉備以什麼名義去打孫權，反正是奪回荊州，不要說諸葛亮沒有去勸，要是眞的去勸，恐怕還會被劉備說服的。諸葛亮不開腔，至少說明他不反對。既然歷史上的諸葛亮在當時並未勸阻過劉備，當然也就談不上劉備悔恨不聽「丞相之言」了。

對劉備東征的前途，應該說諸葛亮是抱有希望的。以劉備的雄才，深得諸葛亮信任的黃權的智略，移漢中得勝之師，兵多將廣，傾國東下，豈能不抱一點希望而期於必敗？細揣諸葛亮事後歎息法正之意，不難看出他對這次征戰之失多少是出乎意料的。作爲軍事家的諸葛亮，他認爲這次戰爭之所以失敗，正是劉備身邊缺少了像法正那樣具有奇謀策畫的人的幫助。他表面上是歎息法正，實際上是含蓄地埋怨劉備。正如《資治通鑑》注上所說：「（孔明）以漢主怒盛而不可阻，且居上流，可以勝也。兵勢無常，在於觀變出奇，故曰孝直在必不傾危。」這就把諸葛亮的心裏話說得夠明白的了。

劉備這次東征，正是不把所謂「江東孺子」陸遜放在眼裏，一味驕兵輕進，儘管有居「上流」的有利條件，卻忽略了「兵勢無常，在於觀變出奇」這一用兵之道，以致慘遭失敗。當初黃權不正是在「兵勢無常」這一點上諫阻過他嗎，說水軍順流而下，進則容易，萬一不利，退就困難了，請求讓他作先鋒。說起黃權，就在劉備兵敗之後，阻隔在江北，歸路爲吳軍截斷，被迫率部投降了魏國。劉備在永安住下後，消息傳來，當有人建議收捕黃權的妻子時，劉備想起了黃權的忠勇之諫，不禁感歎地說：「是我對不起黃權，不是黃權對不起我！」下令對黃權家屬照常供給，「待之如初」。可見，與其說劉備因戰敗而羞愧，是不聽諸葛亮之言，還不如說是先不聽趙雲、秦宓之勸，後不納黃權之諫，反倒更符合歷史的眞實。

奉節白帝城白帝廟觀星亭

黃權降魏後，甚得魏文帝的信重，拜他爲鎮南將軍，封育陽侯，又加侍中，隨侍在曹丕身邊。當曹丕從蜀國降人口中誤傳黃權妻子被害時，正要下詔爲黃權家屬發喪，黃權諫止說：「我和劉備、諸葛亮推誠相見，他們是了解我的，絕不會害我的妻子。恐怕這個消息不可靠，請再加詳察。」後經查實，果如黃權所說。後來司馬懿在寫給諸葛亮的信中還提到：「黃公衡（黃權字）是個爽快的人，常常和我們談起足下，讚歎不已。」可見黃權和諸葛亮相知頗深。直到最後蜀亡時，黃權留蜀之子黃崇，隨諸葛亮之子諸葛瞻率兵拒鄧艾於綿竹，戰以身殉。顯見當初劉備、諸葛亮在處理黃權降魏這件事上，不搞誅連，實事求是地對待是可取的。

當時劉備在永安憂憤成疾，對失去許多忠勇將士，尤其對失去黃權久久不能忘懷。恰值巴西太守閻芝派漢昌長閬中人馬忠送來五千兵眾，劉備在永安宮召見馬忠，一番交談之後，心中大喜。他掉頭對身邊受諸葛亮之託，從成都趕來安慰他的尚書令劉巴說：「雖失黃權，復得馬忠，可見世上賢人眞是不少。」這位當時被劉備視同黃權的馬忠，後來甚爲諸葛亮所重用。

就在吳、蜀相持於夷陵時，曹丕想進一步使孫權臣服，曾派人叫孫權送太子孫登入朝作人質。孫權又不好明言不送，總以孫登「年幼」，婉言加以拒絕。而當陸遜剛打敗劉備之後，曹丕就想出兵迫使孫權就範，這時謀士劉曄認爲時機已經錯過，力加勸阻。曹丕不聽，發兵三路，從東、西兩面進攻東吳，以西線爲重點，集中兵力去打南郡。倒是陸遜有遠見，在劉備從馬鞍山突圍逃奔白帝城去時，他就沒有再集中兵力去追趕了，僅以少量軍隊尾追而去，而把大部分兵馬向荊州撤退。一當他得知曹軍進攻南郡，立即派潘璋、楊粲率軍去救。在東邊孫權派了呂範、朱桓分兵抵抗。這次曹丕用兵江南，一點便宜也沒撈著，還白白損失了一些兵馬。不過，孫權這時還不敢和曹魏絕交。

劉備在永安得知曹丕大舉進攻東吳，就派人送書給陸遜說：「現在曹賊進攻江、漢，我打算再到東邊來，將軍你看我能不能這麼做？」陸遜仔細玩味了劉備書中之意，回信答覆劉備說：「你們剛打了敗仗，創傷還未治好。照我看來，若仍與我們通使和好，還可以補救損失，那裏談得上再事用兵呢。若不好好想想，一定要把剩下的那點殘兵敗將再送到東邊來，恐怕就再也回不去了。」

陸遜送出書信之後，又向孫權作了報告。孫權聽說劉備兵敗之後並未回成都去，而是留兵白帝，卻也擔心要是劉備眞和曹丕配合起來，還是夠麻煩的，於是主動派了太中大夫鄭泉去向劉備請和。這時劉備頭腦也冷靜下來了，要是曹魏眞把東吳滅掉，對他也是很危險的，於是也派了太中大夫宗瑋去武昌向孫權復命。所以在夷陵戰後半年之間，吳、蜀雙方又再尋盟好了。

儘管如此，夷陵兵敗使蜀漢元氣大傷，這對劉備在精神上的刺激實在太大了。如果說劉備這個戎馬一生的英雄人物，從建安十二年（西元二〇七年）開始在諸葛亮的輔佐下，按隆中所論的戰略方針行事，以其卓著的戰績而勳業彪炳的話，那麼自關羽失荊州後，尤其在他稱帝不到三個月就傾國東下，顯然是帶著個人的偏見，背離了被實踐證明是極其正確的隆中戰略的軌道，從而演出了他一生中最後一次戰爭悲劇，從此三分鼎立形勢不可逆轉，統一天下的雄圖也難以實現了。

這一年來，不但在戰爭中犧牲了不少忠勇將士，而兵敗的這一年，在國內，司徒許靖因年老病故了；四十七歲的驃騎將軍馬超帶著對曹操的深仇大恨也齎志而歿了；尚書令劉巴從白帝返回成都後不久也病逝了。劉巴死後，劉備召犍爲太守李嚴至永安拜爲尚書令，接替了劉巴的職務。在和孫權通使之後，劉備深知荊州已不可復得，立即派人去南郡把甘夫人遷葬至蜀。思前想後，憂心忡忡，就在居住永安宮的第二年（章武三年，西元二二三年）春初，劉備自感病勢一天不如一天，於是派人去成都請丞相諸葛亮到永安來。

託孤

諸葛亮得知劉備兵敗退守白帝城後，立即派尚書令劉巴前去慰問，後又遣軍議中郎將射援去請安。不久接到劉備的命令，叫他立營於成都南、北郊，加強成都的防務。後來聽說劉備病倒了，諸葛亮本想親自去永安省疾，卻因後方軍政事務繁劇，一時也離不開。章武三年（二二三年）二月，忽然接到劉備的詔書，叫他趕往永安去。諸葛亮不禁感到心驚：一則擔心劉備病重；二則因征吳失敗，後方出現一些不穩的跡象，去年李嚴打退了越巂夷酋高定進犯新道縣（今四川甘洛東北），今年漢嘉（郡治陽嘉，在今四川蘆山縣境）太守黃元又有不軌之舉。

諸葛亮想起益州治中從事楊洪甚有膽識，請他輔佐太子守成都。立即帶上皇子魯王劉永、梁王劉理到了永安。從這年二月至四月，在這兩月之中，諸葛亮和劉備在永安朝夕相處，君臣之間談的話一定不少。從劉備當時的心情來說，誠然託孤是最重要的一件大事，而對諸葛亮來說，因劉備這次空國遠征，慘遭失敗，給蜀漢政權帶來的深重災難，無論是政治上、軍事上、經濟上的損失，都得要靠他來想辦法加以補救，因而諸葛亮的心情更是沈重。

果然，諸葛亮一離開成都，漢嘉太守黃元得知劉備病重，自以爲平素不爲諸葛亮所賞識，疑心在劉

蜀漢昭烈帝墓

備身後對他不利，趁諸葛亮東去，舉郡反叛。黃元在燒毀臨邛城（今四川邛崍）後，認爲成都單虛，就肆無忌憚地稱兵作亂。楊洪啓奏太子，派將軍陳曶、鄭綽率軍討伐。在商議進討方略時，不少人認爲，若黃元不能進攻成都，就必定會由越嶲（郡治邛都，在今四川西昌）竄入南中。楊洪不以爲然，說：「黃元素來性情凶暴，對南中蠻夷無恩信，他怎麼敢去！不過是想順江（青衣江）東下，如皇上平安，則面縛請死；如其不然，則去投靠東吳，尋求生路。只請陳、鄭二將軍去南安峽口（今四川樂山市西北）截住他就行了。」陳曶等按照楊洪意見，將黃元生擒至成都斬首。楊洪派人至永安報捷。諸葛亮聽說討平了黃元，心裏稍安了些。這期間，諸葛亮常和馬良之弟馬謖在一起談論軍計。諸葛亮感覺到馬謖確實讀了不少兵書，才氣過人，對他十分讚賞。原來，馬謖之兄侍中馬良和諸葛亮相交頗深，這次馬良隨劉備東征，奉命去武陵聯絡蠻夷，兵敗之後馬良回不來了，死在武陵。諸葛亮愛屋及烏，因而對馬謖更是另眼相看。經諸葛亮推薦，劉備也和馬謖交談過，但總覺得馬謖身上缺少點實在的東西，劉備把他和黃權、馬忠，以及他兄長馬良比較起來，這「實在」二字就更加顯明。劉備進而想到，要是諸葛亮在他身後真的重用起馬謖來，恐怕有些不妥。因此，他提醒諸葛亮說：馬謖言過其實，不可大用，丞相可再多方面考察一下！」諸葛亮聽了，嘴上倒沒有再說什麼，可心裏總感到疑惑，何以皇上這麼不喜歡馬謖呢？

轉眼到了四月下旬，劉備病勢一天比一天沈重起來。從去年接替劉巴作了尚書令的李嚴一直待在永安。一天，諸葛亮和李嚴正在議事，見兩位皇子走來，說「父皇請丞相和李尚書去」。諸葛亮和李嚴四目相對，感到有些不妙，急忙進永安宮來到御榻前問安。劉備請諸葛亮坐下後，就叫內侍把敕給太子的詔書給丞相過目，諸葛亮接過來一看，上面寫著：

朕初疾但下痢耳，後轉染他病，殆不自濟。人五十不稱夭，年已六十有餘，何所復恨，不復自傷，但以卿兄弟爲念。射君到，說丞相歎卿智量甚大，增修過於所望，審能如此，吾復何憂！勉之，勉之！勿以惡小而爲之，勿以善小而不爲。惟賢惟德，能服於人。汝父德薄，勿效之。可讀《漢書》、《禮記》，閒暇歷觀諸子及《六韜》、《商君書》，益人意智。聞丞相爲寫《申》、《韓》、《管子》、《六韜》一通已畢，未送，道亡，可自更求聞達。

諸葛亮看畢，連聲說道：「請陛下放心，這是臣應該做的。願陛下靜心頤養，以副天下之望。」劉備注視諸葛亮良久，忽然說道：「你的才能勝過曹丕十倍，必能安邦定國，成就大業。若是嗣子（指劉禪）可輔，則輔之；如其不才，可取而代之。」諸葛亮一聽，趕忙跪在地上，淚流滿面地說：「臣怎敢不竭心盡力，效忠貞之節，就是死也報答不了陛下對我的知遇之恩。」劉備也流著眼淚，一面命內侍扶起諸葛亮，一面請李嚴到跟前來，囑咐他協助丞相共輔太子。然後把兩個皇子叫過去，命他們在諸葛亮跟前跪下，告誡說：「我死之後，你們兄弟要把丞相當做父親一樣對待，同心共事，不可違命。」劉備再命內侍傳旨，向群臣宣佈託孤於丞相諸葛亮，以尚書李嚴爲副。這天是夏四月二十四日，劉備逝世於永安宮，終年六十三歲。

後世對劉備託孤這件事頗有議論。晉人孫盛認爲，劉備臨終對諸葛亮說的話，多此一舉，「亂孰甚焉」，實在太沒道理。假若所託不是諸葛亮那樣「忠賢」的人，豈不是會「啓篡逆之途」，帶來禍害嗎！好在劉禪懦弱，無猜疑之心，加之諸葛公的威望，也「足以檢衛異端」，才使小人無隙可乘，因而沒有發生變故。這是一種看法。胡三省在《資治通鑑》注上，卻認爲「自古託孤之主，無如昭烈之明白洞達者」，稱道劉備託孤之舉，對諸葛亮肝膽相照，明白洞達，完全是出自眞心的，這在宋代以前還沒有出現過第二位像劉備這樣的託孤之主。這又是一種看法。而在《通鑑輯覽》上，卻與此正好相反，認爲既然劉備與諸葛亮平時就以「魚水自喻」，諸葛亮之忠貞，難道劉備不明白，何至於臨終時說出這種「猜疑」的話，可見三國之世，「以譎詐相尚」，即便是劉備與諸葛亮之間亦是如此，不值一提。這顯然是說劉備託孤給諸葛亮，用的是詭詐權術。不過這些議論，主要

蜀漢昭烈帝墓前神道石翁仲

是針對劉備而發的，大家對諸葛亮的忠貞亮節，倒是一致加以肯定的。

劉備死後的第二個月，諸葛亮率領文武百官奉梓宮（天子之棺）還成都。臨行時，以李嚴爲中都護，統內外軍事，留鎮永安。回至成都，十七歲的太子劉禪舉哀發喪，拜受遺詔之後，即了帝位。史書上稱他爲後主，而把劉備叫先主。劉禪諡父爲昭烈皇帝。這時，劉禪母親甘夫人的靈柩也從南郡運至，根據諸葛亮的建議，諡爲昭烈皇后。秋八月，與劉備合葬於成都之南「惠陵」。

這年蜀漢改元建興。劉禪封諸葛亮爲武鄉候，開府治事。不久，又以丞相兼領益州牧。諸葛亮因劉禪年輕，又受劉備之託；而劉禪自己也因受父親遺命，對諸葛亮事之如父，「委以諸事」，於是諸葛亮義不容辭，全面擔負起蜀漢的軍政重任。當時，蜀漢面臨著內政、外事等一系列問題，亟待諸葛亮一一處理。

劉禪剛即位，就不斷傳來南中地區一些蠻夷豪帥起兵反叛的消息。孫權在劉備死後，雖然派了立信都尉馮熙來吊喪，與其說是通好，不如說是「觀釁」。南中叛亂酋首還派人去與東吳聯繫，並接受孫權的官號。孫權在襲取荊州之後，就以劉璋爲益州牧，駐在秭歸。雖然劉璋在劉備東征時病死於吳，而當劉備兵敗之後，孫權又以劉璋之子劉闡爲益州刺史，進駐交州和益州分界處，作爲孫權與南中叛亂酋首之間聯繫的橋樑。直到後來諸葛亮平定南中之後，劉闓才撤回東吳去了。

而在曹魏方面，當得知劉備死訊，眾大臣都紛紛向曹丕表示祝賀，只有黃權默不作聲，也不去賀。魏文帝很了解黃權的心情，也不怪他。而曹丕聽說孫權暗中與蜀通和，又派了使者去蜀吊喪，大爲不滿。因此當孫權派往蜀中吊喪的使者馮熙，還吳後再奉旨至洛陽時，受到了曹丕的責難，不管馮熙

蜀漢昭烈帝墓前神道石翁仲

作何解釋，也不能使曹丕相信，竟把他扣留起來，死於魏國。這年，魏國的幾位名士大臣，司徒華歆、司空王朗、尚書令陳群、太史令許芝、謁者僕射諸葛璋等，都先後分別給諸葛亮寫了信，所謂「陳天命人事，欲使舉國稱藩」，要諸葛亮審時度勢，順從天命人心，納土歸降，作魏國的藩屬。諸葛亮並不買賬，也用不著一一作答。而是把這些信在內部加以披露，諸葛亮爲此寫了一篇稱之爲〈正議〉的文章來表明他自己的態度，讓大家進行討論，提高認識。文章說：

昔在項羽，起不由德，雖處華夏，秉帝者之勢，卒就湯鑊，爲後永戒。魏不審鑑，今次之矣；免身爲幸，戒在子孫。而二、三子各以耆艾之齒，承僞指而進書，有若崇、竦稱莽之功，亦將偪於元禍苟免者邪！昔世祖之創跡舊業，奮羸卒數千，摧莽強旅四十餘萬於昆陽之郊。夫據道討淫，不在衆寡。及至孟德，以其譎勝之力，舉數十萬之師，救張郃於陽平，勢窮慮悔，僅能自脫，辱其鋒銳之衆，遂喪漢中之地，深知神器不可妄獲，旋還未至，感毒而死。子桓淫逸，繼之以篡。縱使二、三子多逞蘇、張詭靡之說，奉進驩兜滔天之辭，欲以誣毀唐、帝，諷解禹、稷，所謂徒喪文藻，煩勞翰墨者矣！夫大人君子之所不爲也。又《軍誡》曰：

「萬人必死，橫行天下。」昔軒轅氏整卒數萬，制四方，定海內，況以數十萬之衆，據正道而臨有罪，可得干擬者哉！

這是古代一篇出色的政論文章。諸葛亮在文章中，把華歆、王朗等人幫助曹丕代漢，比作當年陳崇、張竦稱頌王莽的「功德」，幫著王莽篡位一樣，說他們都將沒有好下場的。諸葛亮以此爲出發點，先後用光武摧王莽強旅於昆陽，劉備敗曹操於漢中的具體事實，說明「據道討淫，不在衆寡」，振振有辭地斥責這幾位助紂爲虐的漢朝元老舊臣，強烈表達了他忠於漢室的精神品格。應該說，在當時蜀漢多事之秋，處在內外諸多困難的境況下，諸葛亮這篇文章對蜀漢統治集團內部搞好思想建設，激勵蜀漢臣僚忠勤王事，增強抗擊曹魏的信心，無疑是起了一定作用的。不難看出，《演義》中「武鄉侯罵死王朗」的那篇言詞，就是根據這篇文章的精神加工創造的。不過諸葛亮並沒有在兩軍陣前當面罵過王朗，而是寫文章罵了王朗。

而對於南中叛亂，諸葛亮因伐吳失敗元氣大傷，再加之劉備新喪，未便立即加兵。因此，在向南中叛酋曉以利害，採用說服爭取的同時，盡量作一些讓步。但派兵守住險要，遏止其向蜀中蔓延，待條件成熟後再加以解決。當務之急，應集中精力整頓內政，發展蜀中經濟。與此同時，對外繼續爭取孫權結盟，以對付曹魏。

諸葛亮很明白，要改善關羽失荊州以來吳、蜀之間的緊張關係，要減少雙方在心理上的刺激，逐漸和睦友好起來，在當時可不是一件輕而易舉的事。但這又是諸葛亮在劉備死後必須首先去著手解決的一件大事。這件大事不處理好，不但不能安心搞建設，要是孫權眞的和曹魏火熱起來，這對當時處在弱小地位的蜀漢來說，不能不是一種危險。

從彼此關係上來看，可以說，終三國之世，就是曹、孫、劉三方從各自的利益出發，因時制宜，時而聯合，時而敵對地演走馬燈。劉備託孤之前的歷史事實，充分證明了這一點，而在諸葛亮受託輔遺之後，又何嘗不是這樣的呢？諸葛亮一生爲劉氏謀取天下，制定了聯吳抗魏這個基本策略，但關羽失荊州、劉備伐吳失敗，恰好就在這個策略上摔了個大觔斗。在摔了這一跤之後，現在諸葛亮又決心繼續奉行這一基本策略，爭取時間，挽回損失，盡自己最大的努力去復興漢室，實現自己一統天下的宿志夙願。當然不用說，道路是夠艱辛的。不過再艱辛，諸葛亮也得堅定不移地繼續走下去。

劉備諸葛亮大事年表

建安二十四年	二一九年	占據漢中，自稱漢中王，同時占領上庸。同年冬，關羽被孫權所殺，孫劉正式決裂。
建安二十五年	二二〇年	曹丕篡漢自立。
漢昭烈帝章武元年	二二一年	四月，自立爲帝，建立蜀漢。六月，爲關羽報仇，發兵孫吳。彝陵之戰被孫吳大將陸遜火燒連營，敗退白帝城。
蜀章武元年	二二一年	劉備登基，建立蜀國。任諸葛亮爲丞相。
章武三年	二二三年	四月病故。臨終託孤於諸葛亮。謚昭烈帝。
蜀建興元年	二二三年	二二三年劉備白帝城托孤諸葛亮。劉禪封諸葛亮爲武鄉侯，領益州牧。

第六章 識治良才

重修盟好

劉備一死，諸葛亮就擔心孫權，「恐有異計」。他深知夷陵兵敗後，孫權之所以繼續與蜀通聘，是為了專力對付曹丕當時用兵江南給他施加的壓力。等到孫權打退了曹丕的進攻，在小勝之後又繼續向曹丕表示臣服的時候，劉備死了，諸葛亮一方面以李嚴屯重兵於白帝防備東吳，同時抓緊時間辦理劉備的喪事。待諸葛亮奉劉禪即位，把朝中大事基本安排就緒後，這年冬十一月以尚書鄧芝為中郎將出使東吳，展開了重建吳蜀聯盟的外事活動。

何以諸葛亮別人不派，偏偏派遣鄧芝去擔負這一重建吳蜀聯盟的重大使命呢？

新野人鄧芝，字伯苗，光武帝佐命功臣鄧禹之後裔。漢末入蜀。劉備定益州後，鄧芝為郫縣邸閣督（守護糧倉的小軍官）。一天，劉備出巡至郫，和鄧芝一番交談之後，「大奇之」，立即提拔他做了郫令，不久又擢升為廣漢太守。由於鄧芝為官地方，「清嚴有治績」，劉備稱帝後，諸葛亮以丞相錄尚書事，選鄧芝入朝做了尚書。

當諸葛亮決定和孫權重修盟好，正考慮選派一位有膽有識的使節的時候，恰好這時，鄧芝進見諸葛亮說：「現在主上幼弱，剛即帝位，宜派使者去東吳重申盟好。」諸葛亮聽後，點了點頭，立刻回答鄧芝說：「這件事我考慮了好久，還沒有把人選好，今天總算找到了。」鄧芝問是誰？諸葛亮說：「即使君（因鄧芝做過太守，以此稱他）也。」不用說，諸葛亮是因鄧芝深明他聯吳的用意，一定能圓滿完成這一艱巨的使命，所以他毅然決定派遣鄧芝到東吳去。

鄧芝至吳，引起了孫權的疑慮不安。孫權心裏很明白，要是和蜀國往來密切，必定會引起曹丕的懷疑，這年曹丕就在洛陽逼死了他曾派往蜀中弔喪的使者馮熙。

看來，在魏、蜀之間進行選擇，很夠孫權傷腦筋的。所以鄧芝到來，孫權沒有馬上接見他。倒是鄧芝很了解孫權的心情，主動上表給孫權說：「臣今來，亦欲爲吳，非但爲蜀也。」這卻因此引起了孫權的好奇之心，他倒要看看這位諸葛亮派來的使者究竟識見如何，到底有多大的能耐？《演義》中據此生動地描繪了鄧芝面對孫權陳兵設鼎，毫無懼色，昂然而入的從容神態。鄧芝這一形象還搬上了舞臺，京劇《鄧芝赴油鍋》演的就是這個情節。

根據史實，孫權一見鄧芝，就開門見山地說：「我誠然願意與蜀和好，但擔心蜀主幼弱，國小而力薄，一旦被魏國攻破，恐怕連我也自身難保了，所以爲此感到很猶豫。」鄧芝聽了，不緊不慢地對孫權說：「吳、蜀兩國合在一起，兼有四州（荊、揚、梁、益）之地，大王乃當世之英雄，諸葛亮亦一代之俊傑。蜀有重關之險，完全可以固守；而吳有三江（吳淞、錢塘、長江）之阻，足以屏擋敵人，把我們兩國這一有利條件加在一起，唇齒相依，進則可以兼併天下，退則可以與曹魏鼎足三分，這不是明擺著的道理嗎！

照我看來，大王現在若是繼續臣服於魏，那麼，魏國上則是希望大王入朝伴駕，退而求其次，恐怕也要送太子去當人質，要是不依從，魏國就會以討伐叛臣的名義舉兵南征，而蜀國的兵馬也可趁機順流東下，眞是這樣的話，江南之地就不會再爲大王所有了。」

鄧芝這一席話，說得孫權「默然良久」，不禁想起去年曹丕趁夷陵戰事剛一結束就興兵南犯，逼迫他送太子孫登入朝隨侍，不管他如何「卑辭上書」請求寬限，曹丕也不答應，還說若是孫登早晨送到，他晚上就收兵回去，好在江東將士奮起抵抗，才把曹軍打退。孫權此時想起這些，不由得感慨地對鄧芝說道：「君言是也。」於是孫權決定和曹魏斷絕關係，專與蜀漢連和。鄧芝向孫權獻上名馬二百匹、錦千端①，以及另外一些蜀中方物，圓滿完成了使命。

註釋

①《三國志・吳志・吳主傳》，及裴注引《吳曆》。端：古代布帛長度名。《左傳》杜預注：「二丈為端，二端為一兩，所謂匹也。」而《集韻》則謂「布帛六丈曰端」。

鄧芝（182～251年）字伯苗，義陽新野（今河南新野）人，三國時期蜀漢大臣。劉備死後，奉諸葛亮之命到吳國重建盟好，圓滿完成使命。

第二年夏天，孫權派了輔義中郎將張溫入蜀答禮，先後受到後主劉禪和丞相諸葛亮的盛情款待。張溫自以爲得志，頗有傲慢之色。臨別時，諸葛亮又率領文武百官在長亭設宴餞行。眾人都到齊了，唯有這年被諸葛亮選迎爲益州別駕的學士秦宓還未至，諸葛亮接連派人去催，張溫甚感詫異，不禁問諸葛亮：「此是何人？」諸葛亮說：「益州學士秦宓。」張溫嘴上不說，心中卻有些不悅。這位張溫在東吳是很有名氣的，做過孫權的太子太傅，這次使蜀，應對答辯，使蜀中亦「甚貴其才」。

大概張溫當時覺得這位益州學士太有點拿架子了。所以等秦宓一到，就情不自禁地當著諸葛亮的面，問秦宓：「君稱學士，眞有所學嗎？」秦宓正色而言：「蜀中五尺孩童皆學，何況小人！」張溫再問：「那你說說天有頭嗎？」秦宓應聲而答：「有。」張溫問：「在何方？」秦宓答道：「在西方。詩云：『乃眷西顧』，以此推之，頭在西方。」張溫又問：「天有耳嗎？」秦宓回答：「天處高而聽卑，詩云：『鶴鳴於九皋，聲聞於天。』要是沒有耳朵，怎麼能聽？」張溫又問：「天有腳嗎？」秦宓答道：「有！詩云：『天步艱難。』無腳怎麼能步？」張溫再問：「天有姓嗎？」秦宓笑道：「有。」張溫急問：「何姓？」秦宓答稱：「姓劉。」張溫問：「何以知之？」秦宓答道：「當今天子姓劉，故以此知之。」張溫又問：「太陽不是從東方昇起的嗎？」秦宓朗聲而答：「雖生於東，而沒於西。」史稱秦宓「答問如響，應聲而出」，使張溫爲之「大敬服」。可見《演義》上秦宓難張溫的故事就是據此而加工渲染的。

這年諸葛亮又派鄧芝使吳。從此，吳、蜀之間信使來往頻繁。孫權刻了一顆印交給坐鎮江陵的輔國將軍陸遜，凡孫權給後主劉禪、丞相諸葛亮的書信，有不妥之處，就請陸遜斟酌改定後，「以印封之」，然後送去。就在鄧芝第二次到東吳時，孫權對鄧芝說：「若天下太平，二主分治，不亦樂乎！」鄧芝答稱：「好倒是好，可是自古以來，天上沒有兩個太陽，一國之中也絕不會有兩個君王，恕我直言，若是吞併魏國之後，大王未能深識天命所歸，那就只有兩國的君主各自廣施其德政，兩國的臣下各自盡其忠心，恐怕到那個時候，一場新的戰爭也就開始了。」孫權聽了，不禁撫掌大笑起來，言道：「說得對呵！您眞誠實，把話說到這個地步了。」後來，孫權把另外兩位蜀國使者丁宏、陰化和鄧芝加以比較，坦率地寫信給諸葛亮說：「丁宏掞張（言多浮豔），陰化不盡（言而不實）；和合二國，唯有鄧芝。」足見鄧芝不失爲蜀漢一位傑出的人物。鄧芝不但交通友邦，而且後來還成爲蜀漢的著名將領。

在執行諸葛亮聯吳政策方面，除了鄧芝，還有江夏人費禕、南陽人陳震等多次去過東吳，都爲恢復和鞏固吳蜀聯盟做出了卓著的貢獻。史稱費禕「奉使稱旨，頻繁至吳」。孫權性格「滑稽」，好嘲弄人，他常常乘著酒性，對費禕問以國事，或論及一些當今世務，「辭難累至」；而費禕面對孫權給他出的難題，總是「辭順義篤，據理以答，終不爲屈」。孫權不僅對費禕身上所顯示的這種不卑不亢的外交才幹「甚器之」，極爲讚賞，並且預見到費禕將會成爲蜀漢的股肱之臣，因而感歎地對費禕說：「君天下淑德，必當股肱蜀朝，恐不能數來也。」當孫權把自己常佩的一把寶刀贈給費禕時，費禕稱謝說：「臣以不才，何堪受此嘉賞？刀原本是用來討伐反叛、禁止亂逆的，但願大王勉建功業，和我們一起同興漢室，臣雖愚弱，絕不會辜負大王同盟相待之意。」孫權聽了，不住點頭讚許。

《三國演義》上說，諸葛亮最後一次出祁山時，約孫權共取中原，同分天下，命費禕往東吳下書。孫權覽書大悅，立即答應起兵配合伐魏，並設宴款待費禕。

宴飲之間，孫權問道：「丞相軍前，用誰當先破敵？」費禕回答說：「以魏延爲首。」孫權笑著說：「此人勇有餘，而心不正。若一朝無孔明，恐必爲禍。——孔明豈未知耶？」費禕回來，把孫權的話稟告諸葛亮，諸葛亮歎息說：「眞聰明之主也！吾非不知此人。——爲惜其勇，故用之耳。」顯然這是小說作者爲諸葛亮後來所謂遺計斬魏延寫下伏筆。

細查史籍，此事雖不見諸史傳，但從裴松之在《三國志》上注引的《襄陽記》中，卻記載了費禕一次出使東吳，孫權在酒醉之後，不但提到魏延，而且還談到楊儀，說此二人是「牧豎小人」，「若一朝無諸葛亮，必爲禍亂矣。」可見在吳蜀聯盟恢復之後，孫權對蜀漢內部的人事關係是相當熟悉的。楊儀、魏延確是諸葛亮十分倚重的謀士、武將。但長期以來，諸葛亮對楊、魏二人不能和衷共事很傷腦筋，正如《三國志．楊儀傳》上說：「亮深惜儀之才幹，憑魏延之驍勇，常恨二人之不平，不忍有所偏廢也。」歷史上的費禕正是由於深明諸葛丞相這一番苦心，他常在魏延、楊儀之間居中調停，史稱其「終亮之世，各盡延、儀之用者，禕匡救之力也」。

從歷史記載來看，固然諸葛亮臨終時並未留下過斬魏延的遺計；不過，魏延在諸葛亮死後，不顧大局，舉兵攻擊楊儀時，費禕幫助楊儀除掉魏延卻是史實。但隨之楊儀自以爲「功動至大」，不滿蔣琬繼諸葛亮秉政，竟然說出：「往者丞相亡沒之際，吾若舉軍以就魏氏，處世寧當落度如此耶！令人追悔不可復及。」費禕眼看楊儀權慾熏心，要是這麼胡鬧下去，後果實在不堪設想，不得已而「密表其言」，劉禪大怒，立刻把楊儀削職爲民。從魏延、楊儀這一死一廢來看，應是咎由自取，不但辜負了諸葛亮一片愛才之心，也對不起費禕公忠體國、至誠相幫之意。果如孫權當時之所料，費禕在諸葛亮死後，與蔣琬同心輔政，後來又繼蔣琬執政，成爲蜀漢「股肱」之臣。

值得注意的是，吳蜀聯盟雖經諸葛亮先後派鄧芝、費禕等人頻繁使吳，得到了恢復和發展，但也並不是一帆風順的。就在蜀漢建興七年（二二九年），當孫權稱帝於武昌時，卻在蜀漢朝廷內部引起了一番爭議，有人認爲孫權竟敢稱帝，無視蜀漢的正統地位，「交之無益」，提出和東吳「絕其盟好」的主張。這時正值諸葛亮第三次北伐，占領了魏國的武都、陰平兩個郡，在軍事上取得了一點小勝利之後，收兵回到漢中時，就接到後主派人從成都轉來東吳群臣以「並尊二帝」的文書，並把朝廷內部的爭論也向諸葛亮做了介紹，請諸葛亮作個決斷。爲此，諸葛亮從大局考慮，分析說：

權有僭逆之心久矣，國家所以略其釁情者，求犄角之援也。今若加顯絕，讎我必深，便當移兵東伐，與之角力，須並其土，乃議中原。彼賢才尚多，將相緝穆，未可一朝定也。頓兵相持，坐而須老，使北賊得計，非算之上者。昔孝文卑辭匈奴，先帝優與吳盟，皆應權通變，弘思遠益，非匹夫之爲忿者也。今議者咸以權利在鼎足，不能並力，且志望以滿，無上岸之情，推此，皆似是而非也。何者？其智力不侔，故限江自保；權之不能越江，猶魏賊之不能渡漢，非力有餘而利不取也。若大軍致討，彼高當分裂其地以爲後規，下當略民廣境，示武於內，非端坐者也。若就其不動而睦於我，我之北伐，無東

孫吳都城建業圖，明代陳沂繪製。

顧之憂，河南之眾不得盡西，此之爲利，亦已深矣。權僭之罪，未宜明也。

從諸葛亮這一番分析，可以看出，儘管諸葛亮在思想上也認爲孫權稱帝是「僭逆」行爲，是對蜀漢正統地位的挑戰，但他卻並不因此就貿然主張和東吳斷絕關係，相反，他根據當時的軍事、政治形勢，認爲不但不能和孫權絕交，而且還應繼續保持、以至加強和孫權的同盟關係。諸葛亮特別提到當年漢文帝劉恆爲與匈奴和親，「卑辭匈奴」，用很謙卑的言辭給單于寫過信；前不久劉先帝爲與東吳和好，「優與吳盟」，割讓三郡給孫權訂立了湘水之盟，在他看來，這些「應權通變、弘思遠益」的措施，都是根據客觀形勢的變化而採取的相應策略，是從長遠利益出發考慮的，絕不是目光短淺，逞一時之忿的人所能想到的。由此可見，諸葛亮是一位極其注重實際的政治家，他並不囿於思想上的某種成見，而不顧客觀條件蠻幹一氣。其實，凡歷史上大有作爲的政治家，都是把長遠的政治目的和當前客觀實際緊密結合起來制定出切實可行的方針政策，從而爲推動歷史的進程作出了一定的貢獻。恐怕在

青瓷羊型燭台　三國・吳(西元222年—280年)
1958年江蘇南京清涼山出土。

這一點上，古今皆然。

經過諸葛亮這一番分析，使蜀漢臣僚認識到聯吳之勢在必行，即使孫權端坐不動，也對蜀漢北伐統一大業很有利。這就充分揭示出聯吳僅是一種手段，並非目的。唯其如此，所以諸葛亮最後指出：「權僭之罪，未宜明也。」強調孫權稱帝的所謂僭逆之罪，不宜公開宣露。

於是，諸葛亮立即派遣衛尉陳震去東吳，慶賀孫權正號。陳震去時，諸葛亮還特地寫信給他兄長諸葛瑾介紹說：「孝起（陳震字）忠純之性，老而益篤，及其贊述東、西，歡樂和合，有可貴者。」可見諸葛亮對陳震這次去東吳之重視，也顯見其諸葛亮對陳震本人之信重。陳震確也是一位堅決貫徹諸葛亮聯吳政策的政治家。

陳震一進入吳國境內，就宣稱他此行是「奉聘敘好」，並希望和東吳「各自約誓」、「示其所宜」。陳震到了武昌，向孫權獻上禮物，表示祝賀。孫權和陳震「升壇歃盟」，約定滅魏之後，「交分天下」：把徐、豫、幽、青四州劃給東吳；而把并、涼、冀、兗四州歸給蜀漢。剩下一個司州，則以函谷關爲界加以瓜分①。雖然這麼具體地劃分了各自管轄的範圍，也不過是一紙空文而已。但從心理上卻起到了加強吳蜀聯盟的作用。

這年九月，孫權從思想上解除了西顧之憂，放心地從武昌遷都到建業去了，而留下上大將軍陸遜輔太子孫登鎮守武昌。

陳震回來後，進封爲城陽亭侯。從此，諸葛亮也減輕了東顧之憂，就更加專注於北伐統一的大業了。經過諸葛亮的苦心經營，直到蜀亡，吳、蜀之間基本上相安無事，再也沒有出現過什麼大的問題了。

閉關息民

從諸葛亮輔佐劉備兵定益州直到劉備去世，整整十年之間，基本上是用兵不斷，即便間隔年把，也是爲了準備更大規模的戰爭。這期間，諸葛亮雖然很少親臨前線指揮戰事，但是他坐鎮成都，調撥兵馬，提供軍餉，支援前方，更深刻地體會到戰爭加重人民的負擔，特別是關羽失荊州，劉備伐吳兵敗，給新興的蜀漢政權帶來的災難尤爲深重。這不僅使蜀漢的國力大爲削弱，也使蜀漢在三國分立的政治舞臺上陷入被動的境地。所以在劉備死後的第二年，也就是在派遣鄧芝去東吳重修盟好之後，諸葛亮在整頓吏治的同時，提出了「務農殖穀，閉關息民」的政策。

諸葛亮深知，只有讓農民休養生息，「安其居，樂其業」，才能使農業生產發展起來；也只有農業生產發展了，才能養成雄厚的經濟實力，進而推動政治上各項革新實施，使之「上下和睦，百姓安樂」出現一個經濟上繁榮、政治上穩定的社會局面。唯其如此，才能向外拓展，去進行北伐統一的戰爭。建興二年（二二四年），就是宣布實行「閉關息民」政策的這一年，因益州名士、主簿杜微「老病求歸」，諸葛亮在挽留杜微的書信中，把實行這一政策的道理講得再清楚不過了。書中說：

> 曹丕篡弒，自立爲帝，是猶土龍芻狗之有名也。欲與群賢因其邪偽，以正道滅之。怪君未有相誨，便欲求還山野。丕又大興勢役，以向吳楚。今因丕多務，且以閉境勸農，育養民物，並治甲兵，以待其挫，然後伐之，可使兵不戰民不勞而天下定也。君但當以德輔時耳，不責君軍事，何爲汲汲欲求去乎！

這封書信固然反映了諸葛亮當時求賢若渴的心情，希望名士杜微留下來，「以德輔時」，和他一起共同把蜀中治好。但諸葛亮在這封書中，卻揭示出他之所以實行「閉關息民」，是與當時政治、軍事形勢密切相關的。由於上一年鄧芝去東吳恢復了吳蜀聯盟，兩國使者往來頻繁，引起了曹丕的忿恨，今年就舉兵伐吳，即書中所說的「又大興勢役，以向吳、楚」。諸葛亮正是因魏、吳相爭，乘曹丕「多務」，爭取時間「閉境勸農，育養民物」；與此同時，「並治甲兵」，厲兵講武，訓練出一支勇敢善戰的軍隊。可見諸葛亮實行「閉關息民」，是帶有鮮明的政治、軍事目的的。

諸葛亮早在荊州，就根據當時

註釋

①《資治通鑑》卷七十一胡三省注：「魏以司隸所部河東、河南、河內、弘農并冀州之平陽，合五郡置司州，以三輔（京兆、扶風、馮翊）還屬雍州。此言司州以函谷關為界，以漢司隸所部分之也。」

的戰爭形勢，從安定民心出發，提出均攤賦役的主張，讓大批因戰亂而流離失所的農民即所謂「游戶」，自報上冊，增加官府管轄的人口，平攤賦稅和兵役。這在赤壁戰前既及時地解決了一部分急需的軍餉和兵員問題，也在一定程度上穩定了當時的局勢，安定了民心。不過，由於諸葛亮這一主張，是針對荊州地方豪強占有大量游戶的情況而提出的。但在當時無經略遠志的荊州牧劉表的統治下，荊州地區像這類大姓豪強的確不少，諸葛亮提出「游戶自實」的主張又爲時較晚，而且鑑於當時曹操即將南侵的形勢，爲了解決兵、餉，不得不這麼做，但由於荊州大權還不在劉備手裏，也不可能放手去做。據說，劉備當時還向南陽一個姓晁的大姓豪強借過錢，說是「貸錢千萬，以爲軍需」，並由諸葛亮擔保立了借券，說該「券至宋猶存」。此事記載在明代何宇度《益部談資》上。而在《綏寇紀略》中，卻說明代末年張獻忠破荊州時，還發現劉備「借富民金充軍餉券」，並且說「武侯押字，紙墨如新」。若果真如此，足見當時荊州豪富財勢之大。在赤壁戰後，劉備取得荊州政權，想來應是放手去做的時候了。從《廣輿記》「孔明駐臨蒸，調賦稅以供軍實，後人立廟」的記載來看，也可想見諸葛亮當時繼續推行均攤賦役的政策措施，抑制豪強，安定民心，獎勵農耕，發展社會生產，取得了較好的成效。不僅在當時爲西進益州提供了大量軍餉，而且也深受人民的愛戴，後人在臨蒸專門給他建立祠廟，以紀念他的治績。

打下益州之後，趙雲建議把成都城內屋舍和城外園地、桑田歸還給人民，使其「安居復業，然後可役調」，這完全符合諸葛亮「富國安家」的一貫政治主張。當時趙雲那一番先天下之憂而憂的宏論，深深感動了劉備，得到了實踐。這對安定新政權，以及恢復和發展社會生產，是非常及時而必要的。相對地說，蜀中雖不像中原地區經過那麼多戰爭的浩劫，但在攻占益州長達兩、三年之久的戰爭中，拿劉璋最後打算投降的話「百姓攻戰三年，肌膏草野者，以璋故也，何心能安」來看，也使原來較爲穩定的蜀中社會經濟遭到了一定程度的破壞。諸葛亮說：「民如浮雲，手足不安。」在占領益州後，如何使人民安居樂業，從事各項社會生產，這是關係到蜀中新政權能否鞏固和發展的一件根本性的大事。諸葛亮在讚美蔣琬當時做廣都（今四川雙流）長的治績時，說：「其爲政以安民爲本，不以修飾爲先。」足見他要求當時地方官吏要以「安民」作爲施政的根本，堅決杜絕弄虛作

直百五銖錢，三國・蜀國。

假，浮誇不實之風。正因爲他發現蔣琬是一位體察民情，注意實際，腳踏實地的能吏，在劉備死後，他先提拔蔣琬做了丞相府參軍、長史，以至後來把蔣琬作爲他的接班人來加以培養。

正是由於諸葛亮在占領益州之後，就實行了「安民」之治，積極發展社會生產，三年之後，爲劉備奪占漢中創造了必要的物質條件，「足兵足食」保證了前線的供應。

歸總起來看，從諸葛亮以軍師將軍主持左將軍、大司馬府事，到劉備稱帝擔任丞相之後，他從經濟上治蜀的主要措施和成就，具體表現在以下幾個方面：

首先，諸葛亮在發展農業的同時，制定了減輕農民負擔的「薄賦斂，無盡民財」的政策。諸葛亮先後以秦宓、孟光這兩位很有見識的學士擔任大司農，又設置「督農」之官，加強對蜀漢農業的管理。諸葛亮說：「夫有國有家者，不患貧而患不安。」他正是從蜀漢國小貧弱的客觀現實出發，施行「安民」之治，既讓農民安心從事生產，取締一切「妨害農事」的弊端，拿他的話來說，就是「唯勸農業，無奪其時」；等到農業生產發展了，農民手頭活動了，他又堅決制止橫征暴斂，讓農民「素有蓄積，以儲其後」，實行「唯薄賦斂，無盡民財」的政策。由於諸葛亮既重視發展農業，又實行減輕農民負擔的政策，再加上其他一些獎勵社會生產的措施，這就給蜀中經濟帶來了繁榮的景象。無論歷史上說他「務農殖穀，閉關息民」，或是「閉境勸農，育養民物」，以及在戰爭間隙期間實行「休士勸農」，諸葛亮始終對經濟的基礎——農業，絲毫不放鬆。唯其如此，晉人袁准稱道說：「亮之治蜀，田疇辟，倉廩實，器械利，蓄積饒，朝會不華，路無醉人。夫本立而故末治，有餘力而後及小事，此所以勸其功也。」這正是對諸葛亮治蜀，抓農業這個根本而出現的太平盛世的眞實寫照。

其次，與蜀中農業生產發展密切相關，諸葛亮非常重視水利工程的建設和維修。諸葛亮早在〈隆中對〉中就稱益州是「天府之土」，是一塊天然富饒的地方。晉人左思

四川成都的都江堰。都江堰水利工程是戰國時期秦國蜀郡守李冰於創建的，是中國最古老的水利工程，也是全世界至今為止年代最久、唯一留存、以無壩引水為特徵的宏大水利工程。

在〈蜀都賦〉中描繪的「溝洫脈散，疆理綺錯，黍稷油油，粳稻莫莫」的豐收景象，這的確又和諸葛亮治蜀重視維護都江堰這一古老水利工程分不開的。都江堰古名都安大堰，亦稱湔堰。左思〈蜀都賦〉又把它叫做金堤。自秦時蜀守李冰主持修築之後，西漢文翁爲蜀守時，又作了較大的整修。《華陽國志》上說，文翁「穿湔江口，溉灌繁田千七百頃」。到了諸葛亮治蜀，更把都江堰視爲「農本，國之所資」。爲此，諸葛亮專門設了堰官，「以征丁一千二百人主護之」。在諸葛亮的影響下，後來劉禪還到過都江堰，「看汶（岷）水之流」，視察過水利工程。據《成都府志》記載，諸葛亮還在成都西北角上，因「其地洼下」，「以防衝齧」，築起了一條九里長堤。後人在此修過祠廟紀念他。由於諸葛亮對水利的重視，使「水旱從人，不知飢饉，沃野千里」的成都平原，享有「陸海」之美稱。可以想見〈蜀都賦〉中所描寫的豐收景象實非過譽。就在蜀亡時，後主劉禪在降表中也如實地描繪出成都平原「百姓布野，餘糧棲畝」的一片豐饒的圖景，充分反映出經諸葛亮整修水利後，給成都平原帶來農業興旺的豐碩成果。

再其次，諸葛亮既然實行「薄

賦斂」減輕農民負擔的政策，但爲了增加財政收入，他一方面採納劉巴的建議，鑄造錢幣，平諸物價，設立「官市」，派官吏管理市場。與此同時，又設置鹽府校尉和司金中郎將，專管鹽鐵生產。前者在數月之間，就收到了「府庫充實」的明顯效果；而後者因實行鹽鐵官營，「較鹽鐵之利，利入甚多，有裨國用」，也收到了顯著的成效。漢末自董卓入長安「壞五銖錢，更鑄小錢」，造成貨幣紊亂，錢不管用，以至「穀石數萬」，給人民生活帶來直接危害。隨著三國分立的形成，貨幣亦因之而分裂，五銖錢雖經曹操一度復用，但仍不能暢通，直到魏文帝黃初二年（二二一年）不得不明令廢止，而「以穀帛爲市」，用實物來代替了貨幣。可是，卻出現了「多競濕穀以要利，作薄絹以爲市」的極大弊端，以至「處以嚴刑不能禁」。到魏明帝時又復用了五銖錢。這是魏國幣制紊亂的情況。而在吳國，僅在孫權嘉禾五年（二三六年）、赤烏元年（二三八年）三年之間，就先後兩次改鑄貨幣：一鑄「一當五百」大錢，一鑄「當千」大錢。足見其貨幣亦不穩定。孫權還特設「盜鑄之科」，對私鑄錢幣者繩之以法。

舂米畫像磚　東漢(西元25年—220年)
1955年四川彭山出土。舂米圖中，有一人正在用大型颺扇風谷。扇車的發明，提高了漢代穀物加工的效率。

但是在蜀漢，自劉備占領益州之初，鑄了值百錢，就再也沒有更動過。蜀漢錢幣的穩定，顯然是和在諸葛亮治理下蜀漢社會生產發展，人民生活的安定直接有關。貨幣的穩不穩定，直接反映出整個社會經濟的繁榮和衰落，在這一點上，古今皆然。從四川、雲南，以至湖北武漢地區出土的眾多蜀漢錢幣來看，充分表現了蜀漢貨幣行使的普遍，不但在國內，甚至遠及東吳，由此更反映出當時蜀漢經濟的發達興旺。

諸葛亮有鑑於益州前統治者的懦弱無能，致使益州地方豪強和「侯服玉食」的富商大賈，在經濟上把持著關乎國家重要收入的鹽、鐵生產，而在政治上造成他們「專權自恣」的混亂局面。對此，諸葛亮採用嚴刑峻法，從政治上打擊他們違法行為的同時，也從經濟上制止他們對農民土地的兼併掠奪，和限制他們對農民生活的殘酷剝削。諸葛亮深知，鹽、鐵等業的開採和經營，不僅關係到國家政權的鞏固和財政收入，而且也直接關係到人民的生活。益州初定不久，就任命王連、張裔分別擔任鹽府校尉、司金中郎將，把鹽、鐵的生產和經營管理起來。諸葛亮對鹽、鐵生產非常重視，他經常到各地去視察生產情況。相傳諸葛亮曾到臨邛察看過火井煮鹽，此後產量有所增加。據記載，在四川境內，有不少地方留下了當年諸葛亮視察過的冶鐵遺址。諸葛亮重視冶鐵，是因它和農業生產有關，又與軍工製造相連。他命司金中郎將「典作農戰之器」，既生產農業工具，也生產軍用武器。諸葛亮對武器製作的質量要求特別嚴格，從他寫的〈作斧教〉、〈作剛鎧教〉、〈作匕首教〉以及從成都地區出土的銅弩機①等文獻與實物資料，可以得到證明。

最後，諸葛亮對四川著名特產——蜀錦的生產也格外重視。從四川廣漢東漢墓出土的「桑園」畫像磚，和成都附近曾家包東漢墓出土的漢畫石刻「織機」圖像，可以看出四川地區早在東漢時期就已廣種桑樹、發展絲紡手工業的情況。在打下益州後，劉備一次賞賜給諸葛亮、法正等人的財物中，就有「錦千匹」。諸葛亮曾說過：「今民貧國虛，決敵之資，惟仰錦耳。」可見蜀錦生產在蜀漢經濟中

桐園畫像磚　東漢(西元25年—220年)
1954年四川彭縣出土。桐油可用來照明，種植桐樹用以桐子榨油是漢代西南地區主要副業。

占有何等顯著的地位。對這麼一個關係到國家重要收入的生產部門，諸葛亮首設錦官，加以專門管理。成都也因此而被後人稱之爲「錦官城」。

諸葛亮家居成都附近雙流縣東北八里，他在上給後主劉禪的表中，提到他家「有桑八百株」，可見他對種桑養蠶發展蜀錦等絲紡手工業的重視。正是在他的鼓勵和提倡下，蜀錦生產空前發展起來，其生產量之大，從蜀亡時庫存尚有「錦綺彩絹各二十萬匹」來看，充分證明了這一點。左思在〈蜀都賦〉中說：「闤闠之里，伎巧之家，百室離房，機杼相和，貝錦斐成，濯色江波。」更生動地描繪了當時成都織錦業之大盛的情景。相傳當時把織成的錦，拿在今天成都的南河裏去滌濯之後，其色澤特別鮮豔，由此南河得名爲錦江，成都也稱之爲錦城。

范曄《後漢書》中記載了曹操派人到蜀地買錦的事，裴松之在《三國志》上注引的《吳曆》中又有蜀錦作爲禮品送給孫權的記載，而南朝宋人山謙之《丹陽記》更稱說：「江東歷代尚未有錦，而成都獨稱妙，故三國時魏則市於蜀，吳亦資西道，至是乃有之。」可見江南錦的生產是在三國六朝時期始由蜀地傳去的。蜀漢之世，蜀錦不僅暢銷西南，還遠銷我國北方和東南。魏明帝曹叡於景初二年（二三八年），在送給倭（今日本國）女王的許多禮品中，就首列有「錦三匹」。當時魏、吳都不生產錦，這應是蜀錦無疑。可見那時，蜀錦不僅馳名國內，更名揚海外了。「蜀錦之盛，當在蜀漢之世」，漢晉以後，蜀地紡織業，主要是錦的生產，相沿成習，見之

宅院畫像磚 東漢(西元25年—220年)

這是一般漢代官紳住宅的縮影，廂房環列作牆，並將院子隔成兩部分。左邊三進：大門、過廳、正堂。右邊前面設廚房和井園，後設望樓。

註釋

① 《一九六四年在郫縣太平公社出土蜀漢景耀四年製造的銅弩機。上有「景耀四年二月三十日，中作部左典業劉純業，吏陳琛，工楊安作，十石鐵，重三斤十二兩」等共三十三個字的銘文。現藏四川省博物館。

儒學講經圖 東漢畫像石磚

於文獻記載者不少，其工藝之精，品種之甚，體現了我國古代四川人民無窮的智慧和偉大的創造力，而諸葛亮當時的提倡和鼓勵，也是一種因素。

諸葛亮從經濟上治蜀，採取了發展生產，獎勵農耕，注重水利，減輕農民負擔等一系列措施，特別是因伐吳失敗，爲恢復國家元氣而果斷地實行了閉關息民的政策，使這些措施得到了全面的貫徹執行，使蜀漢社會經濟，尤其是農業生產很快地繁榮起來，正像西方社會學家在論述亞洲各國時所指出的：「農業在某一個政府統治下衰落下去，而在另一個政府統治下又復興起來。收成的好壞在那裏決定於政府的好壞。」以此來衡量在諸葛亮領導下的蜀漢政府應該說是一個好的政府。著名歷史學家范文瀾先生認爲，蜀漢在三國中是治理得最有條理的。范老稱道諸葛亮「凡是封建統治階級可能做到的較好措施，他幾乎都做」。當然，這不單是指諸葛亮在經濟上治蜀所取得的成就，更主要的，是說他從政治上治蜀，以及在治軍方面，給後世留下了許多可資借鑑之處。

科教嚴明

諸葛亮在〈隆中對〉中就指明了若跨有荊、益，在對外結好東吳的同時，就要「內修政理」，革新政治。占領益州之後，諸葛亮爲了安民求治，恢復和發展社會生產，他因益州前統治者劉焉、劉璋父子「威刑不肅」，養成地方豪強「專權自恣」的嚴重局面，矯枉必須過正，他採取了打擊豪強的嚴厲措施。與此同時，諸葛亮開誠佈公，選賢任能，務求吏治清明，革除弊政。足見諸葛亮從政治上治蜀是：安民求治以用法；舉賢任能以求治。

首先值得一提的是，陳壽在上給晉武帝的〈諸葛亮集表〉中稱道諸葛亮治蜀說：「科教嚴明，賞罰必信，無惡不懲，無善不顯，至於吏不容奸，人懷自勵，道不拾遺，強不侵弱，風化肅然也。」陳壽更在傳評上，說諸葛亮「終於邦域之內，咸畏而愛之，刑政雖峻而無怨者，以其用心平而勸戒明也。可謂識治之良才，管蕭之亞匹也。」這兩段話眞可謂對諸葛亮治蜀和成就，以及對諸葛亮本人給予了極高的讚揚和評價。可是，差不多與陳壽同時代的王隱，卻在《蜀記》中說諸葛亮「刑法峻急，刻削百姓，自君子小人咸懷怨歎」。這就不能不分析地來看，王隱在這裏所說的「百姓」，絕不是通常一般所指的老百姓，應是益州地方的土著豪強，這批魚肉鄉里、侵奪民田的土豪，正是諸葛亮要力加打擊的對象。當時，作爲蜀中代表人物參加到劉備集團中的謀主法正，對諸葛亮這麼雷厲風行地打擊蜀中豪強就不甚理解，他引用漢高祖入關「約法三章」實行寬民之治的事例，寫信勸諫諸葛亮，並請諸葛亮從「客、主」的關係上考慮一下，對益州豪強「緩刑弛禁，以慰其望」。爲此，諸葛亮寫下了一篇反映他「法治」思想的重要著作〈答法正書〉。書中說：

> 君知其一，未知其二。秦以無道，政苛民怨，匹夫大呼，天下土崩，高祖因之，可以弘濟。劉璋暗弱，自焉已來有累世之恩，文法羈縻，互相承奉，德政不舉，威刑不肅。蜀土人士，專權自恣，君臣之道，漸以陵替；寵之以位，位極則賤，順之以恩，恩竭則慢。所以致弊，實由於此。吾今威之以法，法行則知恩，限之以爵，爵加則知榮；榮恩並濟，上下有節。爲治之要，於斯而著。

可見諸葛亮在書中一開始就批評了法正「知其一，未知其二」，只看問題的片面性。諸葛亮認爲，正是由於秦王朝的暴虐統治，政令苛刻，人民怨恨，陳勝、吳廣揭竿而起，天下響應，不可一世的秦帝國也就隨之土崩瓦解了，漢高祖根據這種情況，在他初入關中的時候，就制定了「約法三章」（即殺人的抵命，傷人及偷盜的治罪），採取一些寬大的措施，因而取得了成功，這完全是符合當時客觀實際的。諸葛亮指出，現在益州的情形則完全是另一回事：由於劉璋昏庸無能的統治，從他父親劉焉以來，已歷經兩代，靠一些表面上的文書、法令來維持其統治，養成互相吹捧的惡習，根本談不上推行好的政令，執行嚴格的刑罰。因此長期以來，益州豪強恣意胡爲，以至上下關係日漸鬆弛；儘量用官位和賞賜來籠絡他們，結果適得其反：官位給高了，反而不覺得可貴；恩惠給多了，反而不知道好歹。所以造成這種弊政，其根本就在這裏。有鑑於此，諸葛亮決心根除弊政，革新政治。他在書中針對法正要求他緩和刑罰、放鬆禁令，明確表示：

我現在就是要嚴明賞罰，嚴格按法治辦事，只有實行法治，他們才知道恩惠；不濫施官位的升賞，官位加升了，他們才知道得之不易而感到榮耀；這樣賞罰兼用，相輔相成，上下就有了秩序。法治的成效，就從這裏體現出來了。

很明顯，諸葛亮在〈答法正書〉中，以政治家的魄力表明他針對時弊，排除干擾，以法求治的決心。這是針對當時實際情況而用法治觀點來指導撥亂反正的一篇古代文獻，很值得一讀。

當時法正看了諸葛亮這封書信，覺得諸葛亮把道理講得很透徹，也就無可辯駁了。諸葛亮因法正是蜀中很有影響的人物，他邀請法正一道，再加上劉巴、李嚴、伊籍共同制定了《蜀科》，這大概就是蜀漢最早的法律條例。諸葛亮爲整頓吏治，他還親自寫下《八務》、《七戒》、《六恐》、《五懼》，「皆有條章」，一條一款羅列分明，使蜀漢官吏知所「務」，知所「戒」，知所「恐、懼」，以此「訓勵」大家勤於職守。這就是他所說的「教令爲先，誅罰爲後」，先教後誅，誰要是違犯了，就要繩之以法。固然，諸葛亮勵行法治，歸根結底，是爲了鞏固中央集權，是從維護統治者的長遠利益出發的，他的所謂「安民爲本」，就其實質來說，也是爲了加強對人民的統治。但是，諸葛亮嚴明賞罰，選賢任能，抑制了豪強勢力的惡性膨脹，比起東漢末年極端腐朽的反動統治，政治上相對地顯得清明。唯其是這樣，諸葛亮作爲當時

「孔明揮淚斬馬謖」，《三國演義》第九十六回插圖。

極有作爲的政治家，受到當世以及後世眾多的頌揚和稱道。

說起諸葛亮執法如山，賞罰嚴明，人們自然會想起他誅劉封、殺彭羕、斬馬謖，以及黜來敏、罷廖立、廢李嚴等一系列事例。這其中有皇親國戚，有親隨故舊，甚至有託孤重臣。諸葛亮對這些人的懲處，正如張裔稱讚他說：「賞不遺遠，罰不阿近，爵不可以無功取，刑不可以貴勢免，此賢愚之所以僉忘其身者也。」諸葛亮對這些位高親重的人犯了法，該殺就殺，該貶就貶，絕不姑寬，那末，對一般官吏也就可想而知了。王隱說他「刑法峻急」，雖不是所謂「君子小人咸懷怨歎」，但陳壽稱他「善無微而不賞，惡無纖而不貶」，這倒是接近事實，以至終諸葛亮之世，蜀國上下對他「咸畏而愛之」，既畏怕他，又敬愛他。在中國古代，像諸葛亮這樣享有如此崇高威望的宰輔，實在不多。

其實，諸葛亮治蜀，更爲值得一提的，倒是他舉賢任能以求治。諸葛亮說：「治國之道，務在舉賢。」又說：「舉賢求安。」在這一方面，和他厲行法治一樣，諸葛亮以政治家的遠大眼光和魄力，做了艱苦而細致的努力，甚至不惜對妨礙選用賢能的罪惡行徑施之以法，務求賢能得之能用，用之得當。諸葛亮早在隆中向劉備分析曹操之所以戰勝袁紹，就提出了「人謀」的問題。諸葛亮極其重視人才的選拔和使用。和同時代的曹操相比，諸葛亮在人才選用上，更多的著重於德才並重。從他在〈出師表〉中所舉薦的人來看，不是「此皆良實，志慮忠純」的，就是「性行淑均，曉暢軍事」的。而曹操卻認爲「有行之士，未必能進取；進取之士，未必能有行」，因此他要求地方舉薦人才，那怕是「負汙辱之名，見笑之行，或不仁不孝，而有治國用兵之術，其各舉所知，勿有所遺」。這大概是曹操網羅人才最多，形成「謀臣如雲，武將如雨」的原因之一。不過，由於諸葛亮選擇嚴格，蜀國人才的質量倒是比較高的。

在奪取漢中時，法正就向劉備分析過，說魏之將帥「不勝國之將帥」，比不上蜀國的將帥。直到蜀亡，郭頒在《世語》中還稱讚「時蜀官屬皆天下英俊」。就在姜維接到後主敕令，要他率部向鍾會投降時，史稱其「將士咸怒，拔刀砍石」，這種同仇敵愾的憤怒情緒，充分體現了諸葛亮的忠耿精神。不用說，這是諸葛亮在世時對蜀國將士長期培訓的結果。對於諸葛亮用人，趙翼在《廿二史箚記》中把他與曹操、劉備、孫權加以比較，有這麼一段論述：曹操以權術相馭，劉備以性情相契，孫氏兄弟以意氣相投，以權術相馭可以說是機，合性情與意氣可以入於誠，而能兼三者之長者惟孔明。其實，諸葛亮面對蜀國地小人少的客觀現實，他不能不愛惜人才，一經他發現就儘量讓其發揮作用，而對在某方面有特殊才能的人，即便是有這樣那樣的缺點，也充分讓他展其所長。諸葛亮對魏延、楊儀的態度，就最能說明這一點了。固然，諸葛亮最喜用的還是忠直之士，拿他自己的話來說：「杜以直木爲堅，輔以直士爲賢。」諸葛亮在〈出師表〉中向劉禪推薦的郭攸之、費禕、董允、向寵、陳震、張裔、蔣琬等人，除了在才幹上各有差異，但在思想品格上都是符合諸葛亮這一標準的。可見諸葛亮選用人才，在德才並重的前提下，更著重於德。顯然這與諸葛亮自己所具備的忠直品德有著直接的內在聯繫。諸葛亮更以其切身經歷，他當初就是被劉備從民間請出來的，他深知「直木出於幽林，直士出於眾下」，竭力從下面把眞正有才幹有學識的忠直之士提拔到重要的崗位上。對諸葛亮這種求才用人的精神，明代方孝孺格外讚賞，他在〈諸葛丞相論〉中說：「世皆謂孔明才智之可以服人，而不知不自肆其才智而取人，此孔明之所以服人也。」在這一點上，方孝孺竟認爲自秦漢以下爲相者皆不及諸葛亮。

綜觀諸葛亮舉賢求治，除了在成都之南築高臺，以延接「四方之士」①，值得注意的還有這麼兩條途徑：一是集思廣益；一是循名責實。前者無疑是鼓勵部下暢所欲言，各抒己見，這既是依靠集體智慧來把國家治好，也可以從中發現直言敢諫之士；後者顯然是通過對官吏的考核，嚴明賞罰，來決定官吏的升賞，從中

成都武侯祠，文將廊，董和（？～約220），字幼宰，湖北枝江人。原為劉璋部下，後投歸劉備。塑于清道光廿九年(1849)。

發現治國安邦之才。

占領益州後，諸葛亮就設立了一個「參署」機構，用諸葛亮自己的話來說：「夫參署者，集眾思廣忠益也。」可見參署的設置，是吸收了各方面的代表參加，爲處理好一些軍政事務，讓大家充分發表意見，然後集中起來，「斟酌損益」，做出決定。這應是諸葛亮實行「納言之政」，「採眾下之謀」，在組織上的保證。諸葛亮強調指出：「爲政之道，務於多聞，是以聽察採納眾下之言，謀及士庶，則萬物當其目，眾音佐其耳。」是說要治好國家，就必須聽取多方面的意見，深入了解下面的情況，就好比增添了許多眼睛和耳朵一樣，這樣考慮問題就會全面一些，就會把政事管理得更好。顯然這是針對領導者來說的。而對於「群下」，諸葛亮則提倡「直言」，要下面敢於講話。他堅決反對「上無所聞，下無所說」，得過且過，致使政事荒廢。諸葛亮總結歷史經驗教訓說：「危生於安，亡生於存，亂生於治。」並說：「人無遠慮，必有近憂。」以此警惕自己要居安思危，要善於聽取反面的意見。他把當政者能不能納直言，聽不聽取反面意見，看作是關乎國家安危存亡的一件大事。

爲此，諸葛亮在擔任丞相後，他專門寫了一篇〈與群下教〉的教令，來鼓勵大家敢於直言，敢於講真話。諸葛亮在這篇著名的教令中，語重心長地說：「若遠小嫌，難相違復，曠闕損矣。」以此告誡大家，如果要遠避嫌疑，害怕得罪人，難於提出不同意見來反覆討論，就會曠廢政事造成損失。與此相反，諸葛亮認爲，「違復而得中」，經過反覆爭論而得出了正確的結論，「猶棄敝蹻而獲珠玉」，就好比扔掉了爛草鞋而獲得珠玉一樣。然而，諸葛亮有感於「人心苦不能盡」，要人們都把心裏話掏出來也實在不容易，在這一點上，他要求大家向徐元直和董幼宰（董和字）學習。他稱讚徐元直在荊州和他共事時，「處茲不惑」，能毫無顧忌地這麼做；他又誇獎董幼宰和他參署共事七年，「事有不至，至於十反」，爲處理好一件政事，竟和他反覆爭論達十次之多。對此，諸葛亮感歎地說：「如果大家都能像徐元直、董幼宰這樣忠勤國事，那我諸葛亮也就可以少犯錯誤了。」諸葛亮在獎勵直言的另一篇教令中又再次提到徐、董二位，說徐元直使他「勤見啓誨」，稱道董

註釋

①《諸葛亮集》故事卷三〈用人篇〉。《太平寰宇記》卷七十二：「諸葛亮相蜀，築臺以集諸儒，兼待四方賢士。」

幼宰「每言則盡」，還追念在隆中時和他交友的崔州平，使他「屢聞得失」，又表揚身邊的丞相主簿胡濟對他「數有諫止」。諸葛亮稱他「與此四子始終好合」，以此表明他對「直言」是竭誠歡迎的。後來諸葛亮還專門寫了一個「勤攻己闕」的教令，要求大家針對他自己的缺點多提意見。正是在諸葛亮一再的鼓勵下，蜀漢政府中湧現出了一批忠直的官吏，諸葛亮分別把他們任以要職。他在〈出師表〉中特別提到「若無興德之言，則責攸之、禕、董允等之慢，以彰其咎」，可見他對敢於直言的郭攸之、費禕、董允等人多麼器重。諸葛亮以「循名責實」來對官吏進行考核，這是他舉賢求治、選拔英才的又一條重要途徑。諸葛亮明確指出：「考黜之政，謂遷善黜惡」，即就是「進用賢良，退去貪懦」。也就是他在〈出師表〉中所表明的要「親賢臣，遠小人」這一政治主張的具體落實。諸葛亮深知：要是「賢良退伏」，就會出現「諂頑登用」；要是「讒邪得志」，勢必出現「忠直遠放」。爲此，諸葛亮反覆告誡大家說：「夫國危不治，民不安居，此失賢之過也。夫失賢而不危，得賢而不安，未之有也。」

董允雕像，重慶市歷史名人館。

諸葛亮正是出於對得賢與失賢關乎國家安危的深刻認識，他在廣開言路的同時，聽其言而觀其行，極其注重對各級官吏的考核。在實際考核中，諸葛亮特別強調「治實而不治名」這條原則，用他自己的話來說：「爲人擇官者亂，爲官擇人者治。」前者表明諸葛亮決心摒除在使用幹部上任人唯親（爲人擇官）的做法，這麼做必定使吏治不清，給國家帶來禍亂；後者顯然是諸葛亮強調名、實相符，在使用幹部上應該任人唯賢（爲官擇人），使吏治清明，國家得安。諸葛亮這兩句名言，頗爲後世言治者所推崇。

唯其如此，諸葛亮既「取人不限其方」，又破格提拔了一批忠勤職守，廉潔奉公，而又卓有才能，富於實幹精神的基層官吏。他先後對楊洪、何祇的提拔，最受時人所稱道。楊洪原是犍爲太守李嚴手下的曹功小吏，李嚴還未離開犍爲時，楊洪已做了蜀郡太守。而楊洪手下的書佐何祇，以其「才策功幹」，數年之間就被諸葛亮提升做了廣漢太守，時楊洪尚在蜀郡。每次朝會時，何衹按班次坐在楊洪下邊，一天楊洪禁不住對何衹說：「你的馬怎麼跑得這麼快？」何衹回答說：「不是故吏的馬跑得快，只不過明府的馬未著鞭罷了。」此事一時傳爲美談，大家都稱讚諸葛亮「能盡時人之器用」。這正是諸葛亮通過考核，選賢任能，「爲官擇人」的結果。

在諸葛亮舉賢求治、「爲官擇人」的思想影響下，蜀漢政府各部門的主管大臣也十分注意選取自己的屬吏。比如司鹽校尉王連，史稱其「簡取良才以爲官屬」，在他手下當過屬吏的呂義、杜祺、劉幹等人，後來都「皆至大官」。尤其呂義歷官內外，做過好幾任太守，後代董允做了尚書令，史傳上讚美他「治身儉約」，「爲政簡而不繁，號爲清能」。杜祺歷任郡守、監軍、大將軍司馬，劉幹官至巴西太守，這兩位「亦有當時之稱」。

諸葛亮特別讚賞舉薦賢能的官吏。他因丞相掾、當過廣漢太守的閬中人姚　向他推舉了一批「文武之士」，專門寫了一篇教令號召大家向姚　學習。他在教令中稱說：「忠益者莫大於進人，進人者各務其所尚，今姚掾並存剛柔，以廣文武之用，可謂博雅矣，願諸掾各希此事，以屬其望。」足見諸葛亮不但自己當伯樂，他還鼓勵大家都爭當伯樂。這麼一來，大批人才湧現使蜀漢官吏的質量大爲提高。

與此相反，由於諸葛亮自己虛心求賢，待人以謙，因而他竭力反對壓制人才，爭權奪利的卑劣行爲，一經發現，不論親疏，不管他資格有多老，地位有多高，一定要嚴加申責，對危及軍國大計的，不惜繩之以法，嚴懲不貸。而對一般鬧個人成見，與同僚不和，有忌才私心的人，則採取耐心說服教育，期以改正自新。前者如對來敏、廖立等的處治；後者如對劉琰、張裔等的勸誡，就是最明顯的例子。

南陽新野人來敏，是光武中興功臣來歙的後裔。原爲劉璋賓客，劉備定益州後，任爲典學校尉。來敏以「荊楚名族」自居，平時「語言不節，舉動違常」，與上下關係搞得很緊張，以至諸葛亮把他看成是在魏國處處和曹操搗亂的孔融，歎息說：「來敏亂群，過於孔文舉。」因益州初定，劉備、諸葛亮暫時隱忍，對他「無所禮用」。劉備稱帝時，尚書令劉巴舉薦他做太子家令，劉備雖心中不悅，但看在劉巴面上「不忍拒」，勉強接受了。劉禪即位後，任來敏爲虎賁中郎將，掌宿衛親兵。這可是一個重要職位。諸葛亮準備北伐時，對把來敏留在朝中極不放心，於是提拔「秉心公亮」的董允爲侍中，兼領虎賁中郎將取代來敏，而以來敏為軍祭酒、輔國將軍隨他從征。對此，來敏仗恃自己是「東宮舊臣」，公開反對諸葛亮選用「新人」，並含沙影射地毀謗董允，他在眾大臣中揚言說：「新人有何功德而奪我榮資與之邪？諸人共憎我，何故如是？」這一下，諸葛亮對來敏「年老狂悖」，不顧大局，再也不能忍耐了，於是上表罷了來敏的官，讓他「閉門思愆」。為此，諸葛亮還寫了一個教令發給部屬，以資警戒。

武陵臨沅人廖立，劉備領荊州牧時辟為從事，先後做過長沙太守、巴西太守。諸葛亮在荊州曾向孫權說過：「龐統、廖立，楚之良才，當贊興世業者也。」可見諸葛亮當初對廖立之器重，把他和龐統相提並論。然而從廖立後來的行為看，實在有負諸葛亮之望。劉備稱漢中王時，以廖立為侍中。劉禪即位後，任為長水校尉。對此，廖立極為不滿，他自謂「才名」僅次於諸葛亮，「宜為諸葛亮之貳」，可是劉備臨終時偏偏讓李嚴做了諸葛亮的副手，使他希望落空。因此廖立竟在劉備死後，情不自禁地在劉備梓宮之側抽刀殺人，以洩心中之憤。諸葛亮以新遭大喪，未便加罪，只得暫時隱忍。之後，廖立更出於榮利熏心，對諸葛亮選用賢能看不順眼，牢騷滿腹，散佈流言蜚語，他竟指名攻擊諸葛亮任用的長史向朗、參軍文恭、鹽府校尉王連，以及〈出師表〉中提到的侍中郭攸之等人，說這些人都是「凡俗之人」，「不足與經大事」。他甚至連劉備、關羽也不放在眼裏。凡此種種，諸葛亮實在忍無可忍，於建興二年（二一四年），即實行閉關息民、整頓吏治的這一年，上表彈劾廖立說：

四川廣元市昭化古城葭萌牌坊。昭化，古稱葭萌。至今已有4000多年的歷史和2244年連續建縣史，是國家重點風景名勝區——劍門蜀道風景名勝區，全國重點文物保護單位——劍門蜀道遺址群的重要組成部分，是迄今為止國內保存最為完好的唯一一座三國古城。

長水校尉廖立，坐自貴大，臧否群士，公言國家不任賢達而任俗吏，又言萬人率者皆小子也；誹謗先帝，疵毀眾臣。人有言國家兵眾簡練，部伍分明者，立舉頭視屋，憤吒作色曰：「何足言！」凡如是者不可勝數。羊之亂群，猶能為害，況立託在大位，中人以下識眞偽邪？

劉禪為此下詔說：「三苗亂政，有虞流宥，廖立狂惑，朕不忍刑，亟徙不毛之地。」於是諸葛亮依法將廖立削職為民，流放汶山。值得一提的是，後來直到諸葛亮死後，消息傳到汶山，廖立一邊哭著，一邊歎息說：「吾終為左衽①矣！」意指諸葛亮死後，他再也沒有出頭之日了，只有老死在這裏了。足見廖立在謫罰之後，還是反躬自省了自己的過失，深感有負諸葛亮之望，心服口服，對諸葛亮毫無怨言。這正如陳壽稱道諸葛亮所說的：「刑政雖峻而無怨者，以其用心平而勸戒明也。」而對於原劉璋謀臣張裔，諸葛亮因他辦事「敏捷」，精明能幹，先後任他做過巴郡太守、司金中郎將。南中叛亂後，又任為益州郡太守。當他被南中叛酋執送去東吳後，諸葛亮還專門囑託鄧芝向孫權把他要了回來。張裔還蜀後，諸葛亮對他更為器重，而且交誼也不錯。建興五年（三一七年）諸葛亮出駐漢中準備北伐時，還讓他做了留府長史，與參軍蔣琬統留府事。可是，張裔心胸不那麼開朗，先後和蜀郡太守楊洪、司鹽校尉岑述等不和。張裔原本與楊洪「親善」，是好朋友，其子張郁在楊洪手下當郡吏，在張裔流放東吳期間，張郁因犯過失被楊洪責罰過，張裔回來聽說了，就和楊洪「情好有損」，以至「深以為恨」。而他與岑述不和，則純屬是因諸葛亮重用岑述所引起的。

諸葛亮了解到上述情況，感覺到張裔身處要職，要是不改變態度，這麼下去將會貽誤大事。大概經諸葛亮批評之後，張裔自以為是，總認為別人不對的多，為此，諸葛亮提醒張裔說：「去婦不顧門，萎韭不入園，以婦人之性，草萊之情，猶有所恥，想忠壯者意何所之？」以此勸戒張裔不要任性，要理解別人忠直剛正的心情，主動去搞好關係。諸葛亮又以他和張裔的友誼，坦率地寫信向張裔指出：「自古以來，交誼深厚的人，不惜推舉自己的仇敵來幫助朋友，捨親

註釋

①《書．畢命》：「四夷左衽，罔不咸賴。」指古代少數民族衣襟向左掩，與中原地區人民向右掩相反。這裏是廖立感於諸葛亮去世，說他只有老死在這偏遠的民族地區了。

骨肉來向朋友表明心跡，什麼也不計較，連一句客氣話也用不著說，何況我爲國家重用了一下元儉（岑述字），你就不能忍受了，這說得過去嗎？」這一下，張裔眞的感動了。足見他當時稱道諸葛亮「賞不遺遠，罰不阿近」的那一番話，倒眞是他的切身之感，發自肺腑之言。

至於魯國人劉琰，早在劉備任豫州牧時，就辟爲從事。因他與劉備同姓，又舉止風流，善於談論，甚受劉備「親待」，隨從周旋，常爲賓客。劉備定益州後，改巴東郡爲固陵郡，任劉琰爲太守。劉禪即位後，官至車騎將軍，名位僅次於李嚴。但此人從不參預國政，只知飲酒作樂，「侍婢數十」，生活極其「侈靡」，這在蜀漢大臣中，倒是一個絕無僅有的尸位素餐的典型。以諸葛亮的作風，豈能容忍，這大概有點積重難返之故。諸葛亮只好讓劉琰隨軍北伐，過點艱苦日子，那知他又自恃劉氏親信，妄自尊大，連魏延也不放在眼裏，一次喝醉了酒，「言語虛誕」，影響極壞，諸葛亮不禁火冒三丈，怒斥劉琰。這一下，劉琰倒眞有點畏懼了。他在經過一番自省之後，向諸葛亮寫了一篇還算深刻的檢討書。書中說：

琰稟性空虛，本薄操行，加有酒荒之病，自先帝以來，紛紜之論，殆將傾覆。頗蒙明公本其一心在國，原其身中穢垢，扶持全濟，致其祿位，以至今日。間者迷醉，言有違錯，慈恩含忍，不致之於理，使得全完，保育性命。雖必克己責躬，改過投死，以誓神靈；無所用命，則靡寄顏。

從劉琰這份「檢查」來看，可見他到底在諸葛亮「一心在國」的精神感召下，對自己有了個正確的認識。他並向諸葛亮提出了保證：今後一定要「克己責躬，改過投死」，要是再「無所用命」，就沒臉見人了。諸葛亮本當處治劉琰，但看了他這篇「檢查」之後，只得發遣他回成都去，「官位如故」，以觀後效。從這件事看來，陳壽稱道諸葛亮所說的「服罪輸情者雖重必釋，游辭巧飾者雖輕必戮」，一點也不假。

諸葛亮「科教嚴明」，爲安民而用法，爲求治而舉賢。從陳壽對諸葛亮治蜀的許多讚譽之詞中，其中「人懷自厲」、「虛僞不齒」這兩句話，最能說明諸葛亮政治上治蜀所取得的顯著成效。正是由於在諸葛亮的治理下，蜀漢官吏們大多能兢兢業業，勤於職守，而力戒弄虛作假、干犯法紀之事，從而一掃東漢末年官吏貪殘昏庸，浮華腐敗之風，使蜀國吏治清明，吏風端正。從當時蜀漢社會經濟的繁榮和人民生活的安定來看，應該說，蜀漢政府在三國之世是一個較好的政府。無怪乎當世以及後世對諸葛亮治蜀讚不絕口。諸葛亮不愧爲我國歷史上一位卓有才能的政治家。那麼，在「必爭於氣力」的三國時代，諸葛亮作爲傑出的軍事家，他在治軍方面的情況又如何呢？

治軍

諸葛亮深知，要實現他統一天下、復興漢室的宿志素願，必須建立一支勇武善戰的軍隊。他一走出隆中，就致力於幫助劉備擴充兵員，籌集兵餉，增強軍事力量。諸葛亮一生是以身兼將相而自許的，他在治國理政的同時，未嘗一日不思謀治軍、用兵之道。陳壽上給晉武帝的《諸葛氏集目錄》，其中就有〈兵要〉、〈軍令〉等篇章。從至今存留在《諸葛亮集》內的兵要十則、軍令十五條，以及其它有關諸葛亮談兵治軍的論述，不難看出，諸葛亮治軍和他治國理政一樣，「治實而不治名」，非常講求實效，務使其所治之軍成爲一支能攻善守的勁旅。再說，從蜀國地小人少不可能提供大量兵員的客觀實際出發，諸葛亮十分注重部伍的簡練、精幹。

劉備征吳失敗，使蜀漢國力大爲削弱，也使諸葛亮從中吸取了沈痛的教訓，他在著手恢復吳蜀聯盟的同時，實行閉關息民，從政治上勵精圖治，改革弊政；從經濟上獎勵生產，積蓄軍資；從軍事上爭取時間，加緊訓練軍隊。經過近兩年的準備，就開始有計劃地進行南征、北伐了。戰爭的實踐證明：在諸葛亮治理下的蜀漢軍隊，不失爲一支部伍整齊、紀律嚴明，能征慣戰的勁旅。

綜觀諸葛亮治軍，有這麼兩條：一是重教化；二是重習練。所謂重教化，用今天的話來說，就是加強對將士的思想教育；所謂重習練，用他自己的話來說：「軍無習練，百不當一；習而用之，一可當百。」顯然指的是平時加強對部隊的軍事訓練。但是，諸葛亮從沒有把對將士的思想教育和對部隊的軍事訓練分開，而是密切結合起來進行的。他既引了孔子的話「不教而戰，是謂棄之」，來強調教化的重要性，又具體地指出：「教之以禮義，誨之以忠信，誡之以典刑，威之以賞罰，故人知勸。」可見諸葛亮治軍，在以禮義、忠信這一類傳統道德來教育將士的同時，又特別強調要以典刑、賞罰來警誡官兵。前者是務虛，曉以大義，後者是務實，勸以興功。很明顯，諸葛亮治軍從思想教化入手，和他在政治上以法治國強調「科教嚴明」一樣，務求得治。

作爲政治家而兼軍事家的諸葛

亮，他常常把治軍與治國聯繫起來，頗有其獨到的見解。比如，諸葛亮認爲治軍是爲了「存國家安社稷」，所以他說：「國以軍爲輔，君以臣爲佐，輔強則國安，輔弱則國危，在於所任之將也。」他以政治家輔政的眼光，來看待軍隊與國家的關係，明確指出：國家的安危繫之於軍隊的強弱，而軍隊的強弱卻取決於將帥的才能。因而他進一步得出結論：「非民之將，非國之輔，非軍之主。」是說眼裏沒有老百姓、不考慮民衆利益的將帥，就不是國家的良輔，就沒有資格做軍中的主帥。基於這種認識，諸葛亮對於將帥的選擇，和他治國選用賢能一樣，十分注重德才並重。諸葛亮在〈出師表〉中對將軍向寵的推薦，以及他後來寫信給張裔、蔣琬對姜維的稱讚，就是顯明的例子。在諸葛亮眼裏，像向寵、姜維這樣的將才，既精通軍事，善於打仗，又忠勤國家，處事以公，實在不多。

三軍以將帥爲主，諸葛亮對於擇將掌兵不能不嚴。諸葛亮說：「兵者凶器，不得已而用之。」又說：「將者，人之司命，國之利器。」他把用兵打仗看作是迫不得已使用的一種手段，而把掌管千萬人命運的將領，看作是保衛國家的鋒利武器。唯其如此，他認爲將領的優劣，直接關係國家民族的安全。從戰爭實踐中總結經驗，在諸葛亮看來，一個優秀的將領，應該是：能「審天地之道，察衆人之心，習兵革之器，明賞罰之理，觀敵衆之謀，視道路之險，別安危之處，占主客之情，知進退之宜，順機會之時，設守禦之備，強征伐之勢，揚士卒之能，圖成敗之計，慮生死之事。」也只有這樣，才談得上「出軍任將，張擒敵之勢。」由此可見，諸葛亮用兵之愼，他對將

姜維

領要求之嚴。所謂「審天地之道，察眾人之心」，是說一個將領既要審知天時地利，又要注意人和，關心和愛護部下官兵；所謂「習兵革之器，明賞罰之理」，是說既要熟悉各種攻防兵器，善於安排運用，又要理解賞罰嚴明對鼓勵士卒勇敢作戰的作用；所謂「觀敵眾之謀，視道路之險，別安危之處，占主客之情」，是說要善於掌握敵人的動向，察看道路的險阻，哪裏安全，哪裏危險，要變被動爲主動；所謂「知進退之宜，順機會之時」，是說或進或退，要相機行動；所謂「設守禦之備，強征伐之勢，揚士卒之能」，是說防守要充分佈署與戒備，進攻要盡可能加強力量與聲勢，而攻防都要積極發揮士兵的作用；所謂「圖成敗之計，慮生死之事」，是說對於成功和失敗都要充分估計到，要爭取儘量減少傷亡的數字。一言以蔽之，諸葛亮要求將領要審思愼行，無論戰時平時，心中都要想著士兵。所以他說：「將無思慮，士無氣勢，不齊其心而專其謀，雖有百萬之眾，而敵不懼矣。」作爲將帥，如果不能深謀遠慮，士氣如果不能充分鼓舞，全軍上下如果不能同心協力，而只知獨斷專行，即使百萬大軍，敵人也不會懼怕的。可見他在軍事上十分重視上下協同的重要性，爲將者切不可獨斷專行。這和他在治國上強調廣開言路，集思廣益，虛心納諫，完全是一致的。

諸葛亮既把軍隊看作是一個戰鬥的整體，那末，照他看來，要使全軍上下步調一致，充分發揮戰鬥的作用，就必須嚴明法紀，論功行賞。與此同時，他竭力反對在軍隊內部拉幫結派，「各結朋黨」，以分裂軍隊的罪惡行爲。諸葛亮說：「夫一人之身，百萬之眾，束肩斂息，重足俯聽，莫敢仰視者，法制使然也。」在這裏，諸葛亮描繪了一個身率百萬之眾的統帥，他的部下在聽命令時，躬身並足，集中注意力，連大氣也不敢出，連頭也不敢抬的嚴肅場面。諸葛亮認爲，要是不強調法治，如何能辦到。諸葛亮更指出：「有制之兵，無能之將，不可以敗；無制之兵，有能之將，不可以勝。」可見他認爲一支有紀律的軍隊，即便是將領的才能差一點，也不一定打敗仗；反之，一支沒有紀律的軍隊，即便是將領很能幹，也不一定就會打勝仗。看來，在諸葛亮眼裏，軍隊紀律的好壞直接關係到戰爭的成敗，以至在某種程度上，他把軍隊的紀律看得比將領的才能更爲重要。

諸葛亮自幼習讀兵書，他對古代軍事家孫武治軍法紀森嚴這一點十分讚賞。他說：「孫武所以能制勝於天下者，是用法明也。」爲了爭取統一戰爭的勝利，他聯繫當時三分鼎立的形勢，特別強調以法治軍。所以當蔣琬認爲「天下未定」，殺了馬謖實在可惜時，諸葛亮感歎地說：「四海分裂，兵交方始，若復廢法，何用討賊耶！」他把在軍中厲行法制，看作是克敵制勝、實現統一的重要保證。諸葛亮指出：「賞以興功，罰以禁奸，賞不可不平，罰不可不均。賞賜知其所施，則勇士知其所死；刑罰知其所加，則邪惡知其所畏。故賞不可妄施，罰不可妄加，賞虛施則勞臣怨，罰妄加則直士恨。」足見他把賞和罰的道理——即爲什麼要賞、爲什麼要罰、如何賞、如何罰等賞與罰之間的辯證關係談得多麼透闢。諸葛亮常說：「吾心如秤，不能爲人作輕重。」表明他執法如山，平心如秤，不能因人而偏輕偏重。那怕馬謖是他親信的人，違犯了軍令，照樣治罪。即便是像李嚴那樣的託孤重臣，貽誤了軍機，也絕不講情面。法制對諸葛亮本人也不例外，第一次北伐失敗，他上疏承坦責任，自貶三等。諸葛亮常用「非法不言，非道不行」來約束自己。後世對諸葛亮治軍帶頭遵紀守法這一點頗爲稱道。

諸葛亮在總結因錯用人而招致失敗的沈痛教訓時，指出：「良將之爲政也，使人擇之，不自舉；使法量功，不自度。故能者不可蔽，不能者不可飾，妄譽者不能進也。」他強調良將用人，一定要靠大家推舉；要依法論功，而不能靠自己判斷。只有這樣，眞正有才能的人才不致被埋沒，沒有才能的人也蒙混不了，有名無實的人就不會得到重用。諸葛亮更指出，要是軍隊內部不統一，拉山頭，結幫派，互相傾軋，那就太危險了。爲此，他在一則〈兵要〉中強調說：「枝葉強大，比居同勢，各結朋黨，進憸人（憸音先，奸猾的人），有此不去，是謂敗徵。」諸葛亮把那些在軍隊內糾集親信，網羅壞人，結成死黨的，譬喻爲枝葉強大壓倒樹幹。要是這些敗壞軍隊、分裂軍隊的罪惡行爲不及時制止，加以清除，後果將不堪設想。

但是，諸葛亮認爲，一個將領對部下要「知有所甚愛，知有所不足愛」。一個好的將領，要善於「以其所不足愛者，養其所甚愛者」。他指出：「士之不能皆銳，馬之不能皆良，器械之不能皆堅固也，處之而已矣。」不難看出，諸葛亮十分注意愛護和培養軍隊內的中堅力量，以此形成一個核心，做出表率，從而帶動全軍。這也反映出諸葛亮治軍之細，用兵之愼，合理使用兵力，務使強弱搭配得當，各展其所能。正因諸葛亮調度有方，再加之「法令明，賞罰信」，打起仗來，收到了「士卒用命，赴險而不顧」的顯著效果。

袁准著文立論，稱道諸葛亮「行法嚴而國人悅服，用民盡其力而下不怨」，這可是對諸葛亮治蜀執法嚴明給予了崇高的評價。而他對諸葛亮治軍的成效，則說是：「其兵出入如賓，行不寇，芻蕘者不獵，如在國中。其用兵也，止如山，進退如風，兵出之日，天下震動，而人心不憂。」足見對諸葛亮治軍法紀森嚴、軍風整肅也同樣給予了極高的稱譽。唯其如此，袁准說諸葛亮死後數十年，蜀人還對他十分懷念，「如周人之思召公也」。

值得一提的，史傳上稱諸葛亮「長於巧思」，說他「損益連弩，木牛流馬，皆出其意」；又說他「推演兵法，作八陣圖，咸得其要」。前者無疑是說諸葛亮在改變兵器和運輸工具方面有所創新；後者則說他創造性地發展和豐富了古代的兵法陣圖。

據記載，經諸葛亮當時改進的連弩，稱之爲「元戎」，說是「以鐵爲矢，矢長八寸，一弩十矢俱發」。看來，這在當時確乎是一種殺傷力較大的勁弩。這從一九六四年成都地區出土的蜀漢銅弩機得到了證實。至於木牛流馬，這是後來諸葛亮在北伐戰爭中，因運輸困難，根據蜀道險峻而設計的一種運載工具。史稱諸葛亮先是用「木牛」運，後又「以流馬運」。可見流馬是由木牛改進而成的。所謂木牛，是「一腳四足」；而流馬則是「前後兩腳」。按范文瀾先生的解釋：「腳」是車輪，「四足」是裝上四條木柱以防傾倒。即是說，諸葛亮把獨輪車的木牛改進成四輪車的流馬了。但清人張澍在他所編纂的《諸葛武侯故事》中引《後山叢譚》記載說：「蜀中有小車獨推，載八石，前如牛頭；又有大車，用四人推，載十石，蓋木牛流馬也。」顯然是說獨推的小車是木牛，用四人推的大車是流馬。值得注意的是，由諸葛亮時木牛載「一

鹿車(模型) 據四川彭縣出土東漢畫像磚圖像製作。鹿車又被稱為獨輪車，用人力推行，是漢代發明的一種應用廣泛的交通運輸工具。

歲糧」（一人一年的口糧）增至「八石」，而流馬由「四斛六斗」（四石六斗）增至「十石」，從所載數量的增加看來，應是後世對諸葛亮製造的木牛流馬又有所改進，而名稱不變，說明後人對諸葛亮的懷念。

其實，在諸葛亮之前，已有人推獨輪小車問世了。從成都地區漢墓出土的「駢車」畫像磚上，就有人推獨輪小車的生動形象。這種獨輪車在漢代稱之爲鹿車。諸葛亮即就是據此而改進成「一腳四足」的木牛，再進而改進爲「前後兩腳」、「形制如象」的流馬。據說，諸葛亮製作木牛流馬，最早從他妻子磨麵「運磨如飛」的機械裝置中受到啓發，後來又得到「性多巧思」、爲他鑄造鋼刀的西曹掾蒲元的幫助。固然諸葛亮自己很聰明，又善於學習，在木牛流馬的製作上吸取前人的經驗和集中大家的智慧，是完全可以理解的。這和史傳中稱讚他「皆出其意」也並不矛盾。

說起八陣圖，人們自然會想起《三國演義》中那幾處神祕的描繪：一是陸遜困陣不得出，賴黃承彥指引脫險；二是諸葛亮擺八卦陣挫敗司馬懿；三是諸葛亮死後，姜維深得武候密傳，又用八卦陣勝過鄧艾。儘管小說上這些有關八陣圖的描寫都嫌史證不足，有的純屬藝術加工，但拂去神祕的色彩，在揭示出八陣圖是一種用於實戰的兵法陣圖這一點上，卻是毋庸置疑的。史稱諸葛亮「推演兵法，作八陣

陶車 東漢(西元25年—220年)
1955年廣東廣州先烈路出土。

圖，咸得其要」，頗有獨到之處。晉人李興說：「推子八陣，不在孫、吳。」是說考察諸葛亮的八陣圖，在孫子、吳起的兵書上是看不到的。

司馬昭滅蜀後，十分重視諸葛亮的兵法陣圖，他命陳勰演習諸葛亮「圖陣用兵倚伏之法」，以及「甲乙校標幟之制」，史稱陳勰「悉諳練之」。就在西晉，馬隆即用八陣法收復過涼州；後魏時，柔然犯塞，刁雍又上表建議「採諸葛八陣之法，爲平地御寇之方」，挫敗過柔然。看來，諸葛亮的兵法兵制不但被後人接收了下來，而且也用之於實戰了。顯然不是小說中所宣揚的「變化莫測，不能學也。」到了唐代，唐太宗和他的臣僚們都對諸葛亮治軍治國很感興趣。特別是號稱「談兵之雄」的李靖，更在精研諸葛亮兵法陣圖的基礎上創制出六花陣法。李靖常和唐太宗在一起討論兵法，其間談及諸葛亮「兵制之妙，曲折備至」，這在他自己所寫的〈問對〉中記述頗詳。

其實，後世在繼承諸葛亮兵法兵制的同時，也在追本溯源地探求八陣兵法的來歷。宋代王應麟《玉海》中說，東漢時，竇憲「常勒八陣擊匈奴」；而在西晉，陳勰「以武侯遺法教五營士」，可見「武侯之前，既有八陣，後亦未嘗亡也。」唐代劉禹錫在《嘉話錄》中，稱諸葛亮八陣圖原「出《六韜》」，是太公上智之才所構，自有此法，惟孔明行之」。這是說諸葛亮八陣圖是出自姜太公《六韜》兵書。而《路史》注上則稱「孔明八陣，本一陣也，蓋出黃帝邱井之法」，所謂「井分四道，八家處之。陣分八面，大將軍處其中而握奇焉。」據杜佑在《通典》中引李靖〈問對〉記載，李靖在上給唐太宗的兵法陣圖中，就把諸葛亮與黃帝、太公相提並論。固然，在諸葛亮之前八陣法早已有之，正

銅馬刺（兵器），三國期間蜀國，勉縣定軍山出土，陝西歷史博物館基本陳列《陝西古代文明》第二展廳。

如李賢在《後漢書·竇憲傳》注上說：「古有八陣，諸葛亮法之。」特別是一九七二年山東出土的《孫臏兵法》中就有〈八陣〉篇。這從考古發掘上也得到了證實。不過，諸葛亮學習古代兵法，在實踐中創造性地發展了這一兵法陣圖，從而豐富了古代軍事學的內容，這是應該充分肯定的。

《玉海》中稱：「諸葛武侯治蜀，以八陣法教閱戰士。」《水經注》引諸葛亮的話說：「八陣既成，自今行師，庶不覆敗矣。」從散見於四川各地及陝南漢中地區的八陣圖遺址來看，後世憑弔勝跡，寫詩著文稱頌諸葛亮功業者不鮮其人。但考察起來，除個別遺址是後人附會傳說的以外，大多數遺址都是諸葛亮當年練兵和作戰的歷史見證。杜牧之在《孫子注》上說：「諸葛武侯以石縱橫八行爲方陣，奇正之出，皆生於此。奇亦爲正之正，正亦爲奇之奇，彼此相窮，循環無窮也。」所謂「正」和「奇」，是古代常用的軍事術語。「正」是取其正面攻擊之意；「奇」則指從側面襲擊而言。這裏是說諸葛亮的八行方陣，奇、正配合，變化多端。從變化上講，雖以天、地、風、雲、飛龍、翔鳥、虎翼、蛇蟠爲八陣之勢，但大陣包小陣，大營包小營，確如李靖指出的：八陣法「何止八而已乎！」後世根據諸葛亮練兵的規模和實際用途，把八陣圖分爲幾類：其在奉節者，有六十四陣，是爲方陣法；其在新都彌牟鎮者，有一百二十八陣，是爲當頭陣法；其在成都附近和漢中者，有二百五十六陣，是爲下營法。可見諸葛亮所防在北，東邊的陣圖比較簡單，因和東吳是同盟關係。而新都在成都之北，有當先護衛成都之意，其陣勢相對要複雜些。由此不難看出，成都作爲大本營，其練兵的陣勢無疑又要複雜一些，規模自然要大得多，起著直接拱衛腹心和威懾四方的作用；而地處國防前線的漢中，是諸葛亮出兵北伐的基地，這裏的陣圖是直接用於實戰的，起著和敵人爭鋒對壘的作用，當然陣勢就比較複雜，要求也比較嚴格。史稱諸葛亮所到之處，其營

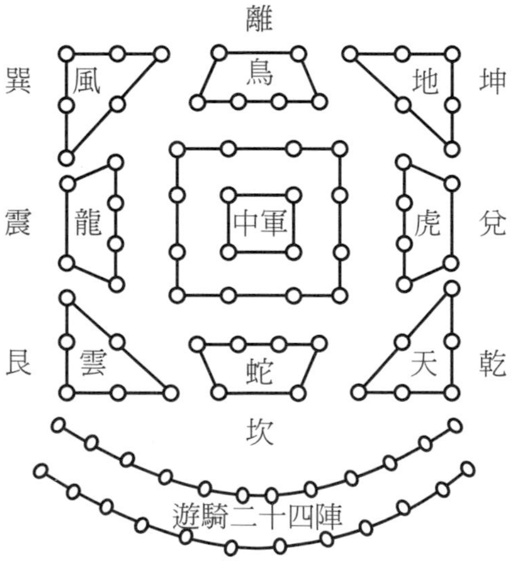

壘、井灶、圊溷（廁所）、藩籬、障塞，「皆應繩墨」，一點也不能馬虎。後來在諸葛亮死後，司馬懿查看了退兵後留下的這些營壘、工事，不禁讚歎道：「天下奇才也！」耐人尋味的，陳壽在〈諸葛亮集表〉中稱道諸葛亮「治戎爲長」、善於治軍的同時，又說諸葛亮「奇謀爲短，理民之幹，優於將略」。而且他在傳評上更具體地指出諸葛亮「連年動眾，未能成功，蓋應變將略，非其所長。」對此，後世議論頗多。有的說，這不是陳壽的心裏話，陳壽以蜀人仕晉，不能不有所避諱；有的則從成敗論人的角度，認爲陳壽此論爲是，說的眞話；有的卻更以陳壽之父做過馬謖參軍，曾因馬謖失守街亭受牽連，被諸葛亮處以髡刑，陳壽是有意貶抑諸葛亮而這麼說的。凡此等等，各說不一。不管怎樣，諸葛亮自閉關息民以來，經過近兩年治軍理政的積極準備，使蜀漢元氣大大恢復之後，就從南征開始去進行統一天下的戰爭了。我們還是沿著歷史上諸葛亮的腳步繼續走下去，看看諸葛亮「連年動眾」，何以未能成功？其所以未能成功，又到底是不是因他缺少應變將略的關係？

劉備諸葛亮大事年表

蜀建興二年	二二四年	爲穩定因劉備戰敗而混亂的人心，諸葛亮調整巴蜀內政。
蜀建興三年	二二五年	諸葛亮率軍南征，平定南部四郡。
蜀建興四年	二二六年	諸葛亮做足籌備工作，準備興師討魏。

第七章 五月渡瀘

南中叛亂的由來

漢末三國時期，隸屬於蜀漢管轄的南中地區，包括今天雲南、貴州和四川西南部一帶。在這自古以來被稱之爲「夷越之地」的廣大區域內，當時居住著叟、青羌、僚、濮等多種少數民族。自秦時從僰道（今四川宜賓）開闢「五尺道」入南以後，又歷經兩漢經營，加強了南中和內地經濟文化的聯繫。特別是秦始皇在南中「置吏」，更標誌著中央王朝對南中進行直接統治的開始。秦亡之後，一度中斷了。到西漢武帝時，著名的文學家司馬相如和著名的史學家司馬遷都先後奉使到過南中地區。司馬相如還向漢武帝建議恢復秦時在這裏設置的郡縣制，以加強對南中的治理。司馬遷回去後，向漢武帝匯報了南中地區的山川物產和風土習俗，他把這些見聞都寫入了《史記．西南夷傳》裏，所以漢代的南中，由此而得名爲「西南夷」。漢武帝先後在「西南夷」地區設置牂牁郡（今貴州西部、雲南東部）、越巂郡（今四川西昌地區）、益州郡（今雲南中部）。直到東漢明帝時才最後在益州郡西面設立了永昌郡（今雲南大理州、保山、臨滄等大片地區）。兩漢時期南中四郡的設置，一方面表明中央王朝對這一地區統治的加強，同時自漢武帝以來，大量「移民實邊」和修築道路，帶去了內地先進的生產技術和文化，使南中地區逐漸開發起來。南中各族人民切身感到生活在祖國統一大家庭中得到的好處，較之過去長期生活在部落分裂割據的殘暴統治下所蒙受的戰爭之苦，不知要好多少倍。因此，東漢初期，南中一些部落首領紛紛要求「內屬」，永昌郡就是在這種情況下設置的。但是，從東漢中期以後，由於外戚、宦官爭權奪利，政治極其腐敗，貪官污吏橫行，從而導致人民不斷起義反抗。這種情況在南中也毫不例外。東漢後期派往南中的官吏，差不多都是些「侵犯蠻夷」，拚命搜括的貪官污吏。由於益州郡素有「鹽池田漁之饒，金銀畜產之富」，而永昌郡又是「金銀寶貨之地」，史書上說，在這裏做官的「皆富及累世」，有的竟「富及十世」。這些官吏爲了保持自己在南中的地位，以便長期進行搜括，不惜以重金賄賂朝中權貴。漢安帝時，永昌太守劉君世專門鑄了一條金蛇，打算獻給當時把持朝政的外戚梁冀。因這件事太打眼了，爲人告發，劉君世本人被逮捕，金蛇亦被沒收。對於南中的掠奪，東漢皇室也不甘落後，漢安帝永初六年（一一二年）下詔，在越嶲郡置「長利、高望、始昌」三苑，同時又令益州郡置「萬歲」苑，建立起爲皇室捕養珍禽異獸的園林。正是由於東漢統治者的「賦斂煩擾」，激起了南中各族人民的反抗。

東漢反動統治者歷來就把少數民族視爲「化外之民」，面對他們的反抗，總是沿襲「攘夷」的老辦法，採取極其殘酷的鎮壓手段。結果適得其反，激起了更大規模的反抗。元初五年（一一一八年），越嶲夷人封離起兵後，第二年永昌、益州，以至蜀郡夷人「皆叛應之」，眾達十餘萬，連破二十餘縣，「殺長吏，燔燒邑郭」，嚴懲貪官污吏。漢安帝慌了，急忙下召給益州刺史張喬，命他選「堪能從事討之」。張喬立即派益州從事楊竦率兵往討。楊竦在鎮壓這次少數民族起義中也眞「堪能」，一次就「斬首三萬餘級，獲生口千五百人，資財四千餘萬。」楊竦更把所得財物「悉以賞軍士」，一方面鼓勵官兵繼續向起義軍奮力進攻，同時又對

漢武帝先後在「西南夷」地區設置牂牁郡、越嶲郡、益州郡。直到東漢明帝時才最後在益州郡西面設立永昌郡。

四川蘆山縣，東漢樊敏闕。建造于東漢建安十年(西元205年)，是樊敏墓前的石建構之一。樊敏闕為有扶壁式雙闕，由座、壁、斗拱、簷五部分組成，石質為紅砂石。正脊中部雕一口含綬帶的雄鷹。主闕簷下體上有淺浮雕「龍生十子」圖像。據碑文記載樊敏曾任永昌郡 (今雲南保山地區)長史，那裡是哀牢夷故地因取該地的傳說故事為圖。子闕斗拱下，兩面分別刻「西王母」、「玉免」等神話題材圖像。斗拱層的轉角處均刻有角神托負，增加了建築的神秘之感，展現了漢代石刻建築的高超技巧。此闕不僅具有藝術觀賞價值，並且也是研究漢代建築工藝的瑰寶。

起義軍內部進行挑撥離間，最後迫使封離向他投降了。值得一提的是，楊竦在把這次起義鎮壓下去後，他向東漢王朝彈劾了「奸貪長吏九十人」，以及一批俸祿在二百至四百石之間的所謂「黃綬」小吏。連殘酷鎮壓起義軍的劊子手楊竦也對釀成這次起義的貪官污吏看不過去，可以想見當時南中官吏對各族人民壓榨勒索的程度。奇怪的是，東漢王朝對楊竦所舉劾的這些大小贓官卻一個也沒有嚴懲，「皆滅死」；而對這位舉劾奸貪、鎮壓起義有「功」的「堪能」從事，卻因殺人過多，傷亡過重，「功不錄」，也不給予賞賜。可見東漢統治者政治腐敗到忠奸不辨，得過且過，只求苟延殘喘了。到了漢靈帝熹平五年（一七六年），南中諸夷起兵復反，很快就占領了益州郡，並把益州郡太守雍陟也捉住了。當朝廷派御史中丞朱龜率兵往討，被起義軍擊敗之後，

東漢王朝再也派不出軍隊去討伐了。這時，竟有人向漢靈帝提出以「郡在邊外，蠻夷喜叛，勞師遠役，不如棄之」的建議。倒是太尉掾巴郡人李顒力主用兵，並「獻陳方策」，於是漢靈帝乃拜李顒為益州郡太守，叫他去和益州刺史龐芝商議具體辦法。最後龐芝徵發巴郡「板循蠻」，編練成軍，由李顒率領入南，費了很大氣力才把這次起義鎮壓下去，並把雍陟奪回。但自此以後，東漢王朝已經走到山窮水盡的地步了。到漢靈帝中平元年（一八四年）終於爆發了全國性的黃巾農民大起義。中平五年（一八八年），益州馬相、趙祗等於綿竹（屬廣漢郡）自號「黃巾」，「合聚疲役之民」，一、二

日中得數千人，聲勢浩大，殺綿竹令李升，破雒縣，攻殺益州刺史郤儉，又轉戰蜀郡、犍爲，「旬日之間，破壞三郡」，馬相自稱天子，發展到數萬人。等到益州黃巾軍被鎭壓下去後，東漢王朝對南中的統治也就更加削弱了。在劉璋統治益州期間，儘管派了爲官「清約」的董和出任過益州郡太守，做了一些安撫南中蠻夷的工作，也收到了「南土愛而信之」的一定效果。但由於東漢後期長時間對南中各族人民的殘酷掠奪和壓迫，加深了矛盾，而一部分少數民族首領「夷帥」和漢族豪強地主「方土大姓」，時刻都在尋機擴大矛盾，以便達到他們割據自雄的目的。

根據以上這些情況，諸葛亮總結歷史經驗教訓，他早在隆中戰略中就制定了「西和諸戎，南撫夷越」的政策。劉備取得益州後，先後任馬超爲平西將軍、涼州牧，利用馬超與西邊「羌戎」的關係，在「和戎」方面還比較順當，沒有費多大周折。終諸葛亮之世，僅在建興十年（二三二年）命治中從事馬忠率將軍張嶷等領兵討伐過汶山叛羌，由於馬忠、張嶷正確執行了諸葛亮的「和撫」方針，很快就收到了「軍以克捷」的實效。麻煩的倒是對南中的和撫問題。

起初，劉備任命南郡人鄧方爲朱提（郡治朱提，在今雲南昭通）太守，後升爲安遠將軍、庲降都督，進駐南昌縣（今雲南鎮雄），統管南中軍政事務。史稱鄧方「輕財果毅，夷漢敬其威信」。看來，鄧方在南中實行廉潔政治，剛毅果斷，在調和南中民族矛盾方面是卓有成效的。可是就在劉備稱帝的那一年，這位被時人楊戲讚爲「殊方保業」的鄧孔山（鄧方字）去世了。爲此，諸葛亮深感不安。當時劉備一心要去討伐東吳，諸葛亮提醒他認眞考慮一下接替鄧方的人選。劉備也感到這確是一件很愼重的事，他在經過一番思索之後，召見了益州別駕從事李恢。當劉備問李恢誰可接替鄧方治理南中時，李恢毫不猶豫地引當年趙充國向漢宣帝自薦征先零羌的故事，自告奮勇地請求讓他接替鄧方擔當起治理南中的重任。劉備聽了，笑著說道：「我的本意，就是如此。」於是任李恢爲庲降都督，領交州刺史。李恢把都督府治所由南昌縣遷至平夷縣（今貴州畢節）。

雖然南中先後經鄧方、李恢的治理，由於執行了諸葛亮的「和撫」政策，在一定程度上得到南中各族人民的支持和擁護，但卻遭到了一部分蓄意製造分裂的漢族豪強地主和少數民族貴族的頑固抵制和猖狂反對。就在劉備出兵東吳之後不久，越嶲郡（郡治邛都）「叟帥」高定就起兵進圍新道縣，賴

東漢陶馬 四川博物館藏

犍為太守李嚴率軍往救，趕走了叛軍。可是一當劉備死訊傳到南中，高定更肆無忌憚地稱兵作亂，進攻越巂郡，殺了郡將焦璜，明目張膽地「舉郡稱王以叛」。與此同時，益州郡（郡治滇池，今雲南晉寧縣東）大姓豪強、漢初什方侯雍齒的後裔雍闓亦起兵殺了太守正昂，並「遠通孫權」，繼而又把諸葛亮派去的繼任太守張裔執送東吳。值得注意的是，孫權通過交趾太守士燮，「遙署」雍闓為永昌郡（郡治不韋，今雲南保山縣北）太守的同時，並任劉璋兒子劉闡領益州刺史，使處「交、益州際」（今雲南、越南交界處）。看來，孫權因「恩信著於南土」的大姓雍闓之降，當時燃起了覬覦南中的慾望，打算把東吳的勢力伸進南中去。由於孫權的插手，南中的局勢就更加複雜化了。

這時，諸葛亮的頭腦十分冷靜，他從整頓內政入手，派遣鄧芝等人出使東吳重建吳蜀聯盟的同時，對南中採取了「撫而不討」的策略，積極做說服爭取的工作。諸葛亮一面派越巂郡太守巴西人龔祿住在「去郡八百里」的安上縣（今四川峨邊縣城關鎮），遙領越巂郡；同時又派益州從事蜀郡人常房巡行入南。當常房到達牂牁郡（郡治且蘭，今貴州福泉縣西）時，得知牂牁太守朱褒有「異志」，準備響應雍闓脫離蜀漢，常房收捕郡中主簿考訊得實，將主簿殺掉。朱褒不禁大怒，他在攻殺常房之後，上書蜀漢朝廷反誣常房「謀反」。諸葛亮對此沈吟半晌，下令誅殺常房諸子，並把常房四個兄弟發配越巂，「欲以安之」。豈知諸葛亮這麼做，並沒有使朱褒回心轉意，不久便傳來了朱褒「以郡叛應雍闓」的消息。後世對諸葛亮錯殺常房諸子這件事頗有誹議。裴松之在《三國志》注上說：「安有妄殺不辜以悅奸慝？斯殆妄矣！」認為諸葛亮在這件事的處置上實在做錯了，於情理有虧。不過，諸葛亮這番苦心雖然落空了，但在當時爭取民心，孤立敵人方面多少也收到一點效果。後來舉兵入南，進軍牂牁這一路是比較順利的。

起初，諸葛亮讓都護李嚴寫信去做爭取雍闓的工作。李嚴「書六紙」，向雍闓「解喻利害」，而雍闓卻僅「答一紙」，竟稱說：「蓋聞天無二日，土無二王，今天下鼎立，正朔有三，是以遠人惶惑，不知所歸也。」可見當時雍闓何等傲慢，這也暴露了雍闓醉翁之意不在酒：他投靠東吳是幌子，搞割據分裂是眞心。當朱褒殺常房響應雍闓之後，雍闓的氣焰更加囂張起來，他聯絡越嶲夷王高定，從東面和北面向永昌郡進攻，準備去實做孫權委任的永昌太守。可是事與願違，卻遭到了忠於蜀漢政權的永昌郡功曹不韋人呂凱、府丞蜀郡人王伉的堅決抵抗。

儘管永昌郡地處益州郡之西，道路被封鎖了，與蜀漢中央的聯繫完全斷絕，陷入孤立無援的境地，但在雍闓來進攻時，呂凱、王伉「帥厲吏民，閉境拒闓」，使叛軍毫無進展。特別是當雍闓多次發來檄文命令呂凱停止抵抗時，呂凱在一次回答雍闓檄文的書中，用擺事實、講道理，並引經據典反復勸說雍闓，只要他重新歸順蜀漢，不要投靠東吳，當永昌太守是不成問題的。書中有這麼一段話：「今諸葛丞相英才挺出，深睹未萌，受遺託孤，翊贊季興，與眾無忌，錄功忘瑕。將軍若能翻然改圖，易跡更步，古人不難追，鄙土何足宰哉！」無怪乎後來諸葛亮對呂凱臨危不懼、「執忠絕域」的高風亮節讚歎不已。

就在雍闓進不能占永昌，打算退回益州郡時，南中各族人民逐漸看清了雍闓等人搞分裂叛亂的狼子野心，史稱「益州夷復不從闓」，再也不願跟著雍闓幹下去了。雍闓眼看部眾離心，慌忙指派另一個叛亂頭目益州郡大姓孟獲去欺騙「夷、叟」，並製造謠言說：「蜀漢官家要向你們徵收胸前全是黑色的烏狗三百頭，斆腦（一說是蟲，一說是瑪瑙）三斗，斫木三丈長的三千根，你們能辦得到嗎？」不要說這些東西根本辦不到，拿斫木一項來說，最高也不過長到二丈；更主要的是，由於南中的官吏長期以來橫征暴斂給人們留下了極深的印象，因而雍闓、孟獲這一煽動宣傳還眞起了作用，「夷以為然，皆從闓」，不少人受了欺騙參加到叛軍中去了。這麼一來，除永昌郡外，叛亂幾乎席捲整個南中地區。

但從劉備死後，經過近兩年的「閉關息民」，諸葛亮在把內政外交各方面安排好之後，也就到了「民安食足而後用之」的時候了。這時，諸葛亮一改對南中「撫而不討」的策略，再也不能容忍雍闓等叛亂勢力繼續猖獗下去了。再說，諸葛亮很清楚，南中叛亂不解決，後方不安定，就根本談不上去進行北伐，這正如〈後出師表〉中所說的「思惟北征，宜先入南」。南征勢在必行了。

攻心爲上

蜀漢建興三年（二二五年）春天，忽然傳來魏文帝曹丕興師復征東吳的消息，諸葛亮趁此機會調集兵馬，準備親自南征。派人去漢中通知魏延，加強北邊防務。並通知李嚴，注意東邊的動靜。諸葛亮用楊儀爲參軍從行，而以丞相長史向朗留統後方，坐鎮成都，調撥軍餉，支援前方。

值得一提的是，臨行前，深得諸葛亮信任的司鹽校尉王連，認爲南中乃「不毛之地，疫癘之鄉」，勸說諸葛亮「不宜以一國之望，冒險而行」。諸葛亮聽了，也深感自己身受輔國之託，責任重大，但又覺得諸將之才皆「不及己」，話雖然沒有說出來，但「意欲必往」，向王連作了堅決的表示。而王連當時並不理解諸葛亮這番苦心，仍再三勸諸葛亮從「一國之望」多加考慮，「言輒懇至」，使諸葛亮很受感動，以至「停留者久之」。

這年三月，諸葛亮拜辭後主劉禪，發兵三路，向南中進發。一路以門下督馬忠率領東路軍，由川南僰道直趨牂牁，進攻朱褒；一路以庲降都督李恢率領中路軍，由平夷「案道」向益州郡，襲取雍闓、孟獲的老窠。與此同時，諸葛亮以犍爲太守廣漢人王士爲益州郡太守，配合李恢行動。諸葛亮親統西路大軍，作爲南征的主力，從成都出發去安上，會同住在安上的越嶲太守龔祿，再由安上取水路入越嶲。約定三路兵馬最後會師於益州郡之滇池。當諸葛亮從成都出發時，文武百官送行自不待言。惟丞相參軍馬謖送至數十里外依依不捨，似有所言。諸葛亮謙虛而又誠懇地對馬謖說：「你和我共事多年，常承指教，今天更要請你惠賜良規。」於是，馬謖就把他早已想好的一番話和盤托了出來，他說：「南中依仗其地方既險要又偏遠，不服從朝廷已經很久了，即使今天收服了他們，若大軍一退，難保他們不再背反。要是將來丞相舉兵北伐與強敵相抗，他們探知國內虛弱，其反必速。若是此次用武力把他們趕盡殺絕以除後患，這又非仁者之師的作爲，而且也不是短時間所能辦到的。照我看來，用兵之道，在於攻心爲上，攻城爲下；心戰爲上，兵戰爲下。請丞相詳察，願早服南人之心，以收長治久安之效。」諸葛亮聽了，連連點頭。史稱「亮納其策，赦孟獲以服南方」。足見當時馬謖這一番話甚合諸葛亮之意，不但立即被諸葛亮採納作爲平南之策，而且諸葛亮卻因此對這位「好論軍計」的馬參軍更加讚賞了。無怪後來在北伐中付以重任，相待非同一般。

在諸葛亮統軍進入越嶲境內時，夷王高定已從永昌撤兵，在旄牛（今四川漢源北）、定莋（今四川鹽源境）、卑水（今四川寧南境）一帶佈防，「多爲壘守」。諸葛亮進軍至卑水，據險以待，斂兵不戰，打算等高定兵眾集中到一起的時候，「合併討之」，儘量做到一舉全殲。高定面對諸葛亮大軍在前，一面收縮兵力準備和諸葛亮展開決戰，同時派人通知雍闓、孟獲，叫他們趕緊發兵配合。當雍闓接到高定的通知，正要起兵馳援高定，忽然聽說蜀將馬忠打敗朱褒占領了牂牁，正向益州郡進兵，雍闓雖然心中猶豫，但又不能不去支援高定，要是高定再被諸葛亮吃掉，造成東、西合圍的形勢，那就太危險了。豈知雍闓在把益州郡方面的軍事部署完畢之後，和孟獲率兵西上，從滇東去援助高定時，來遲了一步，引起了高定的懷疑，加之高定部下叟兵這時也感到上了雍闓的當，所以雍闓一到就被高定部曲襲殺了。雍闓死後，孟獲「代闓爲主」，取代了雍闓的地位。諸葛亮得知消息，認爲時機已到，厲兵出擊，一舉擊破叛軍。蜀軍乘勝直搗高定窠穴，俘虜了高定妻子。諸葛亮因高定「失其窟穴」，本想把他活捉過來勸其投降，那知高定「殺人爲盟」，糾合了部眾二千多人反主動來和諸葛亮決一雌雄，諸葛亮大怒，縱兵奮擊，一戰陣斬了高定，收服了越嶲郡。諸葛亮在平定越嶲之後，這年五月揮師渡過瀘水（金沙江），乘勝追擊逃回益州郡的孟獲。

再說李恢率領的中路軍。當他由平夷進入益州郡，直搗雍闓、孟獲窠穴的時候，突然被雍闓事先糾合的各縣叛軍包圍於滇東黔西之間的昆明地帶（非現在昆明市）。這

孟獲，建寧郡（今雲南）人。三國時期的南蠻大王，曾被諸葛亮七次擒獲，後歸順蜀漢隨諸葛亮到成都任官。

時，李恢既處於「眾少敵倍」的劣勢，又「未得亮聲息」，和諸葛亮的聯繫也中斷了。在這萬分危險的緊急關頭，李恢急中生智，利用他是本地人的關係，誆騙敵人說：「眼看官軍糧盡，打算退回北方去，但我離鄉里已久，今天既然回來了，就不打算再到北邊去了，我倒很想和大家同謀共計一起幹，以此表示我的誠意。」李恢這一手還眞見效，「南人信之，故圍守怠緩」。趁敵人一鬆懈，李恢趁勢出擊，厲兵奮戰，「追奔逐北，南至槃江」。這一仗，李恢不僅把敵人打得落花流水，而且「東接牂牁」，又「與亮聲勢相連」，和馬忠的東路軍以及諸葛亮的西路主力軍都取上聯繫了。史稱南土平定，以李恢「軍功居多」。

正是在這種情況下，孟獲逃回益州郡遭到了李恢的堵擊，被迫掉頭與諸葛亮決一雌雄，在盤江上游（今曲靖段）和諸葛亮展開決戰。孟獲豈是諸葛亮的對手，一戰就被捉住。這時，諸葛亮軍威大盛，擒住孟獲本來就意味著南中戰事的結束，但在勝利面前，諸葛亮想得更深更遠，雖然他用兵在南，卻老是想著北邊的事，要是南中不解決好，這對今後北伐必然掣肘，帶來不利。爲此，他決心對這位深得「夷、漢所服」的孟獲實行「攻心」，使其心悅誠服，眞心歸順。於是，諸葛亮佈列營陣，引著孟獲參觀了一番之後，問他說：「此軍如何？」孟獲回答說：「原本不知你們的虛實，所以打了敗仗。今天承蒙賜觀營陣，也不過如此，若是放我回去整兵再戰，打敗你們也並不難。」諸葛亮聽了，不動聲色地點了點頭，微微笑了笑，就把孟獲放了。據說，諸葛亮對孟獲一連縱擒達七次之多，在最後一次「亮猶遣獲」，還打算再放孟獲回去時，孟獲不去了，他誠懇地對諸葛亮說：「公，天威也，南人不復反矣。」關於諸葛亮擒縱孟獲的事，見之於史書記載的，僅此而已。耐人尋味的是，《三國演義》中卻以四萬多字的篇幅，極其淋漓盡致地描寫了諸葛亮七擒孟獲的始末，這眞是驚人的創造和藝術加工。

按史書記載，諸葛亮正是在使孟獲臣服之後，「遂至滇池」，與李恢、馬忠會合。三路大軍會師滇池，標誌著南中戰事基本上勝利結束了。時間正是這年秋天。所謂「其秋悉平」，或「秋，遂平四郡」。那末，從諸葛亮「五月渡瀘」，到秋「平四郡」，其間大約花了四個月左右的時間；若從這年春天三月出兵算起，也不過一共用了五、六個月的光景，就把稱兵倡亂長達兩、三年之久的反叛勢力翦除了。在這麼短的時間內，取得了這麼大的勝利，這是與諸葛亮採取

「攻心為上」的用兵方略是分不開的。不過，問題恰好在於：正因為時間是這麼短，諸葛亮又「方務在北」，一心繫念著北邊的事，那麼，諸葛亮又能否有充分時間來對孟獲「七縱七擒」或是「凡七擄七赦」呢？

還有應該一提的是，不但擒縱次數達七次之多，地理位置也越扯越遠。至今雲南西部還留下了許多關於諸葛亮和孟獲爭戰的記載和遺跡。從張若驌在《滇雲紀略》中所示的諸葛亮「七擒孟獲」的地點來看，幾乎全都在今天雲南西部、大理、保山一帶地區。可是，史書上雖有「七縱七擒」或「七擄七赦」之說，卻沒有諸葛亮南征打到過滇西的記載。據雲南這方面學者的研究，認為自唐代以後，有關諸葛亮和孟獲戰爭的記載和遺跡，不斷向滇西大理、保山等地推移，時代愈後，記載愈詳。進而指出，這是因為滇西在當時是效忠諸葛亮的呂凱的轄區，以致後人把呂凱的事跡附會到諸葛亮身上；再加之漢族人民不斷向西遷徙，又把滇東有關諸葛亮的歷史故事，也帶到滇西各地。鑑於正史缺略，而諸葛亮南征的影響又很深遠，這種附會也是會自然而然地出現。

大概《三國演義》作者收集了大量後來滇西有關諸葛亮和孟獲作戰的傳說故事，把史籍上「七縱七擒」這句話加以具體化，渲染而成了諸葛亮七擒孟獲的長篇故事。到了明代以後，更是廣泛流傳了。其影響所及，以至於異國他鄉，也是有口皆碑的。筆者近幾年來接觸到

繡像插畫：征南寇丞相大興師。蜀漢建興三年（225年），南方部落酋長孟獲侵擾蜀境，益州建甯太守雍闓亦結連孟獲造反，為此諸葛亮親領大軍向益州進發。

的不少來自東南亞各國的友人。他們談起諸葛亮，也是肅然起敬的多。據稱在緬甸、泰國一些地方，一般都不直呼諸葛亮之名，而尊稱他爲孔明。孔明本是諸葛亮的字，這種和中國歷來呼字爲尊的傳統習慣，倒是頗爲一致的。可見諸葛亮影響的深遠了。

諸葛亮對孟獲「縱擒」是「攻心」政策的具體表現，但抓抓放放，達「七」次之多，恐怕是有些過分的。正如《通鑑輯覽》說：「七縱七擒」爲記載所豔稱，無識已甚。蓋蠻夷固當使之心服，然以縛渠屢遣，直同兒戲，一再爲甚，又可七乎，即云几上之肉不足慮，而脫韝試鷹，發柙嚐虎，終非善策。且彼時亮之所急者，欲定南而伐北，豈宜屢縱屢擒，耽延時日之理，知其必不出此。」這就把問題說得十分透徹了。

諸葛亮從秋天平定南中四郡後，差不多又用了兩個多月的時間，從改善民族關係入手，採取了一系列「和撫」措施，在把南中事務大體安排順當之後，到這年年底才取道滇東北，班師回到了成都。

夷、漢粗安

對西南邊民族地區實行「和撫」，這是諸葛亮隆中戰略的既定方針。在平定南中叛亂的整個過程中，諸葛亮採用「攻心」戰術，實際上也不過是用軍事手段來貫徹這一方針，以便在軍事結束之後，使這一方針得到更好地貫徹和執行。但是，爲了推行這一方針，無論在戰前或戰後，諸葛亮都付出了高昂的代價。而在戰爭期間，他對叛亂頭目中凡是能夠爭取的，他都儘量爭取，即便是像高定那樣「恣睢」妄爲的倡亂首惡分子，他也想「歸首以取其生」，只要高定投降，就讓他活下來。雍闓固然是自取滅亡，要是能夠投降的話，恐怕諸葛亮也不會殺他。而對孟獲的縱擒也足以說明諸葛亮用心之苦。不要說在征南之前，越嶲郡將焦璜被殺，益州郡太守正昂遇害，繼任太守張裔又被流放，特別是諸葛亮忍痛殺常房子以安朱褒，更見其苦心所在。即在征南之後，諸葛亮任用的益州郡太守王士，越嶲郡太守龔祿，也先後爲「蠻夷所害」。雖然如此，諸葛亮還是沒有感情用事，仍從大局出發，堅決按照「和撫」的方針去做。

諸葛亮在戰事結束之後，首先就採取了「即其渠帥而用之」的政策，儘量錄用當地各方面有影響的上層人物，只要他們是擁護蜀漢中央政權的，就讓他們擔任南中地區各級政府官吏。有的還準備選拔到中央任以要職。諸葛亮這麼做，固然是爲了增強民族團結，以便更好地治理南中，同時也是改革東漢長期以來用漢人統治少數民族，實行殘酷壓榨的弊政。可是在當時，卻有人對諸葛亮這一政策並不理解，認爲這麼做實在太危險了，建議諸葛亮還是用漢人可靠些。對此，諸葛亮從實際出發，分析了留漢人來管理南中有三不利：若留漢人，必當留兵，兵留少了不行，留多了則吃的就成問題，此其一；經過這次戰亂，夷人父兄多有死傷，若留漢人不留兵，必然釀成禍端，此其二；夷人常有自相攻殺之罪，疑心又重，即使秉公而斷，對漢人也終不相信，此其三。鑑於有此三不利，諸葛亮決心採取「不留兵，不運糧」的辦法，讓南中各兄弟民族自己管理自己，以使這一地區形成一個「綱紀粗定，夷、漢粗安」的局面就行了。顯然，這是諸葛亮總結歷史經驗教訓，又根據民族地區特點所採取的一項重大措施。在這一點上，充分反映出作爲政治家的諸葛亮，既謹慎行事，又富有魄力。

諸葛鼓，四川成都武侯祠。

當然，諸葛亮採取「即其渠帥而用之」的政策，並不意味著對南中放任自流。即使在用人方面，也不是絕對不留漢人不留兵的。不用漢人主要是針對選用郡以下的基層官吏來說的。相反，爲了達到「夷、漢粗安」的目的，眞正在南中造成一個相對穩定的政治局面，諸葛亮還採取了一些多少帶有強制性的政策措施，以加強蜀漢中央政權對南中的控制。歸總起來，這些措施主要表現在如下幾個方面：改劃郡縣。諸葛亮在平定四郡之後，首先就把倡亂最久、爲害最烈的益州郡改爲建寧郡（郡治味縣，在今雲南曲靖），以平南「軍功居多」的庲降都督李恢兼任，並加升李恢爲安漢將軍。由於呂凱、王伉固守永昌，一直堅持到征南大軍到來，諸葛亮不但上表給後主劉禪表彰他們「執忠絕域」的卓出功績，而且還特別分出建寧、永昌郡各一部分設置了雲南郡（郡治雲南，在今雲南祥雲雲南驛），任呂凱爲雲南太守，並以王伉爲永昌太守。與此同時，再分建寧、牂牁郡設置了興古郡（郡治宛溫，在今雲南硯山維摩）。任東路軍統帥馬忠爲牂牁太守。馬忠在平定朱褒叛亂之後，「撫育卹理，甚有威惠」，極爲諸葛亮所讚賞，後來繼李恢、張翼擔任庲降都督。不難看出，經諸葛亮當時改劃後的南中郡縣，在原來四郡的基礎上新增設了雲南郡、興古郡，再加上建安十九年（二一四年）劉備初定益州後所置的朱提郡，這麼一來，屬南中庲降都督統管的就有七個郡了。很明顯，郡數增加，郡區縮小，特別是作爲雍闓、孟獲叛亂根據地的益州郡，不但改了名，而且分出地盤最多。這都是諸葛亮爲加強蜀漢中央集權所採取的有力措施，也是爲了盡快消除南中叛亂的影響。所謂「建寧」，即就是在南中建立一個和平安寧的政治局面。

削弱大姓、夷帥和收其俊傑。儘管諸葛亮在平定南中時，集中力量打擊了一小撮搞分裂割據的頑固勢力，而在叛亂平定之後，爲削弱大姓、夷帥的

三國古戰場，雲南曲靖地區陸良縣是孟獲的故鄉。

勢力，又強行遷移「南中勁卒青羌萬餘家於蜀」，可是南中的局勢也並不是從此就風平浪靜了，大的連郡反叛雖然沒有出現過，但小的局部叛亂還不時發生。不但在越巂郡發生了「叟夷數反」，連越巂郡太守龔祿亦遇害，賴將軍張嶷率軍討平。而且就在庲降都督所在的建寧郡卻也發生了「南夷復叛，殺害守將」的事，史稱李恢「身往撲討，鉏（鋤）盡惡類，徙其豪帥於成都」。可見李恢這次採取了極其強硬的軍事鎮壓手段，不僅殺了許多人，而且還把其中有牽連的豪強、夷帥統統遷徙到成都去，讓他們永遠脫離南中，再也不能干涉南中的地方行政事務了。

諸葛亮對南中的大姓豪強和少數民族「夷帥」極不放心，他在遷移南中「勁卒青羌」到蜀中去的同時，而把其中「羸弱」的留下，並分配給大姓焦、雍、婁、爨、孟、量、毛、李等作部曲，又設置五部都尉加以統管起來。這些名爲大姓部曲家兵，實際上已納入政府地方軍的建制；平時從事生產，戰時被徵用當兵，起到「不留兵」而有兵可用的作用。而對那些不願意充當大姓部曲的「剛狠」惡夷，諸葛亮就「勸令」大姓出金帛收買他們，誰要是收買得多，誰就可以「奕世襲官」，世世代代都承襲官爵。這麼一來，不僅削弱了大姓的經濟實力，又因夷人「貪貨物」，使之「漸服屬於漢」，組成了「夷漢部曲」。這種把大量奴隸變成部曲的作法，既加深了民族融合，起到改善民族關係的作用，也使南中地區生產關係得到進一步發展。與此同時，諸葛亮爲加強對南中的控制，則讓一部分擁護蜀漢政權而又享有較高威望的大姓和夷帥，作爲南中地區的代表人物參加到蜀漢中央政府中來，所謂「收其俊傑建寧爨習、朱提孟琰及（孟）獲爲官屬」。爨習是李恢的姑父，後來隨諸葛亮北伐，官至領軍；孟琰後來亦參加北伐，官至輔漢將軍、虎步監；孟獲更做到御史中丞，「威攝百僚」，職掌監察大權①。諸葛亮這麼做，無疑對鞏固蜀漢政權，增強民族團結，收到了很好的效果。

尊重習俗和開發南中。諸葛亮十分注意南中各民族的風俗習慣，他對管理南中的官吏，特別是對庲降都督、郡守的人選極爲重視。建興九年李恢死後，諸葛亮以蜀郡太守犍爲人張翼繼任庲降都督。由於張翼「持法嚴，不得殊俗之歡

註釋

①章太炎《菿漢昌言》卷五：「中丞威懾百僚，乃以夷叟為之者，以其無族姻，遠朋黨也。」

心」，以致引起南夷豪帥劉冑反叛，「擾亂諸郡」，諸葛亮急召張翼還，而用這時已做了益州治中從事的馬忠爲庲降都督去代替張翼。馬忠在陣斬劉冑之後，很快就平定了「南土」。馬忠雖不是南中人，但他很能按諸葛亮的「和撫」方針辦事，他早先在撫定牂牁郡時就深得諸葛亮的信任。他在擔任庲降都督之後，爲了更好地安撫南中，他把都督府由平夷縣遷移至味縣，使處「民夷之間」。由於馬忠當過丞相府門下督，在長期和諸葛亮共事期間，他對諸葛亮治軍理政的思想作風頗有體會，史傳上說他「處事能斷，恩威並立」，因而收到了「蠻夷畏而愛之」的治績。馬忠死後，南中各族人民「流涕盡哀」，並爲他建廟立祀。後來擔任庲降都督的霍弋，亦能「撫和異俗」，並且「立法施教，輕重允當，夷晉安之」。看來，後世稱道諸葛亮治蜀「刑政達於荒外」，並非過譽之詞。

越嶲郡太守張嶷，也是一位按照諸葛亮「和撫」民族政策，對開發南中卓有成就的蜀漢官吏。自諸葛亮南征之後，因越嶲郡「叟夷數反」，特別是太守龔祿被殺後，繼

登相營古驛站附近的靈光古道，四川喜德縣冕山鎮小山村。
是古代成都至西昌以至雲南的一段步行通道。又稱犛牛道、西驛道。西漢建元六年（前135年）司馬相如出使西夷時開闢；蜀漢建興三年（252年）諸葛亮南征路過維修，人稱「孔明鳥道」；唐代太和四年（830年）劍南西川節度使李德裕置清溪關，更名為「清溪古道」。

任太守「不敢之郡」，仍寄住在「去郡八百里」的安上縣，使越巂郡「徒有名而已」。蜀漢統治集團內部對此議論紛紛，一致要求「開復舊郡」。於是朝廷任命張嶷爲越巂郡太守，擔當起這一重任。張嶷率軍深入越巂境內，「誘以恩信，蠻夷皆服，頗來降附」。張嶷在捉住了殺死龔祿、破壞民族團結的斯都「耆帥」李求承之後，「數其宿惡而誅之」。史稱張嶷在修復越巂舊郡城廓時，「夷人男女，莫不致力」。張嶷因郡內定莋、台登（今四川冕寧南）、卑水三縣出產「鹽、鐵及漆」，在派遣官吏加以管理後，「重申恩信」，和各族人民一起開採，於是「遂獲鹽鐵，器用周贍」。特別是張嶷在安撫旄牛夷酋狼路之後，又在兄弟民族的大力支援下，打通了由邛都經旄牛至成都的舊道，所謂「開通舊通，千里肅清」。並修復古亭驛站（食宿點），方便商旅往來。

據說由旄牛中轉至成都這條舊道，「既平且近」；而由安上轉至成都，「既險且遠」。但「旄牛絕道，已百餘年」，至此經張嶷主持修復，實在是大功一件。這不僅從政治上加強了蜀漢和西南邊區的聯繫，而且對開發整個南中和促進經濟文化的交流，也起了相當的作用。

張嶷在越巂做了十五年太守，當他離任取道旄牛回成都去時，「民夷戀慕，扶轂泣涕」，一路上送行的人絡繹不絕，更有「相率隨嶷朝貢者百餘人」。後來張嶷隨姜維北伐，臨陣戰歿。越巂民夷得知張嶷死訊，「無不悲泣」，並爲他修建祠廟。

諸葛亮治理南中，在尊重民族風俗習慣的同時，也很注意因地制宜地發展農業生產，只有經濟的基礎——農業發展了，才能根本改變南中地區的落後面貌。諸葛亮在平南後，不留外人不留兵的第一條理由，就是當時南中農業生產落後還養不起兵，所謂「兵留無所食」。從李恢開始，就在建寧郡治味縣屯田，後來馬忠把庲降都督府遷來，爲了養兵，屯田的規模就更加擴大了，「南人謂之屯下」，這裏不僅是南中地區的軍事政治中心，也成爲了南中的經濟文化中心。諸葛亮設置雲南郡後，李恢曾從永昌郡「遷濮民數千落於雲南、建寧界，以實二郡」。在雲南郡境內，有所謂「上方夷」、「下方夷」，即居住在山林中的夷人和居住在壩地上的夷人。由於農業生產的發展，逐漸吸引了上方夷遷居平地，變成了下方夷。這種情況，楊慎在《滇載記》中記載說：「諸夷慕侯之德，漸去山林，徙居平地，建城邑，務農桑。」可見諸葛亮是用示範和獎勵的辦法來促使南中各族人民從事農業生產，並帶動整個地區社會經濟的繁榮。在獎勵農業生產的同時，諸葛亮很重視興修水利，相傳在雲南保山縣城南，諸葛亮曾修築過三個能灌田數千畝的堰塘，被後人稱之爲「諸葛堰」。

後世關於諸葛亮在南中引導人民發展生產的記載和傳說甚多，至今雲南一些少數民族地區還親切地把諸葛亮叫做「孔明老爹」，佤族人民還說他們祖先蓋房子、編竹籮是諸葛亮所教的，連稻種也是諸葛亮所賜的。劉禹錫在《嘉話錄》中還記載了諸葛亮南征時，曾在嶲州（越嶲）種過蔓菁，「以濟軍食」，後來稱爲「諸葛菜」。馮蘇在《滇考．諸葛武候南征》中又有「命人教打牛以代刀耕，彝眾感悅」的記載。其他，如諸葛亮在南中地區煮鹽、採礦的記載和傳說亦不少。但是，諸葛亮自己說過：「朱提銀，漢嘉金，採之不足以自食。」看來，諸葛亮歸根結底還是重視在南中地區倡導發展農業，只有農業發展了，才能解決人民的穿衣吃飯，才能養兵，這是一個非常現實的問題。

據《歷代名畫記》中說，諸葛亮父子「皆長於畫」。諸葛亮因南中夷人「俗徵巫鬼」，迷信鬼神，又好結盟爲誓，所謂「投石結草」，而歷來官府也常用「詛盟」來和他們搞好關係。諸葛亮爲達到「綱紀粗定，夷、漢粗安」的目的，也充分利用了這一習俗。《華陽國志》記載說：「諸葛亮乃爲夷作圖譜：先畫天地、日月、君長、城府；次畫神龍，龍生夷及牛馬羊；後畫部主吏乘馬幡蓋，巡行安恤；又畫牽羊負酒齎金寶詣之之象，以賜夷。夷甚重之。許致生口直，又與瑞錦鐵券，今皆存。每刺史校尉至，齎以呈詣，動亦如之。」

從畫面的內容來看，所謂「先畫天地、日月、君長、城府」，是要夷人首先懂得上下尊卑的關係，以加強中央皇權的觀念；所謂「後畫神龍，龍生夷及牛馬羊」，這是諸葛亮再借南中廣爲流傳的「九隆神話①」，來增強神聖統治的意識；所謂「部主吏巡行安恤」，以及夷人「牽羊負酒齎金寶詣之」，卻是畫面的主體，充分表現了官民和睦、上下相安的生動情景，這才是諸葛亮希望達到的眞實目的。諸葛亮把這一圖譜賜給南中各民族中的上層人物，再加上大姓豪強因收買夷人奴隸爲部曲所給予的「瑞錦鐵券」，作爲南中大姓、夷帥擁護蜀漢中央政權的象徵，以及他們承襲官爵的憑證。

由於諸葛亮對南中實行「和撫」的民族政策，在平叛中採取「不以力制，而取其心服」的做法；在平叛之後，又尊重南中民族風俗，因地制宜發展生產，對維護西南各民族間的傳統友好關係和促進經濟文化交流，是有重大貢獻的，因而千百年來南中各族人民對諸葛亮寄與深切的懷念。從南中地區流傳至今的許多生動的故事中，就充分證明了這一點。特別是後來諸葛亮逝世噩耗傳來，西南「戎夷野祀」，各族人民對他表示了深切的哀悼。足見諸葛亮生前在西南各族人民心目中的地位。無怪後世在南中的不少地方都修了祠廟來紀念他。不僅對諸葛亮是這樣，而對執行諸葛亮「和撫」民族政策卓有成效的馬忠、張嶷等人亦是如此。這充分說明，凡是給人民辦了好事的，人民總是不會忘記的。

不過，應該指出，諸葛亮對南中的治理，他所推行的種種措施，無非都是爲了防止分裂，加強蜀漢中央政權對南中的統治。據記載，從李恢兼任建寧郡太守開始，每年就從南中「賦出叟、濮，耕牛、戰馬、金銀、犀革」等大量人力物力，以「充繼軍資，於時費用不乏」。有人說，諸葛亮征南的動機就有取得這些物資和擴充兵員爲北伐作準備的打算，這是不無道理的。當時人譙周指出，自諸葛亮南征後，「取以給兵，以爲愁怨，此患國之人也」。取給軍資，致使南人「愁怨」，可見徵斂是不輕的。再從諸葛亮南征以後還發生過叛亂的這個客觀事實來看，也從側面說明了這一點。

但是，諸葛亮之所以較之其他時代政治家對民族地區的治理都要高明一點，大概也正在於他能夠較多地注意到民族地區的特點，以及尊重少數民族的習俗，不照搬內地的經驗，以達到「綱紀粗定，夷、漢粗安」的目的。唐代大政治家裴度就對他處理民族關係「不以力制，而取其心服」這一點極爲稱道。唯其如此，諸葛亮的形象在西南各族人民心中歷久不衰。

註釋

①《後漢書．西南夷傳》：「哀牢夷者（《華陽國志》稱「永昌郡，古哀牢國。哀牢，山名也。」），其先有婦人名沙壹，居於牢山。嘗捕魚水中，觸沈（沉）木若有感，因懷妊，十月，產子男十人。後沈木化為龍，出水上。沙壹忽聞龍語曰：『若為我生子，今悉何在？』九子見龍驚走，獨小子不能去，背龍而坐，龍因舐之。其母鳥語，謂背為九，謂坐為隆，因名子曰九隆（《華陽國志》作「元隆」）。及後長大，諸兄以九隆能為父所舐而黠，遂共推以為王。後牢山下有一夫一婦，復生十女子，九隆兄弟皆娶以為妻，後漸相滋長。種人皆刻畫其身，象龍文，衣皆著尾。九隆死，世世相繼。乃分置小王，往往邑居，散在溪谷。絕域荒外，山川阻深，生人以來，未嘗交通中國。」《華陽國志．南中志》所記與此大致相同。並稱：「南中昆明祖之，故諸葛亮為其國（圖）譜也。」

第八章 北伐中原

上表出師

諸葛亮於蜀漢建興三年（三一五年）冬天在安撫南中之後，取道滇東北班師西返，行至漢陽縣（屬朱提郡，在今四川高縣），逢魏國降人李鴻來見，時蔣琬、費詩陪坐，李鴻對諸葛亮說：「我來時在新城孟達處停留過，遇見李嚴部將王沖從南邊去投降魏國，王沖告訴孟達，說前次孟達降魏時，丞相切齒痛恨，打算把他的妻子殺掉，好在先帝不同意。倒是孟達聽了不以爲然，說丞相重道義，有始終，絕不會這麼做。他根本不相信王沖的鬼話。我來時，孟達再三囑託我向丞相致意。」諸葛亮聽後，掉頭對蔣琬、費詩說：「回成都後我們就與子度（孟達字）通個信息。」蔣琬未及開口，費詩卻忍不住了，他提醒諸葛亮說：「孟達這小子，過去奉事劉璋不忠，後來又背叛先帝，像這樣反覆無常的人，何必再與他交往！」諸葛亮搖了搖頭，覺得費詩把話說得太直率了，也就不便再繼續談下去，只好「默然不語」了。其實諸葛亮當時雖然口中不言，心裏卻自有主張。

這年十二月，諸葛亮率領大軍回到成都，後主命群臣於數十里外迎接。諸葛亮於群僚之中看見侍郎費禕，叫他上車來同載回城。大家以費禕官小年幼，受到諸葛丞相如此優待，驚羨之餘，莫不爲之易觀。眾人哪裏知道諸葛亮歸來時一路上的心思：南征雖然結束了，還有許多事情要趕緊去辦。首先要借這次勝利宣揚國威，鼓舞士氣，積極練兵，作好北伐的準備；由於這次勝利，恐怕對孫權也是很有影響的，因而還得派人去和孫權疏通一下，要進行北伐還得進一步和孫權搞好關係才行。所以，諸葛亮於群僚中看見曾出使過東吳的費禕，打算把這次去東吳的使命再次交給他。在回城的路上，諸葛亮就先向他交個底。過了幾天，諸葛亮在成都城南萬里橋頭，會集群僚，親自爲費禕設宴餞行。足見諸葛亮對南征後遣使去東吳的使命之重視。

確如諸葛亮之所料，孫權一開始就十分關注諸葛亮平南的戰局，由於鄧芝使吳恢復了吳蜀聯盟，在諸葛亮用兵南中的前兩年，兩國使者頻繁往來，關係日益加深，孫權也不便公開出兵支援向他表示臣服的雍闓等叛亂勢力，況且這是蜀漢的內政，若孫權眞要進行干涉的話，勢必犧牲兩國間的同盟關係。

這對孫權來說不能不權衡利弊。何況就在諸葛亮舉兵南征的這一年，曹丕親征江南也使孫權自顧不暇。

所以當他不斷得到諸葛亮南征進展情況的報告時，也只有大興鞭長莫及之歎，眼睜睜看著諸葛亮把南中反叛勢力一個一個地消滅掉，使南中重歸於蜀漢的統治之下。孫權到底不失爲一位識時務的政治家，他在諸葛亮迅速平定南中之後，一方面立即召回住在交、益州界、爲他所署的益州刺史劉闡，同時還遣使去蜀中向諸葛亮表示慰勞，並給劉禪送去兩頭馴象以表親善①。可見在南中平叛之後，諸葛亮派費禕去東吳，孫權遣使來西，都從當時鼎立三分的大勢出發。說明兩國之間的合作實屬必要，聯盟關係不能削弱，還應加強。

諸葛亮歸來時，正當歲末，諸務匯集。過了年，諸葛亮奏明後主，加升李嚴爲前將軍，移屯江州，兼管後方軍事，爲他下一年去漢中主持北伐早作準備。在李嚴還屯江州的同時，諸葛亮以護軍陳到爲永安都督，鎮守白帝，統屬於李嚴。這時，諸葛亮想起了孟達的事。他雖然覺得費詩去年在漢陽縣當著魏國降人李鴻的面把話說得太直了點，但細思之，費詩說的卻又是實情，也不無道理。不妨先和孟達拉拉交情，看情況再說。於是，諸葛亮囑咐李嚴先利用老關係和孟達通個信試探一下，李嚴在寫給孟達的信中，說了這樣的話：「吾與孔明俱受寄託，憂深責重，思得良伴。」果然孟達收到李嚴的信後，心中又驚又喜，可以說是驚喜參半：驚的是此乃大事不可倉促；喜的是蜀中老朋友還沒有忘記他。而在驚喜之餘，思前想後，又不禁懷

註釋

①《諸葛亮集》故事卷二引〈江表傳〉：「蜀將諸葛亮討賊還成都，孫權遣使勞問之，送馴象二頭於劉禪。」

疑起來，何況還不知道諸葛亮的態度如何呢？諸葛亮眞能諒解他當初舉軍投魏的罪過嗎？正當孟達猶豫之時，忽然接到了諸葛亮的親筆信，眞是喜出望外，反覆看後，心中的疑雲頓然爲之一掃，信中云：往年南征，歲末乃還，適與李鴻會於漢陽，承知消息，慨然永歎，以存足下平素之志，豈徒空託名榮，貴爲乖離乎！嗚乎孟子，斯實劉封侵陵足下，以傷先帝待士之義。又鴻道王沖造作虛語，云足下量度吾心，不受沖說。尋表明之言，追平生之好，依依東望，故遣有書。

諸葛亮在信中不但絲毫沒有責備孟達之意，反而極其體諒孟達當初投魏之心。諸葛亮這一番情深意重的話，怎麼會不使孟達深深感動呢？於是孟達和諸葛亮書信往返，「數相交通」，特別是這年五月魏文帝死後，他決心加緊和諸葛亮取得聯繫，準備在適當的時候叛魏歸蜀。何以孟達偏偏在曹丕死後下了去魏歸蜀的決心呢？原因是，開初孟達率領部曲四千餘家降魏之後，曹丕對他極爲器重，合房陵、上庸、西城三郡爲新城郡，任他爲新城郡太守，「委以西南之任」。當時就有人提出異議，認爲對他過於信重了，倒是魏文帝不以爲然，堅持要這麼做。孟達不僅得到魏文帝信任，而且還和魏國大臣尚書令桓階、征南大將軍夏侯尚「親善」。可是這時，不但魏文帝死了，桓階、夏侯尚亦先後去世，孟達便因此「心不自安」。當然，再經諸葛亮了解到孟達此時的心情，也就趁此機會進一步做孟達的工作。這樣一來，孟達很快就和諸葛亮靠攏了。孟達派人給諸葛亮送去「紗帽」一頂、「玉玦」一塊，「以示微意」，向諸葛亮表明了他的態度。諸葛亮是個細心謹愼的人，他在孟達「陰許歸蜀」下了決心之後，派人叫孟達千萬要沈住氣，一定要耐心等待他的通知，尤其要嚴守祕密，不可大意。

諸葛亮自平南之後，「軍資所出，國以富饒」，蜀漢不僅從南中取得大量軍資，而且還從遷到蜀中的「勁卒青羌萬餘家」中，選拔精壯，編爲五部，加之諸葛亮嚴格訓練，成了一支「所當無前」的「飛軍」。到蜀漢建興五年（二二七年）春天，諸葛亮經過一年多的「治戎講武」，大規模地開展軍事訓練，使兵強馬壯。這年三月，諸葛亮準備率領諸軍進駐漢中，去具體佈置北伐的軍務事宜，他在和朝中眾大臣幾經磋商後，以張裔爲留府長史，與參軍蔣琬統留府事，而任侍郎董允管理宮中，待把宮、府大事安排就緒。然後，他向後主劉禪上了一道表章。表云：

先帝創業未半而中道崩殂，今天下三分，益州疲弊，此誠危急存亡之秋也。然侍衛之臣不懈於內，忠志之士忘身於外者，蓋追先帝之殊遇，欲報之於陛下也。誠宜開張聖聽，以光先帝遺德，恢弘志士之氣，不宜妄自菲薄，引喻失義，以塞忠諫之路也。

石刻〈後出師表〉，四川成都武侯祠博物館。

宮中府中，俱爲一體，陟罰臧否，不宜異同。若有作奸犯科，及爲忠善者，宜付有司論其刑賞，以昭陛下平明之理，不宜偏私，使內外異法也。侍中侍郎郭攸之、費禕、董允等，此皆良實，志慮忠純，是以先帝簡拔以遺陛下。愚以爲宮中之事，事無大小，悉以咨之，然後施行，必能裨補闕漏，有所廣益。將軍向寵，性行淑均，曉暢軍事，試用於昔日，先帝稱之曰能，是以眾議舉寵爲督。愚以爲營中之事，悉以咨之，必能使行陣和睦，優劣得所。親賢臣，遠小人，此先漢所以興隆也；親小人，遠賢臣，此後漢所以傾頹也。先帝在時，每與臣論此事，未嘗不歎息痛恨於桓、靈也。侍中、尚書、長史、參軍，此悉貞良死節之臣，願陛下親之信之，則漢室之隆，可計日而待也。

臣本布衣，躬耕於南陽，苟全性命於亂世，不求聞達於諸侯。先帝不以臣卑鄙，猥自枉屈，三顧臣於草廬之中，咨臣以當世之事。由是感激，遂許先帝以驅馳。後值傾覆，受任於敗軍之際，奉命於危難之間，爾來二十有一年矣。先帝知臣謹慎，故臨崩寄臣以大事也。受命以來，夙夜憂歎，恐託付不效，以傷先帝之明。故五月渡瀘，深入不毛。今南方已定，兵甲已足，當獎率三軍，北定中原，庶竭駑鈍，攘除奸凶，興復漢室，還於舊都。此臣所以報先帝，而忠陛下之職分也。

至於斟酌損益，進盡忠言，則攸之、禕、允之任也。願陛下託臣以討賊興復之效；不效，則治臣之罪，以告先帝之靈。若無興德之言，則責攸之、禕、允等之慢，以彰其咎。陛下亦宜自謀，以諮諏善道，察納雅言，深追先帝遺詔，臣不勝受恩感激。今當遠離，臨表涕零，不知所言。

這就是後世千載流傳的〈出師表〉。通篇凝聚著諸葛亮公忠體國、勵精圖治的精神品格，無處不展現他北定中原、謀求統一的堅定信念，言出肺腑，情眞意切，發人深省，感人至深。不難看出，這篇表文是針對劉禪闇弱無能，有感而發的用世之作，既因勢利導以圖治，又借鑑歷史來警戒。正因爲這樣，此表傳頌萬古，光照千秋。總起來看，〈出師表〉有這麼幾層意思：

諸葛亮在表文中，一開始就以政治家「居安思危」①的遠大眼光，首先向劉禪指出在他父親死後三分天下的鼎足之勢，比較起來說，「益州疲弊」，蜀漢國小而力弱，可以說是處於「危急存亡」的關頭。進而諸葛亮在肯定內外臣僚忠勤忘身的前提下，勸告劉禪要廣開視聽，勵精圖治，繼承先帝的事業，千萬不可「妄自菲薄」，或是引喻不當，失卻大義，否則就會使忠臣寒心，志士喪氣，從而阻塞忠諫之路。這是第一層意思。

第二層意思，諸葛亮因劉禪年輕懦弱，「朱紫難別」，好壞分不清，擔心在他離開之後，處治不公，偏聽偏信，任性施爲，使他親手制定的律令、法紀遭到破壞，所以他特別向劉禪指出：宮廷和丞相府要一體看待，賞善懲惡，不應兩樣。無論觸犯法紀的，或是忠勤有功的，都應交給主管部門去「論其刑賞」，不宜有所偏私。爲此，諸葛亮在表中向劉禪舉薦了侍中郭攸之、費禕和侍郎董允等人，稱讚他們善良誠實，忠心耿耿，希望劉禪凡宮中之事，無論大小，都要和他們商量。而營中之事，則要多問問賢良公正、精通軍事的將軍向寵。諸葛亮進而語重心長地以前後漢盛衰興亡的歷史教訓——能否「親賢臣，遠小人」來警戒劉禪，再次希望劉禪對他留在朝中輔政的一批忠貞賢良、能以死報國的大臣「親之信之」。這一層意思充分體現了諸葛亮嚴明賞罰、親賢遠奸的一貫思想。

第三層意思，諸葛亮追憶他的身世，在回顧了劉備對他的「三顧」之情，及臨終「託付」之重以後，鑑於「南方已定，兵甲已足」，提出現在到了他「當獎率三軍，北定中原」的時候了，這是他報答劉備、忠於漢室的職責所在。至於在朝中斟情酌理，進獻忠言，這是郭攸之、費禕、董允他們的責任。諸葛亮誠懇表示：要是北伐不成功，就治他的罪；要是朝中沒有建樹，就責罰郭攸之等人之過。諸葛亮既嚴格要求自己，也要求留在後方的同僚盡心輔政，做出貢獻。而對於劉禪，再次希望他「亦宜自謀」，振作起來，多思善慮，多詢採忠直之言，深體先帝遺詔，那他眞是感激不盡了。最後，諸葛亮感於劉備知遇之恩，付託之深，想到「今當遠離」，不能隨時進言，不禁淚隨筆下。萬語千言，傾不盡肝膽肺腑，反而不知說什麼才能盡意了。

宅院畫像磚　東漢(西元25年—220年)
這是一般漢代官紳住宅的縮影，廂房環列作牆，並將院子隔成兩部分。左邊三進：大門、過廳、正堂。右邊前面設廚房和井園，後設望樓。

諸葛亮這道表章，表現了他對漢室的耿耿忠忱，對事業的殫精竭慮，對劉禪的苦口婆心，對激勵當時蜀國上下奮發有為，無疑地也是起了重大作用的。

諸葛亮上表後，又以後主的名義下了一道討伐曹魏的詔書，等於下了全國動員令。正式授給諸葛亮以「專命之權」，統領步騎二十萬眾，去「除患寧亂，克復舊都」。詔書中提到孫權，「潛軍合謀，掎角其後」，想必派了人去聯絡孫權配合行動；又提到涼州諸國「各遣月支、康居胡侯支富、康植等二十餘人詣受節度」，可見蜀軍中不但有南夷、還有西羌。詔書一下，諸葛亮率領大軍出屯漢中，於沔北陽平關紮下大營。

可是這一年，諸葛亮練兵漢中，加緊佈署軍事，並未出兵去打魏國。倒是魏明帝曹叡聽說諸葛亮到了漢中，打算從斜谷先去進攻南鄭，以此徵求散騎常侍孫資的意見。孫資因漢中地勢「深險」，拿曹操當年征漢中不利、「知難而退」的事實來勸阻他，並指出現在吳、蜀聯合起來，更不可輕視，建議最好分遣大將據諸險要，採取「威懾強寇，鎮靜疆場」的辦法，以養好將士。孫資說：「只等數年之後，我們日益強盛，到那時吳、蜀兩國必自疲弊，我們就可以收到

註釋

①《諸葛亮集》文集卷四〈戒備〉：「夫國之大務，莫先於戒備。……若乃居安而不思危，寇至不知懼，此謂燕巢於幕，魚游於鼎，亡不俟夕矣！」

不戰而能屈敵的效果。」豈知孫資這一對策，卻是諸葛亮所擔心的。他豈能坐待敵人強大起來，而自己坐等滅亡。諸葛亮正是從對三分天下的具體認識中，盡自己最大的主觀努力來力挽狂瀾的。

諸葛亮進駐漢中後，就派人去通知孟達，並囑孟達暗中作好準備，相機舉事。而在舉事之前一定要和他取好聯繫，以便派兵策應，給魏國來個措手不及。哪知這年六月，魏明帝納孫資之策，在派驃騎大將軍司馬懿都督荊、豫二州，出屯宛城之後，孟達有點著慌了。再加之他和魏興太守申儀不和，久之申儀似有察覺，暗中上表告發孟達「與蜀潛通」。魏明帝開初雖然還不太相信，但也不能不防，於是叫司馬懿注意一下新城的動靜。不久，孟達也聽說申儀告了密，不禁感到「惶懼」，恰好這時司馬懿派參軍梁幾到來，並帶給孟達一封司馬懿的親筆信，信上說了一些安慰的話，並勸孟達入朝，以此表明他的心跡。

孟達眼看再也不能等待了，他在打發司馬懿使者去後，立刻派人送信給諸葛亮，請求發兵接應。可是孟達在給諸葛亮的信上，對形勢估計得太樂觀了，他認爲宛城離洛陽有八百里，而到新城又有一千二百里，要是司馬懿得知他舉事，必當上表洛陽朝廷，這樣一來一往，至少也得一個月的時間，等司馬懿發兵到來時，「則吾城已固」，守備已牢，完全可以對付了。孟達更作出錯誤的估計，認爲新城地勢險要，司馬懿「必不自來」；只要司馬懿不親自來，不管派多少兵馬來，他也不怕。諸葛亮看了孟達的信，回顧左右，不禁跌足歎息說：「孟達太粗心了。豈不聞將在外，君命有所不受。何況孟達是背反，又在司馬懿職責所在的轄區之內，哪有專等上命之理。孟達必敗於司馬懿之手。」這時，諸葛亮想起費詩的話，覺得孟達終「無誠款之心」，僅只派了一支偏軍去相機接應。果如諸葛亮所料，不出半個月，孟達就派人來告急說：「我舉事才八天，怎麼司馬懿的兵馬就到了城下，何其如此神速，請丞相即刻發兵相救。」諸葛亮搖了搖頭。這時，諸葛亮已得知派去的援軍被司馬懿分兵阻擋在木蘭塞道。眼看大勢已去，再發兵也無濟於事了。原來，司馬懿派參軍梁幾去新城穩住孟達的同時，已經在作「潛軍進討」的準備了。所以孟達舉事才八天，司馬懿大軍就兵臨城下了。孟達在驚恐之餘，除了派人向漢中告急，並同時向東吳呼救。東吳雖也派了一支偏師去救應，結果仍被司馬懿分兵擋住，被阻在西城安橋。蜀漢建興六年（二二八年）春正月，司馬懿正是在分兵擋住吳、蜀兩支兵馬之後，發起了對新城的猛攻，用了十六天的時間就打下新城，斬了孟達。諸葛亮只好調回援軍，他這一番策反孟達的苦心經營，也就因孟達的疏忽輕敵而付諸流水了。可是就在孟達失敗後的這個春天，諸葛亮從漢中出兵正式開始了北伐。

五次伐魏

由於孟達的失敗，使諸葛亮原來的設想有所變動，因此這年春天出兵時，他在南鄭召開了一次軍事會議，以便統一認識，協調行動，最後商定好用兵的路線和策略。這時做了丞相司馬的魏延，向諸葛亮提出建議說：據他的了解，魏國鎮守長安的都督夏侯楙，是曹操的女婿，此人既膽小又無謀。若是由他率領精兵五千，直出褒中（今陝西褒城縣），「循秦嶺而東」，由子午谷向北，用不了十天就可到達長安，給夏侯楙一個措手不及，勢必棄城而逃。等到魏國從東邊調集兵馬來反攻，至少也得耽延二十天多天的功夫。可是這時，丞相統領的大軍已從斜谷趕到了。這麼一來，按魏延的估計，只需個把月時間，就可以一舉而定「咸陽以西」了。

諸葛亮聽了，連連搖頭，認爲魏延的計劃太冒險了，不如從坦途出發，「平取隴右」，再向關中，採取穩紮穩打的辦法。諸葛亮認爲這麼做，可以收到「十全必克而無虞」之效，因此對魏延的計策置而不用。

這次北伐，按諸葛亮的佈置，兵分兩路：一路以鎮東將軍趙雲、揚武將軍鄧芝爲疑軍，進據箕谷（褒城縣北），揚言從斜谷道去攻打郿縣（今陝西郿縣北）。而另一路，則由諸葛亮親率主力諸軍向西北去攻打祁山（今甘肅西河縣西北），在取得隴右之後，直指關中。果然魏明帝上了當，在他得知蜀軍進攻後，急令大將軍曹真調動關右諸軍屯守郿縣，堵截趙雲、鄧芝。這樣

「司馬懿克日擒孟達」，《三國演義》第九十四回插圖。

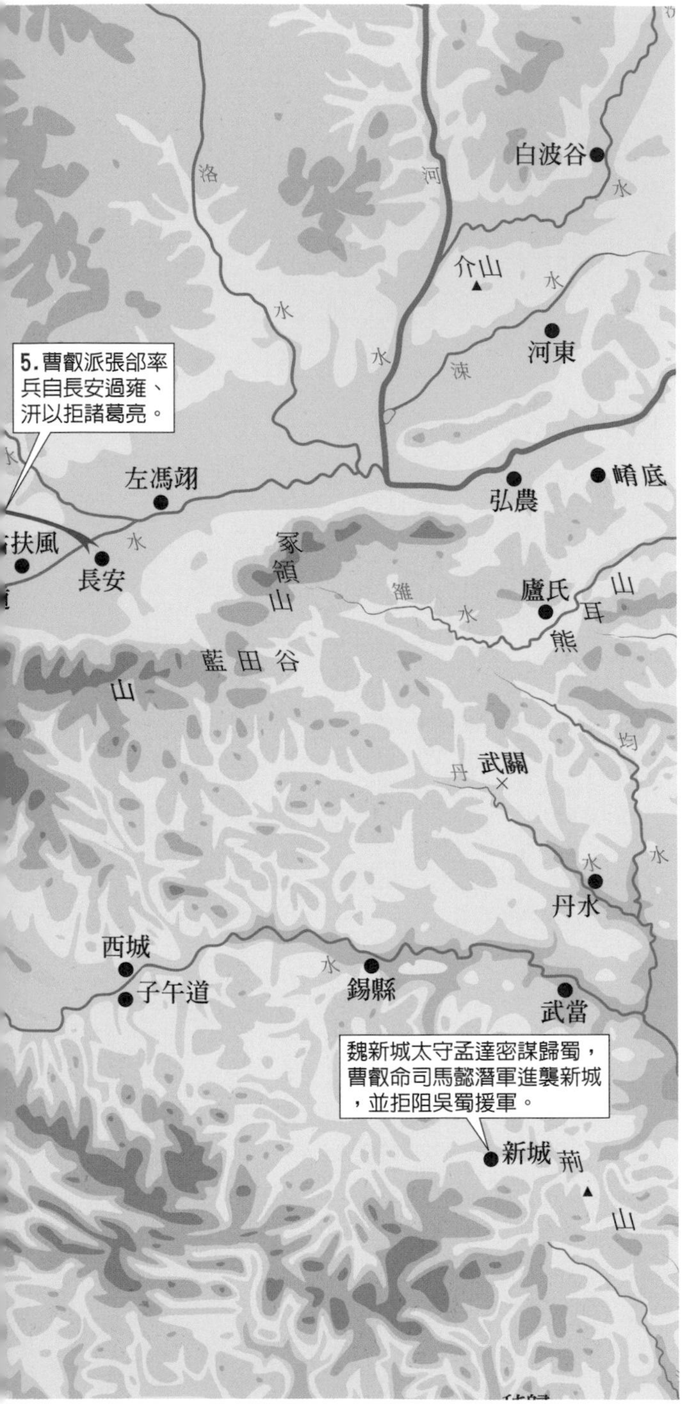

一來，魏國的關中兵馬大部分被諸葛亮用一支偏師牽制在東邊了。諸葛亮趁機率領主力由西向北直攻祁山。這支經諸葛亮嚴格訓練的蜀漢大軍，「戎陣整齊，賞罰肅而號令明」，所到之處，望風披靡，一時軍威大振，使魏國朝野爲之恐懼。當諸葛亮順利進入祁山時，兵鋒所至，隴西的南安、天水、安定三郡相繼「叛魏應亮」。諸葛亮收姜維的故事就發生在這個時候。可是，歷史上諸葛亮得姜維卻與《演義》和戲曲中所說的情況迥然不同。小說和舞臺上著重渲染的諸葛亮計收姜維的情節，並不見諸史傳。

從歷史記載來看，天水郡冀縣（今甘肅甘谷縣南）人姜維，字伯約，少年失父，「與母居」。姜維「案行」，到所屬各縣視察。奇怪的是，這位馬太守聽說蜀軍突然到來，「諸縣響應」，竟連跟隨在他身邊的姜維等人也覺得靠不住，以至神經緊張到拋開姜維他們，因其父曾爲天水郡功曹，在平定羌、戎

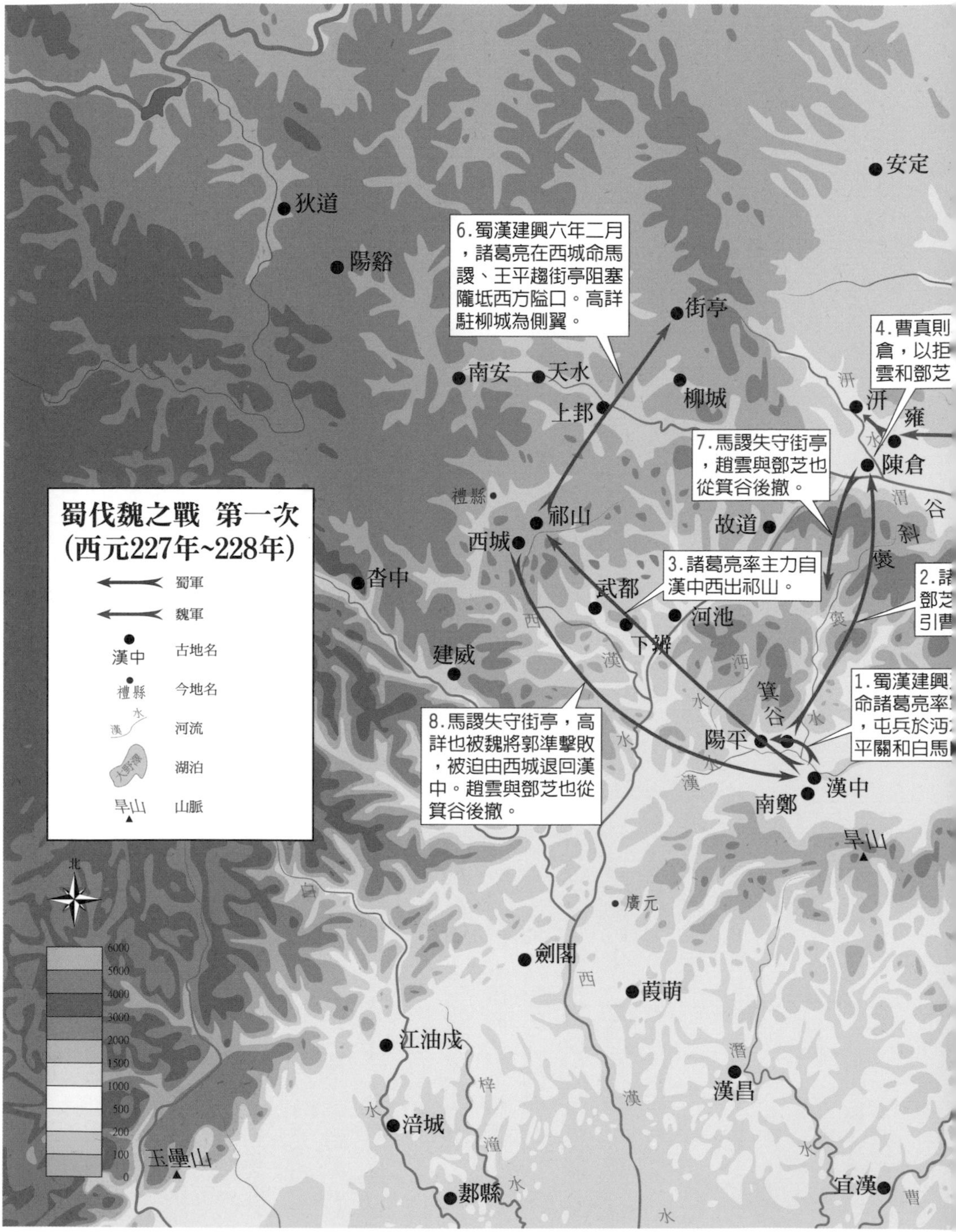

蜀伐魏之戰 第一次
(西元227年~228年)
蜀軍
魏軍
漢中 古地名
禮縣 今地名
河流
湖泊
旱山 山脈
北
6.蜀漢建興六年二月，諸葛亮在西城命馬謖、王平趨街亭阻塞隴坻西方隘口。高詳駐柳城為側翼。
7.馬謖失守街亭，趙雲與鄧芝也從箕谷後撤。
3.諸葛亮率主力自漢中西出祁山。
8.馬謖失守街亭，高詳也被魏將郭準擊敗，被迫由西城退回漢中。趙雲與鄧芝也從箕谷後撤。
安定
狄道
陽谿
街亭
南安
天水
柳城
上邽
禮縣
祁山
西城
故道
陳倉
汧
雍
沓中
武都
河池
下辨
建威
箕谷
陽平
漢中
南鄭
旱山
廣元
劍閣
葭萌
江油戍
漢昌
涪城
玉壘山
郪縣
宜漢

諸葛亮平南後，出師北伐，兵出祁山。用襲取安定、南安兩郡，並遣趙雲前往襲擊天水關，天水太守馬遵與姜維夾擊之，趙雲大敗而回。諸葛令先攻姜母所在之冀城，誘姜維救援，再遣魏延假作姜維進攻天水，馬遵果信姜維反，待姜維至，閉門不納；姜維進退無路，投降諸葛亮。

叛亂中歿於王事，長成之後，「賜官中郎，參本郡軍事」。當諸葛亮進兵祁山時，天水郡太守馬遵正好率領參軍姜維等人外出乘夜向東逃到上邽（屬天水郡，在今甘肅天水市）去了。姜維不明究竟，跟蹤至上邽，馬遵閉城「不納」。這位當時年僅二十七歲、「好立功名」的青年將領，本想勸太守回天水郡治冀縣去主持戰事，至此無可奈何，只好獨自返回冀縣去。姜維回郡時，冀縣已被蜀軍占領，「冀亦不入維」，於是姜維無所適從，只得向諸葛亮請降。而按《魏略》記載卻與史傳所記又是一番情景：姜維「還冀」，冀縣「吏民見維等大喜，便推令見亮」，姜維身不由己，「乃共詣亮」。其實，無論姜維還冀縣遭拒，或是受到歡迎，反正都是形勢使然，不得已而降之。可見諸葛亮得姜維並非用了什麼計，反倒是由於天水郡太守馬遵一開始就不信任姜維，放棄天水而造成的。

不過，諸葛亮當時得到姜維，確如《魏略》所稱：「亮見（姜維），大悅。」諸葛亮看到這位和他走出隆中時一樣年齡的青年將領，有膽有識，臨危勇任，打心裏感到高興。這與小說和舞臺上表現諸葛亮收姜維時的心情倒是一致的。後來，諸葛亮在給留府長史張裔、參軍蔣琬的信中，不僅說姜維「忠勤時事，思慮精密」，並且還說他精通軍事，「深解兵意」，而又「才兼於人」。由於諸葛亮對姜維的器重和培養，後世多把姜維視爲諸葛亮身後的繼承人，看作是蜀漢後期的柱石，復興之臣。

正是在諸葛亮得姜維，隴西三

郡紛紛投降之後，關中大爲震動。這一下，魏明帝坐不住了，急忙趕到長安，調集五萬生力軍，命右將軍張郃率領，殺奔西邊來堵擊蜀軍。諸葛亮得知消息，他相度地形，正考慮要派一員先鋒大將去守住咽喉要地街亭（今甘肅秦安縣東北）時，他左右的人差不多都不謀而合地建議，最好派久經戰陣的宿將魏延或是吳懿去擔當這一重任。可是諸葛亮偏偏選用了參軍馬謖，而以裨將軍王平爲副將，隨馬謖領兵去把守街亭。豈知諸葛亮這一「違眾拔謖」的結果，不僅在當時使他感到非常遺憾，而且留給了後世一個很值得借鑑的歷史故事。不過應該指出，後世在把諸葛亮因失街亭而處死馬謖這件史實，無論寫成小說，或是搬上舞臺，在對副將王平的處理上是言過其實的。特別是在舞臺上，爲了渲染諸葛亮揮淚斬馬謖的氣氛，先用板子將王平重責了四十大板，這較之小說上諸葛亮「喝退」王平更是添油加醋。也有損於諸葛亮的歷史形象。

據史載，王平這位蜀漢後期的著名將領，正是從街亭之戰才開始顯露頭角的。他是巴西宕渠（今四川渠縣）人，早年去洛陽求過官，隨曹操征漢中時投歸劉備，拜牙門將、裨將軍，亦不過是做偏裨將校一類的官職。在這次伐魏的關鍵性戰役——街亭之戰中，王平以其智勇膽略，甚爲諸葛亮所賞識。當馬謖「捨水上山」之初，舉措失當，王平接連「規諫」於前，足見其智；在馬謖大敗，「眾盡星散」之時，王平「鳴鼓自持」於後，使敵人「疑其伏兵」，不敢近逼，然後「徐徐收合諸營遺迸，率將士而還」，足見其勇。看來，這位史書上說是「所識不過十字」的裨將軍，打起仗來，還真有兩下子。這和歷史上「好論軍計」、極爲諸葛亮所讚賞的馬參軍，形成多麼鮮明的對比。

由於諸葛亮錯用馬謖，失守街亭，牽動全局，曹眞在東面又發起攻擊，打敗了趙雲、鄧芝。這眞如下象棋的格言所說的：錯下一個子，滿盤皆是輸。諸葛亮在街亭失守後，「進無所據」，不得不放棄已經到手的隴西三郡，下令拔西縣（今甘肅天水西南）千餘家，以及驅冀縣男女數千人，收兵回到了漢中。

至於《演義》中說，諸葛亮這次退兵時，在西城使用過「空城計」，不費一兵一卒，撫琴一曲，竟驚退了司馬懿十五萬大軍。可是，從歷史記載來看，諸葛亮這次北伐，自始至終，沒有和司馬懿交過鋒。這一年年初，司馬懿在新城郡擒斬孟達之後，根本就沒有到西邊來過。足見「空城計」的說法，純屬小說家言，出自對諸葛亮「智謀過人」的臆造，並非歷史事實。諸葛亮回到漢中後，確實嚴究了街亭失敗之責，但絕不是舞臺上所表現的重責王平之後，再「揮淚」斬了馬謖。恰好是諸葛亮經過一番調查了解之後，在處死馬謖的同時，又殺將軍張休、李盛，再奪將軍黃襲等兵，而王平則受到了諸葛亮的破格提拔，「加拜參軍，統五部兼當營事（即總統五部兵，又兼管營屯之事），進位討寇將軍，封亭侯」。足見王平非但沒有挨板子，還加官進位，封侯受爵。

至於諸葛亮「揮淚」斬馬謖這個說法，從有關記載來看，應該說不全是向壁虛構。

不過，同在《三國志》史傳上，有兩種關於處死馬謖的記載：一說是「戮謖以謝眾」；一說是「下獄物故，亮為之流涕」。《資治通鑑》綜合這兩種說法，再加上《襄陽記》中馬謖死時「亮自臨祭」的記載，稱諸葛亮「收謖下獄，殺之。亮自臨祭，為之流涕」，云云。不管怎樣，馬謖被處死了，死時才三十九歲，諸葛亮是落了淚的。諸葛亮之落淚，不外乎這麼兩層意思：一是想起劉備臨終「馬謖言過其實，不可大用」的遺言，所謂「有損先帝之明」，因追思劉備而落淚；二是馬謖確實是個人才，並且和他交誼深厚，由於他用之不當，使馬謖違犯了軍令，不能不殺，感到內疚而落淚。小說和舞臺上突出的是前者，其實，恐怕還是後一層意思更確切些。

馬謖受刑前曾寫信向諸葛亮說：「明公視謖猶子，謖視明公猶父，願深惟殛鯀興禹之義，使平生之交不虧於此，謖雖死無恨於黃壤也。」史稱當時「十萬之眾為之垂涕」，想來諸葛亮又是落了淚的。而後當蔣琬提到「天下未定，而戮智計之士」，認為殺了馬謖實在「可惜」時，諸葛亮也是流著眼淚向蔣琬作解釋的。他舉出古代軍事家孫武、魏絳用法嚴明的故事來

空城計 三國演義

開導蔣琬，並且指出當時「四海分裂」的天下大勢，統一大業剛剛開始，「若復廢法，何用討賊邪！」諸葛亮這種公大於私，法大於人，不能因人而異法的精神是十分難得的，但想到部下犯法而自己沒有盡到愛護的責任，深感內疚而下淚，是很自然的事。後世小說家附會成「渾淚斬馬謖」，可以說是不無根據吧。

值得一提的是，東晉史家習鑿齒在評論諸葛亮處死馬謖時說：「蜀僻陋一方，才少上國，而殺其俊傑，退收駑下之用，明法勝才，不師三敗之道，將以成業，不亦難乎！」可見習鑿齒和蔣琬一樣，認爲殺了馬謖這個「俊傑」有點可惜。不過習鑿齒更具體地提出蜀漢人才少於魏國，以此對諸葛亮「明法勝才」加以責難。習鑿齒是極爲敬重諸葛亮的，他對諸葛亮這一批評應該說是言發於衷的。但問題在於，馬謖當時違背了諸葛亮的節度，在街亭「大爲（張）部所破」，死了不少人，不要說當時從街亭生還的將士有氣，而因街亭失守導致這次北伐的整個敗局，恐怕全體官兵也爲之不滿。在這種情況下，即便是諸葛亮要原諒馬謖，恐怕也很難平三軍將士之氣的。諸葛亮深知軍心、民心之不可搖動，史稱他「戮謖以謝眾」，這正是他當時「明法勝才」的苦心之所在。更何況在處死馬謖之後，諸葛亮自己也承擔了責任。他在上給後主劉禪的疏中說：

臣以弱才，叨竊非據，親秉旄鉞以厲三軍，不能訓章明法，臨事而懼，至有街亭違命之闕，箕谷不戒之失，咎皆在臣授任無方。臣明不知人，恤事多闇，《春秋》責帥，臣職是當。請自貶三等，以督厥咎。

看來，諸葛亮不是一般承擔了責任，他還把趙雲、鄧芝在箕谷失利的責任也承擔了下來，說成是自己的「不戒之失」。從這次失敗中總結教訓，諸葛亮深感自己平素對將士「訓章明法」不夠，還得進一步對全軍上下加強教育，增強法制觀念。他在作了自我反省後，提出按春秋「責帥」的慣例，請求把自己的官位貶秩三等，以彰明過失。於是，後主只好以諸葛亮爲右將軍，行丞相事，仍照常總理軍政。大概趙雲是這次北伐偏師的主將，打了敗仗，也按例坐貶，把他由鎮東將軍貶爲鎮軍將軍。①

註釋

①《資治通鑑》卷七十一胡三省注：「據《晉書・職官志》：鎮軍將軍在四征、四鎮將軍之上。今趙雲自鎮東將軍貶鎮軍將軍，蓋蜀漢之制，以鎮東為專鎮方面，而以鎮軍為散號，故為貶也。」

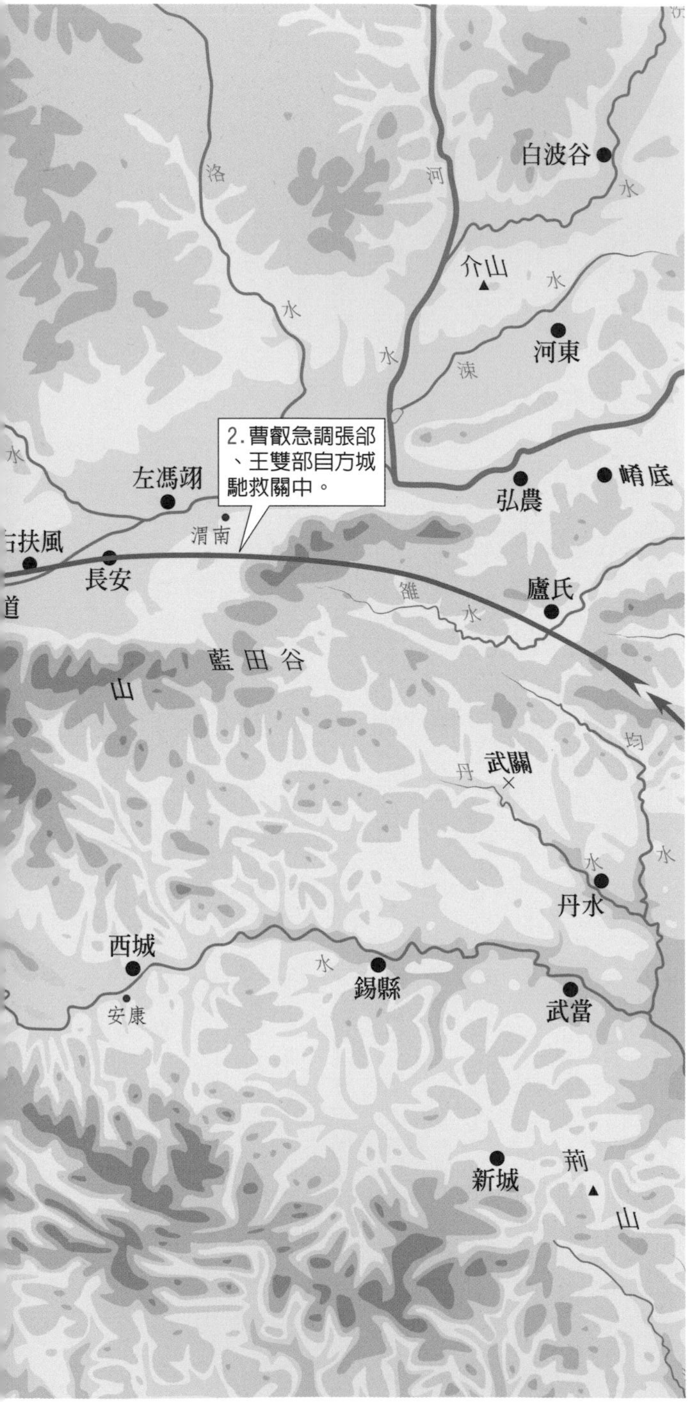

其實，趙雲、鄧芝這次雖在箕谷失利，但由於趙雲及時收兵據險固守，將士傷亡不大；在退兵時，趙雲又親自斷後，不但「軍資什物，略無所棄」，兵將亦「無緣相失」。在諸葛亮從鄧芝那裏了解到這些情況後，打心眼裏佩服趙雲智勇雙全，眞不愧是一員久經戰陣的宿將。當諸葛亮吩咐趙雲把他帶回來的「軍資餘絹」分賜給將士時，趙雲卻認爲「軍事無利，何爲有賜」，請求把所賜之物悉入府庫，留作十月「冬賜」之用。趙雲這種處處爲國家著想，先公後私的高尙品德，再一次使諸葛亮讚歎不已。

這一年留府長史張裔死了，諸葛亮以參軍蔣琬爲長史，加撫軍將軍。由於蔣琬處朝理政，「安民爲本」，又「足食足兵」，供應前線，諸葛亮每與左右談及蔣琬時，總是說：「公琰（蔣琬字）託志忠雅，當與吾共贊王業者也。」當有人鑑於首次北伐失利，建議再增加一些兵馬時，諸葛亮搖了搖頭，

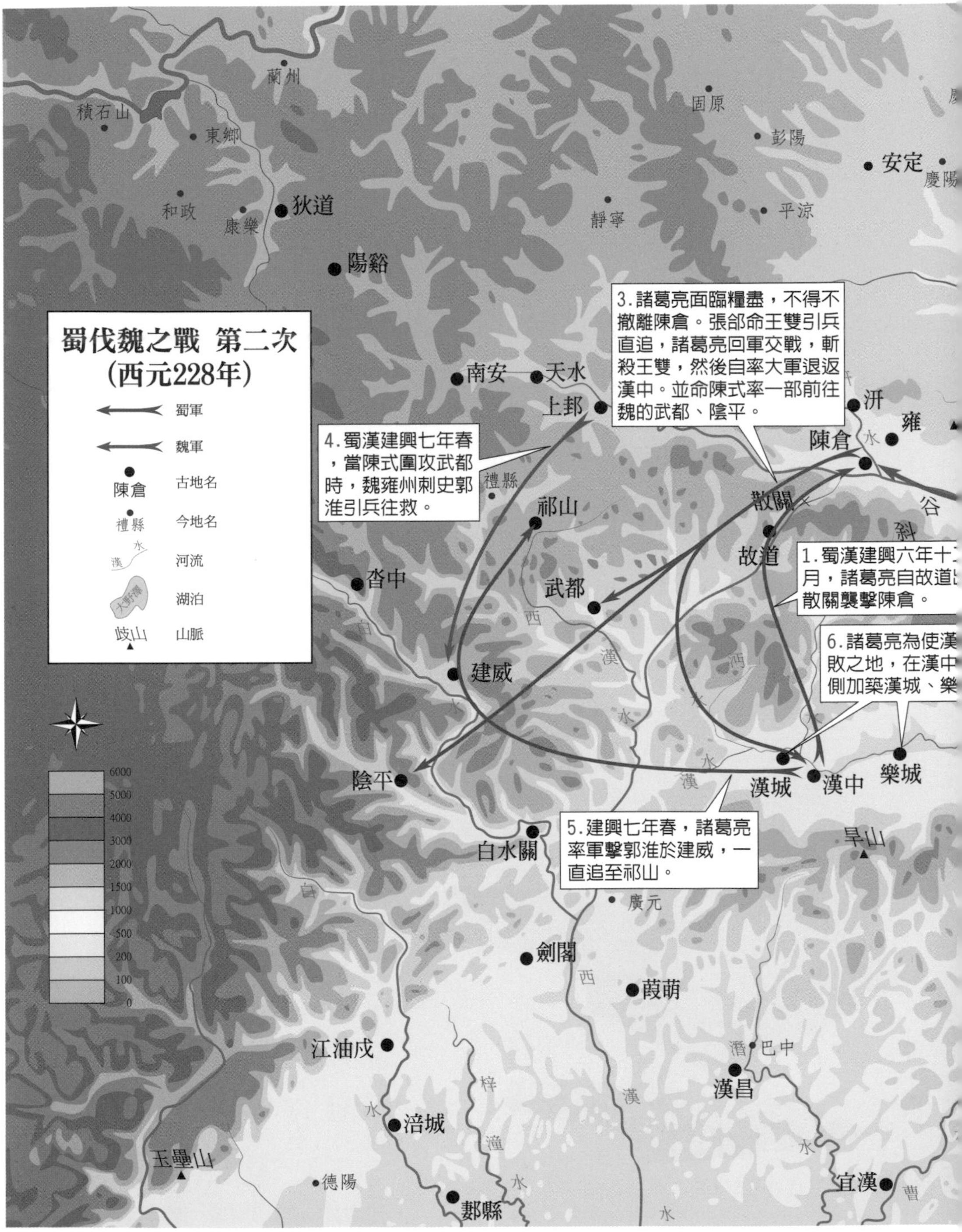

蜀伐魏之戰 第二次
(西元228年)
蜀軍
魏軍
陳倉 古地名
禮縣 今地名
河流
湖泊
岐山 山脈
3.諸葛亮面臨糧盡，不得不撤離陳倉。張郃命王雙引兵直追，諸葛亮回軍交戰，斬殺王雙，然後自率大軍退返漢中。並命陳式率一部前往魏的武都、陰平。
4.蜀漢建興七年春，當陳式圍攻武都時，魏雍州刺史郭淮引兵往救。
5.建興七年春，諸葛亮率軍擊郭淮於建威，一直追至祁山。
蘭州
積石山
東鄉
固原
彭陽
安定
和政
康樂
狄道
靜寧
平涼
陽谿
南安
天水
上邽
汧
雍
陳倉
禮縣
祁山
散關
故道
武都
沓中
建威
陰平
漢城
漢中
樂城
白水關
旱山
廣元
劍閣
葭萌
江油戍
巴中
漢昌
涪城
玉壘山
德陽
郪縣
宜漢

正色說道：「我的想法恰好相反。這次我們伐魏的兵馬不算少，並且還多於敵人，而不能破敵，反爲敵所破，問題卻不在兵少，在於關鍵時刻錯用了人。現在我打算精簡兵將，嚴明賞罰，檢查過失，總結教訓，重新制定策略，不要再犯過去的錯誤了。若不能這樣去做，兵馬再多又有何用！」諸葛亮進而語重心長地對大家說：「從今以後，若是諸君眞有忠心考慮國事的話，就請經常指出我的缺點，這樣，大家同心同德，事業就可以成功，敵人就可以消滅，勝利就不會等待多久了。」

於是，諸葛亮在漢中首先從「考微勞，甄烈壯」著手，獎勵在戰爭中立了功的將士，哪怕是有微小功勞的人也要給以適當表揚，對那些陣亡的將士，一一做好家屬的安撫工作。諸葛亮又「引咎責躬，布所失於境內」，他不僅承擔了失敗的責任，並把自己的過錯公開宣露，以便接受大家的監督，記取教訓。與此同時，抓緊修整軍隊，一方面省減兵將，精練部伍；一方面「厲兵講武」，嚴格訓練。經諸葛亮這番整頓之後，軍隊「簡練」了，士氣提高了，特別是「民忘其敗」了。漢中的老百姓看著這支兵強馬壯的隊伍，哪裏還相信會打敗仗呢？前不久失敗的影子在他們的腦海裏很快就消失了。

這年冬天，諸葛亮得知魏國大司馬兼領揚州牧曹休中了孫權派鄱陽太守周魴行使的假投降計，在石亭（今安徽潛山縣東北）被陸遜打得大敗，魏兵東下，關中虛弱，諸葛亮認爲機不可失，立即調集兵馬出散關（今陝西寶雞市西南），圍陳倉（寶雞市東），進行第二次北伐。據說這次出軍之前，諸葛亮又再次向後主上過一道表文，即就是後世所稱的《後出師表》。

奇怪的是，此表並不見於《三國志》史傳，爲裴松之注引的《漢晉春秋》中所載。值得注意的是，裴松之在注引之後又加注說明：「此表，《亮集》所無，出張儼《默記》。」可見據裴松之的考證，此表連陳壽收集整理上給晉武帝的《諸葛亮集》中也沒有，而是出自當時吳人張儼的《默記》。由此而引起後世頗多眞僞之議：有從

三國撞車頭，安裝在撞車上的攻城器具。安徽合肥新城出土，中國人民軍事博物館館藏。

表中所述的內容上來加以責難的；有從兩表相比辭氣迥異這一點上來力證其僞的；當然，也有確認此表爲孔明所作的。不過，此表之贋，有兩點反證甚明：一是陳壽既載前表，何以不載後表？二是這年趙雲並未死，何以表云其喪？但是，此表中所寫的「鞠躬盡瘁，死而後已」，倒公認是表達了諸葛亮一生忠貞不貳、至死不渝的獻身精神，深爲後世所接受的。無怪乎《資治通鑑》上全文照錄，因之爲是。連注《資治通鑑》的胡三省亦不辨其，未加考釋。不過，按照常例，

諸葛亮事前向後主呈送奏表，也是必然的，至於表文是否就是這「後出師表」，只能存疑了。

這次出師，當以數萬之眾進圍陳倉時，遭到了魏國守將郝昭的堅決抵抗。原來，上次蜀軍退走後，曹眞收復了三郡，他估計諸葛亮鑑於祁山之敗，下次不會再走這條路了；他在動過一番腦筋之後，認爲諸葛亮「後出必從陳倉」，切斷關中和隴西的聯繫。於是他派部將太原人郝昭築城以守陳倉。曹眞這一著棋，倒眞是下準了的。當諸葛亮領兵來攻時，郝昭早已作好了一切準備。不但陳倉城高堅厚，易守難攻；而守將郝昭又知兵善戰，足智多謀。蜀軍幾經攻打，仍「不能克」。硬的不行來軟的，諸葛亮派了一個和郝昭同鄉名叫靳詳的人去降，結果也不見效。

諸葛亮自恃有數萬之眾，敵人守兵才千餘人，趁敵人從東邊來的援兵還未至，於是下令猛攻。諸葛亮使用了各種攻城之法，郝昭也相應地運用了各種守城之術。諸葛亮用雲梯、衝車以臨城；郝昭就以火箭射雲梯，用繩連石磨砸衝車。諸葛亮搭百尺高架射城中，以土塡壕溝；郝昭就「於內築重牆」。諸葛亮從城外做地道；郝昭就在城內

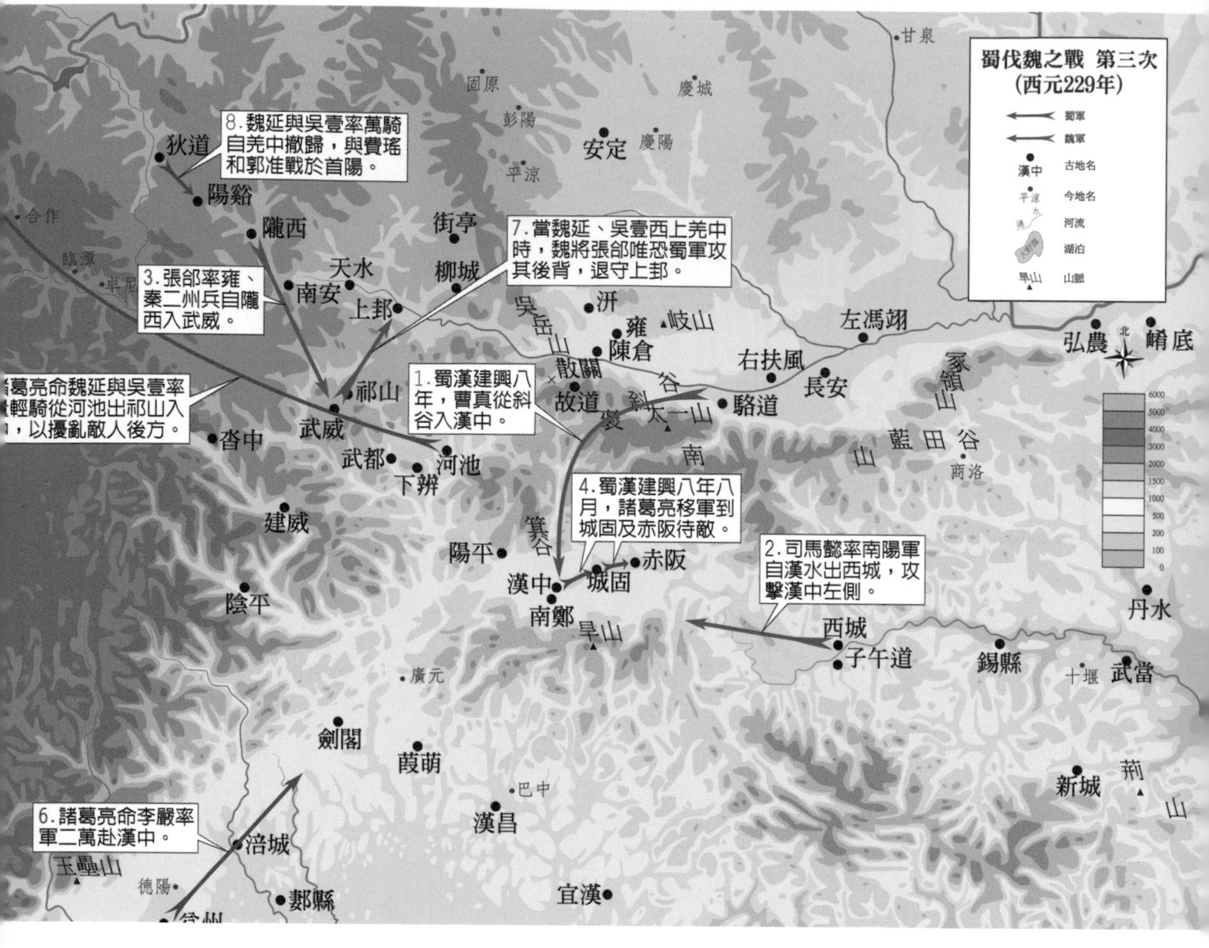
蜀伐魏之戰 第三次
(西元229年)
蜀軍
魏軍
古地名
今地名
河流
湖泊
山脈
1.蜀漢建興八年，曹真從斜谷入漢中。
2.司馬懿率南陽軍自漢水出西城，攻擊漢中左側。
3.張郃率雍、秦二州兵自隴西入武威。
4.蜀漢建興八年八月，諸葛亮移軍到城固及赤阪待敵。
6.諸葛亮命李嚴率軍二萬赴漢中。
7.當魏延、吳壹西上羌中時，魏將張郃唯恐蜀軍攻其後背，退守上邽。
8.魏延與吳壹率萬騎自羌中撤歸，與費瑤和郭淮戰於首陽。

挖深溝。這樣晝夜不停，互相攻拒達二十多天。諸葛亮眼看糧食快完了，又探聽得魏國救兵將至，無計可施，只好下令退兵。就在諸葛亮退兵時，魏將軍王雙恃勇輕敵，領兵追趕。豈知諸葛亮早有安排，待王雙進入埋伏圈後，一聲令下，伏兵四起，立斬了王雙。當曹眞、魏明帝先後派了費曜、張郃等率軍到來時，諸葛亮已從容退兵回到了漢中。

第二年（蜀漢建興七年，西元二二九年）春天，諸葛亮稍事休整之後，緊接著就舉行了第三次北伐。鑑於前二次遠攻失利，諸葛亮這次採取了近取固本的辦法。他派部將陳式進兵攻取武都（郡治下辨，今甘肅成縣）、陰平（郡治陰平，今甘肅文縣）二郡，親統大軍繼後，潛軍西上，以策應陳式。當魏國雍州刺史郭淮從隴西起兵進擊陳式時，諸葛亮親率一支兵馬突然出至建威（今甘肅陳縣西），驚走了郭淮，收復了二郡。諸葛亮留兵駐守下來，又對當地氐、羌等少數民族做了一番安撫工作，然後收兵回到了漢中。從此武都、陰平二郡正式歸入蜀漢版圖，納入蜀漢的管轄之下。

當諸葛亮回到漢中之後不久，後主遣使齎詔書至。詔書中說：

> 街亭之役，咎由馬謖，而君引愆，深自貶抑，重違君意，聽順所守。前年耀師，馘斬王雙；今歲爰征，郭淮遁走；降集氐、羌，興復二郡，威鎮凶暴，功勳顯然。方今天下騷擾，元惡未梟，君受大任，干國之重，而久自挹損，非所以光揚洪烈矣。今復君丞相，君其勿辭。

於是，諸葛亮恢復了丞相之職。可是就在這一年，趙雲卻病逝了。不用說諸葛亮十分悲痛，後主劉禪亦格外傷心。直到趙雲死後三十二年（蜀漢景耀四年，西元二六一年），劉禪還念念不忘趙雲平生勞績，特別懷想趙雲兩番救主的一片「忠順」之心，在追諡關羽、張飛、馬超、龐統、黃忠之後，下詔對趙雲亦予以「追諡」。經姜維等議，對趙雲一生作了一個評價，認爲：「謹按諡法，柔賢慈惠曰順，執事有班曰平，克定禍亂曰平，應諡雲曰順平侯。」首先強調了趙雲有賢者之風，能體恤民情，慈愛百姓。無怪乎成都武侯祠武臣廊中把趙雲塑造成一個鬚髮皆白、古樸慈祥的文臣模樣，倒是挺有意思的。這不但持史有據，而從趙雲一生在這方面的表現來看，都有值得稱道之處。

也正是在趙雲死的這一年四月，吳王孫權稱了帝。諸葛亮從大局出發，派衛尉陳震去祝賀，從而使吳蜀聯盟更加鞏固了。這年冬天，諸葛亮加強漢中防務，爲進一步大規模北伐作準備，他在南鄭東、西兩面分別築造了兩座城池。在南鄭西邊沔陽地方築的名爲漢城；而在東邊成固地方築的叫做樂城。經過一番安排之後，到了第二年秋天，諸葛亮還未出兵，倒聽說魏國大興三路兵馬殺奔漢中來了。

蜀軍本來就是常備不懈的，諸葛亮一點也不著慌，他一方面親統大軍屯於成固，嚴陣以待；同時，

孫權《歷代帝王圖》局部

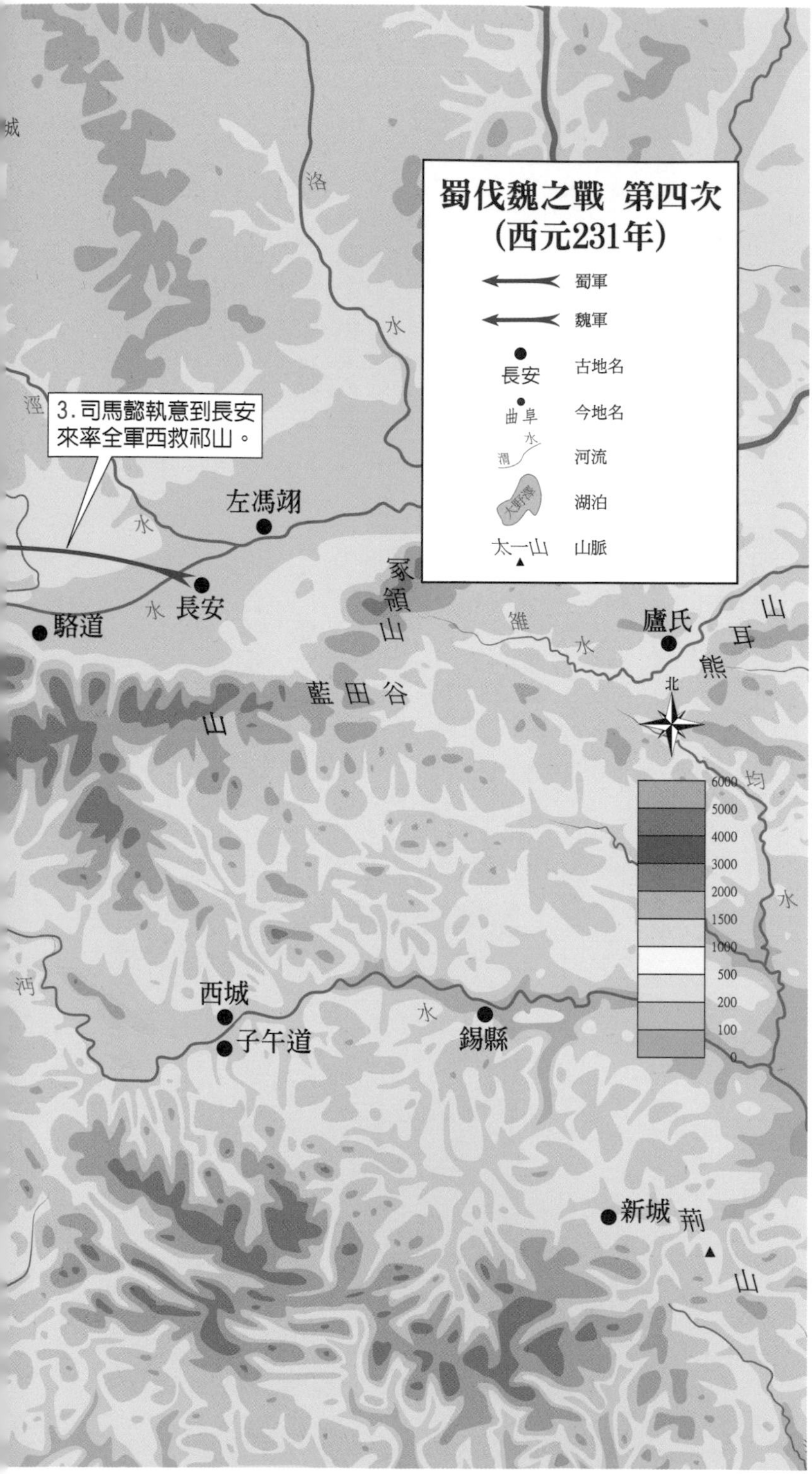

召李嚴從江州帶兵兩萬趕來漢中，表李嚴兒子李豐爲江州都督，接替其父鎮守江州。哪知諸葛亮在漢中前線排兵佈陣，專等魏軍來廝殺，可是等了差不多整整一個月，也未見一個魏兵到來。

原來，曹魏這次興師動眾，是出自這年做了大司馬的曹眞的主張。曹眞以蜀軍數次「入寇」，不如變被動爲主動，他向魏明帝提出讓他統兵伐蜀，「諸將數道並進，可以大克」的建議。儘管遭到魏國大臣陳群、華歆等一些人的反對，但曹眞在得到魏明帝同意後，就以司馬懿溯漢水而上，由西城（今陝

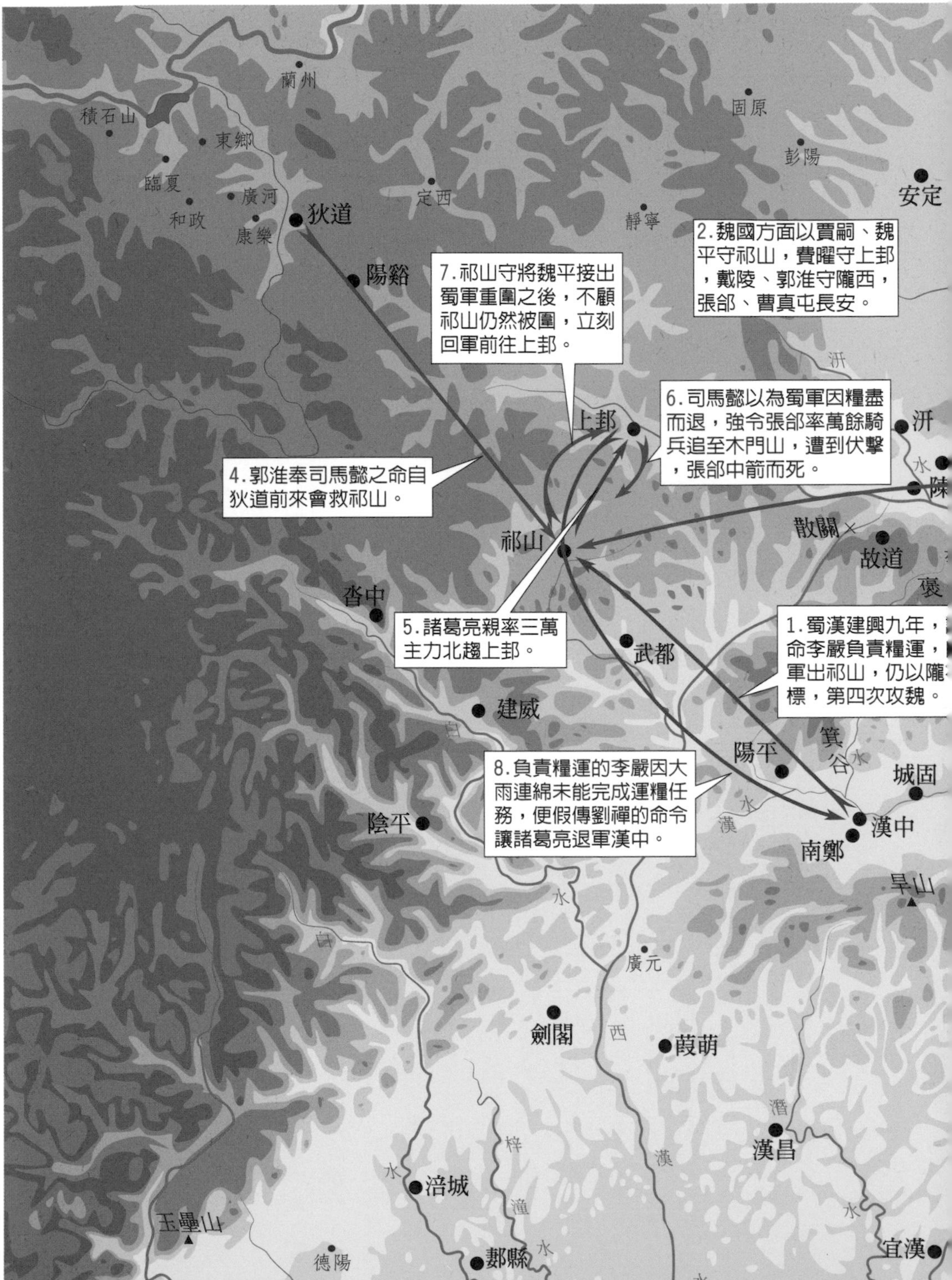
蘭州
積石山
東鄉
臨夏
廣河
和政
康樂
狄道
定西
固原
彭陽
安定
靜寧
陽谿
2.魏國方面以賈嗣、魏平守祁山，費曜守上邽，戴陵、郭淮守隴西，張郃、曹真屯長安。
7.祁山守將魏平接出蜀軍重圍之後，不顧祁山仍然被圍，立刻回軍前往上邽。
汧
6.司馬懿以為蜀軍因糧盡而退，強令張郃率萬餘騎兵追至木門山，遭到伏擊，張郃中箭而死。
上邽
汧
4.郭淮奉司馬懿之命自狄道前來會救祁山。
祁山
散關
故道
沓中
5.諸葛亮親率三萬主力北趨上邽。
武都
1.蜀漢建興九年，命李嚴負責糧運，軍出祁山，仍以隴標，第四次攻魏。
建威
陽平
箕谷
城固
8.負責糧運的李嚴因大雨連綿未能完成運糧任務，便假傳劉禪的命令讓諸葛亮退軍漢中。
陰平
漢中
南鄭
旱山
廣元
劍閣
葭萌
漢昌
涪城
玉壘山
德陽
郪縣
宜漢

西安康縣西北）從東面進攻漢中；命張郃等諸將由斜谷趨漢中，與他親率大軍從北面入子午谷直搗漢中配合，共約到南鄭取齊①。曹眞滿以爲這次可以打個大勝仗，給諸葛亮一點厲害看看，萬沒想到他八月從長安出發，入子午後，就接連遭到三十多天的大霖雨，走了一個多月也沒有走出谷口，加之棧道斷絕，簡直沒法再往前去了。曹眞正處在進退狼狽之時，好在魏明帝採納太尉華歆、少府楊阜、散騎常侍王肅等人的建議，下詔給曹眞叫他們退兵回去。而司馬懿早就因雨在中途停了下來，一接到命令立刻就向後轉了。

魏兵不來，倒把諸葛亮等急了。他立即命丞相司馬魏延、將軍吳懿率兵西入羌中，大破魏國後將軍費曜、雍州刺史郭淮於陽溪（屬隴西南安郡），也算是給了魏國這次興兵來犯一點懲戒。因這次勝利，諸葛亮上表升魏延爲前軍師、鎭西大將軍，進封南鄭侯；而以吳懿爲左將軍，進封高陽鄉侯。就在曹眞征蜀無功而還的第二年（即蜀漢建興九年，西元二三一年）二月，諸葛亮再次出兵祁山，發動了第四次北伐。諸葛亮命李嚴以中都護署留漢中府事，督辦軍糧供應前方。李嚴這年改名李平。在這次北伐中，諸葛亮使用了「木牛」往前線運送糧食。當諸葛亮進圍祁山時，魏明帝因大司馬曹眞病重，急召大將軍司馬懿自荊州入朝，並囑託他說：「西方事重，非君莫可付者。」命司馬懿西屯長安，統督張郃、費曜、戴陵、郭淮等諸軍拒敵。下一個月曹眞病死，從此魏國軍權落入了司馬懿之手。司馬懿一到長安，就派費曜、戴陵率領精兵四千去守仕上邽，其餘兵馬則由他親自統率往西去救祁山。臨發時，張郃建議分兵留駐雍、郿（二縣屬扶風郡），緩急之間，有個救應。司馬懿認爲不可輕視諸葛亮，應集中力量去對付，不能再分散兵力了。

諸葛亮得知消息，留下王平督率無當飛軍繼續圍攻祁山，他親自率領魏延、高翔、吳班等來迎戰，採取先發制人，首先給司馬懿一點顏色看看。可是，諸葛亮卻並不從正面和司馬懿硬拼，而是避實就虛，直搗上邽。司馬懿也很機靈，一得到報告，馬上就派郭淮急行回救上邽，他自己隨後即至。哪知司馬懿一回到上邽東邊，就和諸葛亮遭遇上了。他不但得知郭淮、費曜已被諸葛亮打敗，退守孤城；又聽說上邽附近的麥子也被蜀軍收割一空。司馬懿眼看蜀軍兵鋒甚銳，只好斂兵結寨，依險固守。諸葛亮求戰不能，只得引軍退到鹵城（今甘肅甘谷縣東），司馬懿亦尾隨而至。

奇怪的是，司馬懿只是遠遠跟著，並不敢進前和蜀軍交鋒。每到一處，老是登山挖溝，安營下寨，待蜀軍來攻，又總是不肯出戰。這麼一來，卻引起了諸將不滿，紛紛議論說：「司馬公畏蜀如虎，眞不怕天下人笑話他！」司馬懿聽了，心裏眞不是滋味，再加之張郃多次拒蜀，「名著關右」，更使他感到有些難堪。到了五月間，因諸將一再請戰，實在出於無奈，他只好分兵命張郃向祁山之南去攻打王平，他卻督率諸將從正面去進攻諸葛亮。哪知張郃在祁山南圍，由於王平兵眾精勇，堅守不動，使張郃攻之不能克，正在猶疑之時，忽聽說司馬懿被諸葛亮打得大敗，急忙引軍退回。原來這一仗，諸葛亮使魏延、高翔、吳班迎戰，不僅在陣上殺死魏軍甲士三千多人，還獲得玄鎧五千領（套），角弩三千一百張。這一下，司馬懿自認晦氣，埋怨諸將也遲了，只好和張郃合兵一處，守住陣地，任憑蜀軍叫戰，再也不出來了。

相持到六月間，諸葛亮眼看軍糧接濟不上，心中甚爲煩悶。忽然李平由漢中派了參軍馬忠和督軍成藩到來，傳後主口諭，說是軍糧供應有困難，叫諸葛亮立即退兵。因是後主之命，諸葛亮只好遵旨照辦。

在退軍時，司馬懿派張郃領兵追趕，至木門道（今甘肅天水西南），爲諸葛亮預設的伏兵射死。此事在《演義》中卻說成是張郃討令去追，司馬懿勸阻不聽，以致遇伏身亡。這顯然與史實不符。事實上，恰好是司馬懿趁諸葛亮退軍，「使郃追之」，張郃卻認爲：按兵法上說，圍城必須放開一條出路，歸軍最好不要去追。以此勸諫過司馬懿。正是司馬懿執意不聽，這位在歷史上被稱之爲「識變數，善處營陣」，多次和蜀交鋒連諸葛亮「皆憚之」的魏國名將，就這麼送了命。

李平在漢中一聽說諸葛亮退兵，就故作驚異地向左右的人說：「軍糧饒足，何以便歸！」原來，李平因這年夏秋之交連下大雨，運糧不繼，故意假傳後主之命，「呼亮來還」。及至諸葛亮「承以退軍」時，他又擔心諸葛亮回來追究

註釋

①《三國志・蜀志・後主傳》云：「（建興）八年秋，魏使司馬懿由西城（今陝西安康縣西北），張郃由子午，曹真由斜谷，欲攻漢中。」而《魏志・曹真傳》則稱：「真以八月發長安，從子午道南入。司馬宣王溯漢水，當會南鄭。」按《魏志・陳群傳》記載：曹真「表欲數道伐蜀，從斜谷入」，因陳群以「斜谷阻險，難以進退」等理由諫阻過魏明帝，「帝從群議」，曹真「復表從子午道」。今從魏志。

他督辦不力、貽誤軍機之罪，所以他故意事先向身邊的人製造輿論顛倒黑白，一方面借以解脫自己的責任，同時也給諸葛亮加上臨陣畏敵的罪名。他爲了自身乾淨，還打算

清末年畫，《斬魏延》。三國時，諸葛亮臨終前，預料魏延必反，特授計于大將馬岱和長史楊儀，在魏延謀反時，依計除掉魏延。諸葛亮死後，楊儀依其遺令，領兵扶柩先行，薑維斷後。楊儀為試探魏延之心，派費禕去魏延營中，令魏延斷後，魏延不服，要馬岱相助，馬岱假意應允。楊儀、薑維等人扶柩至南鄭城，魏延和馬岱引兵直取南鄭，楊儀立馬陣前，將諸葛亮生前預料告知魏延，並揚言魏延如敢直呼三聲「誰敢殺我」，便以漢中城池相獻。魏延不知是計，便在馬上大喊「誰敢殺我」，卻不料身後的馬岱大喝「我敢殺你！」，然後手起刀落，斬魏延於馬下。

把督運岑述殺以滅口。更爲惡劣的是，他竟表奏後主，稱說這次退軍是假退，用的是誘敵之計。李平就是這麼一個不顧大局，私心特重，出爾反爾，又極其殘忍的人。諸葛亮回到漢中，在查明這些情況之後，把李平前後給他的親筆書信，以及上給後主的疏表文稿都拿出來，在人證物證面前，李平只得低頭認罪。因李平是先帝託孤重臣，諸葛亮很痛心地向後主上了一道表章，把他的罪行加以披露。表云：

自先帝崩後，平所在治家，尚爲小惠，安身求名，無憂國之事。臣當北出，欲得平兵以鎮漢中，平窮難縱橫，無有來意，而求以五郡爲巴州刺史。去年臣欲西征，欲令平主督漢中，平說司馬懿等開府辟召。臣知平鄙情，欲因行之際偪臣取利也，是以表平子豐督主江州，隆崇其遇，以取一時之務。平至之日，都委諸事，群臣上下皆怪臣待平之厚也。正以大事未定，漢室傾危，伐平之短，莫若褒之。然謂平情在於榮利而已，不意平心顛倒乃爾。若事稽留，將致禍敗，是臣不敏，言多增咎。

從這篇表章來看，與其說諸葛亮揭露了李平所犯罪行的根源，不如說諸葛亮自己也作了一個深刻的檢討。諸葛亮早就發現李平是一個「安身求名」，邀功取利的人，而處處遷就他，以至「顛倒乃爾」，發展到現在這種地步。所謂

「是臣不敏，言多增咎」，足見諸葛亮當時反躬自省，心情十分沈重。表文一上，這年秋八月，劉禪下詔把李平削職爲民，流徙梓潼郡。値得一提的是，諸葛亮在處理李平這件事上，分明是非，把李平兒子李豐調到成都，仍以他爲中郎將，參軍事。並寫信勉勵他與長史蔣琬「推心從事」，好好地幹。無怪後來李平聽到諸葛亮去世的消息，感念至深，發病而死。

諸葛亮在這年退兵之後，深感軍糧供應是個大問題，拿他自己的話來說：「糧穀軍之要最。」這個最重要的問題不解決好，要想對敵人採取大規模的軍事行動是不可能的。這是關係到北伐能否繼續進行並取得成功的一件頭等大事。從第二年開始，諸葛亮有計劃地把軍隊集中在沔陽附近的黃沙鎭進行休整，開展「休士勸農」的活動，一方面讓士兵從事生產；一方面鼓勵農民進行生產。在農閑時就抓緊時間「練兵講武」，進行軍事訓練。與此同時，諸葛亮在「木牛」的基礎上製作了「流馬」，改進了運輸工具。到下一年冬天，諸葛亮命諸軍搬運糧米，集中於斜谷口，在此修造邸閣，屯集了大批軍糧。這時，諸葛亮選用了很能幹的巴西太守呂義擔任漢中太守，兼領督農，保證前線供應。經過整整兩年多的準備，於蜀漢建興十二年（二三四年）春二月，以流馬運糧，諸葛亮親統十萬大軍由斜谷出，發動了第五次北伐。這次出兵，還派了使者去東吳，約孫權東、西配合，「同時大舉」。

這年四月，諸葛亮據武功五丈原（今陝西岐山縣境），與司馬懿相持於渭南（渭水之南）時，他鑑

諸葛亮六出祁山，與司馬懿相拒于北原、渭橋，懿命偏將軍鄭文詐降，再命人假扮秦朗挑戰，鄭文出而斬之，報功；諸葛亮識破，欲斬，鄭哀免，諸葛令其貽書司馬，誘劫蜀營。司馬懿得書欲往，司馬師諫止，乃差秦朗前往，中伏被射死，諸葛並斬鄭文。

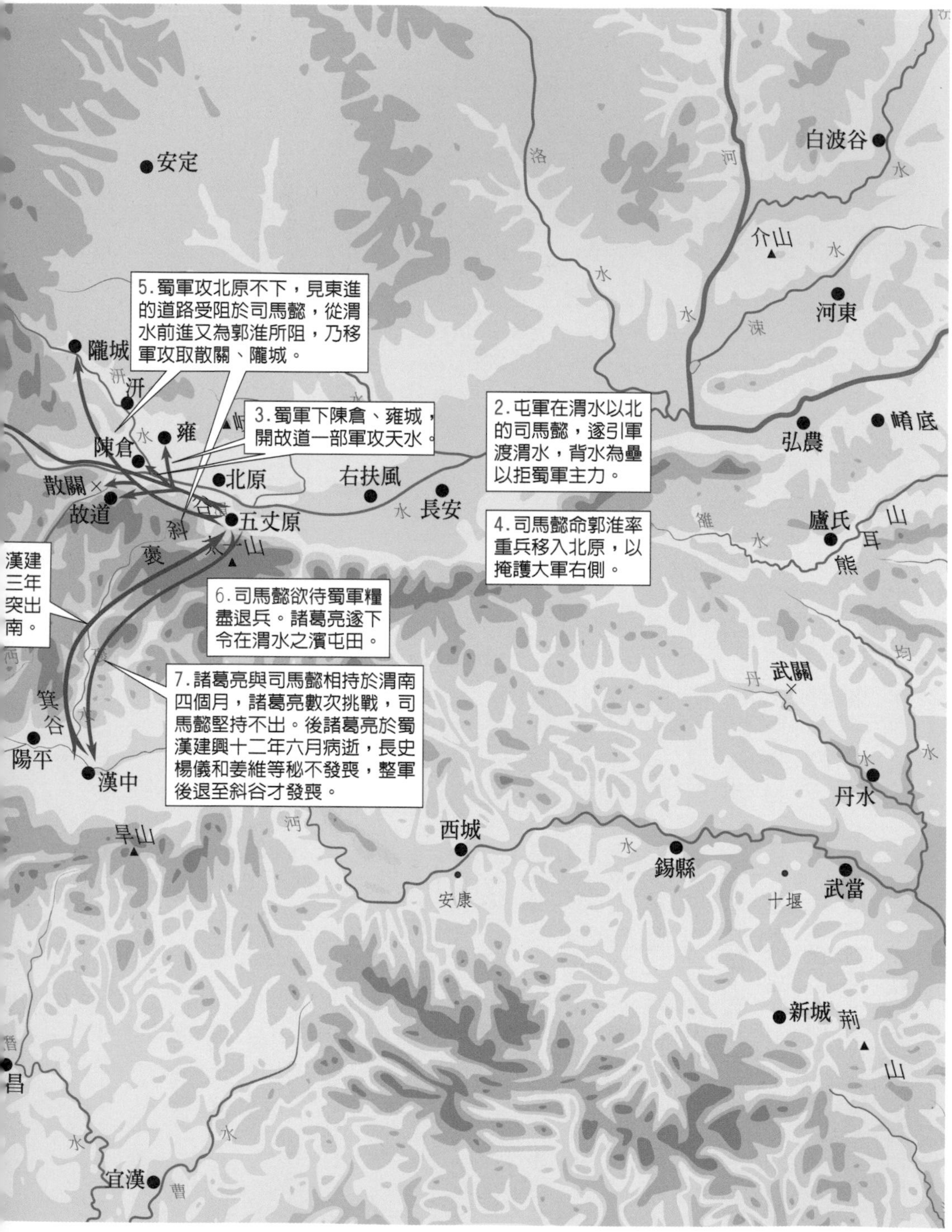
5.蜀軍攻北原不下，見東進的道路受阻於司馬懿，從渭水前進又為郭淮所阻，乃移軍攻取散關、隴城。
3.蜀軍下陳倉、雍城，開故道一部軍攻天水。
2.屯軍在渭水以北的司馬懿，遂引軍渡渭水，背水為壘以拒蜀軍主力。
4.司馬懿命郭淮率重兵移入北原，以掩護大軍右側。
漢建
三年
突出
南。
6.司馬懿欲待蜀軍糧盡退兵。諸葛亮遂下令在渭水之濱屯田。
7.諸葛亮與司馬懿相持於渭南四個月，諸葛亮數次挑戰，司馬懿堅持不出。後諸葛亮於蜀漢建興十二年六月病逝，長史楊儀和姜維等秘不發喪，整軍後退至斜谷才發喪。
安定
白波谷
洛
河
水
介山
水
水
涑
河東
隴城
汧
汧
雍
陳倉
散關
故道
北原
右扶風
長安
五丈原
斜
褒
弘農
嶠底
盧氏
雒
水
熊
耳
山
均
丹
武關
箕谷
陽平
漢中
沔
西城
安康
錫縣
十堰
武當
丹水
旱山
新城
荊
山
昌
宜漢
曹
水

於每次北伐都因軍糧不繼，「使己志不申」，而這次司馬懿又和上次一樣，採取堅壁不戰，用持久相拒的辦法來對付他，於是他乾脆來個分兵屯田，「爲久駐之基」，即以其人之道，還治其人之身，作長久的打算。由於諸葛亮治軍嚴明，屯田士兵和當地居民相處得很不錯，史稱「百姓安堵，軍無私焉」。這麼一來，儘管司馬懿內心感到恐懼，但他表面上還不得不裝成很鎮靜的樣子。加之諸葛亮一再派人來下戰書，似乎反而使司馬懿更加堅定了拒守不戰的決心。可是他手下的將軍們卻沒有他那份涵養功夫，再三要求去和蜀軍見個高低，司馬懿總是制而不許。

就在五月間，吳主孫權親自統軍十萬從巢湖口（今安徽巢縣西南）進兵合肥，又派遣陸遜、孫韶各帶領一萬兵馬，分別從左、右兩邊一齊向襄陽、淮陰進軍。魏明帝感到事態嚴重，他在統領大軍御駕親征孫權的同時，派將軍秦朗率領

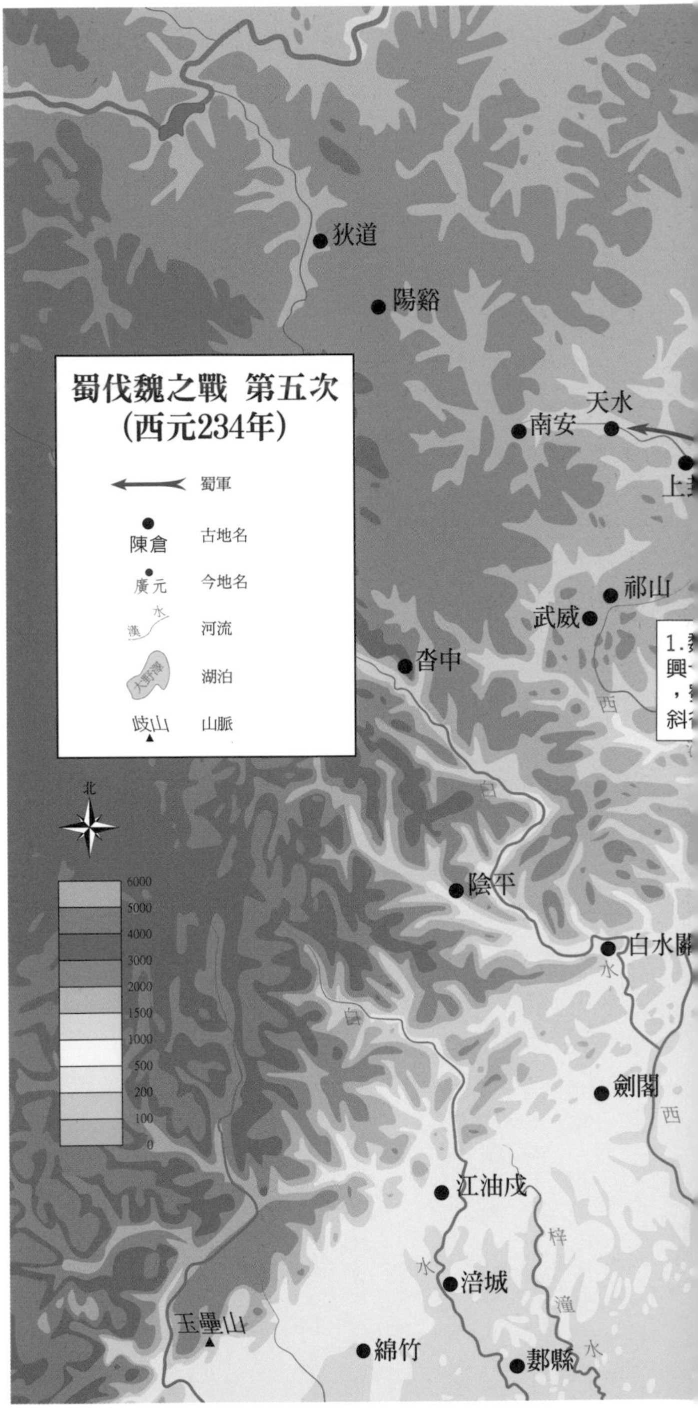

步騎二萬往助司馬懿，並敕令司馬懿：「但堅壁拒守以挫其鋒，彼進不得志，退無與戰，久停則糧盡，虜無所獲，則必走，走而追之，全勝之道也。」不用說，司馬懿接到魏明帝這道敕令，腰桿更硬了。哪知孫權這次出兵虎頭蛇尾，連魏明帝還沒有到壽春，就因進攻合肥新城失利，很快就退兵了。孫權一退，其他兩路自然也就煙消雲散了。孫權退兵後，群臣多勸魏明帝西到長安，去幫助一下司馬懿，順便把西邊的戰事也一併解決了。魏明帝卻說：「孫權逃去，諸葛亮膽破，司馬懿大軍足以抵制他，我用不著擔這份心了。」

魏明帝的話並沒有完全說對，至少也有一半沒有說對。諸葛亮從四月份起和司馬懿相持一百多天來，他一方面不斷派人去下戰書，引誘司馬懿和他進行決戰；同時因在渭濱屯田，也作好了和司馬懿周旋到底的準備。當諸葛亮最後派人給司馬懿送去一套婦女穿戴的衣服、首飾的時候，司馬懿確實被激怒了。可是當將軍們氣得摩拳擦掌紛紛要求出戰時，他猛然想起上次在祁山時的教訓，心情卻一下子冷靜了下來，故意對大家說：「堅守不戰可是皇上的旨意，既然大家要打，我就立即上表請求皇上批准吧。」這一下，將軍們也就只好耐心等待了。魏明帝深明司馬懿之意，就以衛尉辛毗爲軍師持節去制約諸將。

司馬懿這一手如何能瞞過諸葛亮。不但諸葛亮瞞不過，連他身邊的護軍姜維也感到懷疑。姜維對諸葛亮說：「辛佐治仗節而至，賊兵再也不會出來了。」諸葛亮冷笑一聲，說：「司馬懿本無戰心，他之所以要上表請戰，完全是做樣子給下面看的。他難道不懂得：將在外，君命有所不受。他要是眞能和我們決一雌雄，豈有不遠千里去請求作戰的嗎！」過了數日，當諸葛亮又派人去下戰書時，司馬懿很客氣地接待了使者，他避開軍事不談，卻問起諸葛亮一天的飲食起居，以及一些日常瑣事。使者回答說：「諸葛公一天實在辛苦，起早貪黑，責罰二十個板子都要親自過問；胃口不太好，一天連幾升飯食也吃不了。」打發使者去後，司馬懿向左右的人說：「諸葛孔明食少事煩，其能久乎！」

這倒眞被司馬懿說準了。這次北伐，諸葛亮雖然實行分兵屯田解決了歷次出征運糧的困難，下定了不達目的誓不罷休的決心，可是司馬懿深溝高壘老是不出來，使他進不能戰，退又不甘心，英雄無所用武之地，不免心中煩悶。俗話說：鬱悶致病，積勞成疾。諸葛亮眞的生病了。他不得不把前方的形勢和自己的病情派人報告給後主，讓他

《七星燈》　諸葛亮伐魏，六出祁山，心血日耗，自知不久，以後事囑託諸將。姜維謂用祈壽之法，挽回天命。諸葛亮乃設七星燈，終日步罡踏鬥以禳之。司馬懿仰觀星象，知諸葛亮不久人世，又不敢深信，使夏侯霸領兵探之。不料魏延誤認劫寨，匆匆奔至帳中報信，將本命燈踏滅。諸葛亮擲劍歎：「生死有命，不可挽也。」

多留心一下國事，有個思想準備。到了八月間，諸葛亮自感身體不適，病勢加增，憂心的事也隨之增多。思慮得最多的，恐怕還是他身後的一些安排。早些時，他曾給後主上過一道密表說：「臣若不幸，後事宜以付琬。」他相信蔣琬是能夠在他身後守住蜀漢基業的。當然，眼下身邊的事也應該抓緊安排好，不要事到臨頭來不及了。諸葛亮正在這麼想著，忽報後主派了尚書僕射李福來省侍。李福代後主。問安之後，諸葛亮因李福是大使，陪著他說了好些話，無非是說他自己辜負了先帝的付託，眼看統一大業還未成功就要和皇上中道分別了，希望朝中諸公盡心輔佐，承志向前。並讓李福轉告皇上，在他死後，不必遷回成都，就近葬漢中定軍山即可。李福一一記下，賡即就動身覆命去了。

諸葛亮在李福去後，立即就叫長史楊儀、司馬費禕、護軍姜維進內帳密商退軍之事。諸葛亮在一一囑咐完畢之後，似乎好像鬆了口氣。過了幾天，李福急沖沖去而復返。當他走進內帳探視時，見大家圍在床邊，眾人知李福有話要說，讓他至近前，他見諸葛丞相昏迷不醒，不禁跌足哭道：「來遲一步，是我誤了國家大事！」諸葛亮忽然睜開了眼，對李福說：「我明白你轉來的意思，前些日子談了不少話，似有未盡之意，你所問者，公琰可也。」李福稱謝說：「眞是這樣，上次確實不曾諮請，所以趕了回來。再請問公琰之後，誰可繼任？」諸葛亮說：「文偉繼之。」

李福再問其後時，諸葛亮閉上了眼睛，不回答了。大家近前一看，連聲呼喊不應，諸葛丞相已經與世長別了。這位只活了五十四歲的三國時代傑出的政治家和軍事家，就在他最後出師敵境，誓不回首之秋，齎志而歿了。但是，他的一生留給後世的寶貴精神財富，實在無愧於他的偉大，無愧於他對歷史作出的貢獻！這位在當時被稱爲「天下奇才」的人物，他的一生無處不是故事，即使他閉上了眼睛，他那動人而神祕故事也還沒有結束。

《演義》中所寫的「見木像魏都督喪膽」，死諸葛能嚇生仲達，以及魏延反、馬岱斬，就是講的這麼兩個既神祕又生動的故事。前者是說諸葛亮預先雕製木像安放車上，在他死後退軍時，待司馬懿追來，推出軍前，驚走了司馬懿；後者則說是諸葛亮早料魏延在他死後必反，預伏錦囊妙計於兩軍陣前，使馬岱立斬了魏延。其實，這兩個常爲人們津津樂道的故事，都是眞假參半，似是而非的。這正是小說作者「狀諸葛之多智而近妖」的再一次表現。從歷史記載來看，諸葛亮死後，楊儀按諸葛亮臨終佈署，整軍而還。百姓奔告司馬懿。司馬懿領軍追來時，姜維叫楊儀反旗鳴鼓，擺開陣勢，「若將向懿者」，司馬懿見狀，收軍而退，「不敢逼」。於是楊儀結陣而去，入斜谷後乃發喪。

這件事被當地老百姓編成諺語說：「死諸葛嚇走生仲達。」後來司馬懿聽到了，自我解嘲地說：「吾能料生，不能料死也。」這個記載一方面說明諸葛亮佈置周密，退軍有方，另一方面也說明司馬懿謹慎小心，不敢冒昧。可是小說作者卻據此大大加工，說諸葛亮預製了木像，使司馬懿喪魂落魄，竟向後奔跑了五十餘里，當兩員魏將趕來扯住馬嚼環時，司馬懿用手摸著腦袋問：「我有頭否？」這既神化了諸葛亮，也醜化了司馬懿，令人難以置信。

至於遺計斬魏延，查無史據；但魏延爲馬岱所斬，又確是史實。長期以來，人們從小說和舞臺上得知魏延是一員天生的反將，這實在使這位蜀漢猛將蒙受了不白之冤。歷史上既無魏延在長沙殺過太守韓玄和黃忠投歸劉備的記載，當然也就談不上諸葛亮當時因他腦後生有反骨，要將他斬首的這麼回事。

根據史實，義陽（今河南南陽市）人魏延，字文長，自荊州「以部曲隨先主入蜀，數有戰功」，先後得到劉備和諸葛亮的重用。史傳上說魏延「善養士卒，勇猛過人」，但他秉性「矜高」，時人「皆避下之」，諸葛亮手下的人多讓著他點。而恰好深得諸葛亮器重的謀士楊儀，又是一個心胸「狷狹」、恃才傲慢的人物，唯獨他「不假借延」，不買魏延的賬，以至他們兩人的關係「有如水火」，竟鬧到「每至並坐爭論，延或舉刃擬儀，儀泣涕橫集」的地步。奇怪的是，諸葛亮是一位善於調和矛盾，駕馭人才的人，而偏偏在處理楊、魏關係這件事上卻顯得力不從心，儘管他對楊、魏長期鬧私忿很生氣，但他卻著眼於使用人才，不便表態，害怕損害一方的積極性，所謂「常恨二人之不平，不忍有所偏廢也」。唯其如此，這給他身後帶來了一場風險。可見魏延的悲劇，應從諸葛亮對楊、魏的關係上去找原因。

諸葛亮臨終前，讓楊儀總統軍事，在密商退軍節度時，卻沒有讓魏延參加，而令魏延「斷後」，又安排姜維「次之」，所謂「若延或不從命，軍便自發」。這正是諸葛亮在臨終時的苦心所在，他深知魏延是不會服從楊儀調遣的，對魏延在他身後要鬧事這一點作了充分的估計，他的這番安排可說是萬不得已的應變之策。也正是他長期以來對楊、魏姑息遷就所造成的苦果。恐怕他在由誰來主軍的人選上也很動過一番腦筋：姜維半道而來，費禕資歷還不夠，魏延太驕橫了，比較起來，楊儀久隨他南征北討參謀軍機，雖很合適，但又和魏延關係很緊張，考慮來考慮去，最後還是把軍事付託給了楊儀，因而作出了這麼一個應變的安排。身後之事也實在難以預料，哪能盡如意旨呢？應該說，魏延久隨諸葛亮馳騁疆場，功績卓著，還是諸葛亮的一員愛將，怎能因其性情驕縱，屢建奇勳，就遺計將他斬首，這恐怕在情理上也說不過去。顯然遺計斬魏延之說，純屬小說

陝西省寶雞市岐山縣五丈原諸葛亮廟山門

家言，不足爲訓。事實上，諸葛亮一死，當楊儀派費禕前去探詢魏延的動向時，魏延宣稱說：「丞相雖亡，吾自見在。府親官屬便可將喪還葬，吾自當率諸軍擊賊，云何以一人死廢天下之事邪？」這和他當初出鎮漢中、勇當重任的那一番豪言壯語倒頗相似。

然而魏延當時不顧大局，出於對楊儀的私忿，便憤怒地說：「且魏延何人，當爲楊儀所部勒，作斷後將乎！」在這一點上，又確實被諸葛亮看準了的。楊儀既受諸葛亮遺命統軍，又得姜維、費禕等幫助，魏延之敗，乃勢所必然，何必非要諸葛亮預伏密計，才能使他授首。據史載，楊儀兵未退時，魏延就「徑先南歸」；當楊儀等率諸軍「晝夜兼行」，繼之退還時，魏延據南谷口逆擊楊儀。楊儀先派王平迎戰，王平怒斥魏延說：「丞相剛死，身還未寒，你們就要造反嗎！」魏延部眾一聽，「知（理）曲在延」，一哄而散。當魏延帶著他的兒子等「數人逃亡」，奔往漢中去時，楊儀再遣馬岱「追斬之」。此即歷史上馬岱追斬魏延的情景。這和小說中諸葛亮預先授楊儀、馬岱密計，使馬岱假意助延，臨陣將其斬首的情節大相逕庭。

不管怎樣，魏延是死了。蜀軍安然退回漢中。諸葛亮生前最後進行的第五次北伐戰爭，也因他的去世而中止了。「出師未捷身先死，長使英雄淚滿襟」。儘管諸葛亮一生爲之奮鬥的最終目標——北定中原的宏圖大業未能實現，但他那崇高的氣節，勇於獻身的精神，以及他那傑出的智慧和才能，卻永遠使人追思和懷念。

青銅馬　三國
襄陽市長虹路三國墓葬出土，湖北襄陽市博物館藏
漢代銅馬模型相當於近代馬匹外型學的良馬標準型。
而歐洲一直到18世紀才有類似的銅質良馬模型問世。

北伐何以未能成功

對於歷史上沒有最終取得成功的事業，人們的評論總是多種多樣的。比較常見的就是「以成敗論英雄」，對諸葛亮也有這種情況。爲人所熟知的，就是陳壽在整理諸葛亮文集後上晉武帝表中以及在〈諸葛亮傳〉末的話。他一則說諸葛亮「於治戎爲長，奇謀爲短，理民之幹，優於將略」。再則說諸葛亮北伐「連年動眾，未能成功，蓋應變將略，非其所長歟？」前者是在肯定諸葛亮善於治軍理政的前提下，說他短於用兵，不善於打仗；後者則因爲北伐沒有成功，批評諸葛亮缺少應變之才，用兵非其所長。不過，後世人也說陳壽對諸葛亮這些批評，是爲了敷衍晉武帝的。因爲諸葛亮北伐，幾次同司馬懿（晉武帝祖父）對陣，作爲晉朝史臣，對此不能不做點文章。宋代陳同甫在〈酌古論〉中說：「孔明以步卒十餘萬，西行千里，行行然，求與之戰，而仲達以勁騎三十萬僅能自守，來不敢敵，去不敢追，彼豈孔明敵哉！」陳壽又怎能這樣講？其實，陳壽在批評諸葛亮的同時，還加了不少「但書」，一則說「所與對敵，或值人傑，加眾寡不侔，攻守異體，故雖連年動眾，未能有克。」再則說「亮之器能政理，抑亦管（仲）蕭（何）之亞匹也，而時之名將無城父、韓信，故使功業陵遲，大義不及耶？」所謂「人傑」，是捧司馬懿的話，固然司馬懿也當得起；說「眾寡不侔，攻守異體」，就在分析客觀原因，而不是歸咎於諸葛亮的主觀因素了。說時無名將，也是強調客觀條件，甚至說到「蓋天命有歸，不可以智力爭也」，更是爲諸葛亮抱屈了。而對諸葛亮的北伐，則稱之爲「功業」、「大義」。這些都是藏機妙筆，明揚司馬，暗讚諸葛。陳壽以蜀人仕晉，他的深文周內，可謂用心良苦了。

後世「以成敗論英雄」的一件事，就是由於北伐未能成功，便想到魏延曾獻計出子午谷奇襲長安，而不爲諸葛亮所採納這件事。出於對諸葛亮出師未捷的惋惜，以及認爲魏計或可成功的僥倖心理，從而覺得陳壽的評論不無根據。所謂「蓋當時必有以不用魏延子午谷之計爲怯者，故壽亦從而說之」。所謂「從而說之」，就是指陳壽「奇謀爲短」、「應變將略，非其所長」的話。不過從《魏延傳》來看，陳壽是這麼寫的：「延每隨亮出，輒欲請兵萬人，與亮異道會於潼關，如韓信故事，亮制而不許。延常謂亮爲怯，歎恨己才用之不盡」。所謂「怯」，是魏延因諸葛亮不用其計而抱怨的話，並不是陳壽由此而得出諸葛亮「奇謀爲短」的結論。

試加具體分析：當初諸葛亮不用魏延之計，用他當時的話來說，是認爲魏延此計太「懸危」了。在這之前，就發生過孟達掉以輕心被司馬懿擒斬的事。應該說，這對諸葛亮不納魏延之計是有直接關係的。魏延這條計，實在是過低估計

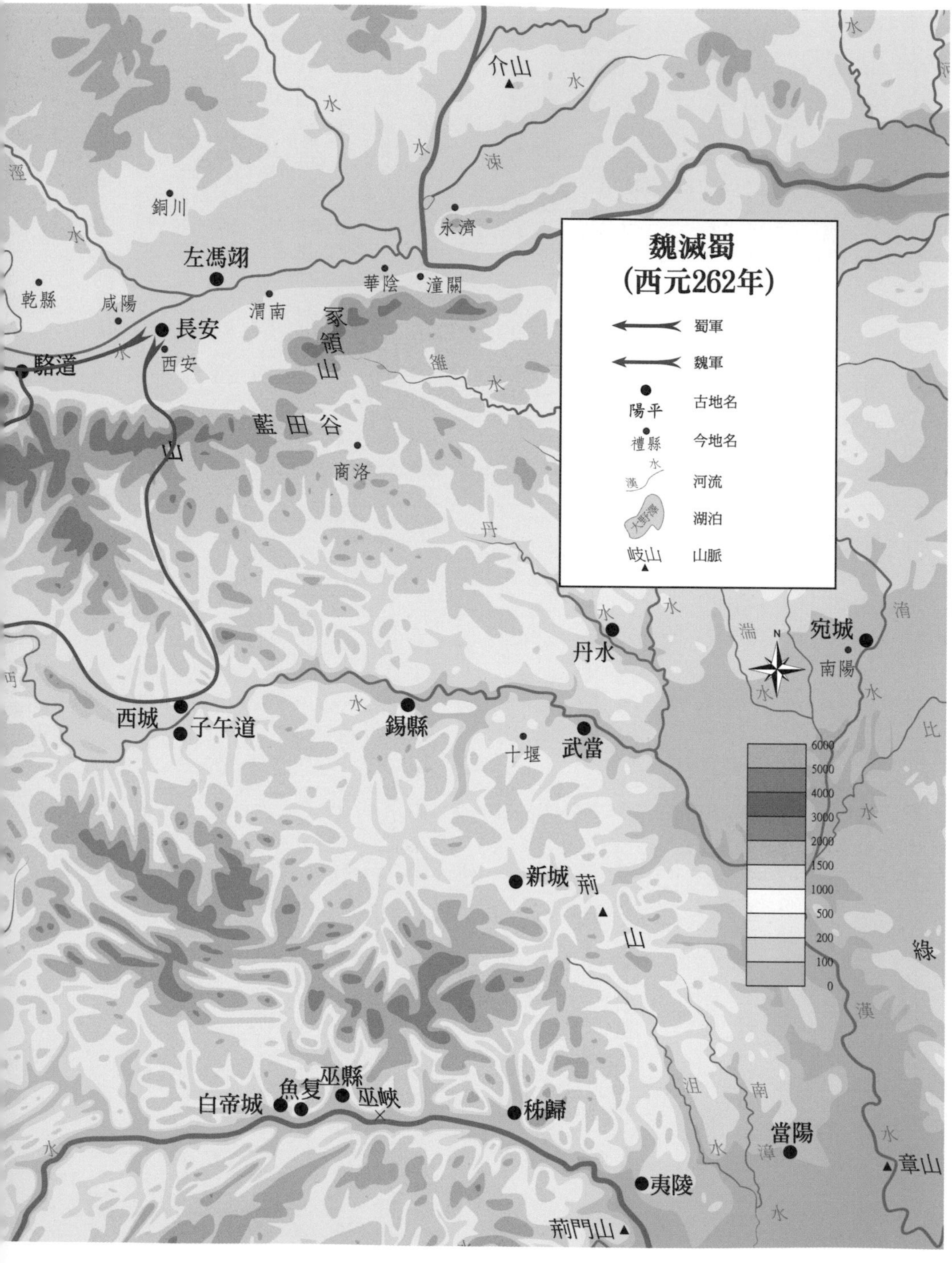
魏滅蜀
(西元262年)
蜀軍
魏軍
陽平
古地名
禮縣
今地名
漢
水
河流
大野澤
湖泊
岐山
山脈
介山
水
水
水
涑
涇
銅川
水
永濟
左馮翊
華陰
潼關
乾縣
咸陽
渭南
長安
冢
領
山
駱道
水
西安
雒
水
藍田谷
山
商洛
丹
水
水
丹水
淯
淯
宛城
南陽
水
水
西城
子午道
水
錫縣
武當
十堰
比
水
新城
荊
山
綠
漢
南
沮
白帝城
魚复
巫縣
巫峽
秭歸
當陽
漳
水
水
水
水
章山
夷陵
荊門山
6000
5000
4000
3000
2000
1500
1000
500
200
100
0

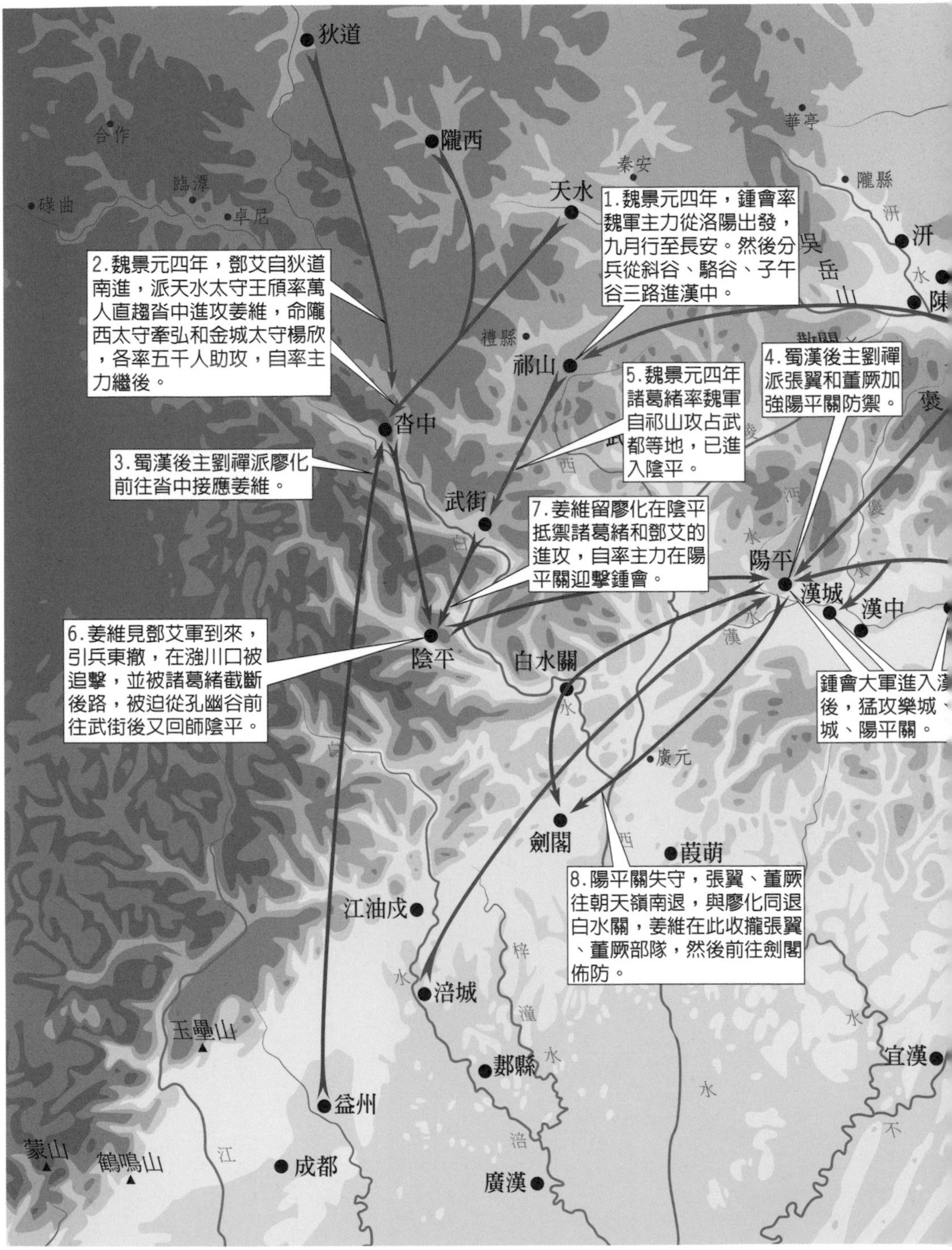
狄道
合作
臨潭
碌曲
卓尼
隴西
秦安
華亭
隴縣
天水
汧
吳
岳
山
1.魏景元四年，鍾會率魏軍主力從洛陽出發，九月行至長安。然後分兵從斜谷、駱谷、子午谷三路進漢中。
2.魏景元四年，鄧艾自狄道南進，派天水太守王頎率萬人直趨沓中進攻姜維，命隴西太守牽弘和金城太守楊欣，各率五千人助攻，自率主力繼後。
禮縣
祁山
4.蜀漢後主劉禪派張翼和董厥加強陽平關防禦。
5.魏景元四年諸葛緒率魏軍自祁山攻占武都等地，已進入陰平。
沓中
3.蜀漢後主劉禪派廖化前往沓中接應姜維。
武街
7.姜維留廖化在陰平抵禦諸葛緒和鄧艾的進攻，自率主力在陽平關迎擊鍾會。
陽平
漢城
漢中
6.姜維見鄧艾軍到來，引兵東撤，在潑川口被追擊，並被諸葛緒截斷後路，被迫從孔幽谷前往武街後又回師陰平。
陰平
白水關
廣元
劍閣
葭萌
8.陽平關失守，張翼、董厥往朝天嶺南退，與廖化同退白水關，姜維在此收攏張翼、董厥部隊，然後前往劍閣佈防。
江油戍
涪城
玉壘山
郪縣
宜漢
益州
蒙山
鶴鳴山
成都
廣漢

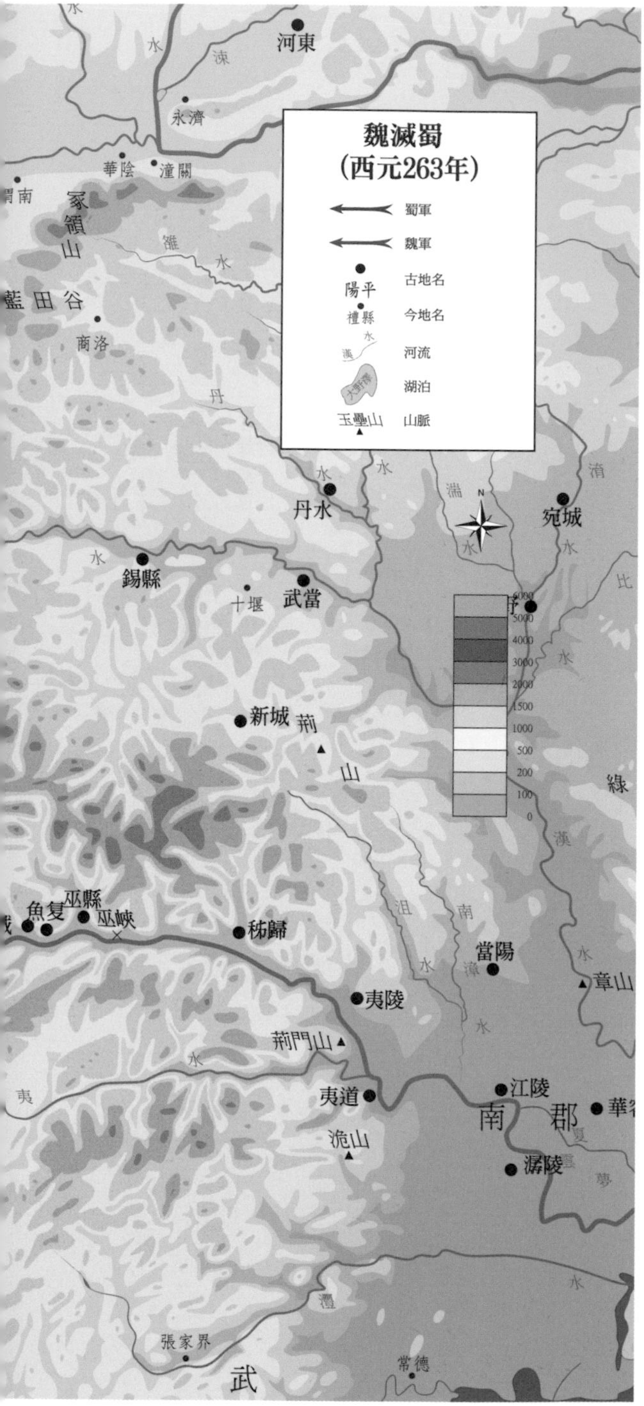

了敵人，要是夏侯楙閉關拒戰，以逸待勞，後果將不堪設想。後世責難諸葛亮不用魏延之計者，多以爲一個軍事家不能非有百分之百的把握才去進攻，只要有百分之六十的希望就可以一試鋒芒了。這個道理用到一生謹慎的諸葛亮身上，那是不可能實現的。蜀漢國小民少，兵員不多，諸葛亮是不能不謹慎行事的。更何況諸葛亮「約己愛民」，對士兵也極其愛惜。在第一次北伐退兵後，有人因收姜維，並掠得數千民眾還蜀，來向諸葛亮稱賀時，諸葛亮皺著眉頭說：「普天之下，莫非漢民，國家威力未舉，使百姓困於豺狼之吻。一夫有死，皆亮之罪，以此相賀，能不爲愧。」由此可見，諸葛亮用兵豈能在把握不大的情況下，讓將士去作無謂的犧牲品。惜兵慎戰，這應是諸葛亮作爲政治家兼軍事家的難能可貴之處。

還有一種看法，以清代學者王夫之爲代表。認爲諸葛亮北伐，是因「主闇敵強」，所以採取以攻爲守的策略，「以爲保蜀之計耳」。這恐怕是鑑於主客形勢，北伐不可能成功，而諸葛亮卻要勞師動眾，

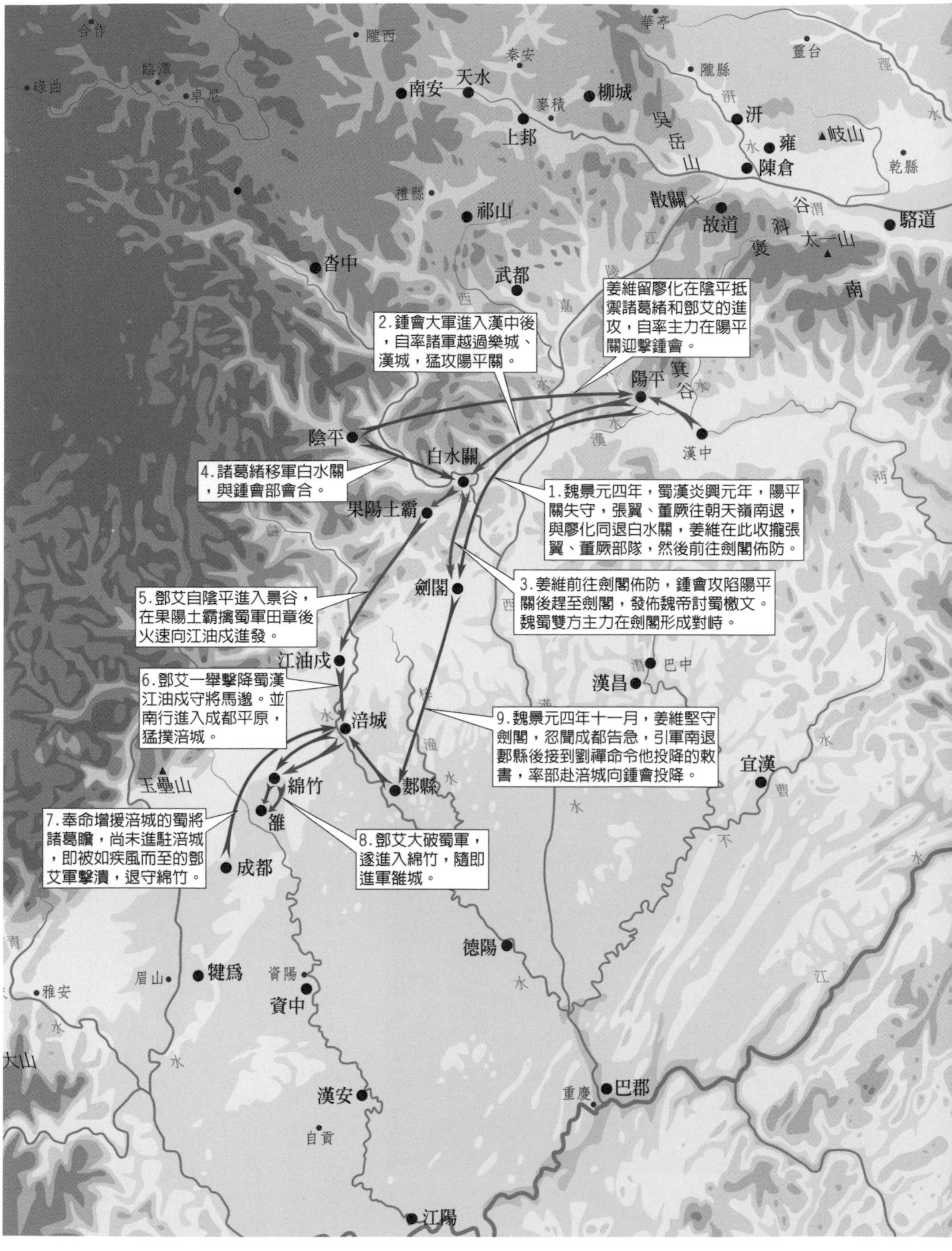

合作
隴西
華亭
靈台
秦安
隴縣
臨潭
碌曲
卓尼
南安
天水
柳城
麥積
汧
吳
岳
山
雍
岐山
陳倉
乾縣
上邽
禮縣
散關
故道
谷
斜
駱道
祁山
褒
太一山
沓中
武都
南
姜維留廖化在陰平抵禦諸葛緒和鄧艾的進攻，自率主力在陽平關迎擊鍾會。
2.鍾會大軍進入漢中後，自率諸軍越過樂城、漢城，猛攻陽平關。
陽平
箕谷
陰平
漢中
白水關
4.諸葛緒移軍白水關，與鍾會部會合。
1.魏景元四年，蜀漢炎興元年，陽平關失守，張翼、董厥往朝天嶺南退，與廖化同退白水關，姜維在此收攏張翼、董厥部隊，然後前往劍閣佈防。
果陽土霸
劍閣
3.姜維前往劍閣佈防，鍾會攻陷陽平關後趕至劍閣，發佈魏帝討蜀檄文。魏蜀雙方主力在劍閣形成對峙。
5.鄧艾自陰平進入景谷，在果陽土霸擒蜀軍田章後火速向江油戍進發。
江油戍
巴中
漢昌
6.鄧艾一舉擊降蜀漢江油戍守將馬邈。並南行進入成都平原，猛撲涪城。
涪城
9.魏景元四年十一月，姜維堅守劍閣，忽聞成都告急，引軍南退郪縣後接到劉禪命令他投降的敕書，率部赴涪城向鍾會投降。
宜漢
玉壘山
綿竹
郪縣
雒
7.奉命增援涪城的蜀將諸葛瞻，尚未進駐涪城，即被如疾風而至的鄧艾軍擊潰，退守綿竹。
8.鄧艾大破蜀軍，遂進入綿竹，隨即進軍雒城。
成都
德陽
眉山
犍為
資陽
雅安
資中
大山
漢安
重慶
巴郡
自貢
江陽

於是認爲也許是「醉翁之意不在酒」吧。這雖有爲諸葛亮辯解的一面，實際卻把諸葛亮作爲一個偉大的政治家企圖統一中國的努力看低了、偏了。從諸葛亮在〈出師表〉中「願陛下託臣以討賊興復之效；不效，則治臣之罪，以告先帝之靈」的表示來看，諸葛亮的意志和決心是何等堅定，務求必成的信念又何等堅定！王夫之的攻守之說，可能是受了〈後出師表〉的影響。〈後出師表〉中有所謂「然不伐賊，王業亦亡，惟坐待亡，孰與伐之！」又有所謂「至於成敗利鈍，非臣之明所能逆睹也」。由此可見，前後兩表在基調上是不一致的。若諸葛亮果眞上過〈後出師表〉的話，何至於在事隔一年之後，調門如此之低？上次雖因街亭之敗而退師，諸葛亮豈至消極如此？相反，諸葛亮倒是從失敗中總結經驗教訓，五次北伐，一次比一次堅定，直到他最後病逝前線，難道不是集中而完整地表現了諸葛亮不負初衷、忠貞獻身的高風亮節嗎？

如果從對戰爭的基本認識和諸葛亮進行北伐的實際想法，以及聯繫當時的具體情況來看，王夫之這種攻守論是難以成立的。戰爭本身，是政治解決的最高手段。戰爭策劃者的起碼常識，是懂得打仗要死人，要消耗大量人力物力的。一個嚴肅的政治家是不會輕易發動戰爭的。假若諸葛亮在平南之後，果眞國內危機重重，非要借對外戰爭來轉移國內視線不可，那麼，採取對外示武的方式，或許可以理解，但事實上，諸葛亮平南帶來的不是危機，而是「軍資所出，國以富饒」，再加上他在平南前後對內政的整頓建設，當時蜀漢呈現出一派欣欣向榮的景象，北伐正是在這種情況下開始的。〈出師表〉開頭所說的「益州疲弊，此誠危急存亡之秋也」，是諸葛亮以天下大勢來警戒後主處安思危，勵精圖治，並非當時的實際情形。

北伐以求統一，既是諸葛亮的平生之志，又在劉備死後經過前後五、六年的充分準備，從諸葛亮主

曹真字子丹，曾統領虎豹騎，魏文帝病危時，曹真同陳群、司馬懿同受遺詔輔政。

觀願望上來說，北伐之勢在必行是完全可以理解的。正因諸葛亮矢志不移，面對強大的敵人，雖然一再遭挫，也毫不氣餒，八年之間五次伐魏，其志之堅，奮鬥到生命的最後一息。這絕非用一般所謂以攻爲守、示武於外的觀點所能解釋得通的。

另有一種說法，認爲諸葛亮多次北伐，基本上是單方面進行的，沒有事先和東吳密切配合，以致北伐無功。但從三國大勢來看，吳、蜀結盟是很有限的，而且是不鞏固的。只有當雙方處在利害一致的緊急關頭，這種結盟才顯得活躍而充實。赤壁之戰時的孫、劉結盟就是這樣。而在劉備死後，儘管諸葛亮重修舊好，但由於三國鼎立局面的進一步形成，這時的吳、蜀聯盟僅在達成相互諒解的前提下，從心理上起到一點威攝曹魏的作用而已，沒有什麼實在的內容。其實，諸葛亮自己對這以後的結盟，認識得比誰都清楚：當孫權稱帝時，他力主繼續和東吳搞好關係，一方面指出魏、吳之間「限江自保」，誰也吞併不了誰的客觀形勢；同時也指出即使盟友孫權端坐不動，也對蜀漢北伐很有好處，所謂「此之爲利，亦已深矣」。足見諸葛亮北伐並不寄希望於孫權，要求孫權幫他多大的忙。關鍵還在於，即使孫權幫了忙，作用也不大。事實上，孫權在蜀魏爭戰期間，也曾多次對魏用兵，但是並沒有突破魏國南面從襄陽到合肥間的一道牢固防線。在最後那次北伐中，吳師也正是在這道防線上被阻而還的。

又有一種意見，認爲諸葛亮進行的是分裂戰爭，因而對於他的努力持否定態度。說什麼要是諸葛亮不出山，也許曹操統一中國可望成功。這不是歷史主義的態度，不能離開歷史事實來作假設。首先，諸葛亮出現在歷史舞臺上，從對當時歷史和人民來說，應該作什麼基本評價？是否定，還是肯定？從蜀漢的政治經濟以及廣大人民對諸葛亮的懷念來看，無疑是後者。應該說，當時雖然三國鼎峙，各不相下，然而無論魏、蜀、吳，都各撫其眾，戮力經營，政治經濟，相對穩定。較之漢末軍閥割據，互相混戰，人民顛沛流離，死亡枕藉的紛亂局面來說，是一個進步的歷史階段，那麼，對於諸葛亮在這個歷史階段中所作出的貢獻，又怎能加以否定呢？再說，統一是時代賦予包括諸葛亮在內的三國政治家們的一項重大歷史使命。他們都是順應著歷史潮流進行政治活動的，不能說誰妨礙了誰。曹操、孫權，以及他們各自集團中的有識之士，無不是把統一作爲他們爲之奮鬥的終極目標來加以考慮的。曹操在臨死前還暗示他的兒子去當周武王，他自己卻以周文王自居，認爲已給兒子奠定了統一的基礎。而南方的孫權，不要說魯肅、周瑜、甘寧等人早就向他進策謀取天下，問鼎中原；他自己在納呂蒙之計襲取了荊州，又用陸遜之謀打敗劉備，國勢大張之後，也並未就此罷手，還想利用南中叛亂之機，把勢力伸向蜀漢的南中地區去。其後，孫權不但多次利用蜀魏爭戰之機對魏用兵，而且還依仗水軍優勢向東南海外擴張。即在曹眞大興三路兵馬進犯漢中的那一年（太和四年，二三〇年），孫權派兵到了夷州（臺灣）。過了兩年（即嘉禾元年，西元二三二年），孫權因遠在魏國的遼東太守公孫淵遣使向他稱藩，使他大爲稱心，授予公孫淵以燕王的爵位，並派大臣率水軍七八千人護送使者回去。雖然這一次他是上了當，但也說明他急於想把勢力伸向魏國的後方，企圖依仗水軍打通海路，從東、南構成對魏的大包圍圈態勢。足見他繼父兄之業雄據江東，「非端坐者也」，也在謀求天下的統一。那麼，一向以正統自居、以「興微繼絕」爲己任的諸葛亮，自然更爲迫切地要求統一了。

這是歷史的要求嘛！那麼，究竟爲什麼北伐不能成功呢？爲什麼〈隆中對〉的最後政治目的不能實現呢？這個原因，也只有從歷史發展的客觀實際中去找。客觀實際是，諸葛亮按照在隆中提出的戰略方針以及輔佐劉備的歷史進程，並不是一帆風順的。儘管諸葛亮克盡了主觀努力，但客觀形勢的發展與變化，不都是諸葛亮所能左右的。追本溯源，形勢發展到不可逆轉，一則在於荊州之失，再則在於夷陵之敗，而這兩者都不是諸葛亮所能挽回的。

荊州之失，正好發生在打下漢中、蜀漢事業大盛之時。按隆中戰略規劃，在奪占荊、益之後，就必須「外結好孫權，內修政理」，待「天下有變」，時機一到，就從荊、益兩路出兵，「北定中原」。劉備自收川到打下漢中前後七、八年間，幾乎連年用兵，由於蜀漢軍事上的進展，不僅使曹操、同時也使盟友孫權感到了威脅。在這種情況下，尤須注意和孫權搞好關係。然而長期以來，荊州守將關羽，既不把諸葛亮整個隆中戰略放在心上，也不具體執行「聯吳」這一重要策略，更其在條件還不夠成熟的情況下，就輕率北進，給孫權以可乘之機，不但荊州丟失，關羽自己也遇害。荊州之失，關羽自應負直接責任，然而決定以關羽留守荊州而調諸葛亮入川，則是劉備的失著，也是導致隆中戰略的第一個蹉跌。

其實，從當時收川的形勢來看，即便是在龐統死後，如果調

陝西岐山縣五丈原下的落星村。傳說，諸葛亮去世時，一顆明星從天而降，所以才起這個名字。

關羽入川，以劉備之雄才，關羽之勇略，再加上「謀主」法正的智計，應該說對付劉璋是綽綽有餘的，實在沒有調諸葛亮入川的必要。事實證明，留關羽守荊州鑄成大錯，給蜀漢統一大業帶來不可挽回的損失。無怪乎後世讀史者，就有人據此認爲劉備待關羽之信，尤勝於對諸葛亮之誠。王夫之在《讀通鑑論》中就明白地表達了他的這個觀點，並指出劉備擔心諸葛亮「交吳之深」。且不說劉備是否如此擔心，至少，無論是劉備自己還是關羽，對諸葛亮聯吳以守荊州這個策略是不甚了了的。

荊州既失，〈隆中對〉中的戰略方針已受挫折，然而尤其壞事的是劉備不顧益州初定，自己甫登大位，蜀漢基業未固，忿關羽爲孫吳襲殺，意氣用事，勞師動眾，既不許孫權請和，又不聽臣下勸阻，親自率師伐吳，深入敵境，連營五、六百里。遭到陸遜「先讓一步，後發制人」這一戰略防禦原則的抵制，被拖了七八個月，最後在劉備「兵疲意沮，計不復生」的情況下，陸遜發動了歷史上有名的「夷陵之戰」，一把火燒得蜀軍死傷累累，損失慘重，劉備自己敗歸白帝，以至「中道崩殂」。這不僅使蜀漢元氣大傷，力量削弱，而且造成嚴重後果，影響統一大業。諸葛亮隆中規劃兩路出兵鉗擊中原的戰略固然早已化爲泡影，而且形勢演變到孫權一度倒向曹魏一邊，使國小力弱的蜀漢在政治上陷入空前孤立的境地。

雖經諸葛亮很費了一番氣力重新修復吳蜀聯盟的籬笆，但往日的景象已一去不復返了。到諸葛亮出兵北伐時，魏國已歷經兩代的經營，根基已經牢固，「復興漢室」的口號早就過時，已不能再起到搖撼人心的作用了。拿第一次北伐來說，準備可謂充分，進展也很迅速，可是一當魏明帝西鎮長安，一舉打下街亭，就逼使諸葛亮收兵而返。此即是明證。再看最後這次北伐，儘管史書上讚美諸葛亮分兵屯田，和當地老百姓相處得不錯，但當諸葛亮一死，百姓就「奔告司馬懿」，這卻從側面反映出魏國老百姓對諸葛亮進行北伐戰爭的態度。所以後人認爲，當時天下三分，赤壁之戰是肇其端，而起決定性作用的實爲夷陵之戰，這是頗有道理的。自此以後，諸葛亮縱有一顆忠心，滿腹經綸，也改變不了已經決定了的客觀形勢。閉關息民，整軍經武，五次北伐，實在也是「知其不可爲而爲之」，「鞠躬盡瘁，死而後已」。

為此，就有人認爲諸葛亮與其進而無功，莫若退而守成。如吳

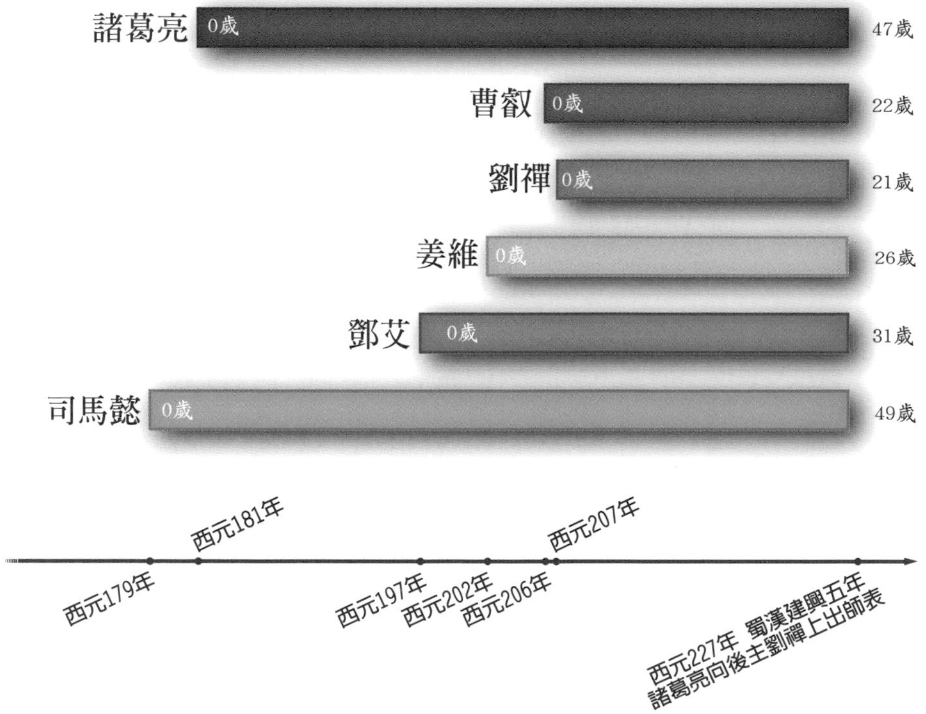

人張儼所說：「諸葛丞相誠有匡佐之才，然處孤絕之地，戰士不滿五萬，自可閉關守險，君臣無事。」然而，如果諸葛亮眞是那麼知難而退，也就不成其爲諸葛亮了。縱觀諸葛亮一生，自從他走出隆中，參加劉備集團以後，經歷了前後兩個時期。前一時期是他作爲軍師，幫助劉備開創基業，奪荊占益，進據漢中，立國巴蜀；後一時期則是他受託輔孤，掌一國之政，和吳平南，北伐中原。儘管這最後一項，由於客觀形勢已起了變化，不可能以成功告終，諸葛亮卻始終沒有放棄統一中國的大志，繼續沿著隆中規劃的戰略路線走下去，苦心孤詣，慘淡經營，堅定地、積極地走下去，直到最後一息。要是諸葛亮格於形勢，拘守小局，偏安巴蜀，老死牖下，不作爲一個失敗的英雄，恐怕後世對他的稱譽決不會如此之隆，評價也將大爲不同了。正是諸葛亮盡了他自己最大的努力，矢志不移地走完了他最後的征程，雖然未能成功而心力交瘁而死，但是在歷史上爲他自己寫下了光輝的篇章。

劉備諸葛亮大事年表

蜀建興五年	二二七年	二二七年諸葛亮向後主劉禪呈交《出師表》，進行北伐。
蜀建興六年	二二八年	街亭失守，諸葛亮揮淚斬馬謖，自貶爲右將軍，行丞相事。
蜀建興七年	二二九年	諸葛亮二次北伐，奪取武都、陰平，恢復丞相職位。
蜀建興八年	二三〇年	諸葛亮再次北伐。
蜀建興九年	二三一年	諸葛亮北伐攻祁山，破司馬仲達，大敗魏將張部。
蜀建興十一年	二三三年	諸葛亮在斜谷修造邸閣，屯集糧食。
蜀建興十二年	二三四年	諸葛亮於再次北伐中病故于五丈原。

第九章 鞠躬盡瘁

思想與作風

從諸葛亮一生在歷史上的作爲來看他的思想，以及體現他這些思想的工作作風和生活作風，對於了解他何以受後世尊崇，歷久不衰，是有幫助的；而他的這些思想和作風中，有不少還具有一定的現實意義，值得借鑑的。當然，要了解像諸葛亮這樣一位對後世深具影響的歷史人物，也只有從他當時所處的歷史環境中，具體地考察他的思想和言行，才能得出正確的認識。

諸葛亮出身於官僚家庭，從小受著儒家思想的薰陶，稍長，又親身經歷了漢皇室的衰落給國家民族帶來的災難。隆中期間，他博覽群籍，交游士林，關注時局，立下了統一天下的凌雲壯志。可以說，隆中十年是他思想發展上一個重要的時期。在這期間，曹操平定了中原，孫策奠基於江東。諸葛亮既未北去，也未南行，卻選定了一條要盡他平生之力去走的道路，這就是斐松之稱道他時所說的「以興微繼絕克服爲己任」。

諸葛亮選擇了這樣一條道路這本身就充分體現了他維護傳統綱常和忠義道德的儒家正統思想。

自西漢武帝採納董仲舒「罷黜百家，獨尊儒術」的倡議以來，再經東漢章帝大力提倡，儒家思想在兩漢時期一直占有統治地位。作爲出身官僚家庭的諸葛亮，不僅在年輕時候讀了大量的儒家經典，而且後來身體力行，用以指導自己的言行。他一生忠貞謀國，志在匡復漢室，無處不體現他信奉儒家君臣大義的思想。〈隆中對〉就是他有感於劉備「欲信大義於天下」而提出的。劉備以救天下、繼漢統爲己任，諸葛亮以撥亂反正、興復漢室爲己志，他們想到一處，走到一起了。魚水相交，君臣契合，諸葛亮決心沿著他所選定的道路走到底。劉備託孤時，諸葛亮表示要「竭股肱之力，效忠貞之節，繼之以死」，這是何等的耿耿忠懷！後來他輔佐劉禪，「惟知君嗣之當輔，而不復知有其躬」，「鞠躬盡瘁，死而後已」，直到生命的最後一息，百分之百的實踐了他的諾言。

在古代，一般說來，忠君和愛國是很難分開的。君主是作爲國家的象徵而存在的，忠君必然愛國，愛國亦必忠君，這是貫穿整個封建時代始終的。封建時代的愛國，雖然有著時代的、歷史的局限，但是愛國這一偉大的精神，作爲我們中華民族的優良傳統，歷來受到尊重。歷史上許多忠臣義士，爲人們所景仰，即使在今天，也同樣如此。諸葛亮更是其中突出的一個。

青年諸葛亮像，湖北襄陽古隆中。

諸葛亮之爲人傳誦，不僅在國內，亦且遠及國外。前不久一位去日本講學歸來的學者，說他在日本遇見一位縣知事。那縣知事和他興致勃勃地談起諸葛亮，表示要以諸葛亮爲榜樣，像諸葛亮當年忠於劉備那樣來忠於自己的國家。就是一個典型的例子。

諸葛亮一生處處公忠體國，他要求同僚和部屬也要效忠盡職，兢兢業業。他常常表彰能夠忠勤於職守的官員，樹立典型，帶動大家。特別是他一再鼓勵群下給他提意見，唯恐自己忠蓋不效，謀國不周，養成他審思慎行的嚴謹作風。諸葛亮規勸後主要常納忠諫，要「親賢臣，遠小人」。諸葛亮不光用言傳身教以勵群僚，更主張治亂世用重典，對那些屢教不改，敗壞軍國大事的人，必須繩之以法。諸葛亮平生最痛恨謀國不忠、爭權奪利的人，對這種人絕不姑寬，嚴懲不貸。他罷廖立，彈劾廖立「奉先帝無忠孝之心」；他廢李嚴，責備李嚴「受恩過重，不思忠報」；他處死彭羕，是因彭羕圖謀不軌，「心大志廣，難可保安」。尤其這個彭羕，在獄中寫了一封書信給諸葛亮，爲他罵劉備是「老革（兵）」以及鼓動馬超造反申辯，儘管他在書中詞意委婉，盛稱諸葛亮爲「當世伊、呂」，諸葛亮仍不加寬貸。

諸葛亮和古代任何一位有作爲的政治家一樣，總是從客觀現實出發來制定方針政策，處非常之世，建非常之功。後世多從諸葛亮嚴法治蜀，早年以管仲、樂毅自比，再加之他後來又爲後主劉禪錄寫過《申子》、《韓非子》、《管子》、《六韜》等書，認爲諸葛亮深具法家思想。其實，諸葛亮之厲行法治，完全是由於東漢末年吏風不正，「三綱失紀」①，上下關係鬆弛，爲了力矯頹風惡習而這麼做的。但在整個蜀漢管轄區域之內，也根據不同地區的具體情況有所區別，一般說來，在益州腹地實行嚴刑峻法，而在南中少數民族地區則採取「綱紀粗定，夷、漢粗安」的辦法，實行「和撫」的民族政策。不難看出，一切從實際出發，這是諸葛亮立法施度的一大特點。而在對外關係上也是如此。孫權稱帝時，儘管他思想上認爲這是一種「僭逆」的行爲，但他仍從大局考慮，繼續與孫權聯合。

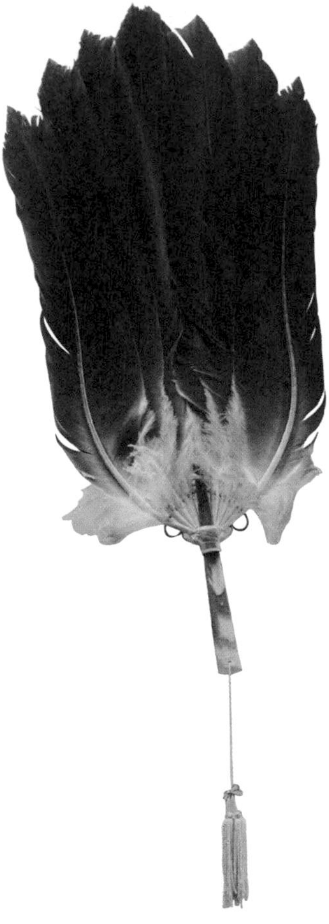
蜀國諸葛亮愛用的鵝毛羽扇（複製品）。

諸葛亮是一個善於學習前人經驗、取鑑歷史教訓的人。他在隆中期間歷觀諸子百家之書，特別是從他讀書「觀其大略」，抉取精要這一點來看，可見他讀書的目的相當明確，是立足現實，學以致用的。這從他寫的〈論諸子〉一文中就可以得到證明。諸葛亮在這篇文章中說：

> 老子長於養性，不可以臨危難。商鞅長於理法，不可以從教化。蘇、張長於馳辭，不可以結盟誓。白起長於攻取，不可以廣眾。子胥長於圖敵，不可以謀身。尾生長於守信，不可以應變。王嘉長於遇明君，不可以事暗主。許子將長於明臧否，不可以養人物。此任長之術者也。

由此看來，要派定諸葛亮的思

想是屬於那一家都不合適。諸葛亮在這裏列舉的老子是道家，商鞅是法家，蘇秦、張儀是縱橫家，白起、伍子胥應是兵家。至於尾生，或說是微生高，春秋魯人，漢武帝時東方朔在上書中提到他說：「信若尾生。」顏師古注稱：「尾生，古之信士，與女子期於梁（橋）下，待之不至，遇水死。」這大概就是諸葛亮所說的「長於守信」。

以上這幾位是先秦時人。而王嘉卻是西漢哀帝時的賢相，因諫阻益封佞臣董賢下獄，絕食嘔血而死，後追謚忠。許子將，東漢末年人，好品論人物。諸葛亮指出這些人的所長所短，作為他治國、治軍，以及他治家、治身的借鑑。

拿諸葛亮的嚴法治蜀來說，就有著商鞅定富強之策，嚴猛治國的作風。諸葛亮自己也說過：「吾今威之以法，法行則知恩。」在這一點上，他和商鞅是一脈相承的。而且當有人說諸葛亮「惜赦」時，諸葛亮卻認為「治世以大德，不以小惠」，他在舉出西漢元帝時匡衡、東漢光武帝時吳漢都「不願為赦」的事實之後，特別提到劉備曾向他談起，在徐州時常向陳元方、鄭康成這兩位當代名儒討教，他們對治亂之道談得很詳細、很全面，「曾不語赦也」，就是不曾談到這個「赦」字。諸葛亮進而指出：像劉表、劉璋父子，年年搞赦免，「何有益於治！」足見諸葛亮厲行法治，既是吸取歷史經驗，也是從當時的實際情況出發的。儘管如此，諸葛亮在厲行法治的同時，還是很重視德治的。他一方面肯定商鞅「長於理法」，學習商鞅的長處，但他同時卻認為商鞅「不可以從教化」，強調德治教化，力戒其短。

其實，自秦代以後，歷經兩漢，隨著統治的逐步完善和中央集權制的逐漸加強，無論提倡儒家的德治，或注重法家的刑政，以及其他一些有利於統治者的各家主張，早就被統治者融於一爐，那種先秦時代儒、法壁壘分明的界限，早已消失了。只不過在以後歷史發展的不同時期，根據不同的情況而有所側重罷了。諸葛亮又何嘗不是這樣。

應該指出的是，歷來對諸葛亮既重法治又重德治這一點，各執一是，各取所需。有時說他是儒家，

註釋

①「三綱」是指古代君臣、父子、夫婦上下之間的嚴格道德標準。諸葛亮說：「三綱不正，六紀不理，則大亂生矣。」（《諸葛亮集》文集卷三〈治亂〉）所以諸葛亮指出：「上不可以不正，下不可以不端。上枉下曲，上亂下逆。」（《諸葛亮集》文集卷三〈君臣〉）。

有時又封他爲法家，也有人因他在〈誡子書〉中提到「寧靜」、「淡泊」，又給他戴上一頂道家的桂冠。這麼一來，不僅把諸葛亮的思想搞得很亂，也把後人弄得糊里糊塗。如晉代涼武昭王李暠，他錄寫了諸葛亮的《訓誡》，以勉勵他的兒子們，說：「尋其終始，周、孔之教，盡在中矣」。這是把諸葛亮的思想和周公、孔子等同起來了。

遺憾的是，李暠究竟錄寫了那些諸葛亮的訓誡文章，史無明載。據《十六國春秋》上說，李玄盛〈李暠字〉嘗寫諸葛亮《訓誡》，以示其子弟。今存〈誡子〉、〈誡外生〉三篇。就以這三篇諸葛亮訓誡子弟的著名書信來說，多被後世視之爲諸葛亮道家思想的表現，而李暠卻把它看作是儒家思想「周、孔之教」的集中反映。這只能說明人們從不同角度來看待諸葛亮的思想而已。

從諸葛亮誡子，聯繫他對待家庭以及個人生活的態度，很能說明諸葛亮立身處世的一貫思想與作風。顯然這和他治國的作爲是密不可分的。諸葛亮在〈誡子書〉中說：

夫君子之行，靜以修身，儉以養德，非淡泊無以明志，非寧靜無以致遠。夫學需靜也，才需學也，非學無以廣才，非志無以成學。淫慢則不能勵精，險躁則不能治性。年與時馳，意與日去，遂成枯落，多不接世，悲守窮廬，將復何及！

從這段話中，不難看出，諸葛亮是以政治家的胸襟，遠大的眼光，要求子弟從修身養德做起，苦志成學，將來做一番事業的。他特別告誡子弟不要虛度年華，否則到頭來後悔莫及。諸葛亮這通書中一些話，如「淡泊以明志，寧靜以致遠」等，爲後世人當作座右銘來傳誦。諸葛亮所說的「淡泊明志」，「寧靜致遠」，雖然他採用了道家「長於養性」的修身之法，但卻絕無離塵出世之意。再聯繫他在〈誡外生〉書中所說的「志當存高遠」，「絕情欲」、「忍屈伸」這些話來看，諸葛亮教育子弟，是要通過淡泊、寧靜的儉樸生活，修養品德，專心學習，像他當年在隆中生活那樣，作好建功立業的準備的。

諸葛亮不僅口頭上這麼說，也要求子弟在行動上這麼去做。諸葛亮早年無子，過養其兄諸葛瑾之子諸葛喬爲繼子。諸葛喬娶了皇家閨秀，拜爲駙馬都尉。可是，諸葛亮卻不讓他安榮樂貴，平步青雲。不但平常教育他儉樸度日，立志成學；就是出外打仗，也把他帶在身邊，讓他和諸將子弟「宜同榮辱」，在山谷中做運輸工作，一道過艱苦生活，經受鍛煉。可惜這位經諸葛亮精心培養的繼子諸葛喬，

諸葛瞻、諸葛尚。日本浮世繪，葛飾戴門《繪本通俗三國志》。

在二十五歲上就夭逝了。當時親生兒子諸葛瞻已出生，諸葛亮對他也從不驕縱，時時關注這一幼子的成長。直到他死的那一年，還寫信給他在東吳的兄長諸葛瑾說：「瞻今八歲，聰慧可愛，嫌其早成，恐不爲重器耳。」可見在臨死前他還擔心八歲的愛子不能成爲「重器」。

但是，縱觀諸葛瞻一生的作爲，特別是在蜀亡時能陣戰身殉，應該說還是成了「器」的。更可貴的是，諸葛瞻的兒子諸葛尚亦同時壯烈捐軀。無怪乎後世對諸葛祖孫「三世忠貞」讚歎不置。

諸葛亮一生憂國治家，教育子弟是這樣，對自身家庭和個人生活更是如此。諸葛亮在生前上給後主劉禪的一通表文中，談到他的家庭和個人生活，充分說明了這一點。表云：

> 臣初奉先帝，資仰於官，不自治生。今成都有桑八百株，薄田十五頃，子弟衣食，自有餘饒。至於臣在外任，無別調度，隨身衣食，悉仰於官，不別治生，以長尺寸。若臣死之日，不使內有餘帛，外有贏財，以負陛下。

諸葛亮在表中說他家在「成都有桑八百株，薄田十五頃，子弟衣食，自有餘饒」，這是指在占領益州之後，劉備賜給他的那筆錢所購置的一份產業，一家人就靠此過活。至於他自己在外任職，沒有多的開銷，「隨身衣食，悉仰於官，不別治生，以長尺寸。」難能可貴的，正是諸葛亮不因身居高位而隨意增加私產這一點。他最後在表中誠懇表示：在他死時，「不使內有餘帛，外有贏財，以負陛下。」史稱諸葛亮死後，「如其所言」。

再從他生前寫給李嚴的一封書信中更可以得到充分證實。諸葛亮在這封信中提到他「今蓄財無餘，妾無副服」，說他的妻子連一件多餘的衣服也沒有。像諸葛亮這樣一位日理萬機、身居顯位的一國之相，在生活上如此嚴格要求自己，應該說在古代實在不多。再聯繫他臨死時留下的遺命來看，給人的感受就更深。

諸葛亮在遺囑裏要求喪事簡辦，不僅提出就近葬漢中定軍山，而且還特別囑咐：「因山為墳，塚足容棺，斂以時服，不須器物。」這在崇尚厚葬的古代確屬少見。如果說諸葛亮這位權傾一國的宰相，在他生前就以其忠貞謀國、克己奉公的思想和作風給人們留下了極深的印象，那麼從他身後的這番安排，就更使人難以忘懷了。無怪乎諸葛亮一死，蜀國上下紛紛要求建立祀廟，以此表達人們對這位賢相的永悼之情。

在諸葛亮這種公忠體國的思想和作風影響下，蜀漢的不少官吏，都能在不同程度上做到忠勤職守，廉潔奉公，生活上節儉成風。這對諸葛亮身後蜀漢政權的穩定，無疑起了很好的作用。像蔣琬、費禕和董允繼諸葛亮治蜀，前後二十年間，「咸承諸葛之遺規」，繼續奉行諸葛亮生前制定的方針政策，收到了「邊境無虞、邦家和一」的治績。據《華陽國志》中說，當時蜀人就把他們三位和諸葛亮並稱為「四相」，又號「四英」。蔣琬善體民情，「方整有威重」；董允正色立朝，「秉心公亮」；而費禕，待人謙和，「寬濟而博愛」，特別是他「家不積財」，對子弟要求極嚴，「皆令布衣素食，出入不從車騎，無異凡人」，大有諸葛亮治家之風。其他如受到諸葛亮器重的姜維，在自身修養和個人生活方面也很突出。時人郤正著文稱道姜維「據上將之重，處群臣之右，宅舍弊薄，資財無餘，側室無妾媵之褻，後庭無聲樂之娛」，又讚美他「樂學不倦，清素節約，自一時之儀表也。」再如蜀漢著名政治家鄧芝，史稱他為將軍二十餘年，「賞罰明斷，善恤卒伍」。並且說他自身衣食「資仰於官」，生活十分儉樸，從不治私產，連妻子也「不免飢寒」，在他身死之日「家無餘財」，清貧潔白。足見諸葛亮治國、治家的思想與作風，對當世產生了極其深刻的影響。

半生操勞

諸葛亮一生過了五十四個春秋，從他二十七歲走出隆中，登上當時風雲變幻的歷史舞臺，恰好是

半生操勞，盡瘁國事。如果說，諸葛亮的前半生是他立志用世的準備階段，那末他的後半生，就是忠勤操勞、「兩朝開濟」的用世之期了。唯因他前半生立志立得堅決，準備用世的才幹又準備得充分，所以他在後半生才以其操守堅貞、智才卓出的條件，在當時的歷史條件下，做出了一番轟轟烈烈的事業，贏得了「名垂宇宙」的崇高聲譽。

諸葛亮受到後代人的景仰，在歷史上是很少有的。試想，三國以後，談論諸葛亮者是那樣普遍，上自帝王將相，遠迄山林隱士，中及郡縣官吏，下至黎民百姓，無不津津樂道。這種情況，在古代有哪一位政治家或軍事家可以相比的？說三國言必稱諸葛，好似談春秋言必稱孔子一樣，無怪宋儒硬要拉諸葛亮進孔廟去，把他當作儒家典範，和孔子及其弟子等一起供奉。而從宋代開始，民間演說三國，再經元代雜劇的加工創造，特別是到明代《三國演義》問世以後，諸葛亮其人，幾乎達到了家喻戶曉，有口皆碑的地步。而由於舞臺上的諸葛亮是頭戴綸巾、手執羽扇、身穿八卦衣，給人以道家形象，而且眞還有人要從歷史上找根據，企圖加以論證，似乎諸葛亮又是一個道家。其實，對於諸葛亮這位立足現實，重視實踐的政治家，硬要把他歸之於哪一「家」，恐怕是很難允當的，而且也沒有必要。當時曹操手下的徵士傅幹稱說諸葛亮「達治知變，正而有謀」，這倒說到點子上了。惟因諸葛亮知變治世，身正令行而有謀劃，才取得了他輔佐劉氏兩代非同尋常的業績。從歷史記載來看，在魏、吳兩國有時發生的那種因賦役繁重，或因自然災害導致農民逃亡的現象，在諸葛亮治理下的蜀國是很少出現的。因之蜀漢政治局勢之穩定，相對來說，尤過於魏、吳兩國。由此可見，陳壽讚美諸葛亮是「識治之良才，管、蕭之亞匹」；常璩稱道諸葛亮「政修民理，威武外振」，實非過譽之詞。像諸葛亮這樣一位「治實而不治名」的政治家，恐怕只能說他是集百家之長，自立一家，以達到知變治世的目的。其實，凡大有作爲的政治家都不是拘泥於一派一家之術而取得成功的。在這一點上，古今皆是如此。

儘管後世從不同角度來看待諸葛亮在歷史上所建樹的功業，但歷代統治者十分看重諸葛亮的「忠勤」這一點，倒是事實。唯其諸葛亮之忠貞於國，才會有諸葛亮之勤奮操勞。前者體現諸葛亮的思想品格，後者表現諸葛亮的實幹精神。當晉武帝在聽了樊建向他稱道諸葛亮如何治國之後，不禁感歎地說：「善哉！使我得此人以自輔，豈有今日之勞乎！」《晉書》中把陶侃比之於諸葛亮，說他「忠順勤勞似孔明」。晉代張輔著文在把諸葛亮和樂毅作了一番比較之後，說諸葛亮的功業可與「伊、呂爭儔，豈徒樂毅爲伍」，認爲樂毅是比不上諸葛亮的。並讚歎地說：「余以爲睹

諸葛亮雕像，陝西漢中勉縣三國廣場。

孔明之忠，奸臣立節矣。」至唐代，勵精圖治的唐太宗曾多次向臣下稱道諸葛亮治國的忠勤，他一再提醒大家說：昔年蜀漢後主「昏弱」是事實，「然國稱治者」，是因任用了諸葛亮的關係。當然，唐太宗這麼說，不光是爲了激勵臣下學習諸葛亮之忠勤，同時也是黽勉他自己要杜讒任賢。唐太宗稱諸葛亮爲「賢相」，讚諸葛亮爲政「至公」。他在舉出諸葛亮當年處罰了廖立、李嚴，而廖立、李嚴得知諸葛亮死訊「皆悲泣」的這件史實之後，歎息說：「非至公能如是乎！」唐太宗認爲諸葛亮治蜀「十年不赦，而蜀大化」的根本原因正在於此。他要房玄齡、杜如晦這班大臣效法諸葛亮「公平」治國，所謂「卿等豈可不企慕及之」。足見唐代這位創業之主對諸葛亮之推崇。

大概在唐太宗的倡導和影響下，整個唐代自上而下莫不對諸葛亮讚頌備至。這從當時的不少碑刻和詩文中可以得到證明。當然，這其中最富代表性的除了詩聖杜甫之詩以外，就要數名相裴度之文了。裴度在碑文中從「事君之節」、「開國之才」、「立身之道」、「治人之術」等四個方面，高度評價了諸葛亮半生操勞的治績。看來，唐人對諸葛亮的認識，倒頗注重實際。孫樵在《刻裴晉公武侯碑陰》中記載說：「武侯死殆五百載，迄今梁、漢之民，歌道遺烈，廟而祭者如在，其愛於民如此。」足見當時人民對諸葛亮的態度，這充分反映了諸葛亮治蜀給後世帶來的深遠影響。

歷代統治者大多從諸葛亮身上尋求精神力量以加強自身的統治。集中到一點，幾乎都對諸葛亮忠於劉氏兩代「鞠躬盡瘁，死而後已」的獻身精神大加讚賞。因而長期以來，諸葛亮作爲古代爲人臣者的典範，確實得到許多不虞之譽。宋代的朱熹竟至說：「論三代而下，以義爲之，只有一個諸葛孔明。」這簡直把諸葛亮稱讚到無以復加的地步。統治者這種對諸葛亮的頌揚，自然有著他們自己的政治目的，但是，有這麼兩條恐怕千秋萬世也是爲人們公認的：一是他忠於信念、矢志不移；二是他謙虛謹慎、克己奉公。前者反映諸葛亮積極進取的精神品格；後者表現他盡瘁終身的思想作風。

陳壽在上給晉武帝的〈諸葛亮集表〉中，稱說諸葛亮「少有逸群之才，英霸之器，身長八尺，容貌甚偉，時人異焉。」這是歷史上對諸葛亮形象的正面描寫。而據裴啓《語林》記載，司馬懿在渭濱，使人「密覘武侯」，看見諸葛亮「乘素輿，葛巾，持白羽扇，指揮三軍，眾軍皆隨其進止。」司馬懿聽

《三國志》作者陳壽銅像

說後，歎息說：「諸葛君可謂名士矣。」這些記載，從側面描繪了諸葛亮的舉止風采。

陳壽在表中贊述了諸葛亮從二十七歲起先後輔佐劉氏兩代的半生操勞之後，說：「當此之時，亮之素志，進欲龍驤虎視，包括四海，退欲跨陵邊疆，震蕩宇內。又自以為無身之日，則未有能蹈涉中原、抗衡上國者，是以用兵不戢，屢耀其武。」可貴的是，陳壽以蜀人仕晉，竟毫無顧忌地向晉武帝稱道諸葛亮這種胸懷統一、矢志不移的進取精神，倒是難能可貴的。而且由於陳壽在表中也說了諸葛亮「理民之幹，優於將略」，「所與對敵，或值人傑」這類的話，更使人覺得諸葛亮是個立志堅定，一心謀求統一的殉職報國者。所以唐代大詩人李白在讀了〈諸葛武侯傳〉後，寫詩稱道說：「魚水三顧合，風雲四海生。武侯立岷蜀，壯志吞咸京。」宋代政治家王安石有感於諸葛亮百折不撓的信心和勇氣，也寫下了像「崎嶇巴漢間，屢以弱攻強。暉暉若長庚，孤出照一方」這麼熱情的詩句，來讚揚諸葛亮以弱攻強的進取精神。至於後世觀諸葛遺文、覽諸葛勝跡有感於這種精神而寫下的大量詩文，實在太多了。無怪後世多不贊成以成敗的觀點來品論諸葛亮，正在於他這種矢志不移、積極進取的偉大精神。確如明代學者楊升庵在遊覽武侯祠時，得見壁間題寫的一首詩中稱說：

劍江春水綠沄沄，
五丈原頭日又曛。
舊業未能歸後主，

大星先已落前軍。
南陽祠宇空秋草，
西蜀關山隔暮雲。
正統不慚傳萬古，
莫將成敗論三分。

這首詩告訴人們，諸葛亮半生操勞所建樹的功業，雖然僅止於開創了天下三分的局面，「舊業未能歸後主」，沒有達到「復興漢室」的目的，但他卻盡到了自己平生的最大努力，「正統不慚傳萬古」，他這種維護正統的奮鬥精神，也可以傳之萬世，爲後人所傳誦的了。耐人尋味的是，老百姓不但從來就沒有把諸葛亮當作失敗者的英雄來看待，反而把他作爲勝利和智慧的化身來加以頌揚。這恐怕是由於諸葛亮不屈不撓的精神，再加諸葛亮治蜀留有遺愛，以及長期來小說和戲曲的影響所致吧。

諸葛亮之盡瘁漢室興復事業，連家庭生活問題也是從這一前提出發來加以考慮的，他把個人私生活完全服從於整個事業的需要，這在古代政治家中，可說是絕無僅有的。諸葛亮早年在隆中處理個人婚姻問題上，重才而不重貌，就已經把家庭納入了他一生事業的軌道。惜乎後世很少談到他這位賢德的夫人。倒是朱熹以諸葛亮娶醜女爲妻，不貪美色——「寡欲養心」，是諸葛亮「智慮之所以日益精明，威望之所以日益隆重」的一個因素，不過也沒有談到黃氏夫人對諸葛亮在事業上的幫助。大概民間對此極感不平，不但《演義》中指出諸葛亮之妻「有奇才，上通天文，下察地理」，並說「武侯之學，夫人多所贊助焉」。而且後來在戲曲《諸葛亮招親》中，說神尼授她以六韜三略，兵書劍冊，更把諸葛亮之妻塑造成一個非常神祕的藝術形象，使人深感她是一位對諸葛亮的事業有著直接影響和起了巨大作用的女中之傑。當然，歷史上這位與諸葛亮「才堪相匹」的黃氏夫人，雖不是舞臺上渲染得那麼神祕，但無疑是一位頗具學識、富於智慧而又識大體、顧大局的女子。在諸葛亮後半生的操勞之中，能夠把全副精力獻給統一事業，從未因個人家庭問題而分過心，應該說這位賢德的妻子對他是很有幫助的。以黃氏夫人之才，治家嚴謹，居常守素，節儉度日，正體現了諸葛亮克己奉公的一貫思想作風。

「諸葛一生唯謹愼」，大而治國，小而治家，給後世留下了極深的印象。其實，諸葛亮一生謹愼行事，是和他謙虛待人的精神分不開的。諸葛亮這種既謙虛謹愼，又克己奉公的精神，使他在人們心目中的形象愈來愈高大，這也是他之所以受到後世尊崇歷久不衰的另一個重要方面。晉人袁准稱道諸葛亮「受六尺之孤，攝一國之政，事凡庸之君，專權而不失禮，行君事而國人不疑，如此即以爲君臣百姓之心欣戴之矣。」看來，袁准認爲諸葛亮之在當世就受到蜀國上下的衷心擁戴，正在於他處處謙虛謹愼，儘管他攝一國之政，權力極大，可是幾乎沒有人對他產生懷疑。唐代裴度在碑文中亦稱說諸葛亮「權傾一國，聲震八紘，上下無異詞，始終無愧色。」足見歷來對諸葛亮功高而不震主這一點極爲讚賞，唯其如此，諸葛亮作爲古代權臣的典範實在當之無愧，這無疑是他受到歷代統治者推崇的一個主要原因。不過，在古代做忠臣也殊非易事。就在當時，蜀漢統治集團內部還是有極個別的人對諸葛亮權力至大產生過疑慮的。做過犍爲太守的李邈，在諸葛亮死後，公然上疏給劉禪說：「亮身仗強兵，狼顧虎視，五大不在邊，臣常危之。今亮殞沒，蓋宗族得全，西戎靜息，大小爲慶。」雖然後主劉禪當時覽疏大怒，立即把李邈「下獄誅之」，表示了鮮明的態度。後世讀史者出以公心，對李邈誣枉諸葛亮也嗚不平，認爲「以諸葛之忠純，尚有以此言進者」，發出忠臣難爲的感歎。

表現諸葛亮半生操勞，一片忠誠之心的，還有這麼幾件事値得一提。

陝西岐山五丈原諸葛廟，對聯：智謀隆中對三分天下，壯烈出師表一片丹心。橫批：蜀漢砫石。

首先一件是他拒絕李嚴寫信勸他「宜受九錫，進爵稱王」的事。諸葛亮覆信給李嚴說：

> 吾與足下相知久矣，可不復相解！足下方誨以光國，戒之以勿拘之道，是以未得默已。吾本東方下士，誤用於先帝，位極人臣，祿賜百億，今討賊未效，知己未答，而方寵齊、晉，坐自貴大，非其義也。若滅魏斬叡，帝還故居，與諸子並升，雖十命可受，況於九邪！

從這封信裏，可見諸葛亮從不考慮個人名位，只知獻身國家的胸懷是何等的光明磊落，這與李嚴口是心非、斤斤計較個人名利形成多麼鮮明的對比。儘管李嚴作爲諸葛亮的副手，在劉備臨終時同受遺詔輔政，彼此交誼也不錯，但由於李嚴私心太重，他對諸葛亮精忠體國之意實在不夠了解。顯然李嚴是懷著個人的某種目的，推己及彼，向諸葛亮寫了那麼一封「勸進」的信。按理說，諸葛亮在這封覆信中向他表明自己的心跡是夠誠摯而懇切的了：既謙遜地說自己是「東方下士」，受到先帝的信用，北伐大業未成，就稱王進爵「坐自貴大」，這太不合情理；又鼓勵李嚴和他同獎王室，等到北伐功成之日，和大家一起「並升」，現在確實不是時候。要是李嚴眞能理解諸葛亮這番苦心的話，或許他後來不至於犯那麼大的錯誤，落得個身敗名裂的下場。

其次最能表明諸葛亮勤謹操勞、事必躬親的，莫過於他「自校竹書」的這類事了。以諸葛亮日理萬機，身當一國之重，一天從早到晚實在是夠忙的了，可是在大熱天，他還親自校閱簿書，以至「流汗竟日」。丞相主簿楊顒爲此感到很擔心，要是把諸葛丞相累壞了怎麼辦？楊顒經過一番考慮之後，他在勸諫諸葛亮時，說出了一席使諸葛亮聽後深爲感動的話。

楊顒首先在指出「爲治有體，上下不可相侵」之後，以治家爲例打了個比方說：「治家和治國一樣，都要有個分工，比如誰管種地，誰管炊事，雞管鳴曉，狗管防盜，牛管負載，馬管跑路，這樣各司其事，井井有條，家主一點也不感到勞煩。試想，要是這家主人一旦什麼事情都要親自去做，再也不交給他手下的人去辦，結果只會弄得筋疲力盡，終無一成，難道眞是這家主人的才智不如他下面的這些人嗎？當然不是，關鍵在於他失去了做主人的章法。所以古人把『坐而論道』的稱爲三公，『作而行之』的叫作士大夫。」楊顒進而舉出漢宣帝的丞相丙吉不問橫道死人，而憂牛喘，以及漢文帝的丞相陳平不知錢穀之數，而說自有主者這兩個歷史故事，來說明各在其位各司其事的道理①。楊顒最後感歎地說：「丞相身任一國之重，怎麼可以親自來做校閱簿書這類瑣事，以至流汗終日，這樣下去，豈不累壞了嗎！」

據史書記載說，諸葛亮不僅當時聽了楊顒這一席話非常感動，而且後來在楊顒死後，竟「垂泣三日」，足見他對楊顒的話感念之深。其實，以諸葛亮之智，豈不明白楊顒所說的這番道理，只不過他受先帝的重託，唯恐自己做得不夠，也唯恐別人不像他那麼盡心盡意，兢兢業業，所以他寧可細碎，不可疏漏，處處以身作則，事事身體力行。由於諸葛亮身上這種勤謹的作風特別突出，因而給後世留下的印象也就特別深刻。

再其次，最能表明諸葛亮公私分明，審思慎行的，莫過於他在處理弟兄、子侄間關係這類敏感的問題上了。諸葛亮身任蜀漢丞相，總理一國軍政，他的兄長諸葛瑾在東吳官至大將軍，還有一個族弟諸葛誕亦「顯名於魏」，官拜鎮東大將軍，時論以「一門三方為冠蓋，天下榮之」。諸葛亮和在魏國做官的族弟諸葛誕沒有什麼交往，而和在東吳的胞兄諸葛瑾常有書信往來，顯然這與他奉行聯吳抗魏的國策有關。即便和東吳同盟友好，他在弟兄間的關係上也很注意掌握分寸，把公事和私事嚴格分開。那次諸葛瑾奉使至蜀索討荊州，諸葛亮僅止於和他在「公會相見，退無私面」，在私下絕不議論公事。就拿在他身邊的弟弟諸葛均來說，史書上僅說他在蜀「官至長水校尉」，別無記載，想來這和諸葛亮用人避嫌，慎用親屬，不搞「任人唯親」頗有直接的關係。聯繫他對子弟的嚴格要求來看，更可以證明這一點。不要說他對身邊的兒子諸葛喬、諸葛瞻從嚴要求，就是遠在東吳的侄兒他也十分關心。當諸葛亮聽說吳主孫權打算用他兄長的兒子諸葛恪「典掌軍

諸葛亮大公堂裡的誡子書。浙江金華市蘭溪縣諸葛八卦村。大公堂始建元代，是村裡最大的一處祠堂，是公眾祭祀的地方。

糧」時，他認爲這可是一件事關軍國的大事，以諸葛恪「性疏」，辦事不愼，很不適合擔當這一重任。爲此，諸葛亮特别寫信給陸遜，請他轉告孫權。信中說：

家兄年老，而恪性疏，今使典主糧穀，糧穀軍之要最，僕雖在遠，竊用不安。足下特爲啓至尊轉之。

陸遜得書，以此轉達孫權，孫權因而打消了這個念頭。遺憾的是，後來孫權死後，諸葛恪受命輔政，史書上說他「矜己陵（凌）人」，剛愎自用，獨斷專行。果如諸葛亮昔年之所料，正是由於諸葛恪疏忽大意，爲政敵孫峻計殺於殿堂之上。足見諸葛亮雖身在蜀漢，而對遠在東吳的子侄輩也甚爲了解。不過，諸葛亮當時寫信轉告孫權不用諸葛恪，主要還是出以公心，以大局爲重，從聯盟的共同利益出發考慮的。再拿諸葛亮對孫權黜退張溫這件事來說，亦可看出諸葛亮對盟國人事的關切。由於孫權對張溫使蜀「稱美蜀政」不滿，又嫌張溫「聲名大盛」，擔心張溫「終不爲己用」，於是借事把張溫罷官還鄉。諸葛亮聽說後，不明張溫因何免職，一連「思之數日」，最後終於找到了癥結所在，他不禁感歎地對左右說：「吾已得之矣！其人於清濁太分，善惡太明。」這件事固然表明諸葛亮對孫權黜免張溫感到惋惜，想來也對諸葛亮調和蜀漢內部的人事關係頗有啓迪。縱觀諸葛亮在歷史上的活動，從大處看，確如王叡之稱：「孔明創蜀，決沉機二、三策，遽成鼎峙，英雄之大略，將帥之弘規也。」具體來說，又正如王船山之論：「軍不治而惟公治：之，民不理而惟公理之，政不平而惟公平之，財不足而惟公足之。」諸葛亮不愧爲三國時代一位卓越的政治家和軍事家。

註釋

《資治通鑑》卷七十胡三省注：丙吉相漢宣帝，嘗出逢清道（天子當出，先令道路清淨），群門者死傷橫道，吉過之不問。前行逢人逐牛，牛喘吐舌。吉使騎吏問：「逐牛行幾里矣？」掾吏謂丞相失問。吉曰：「民門相殺傷，長安令、京兆尹職也。方春少陽用事，未可大熱，恐牛近行，用暑故喘，此時氣失節，有所傷害。三公調和陰陽，職當憂，是以問之。」掾吏乃服，以吉知大體。

《漢書．陳平傳》：（漢文帝）問右丞相（周）勃曰：「天下一歲決獄幾何？」勃謝不知。汗出洽背，媿（愧）不能對。上亦問左丞相（陳）平。平曰：「各有主者。」上曰：「主者為誰乎？」平曰：「陛下即問決獄，責廷尉；問錢穀，責治粟內史。」上曰：「苟各有主者，而君所主何事也？」平謝曰：「主臣（主管群臣）！陛下不知其駑下（不了解臣下才能的低劣），使待罪宰相。宰相者，上佐天子理陰陽，順四時，下遂萬物之宜，外鎮撫四夷諸侯，內親附百姓，使卿大夫各得其任職也。」上稱善。

諸葛亮（181-234年），字孔明，三國蜀政治家、軍事家。

諸葛亮正是在曹操基本統一北方、南下荊州的關鍵時刻登上歷史舞臺的，以他半生操勞的卓越智慧和才能，輔佐劉備由無立錐之地到創建蜀漢政權，進而南征、北伐，對當時西南地區的統一和經濟文化的發展作出了一定的貢獻。固然歷代統治者把諸葛亮當成偶像來崇拜不足取，但和同時期的其他傑出人物相比，毋庸置疑，諸葛亮的形象似乎在人們心目中顯得更高大一些，在他身上似乎更多一些不可磨滅的東西在閃光，因而使他成爲一位不僅在當世、也深爲後世人們景仰和愛戴的歷史人物。

劉備諸葛亮大事年表

漢靈帝光和四年	一八一年	諸葛亮誕生于琅邪陽都（今山東沂南縣）。
中平元年	一八四年	組織鄉兵，征討黃巾軍。因功授安喜尉。鞭打督郵，棄官逃亡。應募戰下邳，因功授下密縣丞，不久辭官。
中平六年	一八九年	諸葛亮生母章氏去逝。
漢獻帝初平元年	一九〇年	任高唐縣尉、縣令，參加討董，被打敗，投奔公孫瓚，爲別部司馬，因功授平原令、平原相。
初平三年	一九二年	諸葛亮父親諸葛矽去世。
興平元年	一九四年	與田楷救陶謙，擊退曹軍，陶謙送死千丹楊兵，依附陶謙，屯小沛，被表爲豫州刺史。陶謙病故，入主徐州。被朝廷拜爲鎮東將軍、封宜城亭侯。
興平元年	一九四年	興平元年一九四年叔父諸葛亮玄收養了諸葛亮與弟諸葛均及妹妹，繼母與兄長諸葛謹赴江東。
興平二年	一九五年	呂布敗於曹操，來投，准屯於小沛。
興平二年	一九五年	叔父諸葛玄任豫章太守，諸葛亮與弟妹一起隨叔父赴豫章（現南章）。
建安元年	一九六年	擊袁術。呂布乘機偷襲下邳。改駐海西，後向呂布求和。呂布還其妻子，准屯小沛。不久聚合萬餘兵馬。呂布來攻，敗投曹操。
建安二年	一九七年	叔父病故。諸葛亮偕弟妹移居隆中。
建安三年	一九八年	隨曹操消滅呂布。表左將軍，曹操禮遇有嘉，出則同車，坐則同席。借攻打袁術，脫離曹操。

建安四年	一九九年	殺徐州刺史車胄，留關羽守下邳，自回守小沛，派遣孫干聯合袁紹及其他地方勢力起兵反曹。
建安四年	一九九年	諸葛亮師從水鏡先生司馬徽。
建安五年	二〇〇年	董承事敗被殺，曹操來攻。大敗，妻子被俘，關羽降曹。劉備投袁紹，斬曹將蔡陽。
建安六年	二〇一年	曹操於官渡之戰大敗袁紹。劉備投劉表，屯於新野。
建安七年	二〇二年	曹將夏侯惇、于禁等南侵博望，劉備設伏，火燒自營僞退，夏侯惇等追殺，爲伏兵所破。
建安十二年	二〇七年	劉備三顧草蘆請出諸葛亮，得「隆中對」的戰略方針。
建安十二年	二〇七年	劉備三顧茅廬，諸葛亮出山輔助劉備。
建安十三年	二〇八年	曹操南下。劉表病卒，次子劉琮即位，降曹。劉備攜眾南逃，另遣關羽乘數百艘船先走，到江陵會合。曹操派五千精騎追趕，兩軍於當陽長阪相遇，劉備棄妻子先逃，於漢津遇關羽船隊及劉表長子劉琦萬餘人，一起逃到夏口。孫吳魯肅來探，劉備派諸葛亮出使孫權，與孫權結盟。孫劉聯盟於赤壁大破曹軍。 劉備表劉琦爲荊州刺史，取荊南四郡。劉琦病死，諸將推舉劉備爲荊州牧，孫權也將其妹嫁給劉備。劉備向孫權要求都督荊州，在魯肅斡旋下獲准。
建安十三年	二〇八年	諸葛亮說服孫權同意與劉備結盟，參與赤壁之戰獲勝。
建安十四年	二〇九年	諸葛亮任軍師中郎將。
建安十五年	二一〇年	應益州牧劉璋之請入蜀。劉璋配給劉備士兵，令他攻擊張魯。劉備駐霞萌關，收買民心。
建安十六年	二一一年	諸葛亮與關羽、張飛、趙雲鎮守荊州。
建安十七年	二一二年	劉璋見劉備駐軍不前，又發現張松私通劉備取蜀，雙方決裂。劉備回攻益州。

建安十九年	二一四年	諸葛亮、張飛、趙雲等率軍入蜀援助，劉璋投降，劉備成爲蜀主。
建安十九年	二一四年	諸葛亮留關羽獨守荊州，與張飛、趙雲率兵會師劉備。劉備進成都，掌管巴蜀。諸葛亮任蜀軍軍師將軍，署左將軍，兼任大司馬府事。
建安二十年	二一五年	孫劉爭奪荊州，後因曹操來攻，雙方媾合，平分荊州。但關係已惡化。
建安二十年	二一五年	諸葛亮整頓巴蜀內政。
建安二十二年	二一七年	率軍北上攻打漢中。
建安二十三年	二一八年	諸葛亮爲籌集軍糧留守巴蜀，供應在漢中作戰的劉備。
建安二十四年	二一九年	占據漢中，自稱漢中王，同時占領上庸。同年冬，關羽被孫權所殺，孫劉正式決裂。
建安二十五年	二二〇年	曹丕篡漢自立。
漢昭烈帝 章武元年	二二一年	四月，自立爲帝，建立蜀漢。六月，爲關羽報仇，發兵孫吳。彝陵之戰被孫吳大將陸遜火燒連營，敗退白帝城。
蜀章武元年	二二一年	劉備登基，建立蜀國。任諸葛亮爲丞相。
章武三年	二二三年	四月病故。臨終託孤於諸葛亮。謚昭烈帝。
蜀建興元年	二二三年	蜀建興元年二二三年劉備白帝城托孤諸葛亮。劉禪封諸葛亮爲武鄉侯，領益州牧。
蜀建興二年	二二四年	爲穩定因劉備戰敗而混亂的人心，諸葛亮調整巴蜀內政。
蜀建興三年	二二五年	諸葛亮率軍南征，平定南部四郡。
蜀建興四年	二二六年	諸葛亮做足籌備工作，準備興師討魏。
蜀建興五年	二二七年	諸葛亮向後主劉禪呈交《出師表》，進行北伐。
蜀建興六年	二二八年	街亭失守，諸葛亮揮淚斬馬謖，自貶爲右將軍，行丞相事。
蜀建興七年	二二九年	諸葛亮二次北伐，奪取武都、陰平，恢復丞相職位。
蜀建興八年	二三〇年	諸葛亮再次北伐。
蜀建興九年	二三一年	諸葛亮北伐攻祁山，破司馬仲達，大敗魏將張部。

國家圖書館出版品預行編目 (CIP) 資料

諸葛亮 / 章映閣作 . -- 第一版 . -- 新北市：風格司藝術創作坊出版；[臺北市]：知書房出版發行 , 2021.05
面；　公分 . -- (知書房頂尖人物)
ISBN 978-986-5493-26-4(平裝)

1.(三國) 諸葛亮 2. 傳記

782.823　　110004424

知書房頂尖人物
諸葛亮

主　　編：章映閣
責任編輯：苗　龍
發　　行：知書房出版
出　　版：風格司藝術創作坊
地　　址：235 新北市中和區連勝街 28 號 1 樓
Tel：（02）8245-8890
總 經 銷：紅螞蟻圖書有限公司
Tel:（02）2795-3656　Fax:（02）2795-4100
地　　址：台北市內湖區舊宗路二段 121 巷 19 號
http://www.e-redant.com
版　　次：2021 年 6 月初版　第一版第一刷
訂　　價：300 元

ISBN　978-986-5493-26-4　　Printed in Taiwan